Anita Cortesi

Kinder-Horoskope deuten und verstehen

Astrologie als Schlüssel zum Kinderherzen

CHIRON VERLAG

4. Auflage 2018

ISBN 978-3-925100-57-4

Para Jolanda y Belinda

Umschlag: Walter Schneider
Druck: SDL, Berlin

Zu beziehen über den Buchhandel oder direkt bei:
Chiron Verlag, Postfach 1250, D-72002 Tübingen
www.chironverlag.com

Für Olivia und Renato

Eure Kinder sind nicht eure Kinder.
Sie sind die Söhne und Töchter der Sehnsucht des Lebens
nach sich selber.
Sie kommen durch euch, aber nicht von euch,
Und obwohl sie mit euch sind, gehören sie euch doch nicht.
Ihr dürft Ihnen eure Liebe geben, aber nicht eure Gedanken,
denn sie haben ihre eigenen Gedanken.
Ihr dürft ihren Körpern ein Haus geben, aber nicht ihren Seelen,
denn ihre Seelen wohnen im Haus von morgen,
das ihr nicht besuchen könnt,
nicht einmal in euren Träumen.
Ihr dürft euch bemühen, wie sie zu sein, aber versucht nicht,
sie euch ähnlich zu machen,
denn das Leben läuft nicht rückwärts,
noch verweilt es im Gestern.

*Khalil Gibran**

* »Von den Kindern« in: Khalil Gibran, *Der Prophet,* Walter Verlag, Olten 1989, Seite 16f.

Dank

Ich danke allen Kindern, die mir gezeigt haben, wie sie ihr Horoskop in Spiel, Alltag und Schule umsetzen. Ich staune über die Vielfalt des Lebens und über den Mut, mit dem Kinder sich in ihren Wachstums- und Entwicklungsprozeß hineingeben. Mein Dank gilt insbesondere den Kindern und Müttern, die mir Beispiele für dieses Buch zur Verfügung stellten, mir Einblick in ihre Familien gewahrten und so ein tieferes Verständnis für astrologische Zusammenhänge ermöglichten.

Lieben Dank auch Benjamin und seinen Eltern. Die Gespräche mit ihnen waren nicht nur Ausgangsbasis für den 4. Teil (»Beratungspraxis«) dieses Buches, sondern auch eine große persönliche Bereicherung für mich.

Ich danke auch meinen beiden Kindern Olivia und Renato, die mich als Mutter einer gleichermaßen schönen wie harten Lebensschule unterzogen und mich an der Welt der Kinder teilhaben ließen.

In dieses Buch ist das astrologische Wissen vieler Menschen eingeflossen, die mein Verständnis für Astrologie über Kurse, Bücher und persönliche Gespräche geprägt haben. Ihnen allen gilt mein Dank.

Ein ganz herzliches Dankeschön auch an Markus Jehle, der die Entstehung dieses Buches von Anfang an begleitete und mir sowohl fachlich wie sprachlich eine wertvolle Rückendeckung bot.

Juni 1997

In Liebe und Achtung für alle Kinder
Anita Cortesi

Inhalt

Vorwort

Dieses Buch richtet sich an Astrologen und Astrologinnen, die in einer beratenden Tätigkeit mit Kindern, Eltern und Lehrern arbeiten. Es richtet sich auch an astrologisch interessierte Eltern und Erzieher und an alle jene, die das Verständnis für die archetypischen Planetenprinzipien erweitern oder ihre eigene Kindheit aus einer neuen Perspektive betrachten möchten.

In erster Linie soll dieses Buch die reichen Schätze der Astrologie für die Deutung von Kinderhoroskopen nutzbar machen und so das Verständnis für Kinder fördern.

Kinder sind von uns Erwachsenen abhängig. Wieweit sie ihre Persönlichkeit entfalten können, hängt zu einem großen Teil davon ab, wie geeignet das Umfeld ist, das Eltern und Schule ihnen bieten. Dazu gehört neben geeignetem Spielzeug und Lernmöglichkeiten auch die Bereitschaft, sich mit dem Kind auseinanderzusetzen und ihm die nötige Geborgenheit, ein Vorbild, Ermunterung, Widerstand, Grenzen und vieles mehr zu bieten.

Die Astrologie gibt Hinweise, was ein Kind für eine optimale Entfaltung seiner Fähigkeiten braucht und in welchen Bereichen es Schwierigkeiten hat. *Kinder-Horoskope deuten und verstehen* ist als Wegweiser dazu gedacht.

Dieses Buch soll des weiteren die Motivation wecken, Kinder zu beobachten, sich mit ihnen zu beschäftigen und von ihnen etwas über astrologische Archetypen zu lernen. Kinder drücken die archetypischen Qualitäten der Planetenprinzipien auf eine klarere und einfachere Art aus als Erwachsene. Wenn ein Junge mit Aszendent in Stier einen Zettel mit der Aufschrift »Das ist mein Revier« an seine Zimmertüre klebt, so staune ich einfach über den offensichtlichen Zusammenhang von Mensch und Kosmos. Kinder sind für mich die besten Astrologielehrer.

1. Teil

Exkurs in die Entwicklungspsychologie

Was allen Kindern gemeinsam ist

Weshalb ein Exkurs in die Entwicklungspsychologie?

Astrologie ist eine Symbolsprache. Die zu untersuchenden Objekte wie Planeten, Tierkreiszeichen, Häuser und Aspekte sind mit bestimmten Bedeutungen verknüpft. Mars wird z.B. assoziiert mit einem aktiven, vorstoßenden und triebhaften Prinzip. Diese Begriffe allein genügen jedoch nicht, um ein Horoskop sinnvoll zu interpretieren. Jeder Mensch steht vor einem bestimmten soziokulturellen Hintergrund, den wir in der Regel mit großer Selbstverständlichkeit in die Deutung einbeziehen. Beispielsweise wird ein stark gestellter Mars im Horoskop eines Mannes mit Durchsetzungskraft, Handlungsfähigkeit und einer starken Sexualität in Verbindung gebracht. Im Horoskop einer Frau sehen wir dieselben Merkmale auch als Möglichkeit, diese yang-betonten Eigenschaften auf Männer zu projizieren und sich einen entsprechenden Partner zu suchen. Lebt die Frau in einem vorwiegend patriarchalisch ausgerichteten Dritte-Welt-Land oder einem islamisch-fundamentalistischen Staat, so bleibt fast nur noch der durchsetzungsstarke Ehemann als einigermaßen realistische Verwirklichungsebene.

Ist der Horoskopeigner ein Kind, so ist der psychologische Hintergrund nochmals völlig anders und zusätzlich vom Alter und Entwicklungsstand des Kindes abhängig. Ein stark gestellter Mars könnte sich im Babyalter als intensive Phase des Zahndurchbruchs manifestieren. Im Alter von zwei bis vier Jahren entdeckt das Kind den eigenen Willen, der mit einer entsprechenden Marsstellung den Eltern ganz schön zusetzen kann. Beispiele dafür sind Wut- und Trotzanfälle. Ein ausgeprägter Bewegungsdrang und die Lust zum Streiten wandeln sich im Laufe der Schulzeit in eine Vorliebe für Wettkampfsituationen und sportliche Betätigung. Die Energie, die sich beim Schulkind noch stark in einem egozentrischen und aggressiven Verhalten zeigt, wird im Verlaufe der Entwicklung zu klarer Äußerung des eigenen Willens, Durchsetzungskraft und Einsatzbereitschaft.

All dies ist immer derselbe Mars, der im Verlaufe der kindlichen Entwicklung und unter dem Einfluß von Elternhaus und Schule in seinen Ausdrucksformen geschliffen und veredelt wird. Was sich zu Beginn des Menschenlebens in der archaischen Form von Beißen und Schlagen ausdrückt, wird zu einem immer besser einsetzbaren Werkzeug der aktiven Lebensgestaltung.

Jedes Planetenprinzip durchläuft während der Kindheit diese Stufen von urtümlichen, unbewußten Ausdrucksformen hin zu einem verfeinerten und zumindest teilweise bewußten Einsatz. Um diese Vielschichtigkeit einigermaßen erfassen und Kinderhoroskope dem jeweiligen Alter des Kindes entsprechend deuten zu können, ist die Kenntnis der Entwicklungsstufen vom Säugling zum Erwachsenen eine wichtige Voraussetzung. Der folgende Abriß aus der Entwicklungspsychologie des Kindes soll die Voraussetzungen für eine kindgerechte und altersgerechte Horoskopdeutung schaffen.

Geburt und erstes Lebensjahr

Der Beginn des menschlichen Daseins

Wenn Samenzelle und Eizelle miteinander verschmelzen, entsteht ein neues Leben. Viele sehen in diesem Moment den Zeitpunkt, wo eine Seele sich in einem neuen Körper inkarniert.

Von der biologischen, wissenschaftlich erforschten Seite betrachtet, vereinigen sich zwei Zellen und kombinieren ihre Eigenschaften neu. Die menschliche Erbsubstanz ist in 23 Einheiten, sogenannten Chromosomenpaaren gespeichert. Die weibliche Eizelle und die männliche Samenzelle enthalten je 23 Chromosomen, die sich bei der Befruchtung zu 23 neu kombinierten Chromosomenpaaren zusammenlegen. In diesen Chromosomenpaaren ist die gesamte Erbsubstanz des entstehenden Kindes enthalten. Ein Chromosomenpaar bestimmt unter anderem das Geschlecht. Die Frau steuert in der Eizelle dieses Chromosom als x-Chromosom bei. Die Samenzellen enthalten zu 50 Prozent x-Chromosomen und zu 50 Prozent y-Chromosomen. Treffen nun zwei x-Chromosomen zusammen, so wird das Kind ein Mädchen. Die Kombination von einem x-Chromosom der Mutter und einem y-Chromosom des Vaters läßt einen Jungen entstehen.

Ein Horoskop gibt keine Auskunft über das Geschlecht des Horoskopeigners. Dieses wird eindeutig von der Erbsubstanz bestimmt. Weniger klar ist die Zuordnung der Ursachen psychologischer Eigenschaften. Ist beispielsweise Jähzorn eine vom Vater und Großvater vererbte Eigenschaft, die im Chromosomensatz des betreffenden Kindes festgelegt ist? Oder ist es die Manifestation eines Stier-Mars im Spannungsaspekt zu Pluto? Oft finden wir in den Horoskopen von Eltern und Kind ähnliche Konstellationen. Die Frage »Was ist vererbt und was davon spiegelt sich im Horoskop?« läßt sich wohl nicht beantworten. Die Bereiche scheinen sich zu überschneiden. Vieles, was sich im Horoskop zeigt, sind familiäre »Erbstücke«. Wir können dies zum Anlaß nehmen, ein Horoskop nicht nur für sich allein zu betrachten, sondern uns außerdem zu fragen, welche Planetenstellungen sich in der Herkunftsfamilie wiederholen und welche mehr individuellen Charakter haben.

Doch zurück zur biologischen Entwicklung des Menschen. Die aus Eizelle und Samenzelle verschmolzene neue Zelle teilt sich innerhalb von Stunden in zwei Zellen, diese teilen sich wieder und wieder. Die Zellen beginnen, sich zu differenzieren und sich für verschiedene Aufgaben zu spezialisieren. Die einen entwickeln sich zum Embryo, die anderen zur Plazenta, einem Organ, das sich in der Gebärmutter einnistet, die »Schnittstelle« zur Mutter bildet und das werdende Baby mit Nährstoffen und Sauerstoff versorgt. Doch vorerst besteht das Kind nur aus zwei plattenähnlichen Gebilden. Aus dem oberen, dem sogenannten Ektoderm, werden sich Nervensystem, Haut, Haare und Nägel entwickeln. Aus dem unteren, dem Entoderm, entstehen unter anderem Verdauungs- und Atemorgane. In der 3. Woche beginnt das Herz zu schlagen. In der 6. Woche formen sich Arme und Beine. Im 3. Monat beginnt sich das werdende Kind zu bewegen. Es ist zwar erst etwa 30 Gramm schwer, aber es kann bereits mit Armen und Beinen stoßen, eine Faust machen und den Mund öffnen. Auf dem Bildschirm des Ultraschallgerätes ist ein kleines Menschlein sichtbar. In den weiteren sechs Schwangerschaftsmonaten wächst es bis zu seinem Geburtsgewicht von 3 bis 4 Kilogramm. Bereits im 5. Monat reagiert es auf Umweltreize wie starken Lärm oder Vibrationen. Es tummelt sich in der Flüssigkeit, in der es schwimmt, schlägt Purzelbäume, lutscht am Daumen und stößt die

Mutter gegen die Rippen. Was es für sein Wachstum braucht, bezieht es durch Nabelschnur und Plazenta aus dem Blut der Mutter. Es ist eins mit der Mutter und doch aufgrund seiner unterschiedlichen biologischen Erbmasse ein eigenständiges Wesen. Die Erfahrung, von warmem Fruchtwasser umgeben, vom gleichmäßigen und beruhigenden Herzschlag begleitet und mit allem Notwendigen versorgt zu werden, dürfte einem positiven, wunderschönen Neptun-Erlebnis gleichkommen. Das Kind kann ein Urvertrauen entwickeln, das es ihm in seinem späteren Leben ermöglicht, sich hingebungsvoll auf neptunische Erfahrungen einzulassen.

Doch oft sind schon die vorgeburtlichen Erfahrungen des Kindes getrübt. Die Neptun-Symbolik manifestiert sich in Giften wie z. B. Nikotin, Alkohol oder Medikamenten, die durch das Blut der Mutter in den kindlichen Kreislauf gelangen und lebensbedrohliche Situationen verursachen können. Mit der Erfahrung, hilflos von den schädlichen Stoffen durchtränkt zu werden, wird das Kind in seinem späteren Leben Neptuns Reich mit Mißtrauen und Zurückhaltung begegnen. Psychischer Streß der Mutter oder die Erwägung einer Abtreibung dürften sich ähnlich negativ auswirken.

Wenn wir davon ausgehen, daß ein Mensch sein Leben, seine Ausstrahlung und seine Energie mit seinen Gedanken und Vorstellungen gestaltet, und wenn wir des weiteren annehmen, daß die Aura der Mutter, ihre Stimmung und Energie, das Kind beeinflussen, so wird jeder Gedanke der Mutter zu einem Teil der vorgeburtlichen Prägung für das Kind. Der beratende Astrologe sollte sich dies bei der Besprechung mit einer werdenden Mutter stets vor Augen halten. Auch bei der Deutung eines Kinderhoroskops kann die Frage nach dem vorgeburtlichen Familienklima über manche Schwierigkeit Aufschluß geben.

Die Geburt – Zeitpunkt des Horoskops

Nach neun Monaten Schwangerschaft ist das Kind reif für die Geburt. Es ist groß und kräftig genug, um in der rauhen Außenwelt mit entsprechender Pflege zu überleben, und doch noch so klein, daß es den engen Geburtskanal passieren kann. Wenn es auf natürliche Weise zur Welt kommt, beginnt der Geburtsvorgang damit, daß bei der Mutter die Wehen einsetzen. Wehen sind Muskelkontraktionen, die die Geburtswege öffnen und von den Hormonen der Mutter ausgelöst werden. Ob die Mutter oder das Kind bestimmt, wann der richtige Zeitpunkt für die Ausschüttung dieser Hormone ist, bleibt uns verborgen. Sind die Geburtswege durch die Wehen weit genug geöffnet, so zieht sich die Gebärmutter zusammen. Das Kind wird aus dem Mutterleib herausgepreßt. Es gelangt in eine Umwelt, die 15–20 Grad Celsius kälter ist, als es im Mutterleib war. Der schwerelose Zustand im Fruchtwasser weicht der Schwerkraft. Helles Licht, Stimmen und Geräusche tragen zusätzlich dazu bei, den neuen Erdenbürger, der soeben dem traumatischen Existenzkampf der Geburt glücklich entronnen ist, mit einer fremden und ungewohnten Situation zu konfrontieren.

Wird das Kind auf den Bauch der Mutter gelegt und warm zugedeckt, so braucht es trotz der gewaltigen Veränderung in vielen Fällen nicht zu schreien, sondern schaut mit seinen tiefblauen Neugeborenenaugen erstaunt und neugierig in die Welt oder sucht gierig nach der Milchquelle. Kaum aus dem Mutterleib, beginnt es zu atmen. Die Nabelschnur pulsiert noch eine Weile und versorgt das Kind mit zusätzlichem Sauerstoff. Erst nach einer Viertelstunde oder länger wird sie durchschnitten und damit die letzte körperliche Verbindung zur Mutter abgebrochen.

Als Astrologen arbeiten wir mit dem Zeitpunkt der Geburt. Doch ist die Geburt ein kontinuierlicher Vorgang von einigen Minuten bis zu einer halben Stunde. Irgendwann in dieser Zeitspanne auf die Uhr zu schauen und diesen Moment in die Geburtsurkunde einzutragen ist eine Sache, diesen Zeitpunkt als Ausgangsbasis für ein Horoskop zu nehmen eine andere.

Besonders bei einem Aszendenten an der Zeichengrenze wird die Frage wichtig, ob das Erscheinen des Kopfes, der erste Atemzug oder das Durchtrennen der Nabelschnur als Geburtsmoment definiert werden soll.

Da Ärzte und Hebammen in erster Linie die Aufgabe haben, Mutter und Kind sicher über diesen kritischen Lebensabschnitt zu bringen, und der Astrologie in der Regel wenig Bedeutung zugestehen, dürfte der auf dem Geburtsschein vermerkte Geburtszeitpunkt oft vom eigentlichen Geburtsmoment – den wir als ersten Atemzug definieren wollen – abweichen. In vielen Fällen dürfte die tatsächliche Geburt mehrere Minuten früher stattgefunden haben. Vor allem, wenn Komplikationen auftreten, das Kind z. B. unter Sauerstoffmangel leidet oder die Mutter übermäßig blutet, denkt wohl kaum jemand daran, die Uhrzeit zu notieren. Dies soll kein Vorwurf an Ärzte und Hebammen sein, sondern eine Aufforderung an die Astrologen, die angegebenen Geburtszeiten nicht als gesicherte Tatsache hinzunehmen.

Bereits ein paar Angaben über den Verlauf einer Geburt geben Hinweise, ob wegen Komplikationen mit einer größeren Abweichung der Geburtszeit zu rechnen ist. In manchen Fällen lohnt sich eine sorgfältige Geburtszeitkorrektur.

Manche Kinder werden durch Kaiserschnitt auf die Welt geholt. Kaiserschnitte können Wochen im voraus oder spontan vom Arzt während des Geburtsvorgangs angeordnet werden. Bei einem geplanten Kaiserschnitt dürfte die Geburtszeit recht genau sein. Doch stellt sich hier die Frage, ob denn die Astrologie so noch »funktioniert«.

Ich möchte an dieser Stelle ein paar grundsätzliche Gedanken zur Astrologie anbringen. Sollten wir davon ausgehen, daß »die Sterne uns zum Zeitpunkt der Geburt ihren Stempel aufdrücken«, ist die logische Folgerung, daß der Arzt – wenn auch ungewollt – mit dem Geburtstermin auch die »Prägung der Sterne« für das Neugeborene bestimmt. Das Schicksal wäre in höchstem Maß willkürlich. Ich sehe den Zusammenhang zwischen Mensch und Sternenhimmel nicht in einem Verhältnis von Ursache und Wirkung, sondern verstehe ihn eher als Ausdruck von Synchronizität. Am Himmel bewegen sich die Planeten nach kosmischen Gesetzen und auf der Erde bewegen sich die Menschen nach denselben kosmischen Gesetzen. Wenn ein Arzt den Zeitpunkt eines Kaiserschnittes festlegt, so handelt auch er im Rahmen der kosmischen Gesetzmäßigkeit, und das Kind erhält den Zeitpunkt der Geburt, der seinem Wesen entspricht. Ein Kind kann nur zu dem ihm gemäßen Zeitpunkt das Licht der Welt erblicken. Oder mit anderen Worten: Wenn die Zeitqualität den anstehenden Lebensaufgaben des Kindes entspricht, schlüpft es gleichsam ins Leben hinein.

Daß Horoskope von Kaiserschnitt-Geborenen genauso treffend sind wie andere, möchte ich an einem eindrücklichen Beispiel aufzeigen:

Eine Wassermann-Frau (Horoskop im Anhang, Seite 366), die berufstätig und sportlich sehr aktiv war, bekommt Drillinge. Auffallend an ihrem Horoskop ist der unaspektierte Mond auf 4° Skorpion, der im Leben der Frau bisher ein Schattendasein führte. Wegen des erhöhten Risikos wurde ein Kaiserschnitt vorgenommen. Für den Astrologen ist die Tatsache interessant, daß alle drei Kinder (Horoskop s. Seite 365) ihren Mond ebenfalls auf 4° Skorpion haben und damit die Mutter in höchstem Maße herausfordern, ihre Mutterrolle zu übernehmen. Wer einmal ein kleines Kind aufgezogen hat, weiß, wieviel Energie und schlaflose Nächte diese Aufgabe fordert. Die emotionale Kraft und Mutterliebe, die es braucht, um drei Kinder aufs Mal die ersten paar Lebensjahre zu begleiten und betreuen, ist nur schwer vorstellbar. Doch die drei Kinder motivieren ihre Mutter dazu, indem sie ihren Mond auf den unaspektierten Mond der Mutter legen. So entsteht eine Beziehung zwischen Mutter und Kindern, die stark von Mond-Qualitäten geprägt ist. Dies hat der Arzt bei der Festlegung des Zeitpunktes für den Kaiserschnitt wohl kaum berücksichtigt. In der Annahme, daß ein solcher Zufall äußerst unwahrscheinlich ist, bleibt mir nur ein ehrfurchtsvolles Staunen über die Zusammenhänge zwischen Kosmos und Mensch. Wie klar doch die Konstellation im Horoskop die Situation widerspiegelt!

Das Neugeborene

Der große Moment der Geburt ist vorbei. Das Kind hat seinen Weg als Individuum angetreten. Doch ist es noch sehr hilflos und auf intensive Pflege und Zuwendung der Mutter angewiesen. Biologisch gesehen ist der Mensch eine physiologische Frühgeburt, d. h. er wird im Unterschied zu Säugetieren in einem frühen und wenig entwickelten Stadium geboren. Seine Fähigkeiten sind vorwiegend auf den Kontakt zu Menschen ausgerichtet.

Gehör und Nervensystem eines Neugeborenen sind so ausgestattet, daß es sich nicht nur passiv von Geräuschen berieseln läßt, sondern daß es die menschliche Stimme anderen Klangmustern vorzieht. Auch das Sehen ist auf die Kontaktaufnahme mit Menschen eingestellt. Ein Neugeborenes folgt mit seinem Blick sich bewegenden Mustern in 20 bis 25 Zentimetern Entfernung, also beispielsweise dem Gesicht der Mutter. Auf Berührungen reagiert ein Neugeborenes ebenfalls. Insbesondere hält es einen Finger, mit dem man seine Handfläche berührt, mit erstaunlicher Kraft fest. Seine Bewegungsmöglichkeiten sind noch beschränkt und ziellos. Einzig der Saugreflex ist optimal entwickelt und ermöglicht es dem Kind, Nahrung zu sich zu nehmen.

Die Entwicklung im ersten Lebensjahr

In den ersten Lebenswochen schläft ein Kind ungefähr 20 Stunden pro Tag. Seine Wachzeiten sind gefüllt mit Nahrungsaufnahme, Kontaktaufnahme und rezeptivem Beobachten der Umwelt. Auf Hunger, Schwierigkeiten beim Verdauen oder beim Einschlafen, auf das Bedürfnis nach Kontakt sowie auf eine Über- oder Unterforderung durch Umweltreize reagiert das Kind mit Schreien. Dabei sind die Bedürfnisse und Reaktionen individuell sehr verschieden. Zeichenstellung von Mond und Aszendent im Kinderhoroskop geben Hinweise darauf.

Schon in den ersten Lebenswochen zeigt das Kind ein deutliches Interesse für gesichtsähnliche Bilder. Ein Oval mit drei dunklen Flecken an den Stellen von Augen und Mund im menschlichen Gesicht erregen seine Aufmerksamkeit mehr als ein x-beliebiges Bild. Es scheint auf die Kontaktaufnahme mit der Mutter und anderen Mitmenschen physiologisch vorbereitet zu sein. Im Alter von etwa 6 Wochen lächelt es zum ersten Mal. Die Mutter wird dadurch in ihrem Mutterinstinkt gestärkt. Auf diese Weise sichert sich das Kind die Pflege und Zuneigung der Mutter. Denn ohne sie kann es nicht überleben. Es ist völlig hilflos und darauf angewiesen, daß die Mutter kommt und ihm Nahrung und Liebe schenkt. Wenn es immer wieder erfährt, daß die Mutter da ist, wenn es sie braucht, und daß es gestillt wird, wenn es Hunger hat, wächst sein Vertrauen in die Mutter und ins Leben. Es gelangt zu der Überzeugung, daß es bekommt, was es braucht.

Es gibt Situationen, in denen die Mutter oder Pflegeperson für das Kind nicht zur Verfügung steht. Beispielsweise ist sie gerade anderweitig beschäftigt und läßt das Kind einige Minuten schreien, bevor sie kommt. Oder ein Krankenhausaufenthalt erfordert die Trennung von Mutter und Kind. Ein kurzer Moment des Alleinseins oder einige Tage oder Wochen, in denen es mit wenig herzlicher Zuwendung betreut wird, können für ein Kind mit den entsprechenden psychischen Voraussetzungen bzw. Faktoren im Horoskop zum lebensbedrohlichen Trauma werden. Vor allem ein Kind mit Mond-Pluto-Thematik im Horoskop scheint jede Situation, in der es sich verlassen fühlt, zum Anlaß zu nehmen, die Überzeugung zu festigen, daß keiner da ist, wenn es jemanden braucht. Wenn zehn Kinder äußerlich gesehen dieselbe Situation durchleben, z. B. eine Viertelstunde in der Wiege schreien, bis die Mutter kommt und Trost spendet, so hinterläßt dieses Erlebnis bei einem Kind mit Mond/Pluto, eventuell auch Mond/Saturn, Venus/Pluto oder Venus/Saturn, tiefe Spuren. Als Erwachsener wird es später die Überzeugung hegen, nicht um seiner selbst willen geliebt zu werden.

Die mentale Entwicklung

Die Entwicklung der Sprache

Im Alter von 3 bis 4 Monaten beginnt ein Kind, spielerisch Laute zu bilden. Es formt Töne, hört sie und wiederholt sie. Schaut man zu, so bekommt man den Eindruck, das kleine Menschlein unterhalte sich selbst. Es ahmt die gehörten Laute nach. Da die körperliche neuromuskuläre Reife ständig zunimmt, entstehen neue Laute. Das Kind hört sie, ahmt sie nach, bis sie »sitzen«, und erweitert so sein Repertoire an Lauten. Auf diese Weise schafft es sich die Basis für das Erlernen der Sprache.

Auch im Kontakt mit der Mutter werden die Laute geübt. Spricht sie mit dem Kind, so lauscht es ihrer Stimme und antwortet nicht nur mit Lächeln, sondern bald auch mit Lauten und Jauchzern.

Die ersten Wörter spricht ein Kind zu Beginn des 2. Lebensjahres. Voraussetzung dazu ist die Fähigkeit, den Zusammenhang zwischen Wortlaut und Inhalt zu erfassen. Ein Laut wird einer Person oder Sache zugeordnet, z. B. PAPA für den Vater oder WAUWAU für den Hund. Dieses Zuordnen-Können erfordert eine gewisse Reife des Gehirns. Wörter werden nachgeahmt und selbst erfunden. Wenn das Kind damit keine Reaktion bei den Bezugspersonen auslösen kann, verschwinden sie wieder. In seinen Wortschatz nimmt es auf, was von seiner Umwelt verstanden wird.

Im Unterschied zum Säugling, der der Musik der Sprache lauscht, erfaßt das Kleinkind im Alter von 1 bis 3 Jahren bereits sprachliche Inhalte. Das Erfassen der Bedeutung der einzelnen Wörter und später ganzer Sätze ist eine gewaltige Intelligenzleistung. Die Wörter werden vorerst wie Namen gebraucht. Das Wort »Löffel« bezeichnet z. B. einen ganz bestimmten Löffel, den das Kind täglich benutzt. Erst mit 4 bis 6 Jahren werden die Begriffe allgemeiner gefaßt. Löffel und Schuh und Auto sind nicht länger Namen für einzelne Dinge, sondern Begriffe für eine bestimmte Gattung von Gegenständen.

Das Kind braucht Gesprächspartner zum Nachahmen und Üben. Im 3. und 4. Lebensjahr, im berüchtigten Fragealter, baut es sich durch unzählige Was- und Warum-Fragen ein erstes Weltbild auf. Aus einzelnen Wörtern werden einfache Sätze gebildet. Zeitformen und andere grammatikalische Regeln werden integriert. Der Inhalt wird abstrakter, d. h. das Kind lernt, sich auch über Nicht-Sichtbares, über Ängste, über Zukünftiges und Vergangenes zu äußern. Bis zum Alter von ungefähr 3 Jahren nennt das Kind sich selbst beim Vornamen. Erst dann beginnt es, »ich« zu sagen.

Die Sprachentwicklung ist abhängig vom Milieu, in dem das Kind aufwächst. In einer sozial gehobenen Umgebung ist die Sprache der Familienmitglieder differenzierter, der Wortschatz reicher. Man spricht auch über abstrakte Dinge. Die Bereitschaft, auf die Fragen des Kindes einzugehen, ist ebenfalls milieuabhängig. Weniger gebildete Eltern erkennen die Wichtigkeit der sprachlichen Auseinandersetzung oft nicht und haben auch wenig Lust, immer wieder neue Antworten zu finden.

Die Fragen des Kindes können ganz schön lästig sein. Dennoch dienen sie dem Kind nicht nur zur Erweiterung des Wortschatzes und der Begriffsbildung, sondern helfen ihm zudem, seine Umwelt zu erkennen und sich ein Bild davon zu machen.

Das Weltbild des Kleinkindes

Das Kleinkind betrachtet die Umwelt subjektiv und beurteilt die Dinge nach seinen persönlichen Erfahrungen. Schokolade ist gut und Spinat schlecht, weil es selbst eben so empfindet. Es kann sich nicht vorstellen, daß jemand Spinat mag und Schokolade nicht.

Seine ganze Umwelt ist so lebendig wie es selbst. Die Puppe hat Hunger, und das Auto freut sich, wenn es schnell fährt. Stößt das Kind sich am Stuhlbein, so ist dieses »böse« und hat ihm absichtlich weh getan. Die Dinge sind lebendig und haben Gefühle. Die Umwelt wird als positiv oder negativ, d. h. als lieb oder böse wahrgenommen. Etwas emotional Neutrales gibt es nicht.

Im Weltbild des Kindes hat alles einen Zweck. Die Sonne scheint, damit man draußen spielen kann. Dem Kind fehlt noch die Fähigkeit zu objektiven Einschätzungen, es greift zu subjektiven, magischen Deutungen seines Erlebens. Den schrittweisen Ablauf der geistigen Entwicklung des Kindes erforschte Jean Piaget (1896–1980) in unzähligen Versuchen. Die folgenden Beispiele stammen von ihm (aus: Rolf Oerter/Leo Montada, *Entwicklungspsychologie*, Kapitel 11 *»Die geistige Entwicklung aus der Sicht Jean Piagets«*).

Das Kind ist noch nicht fähig, logisch abstrakt zu denken, sondern es orientiert sich an der konkreten Anschauung. Füllt man z. B. zwei gleiche Gläser bis zur selben Höhe mit Wasser und gießt vor den Augen des Kindes das Wasser des einen Glases in eine weite Schale, so sagt es, das Wasser sei weniger geworden. Es erkennt nicht, daß man kein Wasser weggenommen hat und es aus diesem Grund immer noch genausoviel sein muß.

Die Erfassung des dreidimensionalen Raumes ist dem Kleinkind ebenfalls noch nicht möglich. Es betrachtet »Raum« aus seiner Warte. Zwei Gegenstände berühren sich oder nicht. Mit Holzklötzen, Löffeln und allem, was greifbar ist, wird dies stundenlang geübt. In einem weiteren Entwicklungsschritt werden die Klötze in Schachteln gelegt und ausgeleert, Kästen und Schubladen werden ein- und ausgeräumt. Das Kind erfaßt, daß Gegenstände in einem Gefäß oder außerhalb des Gefäßes sein können.

Auch der Zeitbegriff kann noch nicht als lineare Folge von Tagen und Stunden verstanden werden. Das Kind lebt noch ganz in der Gegenwart und orientiert sich an dem, was es sieht. Stößt man zwei Bälle gleichzeitig, aber verschieden stark an und läßt sie durch den Raum rollen, so behauptet das Kind, derjenige, der schneller rollt und deshalb in derselben Zeit eine größere Strecke zurücklegt, sei länger gerollt. Es verwechselt den sichtbar zurückgelegten Weg mit Zeit, weil es noch nicht fähig ist, in seiner Vorstellung aus dem Jetzt herauszutreten und Zeit aus einer objektiven Warte zu erfassen. Es orientiert sich nur an dem Sichtbaren, hier also an der größeren zurückgelegten Strecke.

Das Weltbild des Kleinkindes kommt ungefähr im Alter von 5 Jahren ins Wanken, wenn das Kind den Unterschied von »belebt« und »unbelebt« zu entdecken beginnt. Es erkennt, daß der Teddybär im Unterschied zur Hauskatze kein Eigenleben hat. Mehr und mehr wandelt sich sein subjektives, magisches Weltbild in ein kausales und objektives Denken.

Bis zum Alter von 6 Jahren entwickelt sich allmählich die Wahrnehmungsfähigkeit zu einer Reife, die für uns Erwachsene so selbstverständlich ist und ohne die wir uns nicht in der Welt zurechtfinden könnten. Wir verstehen darunter Gesichts-, Tast- und Hörsinn. Der zentralste Bereich ist wohl das Tiefensehen. Die Fähigkeit, Distanzen abzuschätzen und Personen und Dinge auch auf Entfernung und in verschiedenen Positionen zu erkennen, ist zwar als Anlage angeboren, muß jedoch vom Kind intensiv geübt und entwickelt werden.

Die Entwicklung des abstrakten Denkens

Abstraktes Denken bedarf einer objektiven Sichtweise. Mit einem objektiven Weltbild wird es möglich, Dinge in ein räumliches und zeitliches Koordinatensystem einzuordnen, diese miteinander zu verknüpfen und Gedankengänge zu produzieren, ohne deren Inhalt selbst zu erleben oder zu sehen. Dies ist unter anderem eine Voraussetzung dafür, Buchstaben und Zahlen als abstrakte Zeichen mit bestimmten Bedeutungen zu verstehen und lesen und schreiben zu lernen.

Ein 2- bis 3jähriges Kind hat bereits den Unterschied zwischen einer bekannten Person und deren Bild auf einem Foto erkannt. Es kann also reale Dinge und Abbildungen voneinander unterscheiden. Die Fähigkeit, verschiedene Problemlösungen in Gedanken durchzuspielen und zu entscheiden, welches der effizienteste Weg zum Erreichen des Zieles ist, entwickelt sich ebenfalls im Vorschulalter. Ein 1- bis 2jähriges Kind geht auf direktem Weg auf ein Ziel zu, greift durch die Gitterstäbe des Laufstalles nach dem Teddybären und zieht daran, auch wenn dieser offensichtlich größer ist als der Abstand zwischen zwei Stäben. Ein 4jähriges Kind spielt den Versuch bereits in der Vorstellung durch und erkennt, daß es den Teddybären *nicht* zwischen den Stäben durchziehen kann. Die praktische Handlung des Kleinkindes verlagert sich durch Versuch-und-Irrtum-Erfahrungen mehr und mehr auf die Vorstellungsebene.

Die Anforderungen der Schule

Im Alter von 6 bis 7 Jahren kommt es mit dem Schuleintritt zu einer gewaltigen Veränderung im Leben des Kindes. Um den neuen Anforderungen zu genügen, muß das Kind »schulreif sein«, d.h:

- den Lernstoff aufnehmen und verarbeiten und
- sich aus dem geborgenheitspendenden Kreis der Familie lösen und in die Gruppe integrieren.

Obwohl es eine Menge Schulreifetests gibt, läßt sich Schulreife nicht klar definieren und messen. Lernfähigkeit wie auch die sozialen Aspekte sind allzu komplex. Wenn man noch bedenkt, daß der Lehrer ebenfalls ein individuelles Wesen ist und den Lernstoff auf eine individuelle Art und Weise vermittelt, wird klar, daß nur tendenzielle Aussagen über die Schulreife eines Kindes möglich sind.

Folgende Faktoren beeinflussen den Schuleinstieg und den Lernerfolg:

- Die Fähigkeit des Kindes, reale Zusammenhänge zu erfassen (z. B. daß überall gleichzeitig Sonntag ist) und Erfahrungen zu verallgemeinern (z. B.: Im Garten steht ein Apfelbaum, an dem Äpfel wachsen. Verallgemeinerung: Äpfel wachsen grundsätzlich an Bäumen.);
- die Fähigkeit des Kindes, abstrakten Zeichen einen Inhalt zuzuordnen (z. B. dem Buchstaben »A« den dazugehörenden Lautklang) und seine Richtung zu erkennen (z. B. »b« und »d« zu unterscheiden);
- die Fähigkeit des Kindes, einzelne Laute aus einem Klangbild herauszuhören, z. B. einzelne Buchstaben aus einem Wort.
- Der Wortschatz und die Sprechbereitschaft eines Kindes sind abhängig von seinem sozialen Milieu. Ober- und Mittelschichtkinder verfügen über einen größeren aktiven und passiven Wortschatz, der ihnen den Schuleinstieg und Lernerfolg gegenüber Unterschichtkindern erleichtert.
- Wie groß ist die Bereitschaft eines Kindes, seine spontanen Mond-Bedürfnisse zugunsten eines Gruppenziels zur Seite zu stellen und z. B. ruhig zu sitzen und zu schreiben, anstatt seinem Bewegungsdrang nachzugeben und herumzulaufen.

Die kognitive Entwicklung im Laufe der Schulzeit

Im Verlaufe der Schulzeit wird es dem Kind mehr und mehr möglich, sich auch für Dinge zu interessieren, die außerhalb seiner unmittelbaren Erlebniswelt liegen. So erwacht etwa das Interesse für die Vergangenheit, für fremde Länder, für das Reich der Tiere oder das Weltall. Trotzdem ist das Kind weit mehr als der Erwachsene auf eine anschauliche Wissensvermittlung angewiesen. Wenn nicht live, so will es die Dinge zumindest in Bild und Modell sehen.

Die logische Denkfähigkeit wird komplexer. Das Kind kann mehr und mehr selbst Schlüsse ziehen. Beispiel: Wenn Wasser in großer Kälte zu Eis gefriert und es am Nordpol viel Eis gibt, muß es dort sehr kalt sein.

Das Ausprobieren nach Versuch und Irrtum wird abgelöst vom planmäßigen Vorgehen. Das Kind beginnt, sich Strategien auszudenken, wie es auf direktem Weg ein Ziel erreichen kann.

Lernfähigkeit und Gedächtnisleistung nehmen ständig zu.

Das Kind begreift, daß Mengen konstant bleiben. Gießt man Wasser von einem weiten in ein enges Glas, so wird es dadurch nicht mehr. Dieses Erfassen der Mengenkonstanz ermöglicht überhaupt erst das Rechnen.

Das Kind beginnt, kausale Zusammenhänge zu erfassen. Es sagt nicht mehr: »Wenn ich den Lichtschalter drücke, brennt das Licht.« Es erkennt: *Weil* ich den Lichtschalter drücke, brennt das Licht.

Was ist Intelligenz?

Wenn wir Intelligenz als die Fähigkeit definieren, neue Problemsituationen zu lösen, können wir künstlich solche Situationen schaffen und in sogenannten IQ-Tests den Grad der Intelligenz messen. Das Ergebnis deckt sich erfahrungsgemäß jedoch weder mit der schulischen Leistung eines Kindes noch mit dem späteren Erfolg im Leben. Intelligenz ist also nur einer von vielen Faktoren, die über Erfolg oder Mißerfolg in der Schule bestimmen. Was wir schlechthin unter Intelligenz verstehen, beinhaltet ein Denken in vorgegebenen Bahnen mit wenig Kreativität. Erfindergabe, Improvisationstalent, musische Begabungen und vieles mehr werden nicht berücksichtigt. Dies mag ein Grund sein, weshalb ein IQ-Test die Begabung eines Schulkindes nur teilweise widerspiegelt.

Leistung und Lernerfolg des Kindes

Intelligenz können wir als intellektuelle Anlage betrachten. Sie ist einer von mehreren Faktoren für den Lernerfolg des Kindes. Weitere, ebenso wichtige Faktoren sind:

- Motivation
- Arbeitshaltung (Konzentration, Pflichtbewußtsein, Ausdauer)

- Aufnahmefähigkeit und Wahrnehmung
- Gedächtnis

Die Lernmotivation ist abhängig vom sozialen Milieu des Kindes. Eltern mit hoher Schulbildung geben dem Kind die Einstellung weiter, daß Lernen selbstverständlich und notwendig ist, und geben ihm bei Bedarf auch die nötige Unterstützung. Eltern, die keine höhere Schulbildung haben und die nur über wenig Wissen verfügen, motivieren ihr Kind entsprechend wenig zum Lernen. Auch wenn sie Schulleistung als Mittel zum sozialen Aufstieg erkannt haben, neigen sie doch eher zu einem aggressiven Erziehungsstil und zu Strafen und Liebesentzug bei schulischem Versagen anstelle von Unterstützung. Einmal mehr ist ein Unterschichtkind gegenüber einem Mittel- und Oberschichtkind benachteiligt.

Ein Kind läßt sich zum Lernen motivieren, weil es die Erwartungen von Eltern und Lehrer erfüllen will. Wenn es lesen und schreiben lernt, erfaßt es noch kaum, wie wichtig diese Fähigkeiten sind. Es lernt, weil die heißgeliebten Eltern dies von ihm erwarten. Eine ähnliche Funktion übernimmt der Lehrer in den ersten Schuljahren. Ist eine positive Lehrer-Kind-Beziehung möglich, so lernt das Kind, um sich dauernd neu Lob und Anerkennung des Lehrers zu sichern. Die optimalen Lernvoraussetzungen sind dann gegeben, wenn sowohl Eltern wie Lehrer dem Kind Anteilnahme, Anerkennung und Lob für seine schulischen Leistungen zuteil werden lassen.

Ein dritter Faktor neben Eltern und Lehrern ist die Gruppe der Gleichaltrigen. Das Kind will »dazugehören«. Es ist bemüht, sich gemäß den Gruppenidealen zu verhalten und die Rolle zu übernehmen, die ihm die Gruppe zuweist. Bestehen die Ideale im Extremfall darin, den Lehrer zu boykottieren, so beeinträchtigt dies die Lernmotivation des einzelnen Kindes erheblich.

Wird das Kind von Eltern, Lehrern und Gruppe zum Lernen angeregt, so wächst seine persönliche Motivation mit jedem Schuljahr. Es lernt mit zunehmendem Alter nicht mehr so sehr für Lehrer und Eltern, sondern aus Interesse an der Sache. Die innere Befriedigung, etwas über ein interessantes und faszinierendes Sachgebiet gelernt zu haben, tritt an die Stelle der Anerkennung von Eltern und Lehrern.

Die Gewissensbildung

Kleinkinder haben noch kein »Gewissen«. Im Vorschulalter begreifen Kinder zwar, daß man z. B. nicht lügen oder stehlen soll. Sie sehen davon ab, weil sie nicht bestraft werden wollen oder weil sie die Eltern nicht enttäuschen wollen, nicht aber aus moralischen Gründen. Als verwerflich gilt, was unangenehme Folgen hat. Erst im Verlaufe der Schulzeit entwickeln Kinder ein Gefühl für Fairneß und erkennen, daß Stehlen ungerecht ist. Mit der wachsenden Fähigkeit des objektiven Denkens nimmt der Sinn für Gerechtigkeit zu. Das Kind beurteilt auch Taten als negativ, die keine Strafe nach sich ziehen, jedoch einen Menschen benachteiligen.

Das Schulkind setzt sich eingehend mit »gut« und »böse« auseinander. Beliebt sind Geschichten, Theater und Gruppenspiele mit eindeutig guten und eindeutig schlechten Charakteren. Der Gerechtigkeitssinn des Kindes ist in den ersten Schuljahren absolut und verlangt gleiches Recht für alle. Mit zunehmender Reife wächst die Einsicht, daß Schwächere eine Berechtigung zu mehr Nachsicht und Unterstützung haben. Das Kind gelangt zu der Ansicht, daß Lehrer nicht von allen Kindern dasselbe fordern, sondern die Aufgaben den Fähigkeiten der einzelnen anpassen und z. B. die Deutschkenntnisse eines fremdsprachigen Schülers weniger streng bewerten sollen.

Die emotionale Entwicklung

Der Mensch lebt nicht von Nahrung allein. Er braucht vor allem in der Kindheit Kontakte zu anderen Menschen, Liebe und Geborgenheit. Insbesondere im Alter von 6 bis 18 Monaten ist ein Kind darauf angewiesen, eine stabile emotionale Beziehung zur Mutter oder zu einer Pflegeperson aufbauen zu können. Es braucht dazu ihre ständige Zuwendung und Liebe. In dieser Zeit entsteht eine Art Prototyp für Beziehungen, nach dessen Muster das Kind alle weiteren Beziehungen in seinem späteren Leben eingeht. Bleibt ihm eine befriedigende Erfahrung verwehrt, dann entsteht nicht nur ein schwieriges Beziehungsmuster, sondern seine gesamte Entwicklung leidet darunter.

Dem Kleinkind fehlt das Bewußtsein für seine Gefühle. Es spürt Angst oder Frustration, weint und sucht Trost bei der Mutter. Mit zunehmendem Alter wächst die Fähigkeit, den Auslöser für ein bestimmtes Gefühl zu erkennen. Das Kind ist vielleicht wütend, weil der Bruder ihm das Spielzeug weggenommen hat. Es kennt den Grund seiner Wut. Oder es fürchtet sich vor einem Hund und kann seine Angst in Worte fassen, indem es sagt, der Hund sei böse.

Das Schulkind wird sich mehr und mehr seiner Gefühle bewußt. Es drückt sie nicht mehr spontan und unmittelbar aus wie das Kleinkind, sondern formuliert sie zusehends in Worten. Anstatt zu weinen, sagt es, was ihm nicht paßt. Da der gesellschaftliche Druck in unserer westlichen Welt darauf abzielt, Kinder zu leistungsfähigen, intellektuell aktiven jungen Menschen heranzuziehen, verliert sich die Fähigkeit, Emotionen direkt und ungefiltert zeigen zu können, oft im Laufe der Kindheit. Der spontane Ausdruck von Gefühlen ist jedoch auch beim Erwachsenen eine Quelle der Lebensfreude und sollte dem Kind deshalb nicht durch einen rigorosen Erziehungsstil abgewöhnt werden.

Obwohl das Schulkind grundsätzlich von einer positiven Grundstimmung getragen ist, bleiben Angst vor schulischem Versagen und Unlustgefühle ständige Begleiter. Wie mehrfach in Untersuchungen dargelegt werden konnte, steht die Angst in direktem Zusammenhang mit dem Leistungsdruck der Schule und des Elternhauses. Freundliche Zuwendung, Lob und Wertschätzung bauen Ängste ab.

Neben realen Ängsten werden Kinder von irrealen Ängsten, z. B. vor Dunkelheit oder bösen Tieren, heimgesucht. Werden diese Ängste übermächtig, so liegt die Vermutung auf eine gestörte Familiensituation nahe.

Die soziale Entwicklung

Der Bezugsrahmen des Kleinkindes ist die Familie. Im Kindergarten wird es vor die Aufgabe gestellt, sich in eine Gruppe Gleichaltriger zu integrieren. Zum einen lernt das Kind, sich in die Gruppe einzufügen und seine Interessen denjenigen der Gruppe unterzuordnen. Zum anderen hat es erstmals Gelegenheit, sich die Menschen auszuwählen, mit denen es in eine Interaktion treten will. Beziehungen sind nicht einfach vorgegeben, wie etwa mit Geschwistern, sondern das Kind entscheidet selbst, mit wem es spielen will. In den ersten Schuljahren entsteht ein Netz von sozialen Kontakten. Das Kind schließt Freundschaften und »übt« seine Beziehungsfähigkeit zu Gleichaltrigen.

In einer Gruppe oder Schulklasse entstehen mit dem Beziehungsnetz auch Hierarchien. Einzelne Kinder stehen im Ansehen höher als andere. Die Kinder sind sich dieses sozialen Gefüges bewußt und kennen auch ihre eigene Stellung innerhalb der Gruppe recht genau.

Mit zunehmender Integration in die Gruppe Gleichaltriger löst sich das Kind vom Elternhaus. Für ein Kleinkind sind die Eltern die »Größten«. Im Laufe der Schulzeit erwacht seine objektive Beobachtungsgabe. Es beginnt, sich kritisch mit seiner Umwelt auseinanderzusetzen und entdeckt auch bei den Eltern Mängel und Ungereimtheiten. In seinem Denken wird es autonomer und bildet sich eine eigene Meinung. Dieser Ablösungsprozeß bringt Konflikte mit sich. Das Kind zeigt den Eltern in aller Härte, wo sie inkonsequent, unfair oder auf andere Weise »unreif« reagieren. Es bietet ihnen damit eine wertvolle Gelegenheit, ihre eigene Persönlichkeit zu entwickeln.

Dieser kurze Einblick in die Entwicklungspsychologie des Kindes soll aufzeigen, daß ein Kind einen dynamischen Prozeß durchläuft. Das individuelle Horoskop, dem wir uns im folgenden Teil zuwenden, kann nur vor einem entwicklungspsychologischen Hintergrund sinnvoll gedeutet werden, der Alter und Entwicklungsstand des Kindes berücksichtigt.

2. Teil

Das Horoskop

Die individuellen Anlagen des Kindes

Der Tierkreis

Zwölf Archetypen, aus der Sicht des Kindes dargestellt

Widder ***Bewegung und Pioniergeist***

Ich bin ein lebhaftes Kind und brauche viel Bewegung. Stillsitzen oder anderweitig in meinem Bewegungsdrang eingeschränkt zu werden mag ich gar nicht. Ich tolle lieber in der freien Natur herum, klettere auf Bäume oder baue Sandburgen. Stundenlang in der Schule ruhig zu sitzen ist mir ein Greuel. Ich brauche daneben eine sportliche Betätigung, um meinem starken Bewegungsdrang gerecht zu werden.

Eltern und Pädagogen sagen vermutlich, daß ich eine ausgeprägte Trotzphase durchlebe. Ich spüre meine Wut schnell. Sie kommt wie eine Welle über mich, und ich will ihr Ausdruck verleihen. Aus diesem Grund ist es wichtig, daß die Eltern mir auch erlauben, wütend zu sein. Sie sollen keine langen Erklärungen abgeben, sollen jedoch auch nicht von ihrem Standpunkt abweichen, sondern mich möglichst meine Wut austoben und die Konsequenzen tragen lassen.

Ich will meine Kräfte messen und liebe Kampf und Konfrontation. Ich fordere meine Umwelt immer wieder heraus, denn ich brauche klare Grenzen, gegen die ich ankämpfen kann. Vor allem wenn die Eltern eher sanft und friedliebend sind, dürfte es nicht immer leicht sein, mir die Stirn zu bieten. Um meinen Kampfgeist zu erproben, brauche ich Eltern, die meinen Herausforderungen nicht nachgeben, mich jedoch auch nicht mit allzu vielen Verboten und Regeln einschränken und so mein Feuer ersticken, sondern die sich immer wieder auf ein Kräftemessen einlassen.

Werde ich in meinem Übermut und meiner Vitalität zu sehr gebremst, so zeige ich diese stark ausgeprägte Seite meines Wesens nur noch Schwächeren gegenüber in Form von Aggression, dominiere vielleicht jüngere Kinder oder quäle Tiere. Wenn ich mich so bewegen darf, wie es meiner Natur entspricht, lerne ich mit der Zeit, meine überschäumende Energie in kreative Bahnen zu lenken.

Ich weiß, was ich will, und kann mich mit großer Selbstverständlichkeit annehmen. Die anderen kann ich weniger gut annehmen. Ich bin eine Einzelkämpfernatur, je nach Laune übermütig oder eigenwillig, aggressiv und streitlustig. Meine Fähigkeiten liegen in meiner Spontaneität und Kreativität, weniger im praktischen Bereich. Werden Geduld und Gründlichkeit von mir verlangt, geht mir das ziemlich gegen den Strich.

Ich will meinen eigenen Weg gehen. Ich nehme grundsätzlich an, daß alles nur eine Frage des Willens ist. Dabei kann ich manchmal recht wenig Einfühlungsvermögen zeigen. Wenn mich die Eltern bei entsprechenden Gelegenheiten darauf aufmerksam machen, daß zwischenmenschliche Beziehungen nicht im Sturm genommen werden können, helfen sie mir, neben meinem überschäumenden Temperament auch die verbindenden Seiten meines Wesens zu entwickeln.

Stier ***Körper, Realität und Genuß***

Ich genieße nichts mehr als einen geregelten Tagesablauf, Ruhe und Ordnung. Auf allzuviel Besuch und Aufregung reagiere ich als Baby mit Schreien, im Kleinkindalter werde ich leicht aufsässig und weinerlich, und als Schulkind ziehe ich mich in mein Zimmer zurück, drehe den Schlüssel um und lasse keinen Fremden herein. Am liebsten sind mir eine vertraute Umgebung, vertraute Menschen und die Sicherheit, zu wissen, was als nächstes geschieht, wann man auf den Spielplatz geht, zu essen bekommt, aufsteht oder zu Bett geht.

In den ersten Lebensjahren schlafe ich außerhalb meines Bettchens kaum ruhig und brauche zumindest die eigene Decke oder meine Kuscheltiere. Töne und Gerüche sind für mich wichtig und gehören zur gewohnten Umgebung. Eine vertraute Melodie aus der Musikdose oder ein Tropfen aus der Parfumflasche der Mutter auf dem Schmusetuch geben mir ein Gefühl der Sicherheit. Wenn die Eltern Möbel umstellen, in die Ferien verreisen oder andere Veränderungen vornehmen, beobachte ich den Aufruhr mit Skepsis und setze mich notfalls mit beharrlichem Geschrei für das Gewohnte ein.

Klare Besitzverhältnisse sind mir wichtig. So brauche ich eigene Spielsachen, die ich mit niemandem teilen muß. Ein eigenes Zimmer stärkt mein Selbstvertrauen. Ich fühle mich eins mit meinem

Besitz und reagiere entsprechend verletzt, wenn sich jemand daran vergreift.

Ich brauche viel Körperkontakt und will gehalten und gestreichelt werden. Das heißt nicht, daß ich ein ausgesprochenes Schmusekind bin, doch verlange ich immer wieder nach Berührung, und sei es eine Rückenmassage oder das Einreiben mit Sonnenmilch. Dies oder Essen oder anderes, was mir Freude bereitet, kann ich aus ganzer Seele genießen.

Ich nehme die Umwelt vorwiegend über die Sinne wahr. Ich möchte die Dinge anfassen, daran riechen und - zumindest als kleines Kind alles in den Mund nehmen. Viel wichtiger als Erklärungen ist der Sinneseindruck. Die Mutter kann also lange sagen, daß der Kaktus sticht, erst wenn ich ihn selbst angefaßt habe, nehme ich die Tatsache wirklich zur Kenntnis. Dinge anfassen dürfen ist für mich sehr wichtig. Mit Erde, Sand und Wasser, Teig oder Knetmassen spiele ich ausgiebig und gern.

Da ich alles in die Hände nehmen und genau betrachten will, wirke ich manchmal etwas langsam. Vor allem wenn die Eltern spontan und schnell sind, kann ich ihnen ganz schön auf die Nerven gehen, etwa wenn die Mutter einen Termin hat und ich die Schuhe mit einer unglaublichen Bedächtigkeit anziehe. Doch laßt mir Zeit! Wenn nicht in Situationen wie der beschriebenen, so doch, indem ihr mich ungestört spielen laßt, mich nicht unterbrecht und mich beim morgendlichen Anziehen oder beim Zähneputzen nach Belieben trödeln laßt. Indem ich mit alltäglichen Dingen wie der Zahnbürste herumspiele und dieses und jenes ausprobiere, entwickle ich einen stabilen Bezug zur Realität und zur materiellen Welt, was für mich eine der wichtigsten Lebensgrundlagen darstellt.

Zwillinge — *Interessiert und kontaktfreudig*

Ich bin immer gern dabei und möchte mitreden. Selbst wenn ich noch ein ganz kleines Kind bin, mag ich es nicht, allein in der Wiege zu liegen. Mit wachem Interesse verfolge ich alles, was um mich herum geschieht. Fasziniert und neugierig schaue ich zu, wenn andere etwas tun.

Ich beginne früh zu sprechen und kann die Eltern mit meinen unermüdlichen Fragen ganz schön stressen. Ich will einfach alles wissen. Meine geistige Flexibilität zeigt sich auch im Spiel. Ich mag vor allem Spielsachen, die immer wieder neu kombiniert werden können. Ich erfinde selbst Spiele. Solche kreativen Beschäftigungen regen mein Denken an. Zu kombinieren und immer wieder neu zu überlegen macht mir Spaß. Gleichzeitig lerne ich, meinen Verstand zu gebrauchen.

Auch im Schulalter bin ich grundsätzlich offen für alles Neue. Mein Wissensdurst motiviert mich zum Lernen. Mich interessiert fast alles, und so hüpfe ich von einem Thema zum anderen und lasse mich von meinen Zielen ablenken. Da ich für meine innere Gedankenwelt immer wieder neue Anregung suche, höre ich gern Geschichten und entwickle mich im Schulalter schnell zu einer »Leseratte«. Es fällt mir leicht, die Gedanken und Vorstellungen eines anderen nachzuvollziehen. Bücher gehören zu den treusten Begleitern meiner Kindheit. Die Fähigkeit, etwas aus Distanz objektiv zu betrachten, läßt mich tolerant und offen erscheinen, erschwert es mir jedoch, mir eine eigene Meinung zu bilden. Stehe ich vor einer Entscheidung, dann sehe ich beide Seiten mit allen Vor- und Nachteilen und kann mich nur schwer für die eine Möglichkeit und gegen die andere durchringen. Jede Ermunterung, klar Stellung zu beziehen, tut mir gut.

Ich will selbständig sein. Ich bin kein Schmusekind, das sich gerne halten und mit dem sich kuscheln läßt. Beim Spielen laufe ich zwischendurch schnell einmal zu Mama, Küßchen und Umarmung, und schon bin ich wieder in meine Beschäftigung vertieft. Ich will mich nur schnell vergewissern, ob sie da ist und alles in Ordnung ist. Tut sie etwas, das ich nicht kenne, verweile ich schon länger, weil ich ja über das Unbekannte etwas erfahren muß. »Was tust du da? Warum? Wie funktioniert es?« sind meine Standardfragen. Geht etwas nicht nach meinem Kopf, so flüchte ich nicht in kopfloses Schreien, Stampfen und Trotzen. Meine Notwehr besteht aus Argumenten. Ich sage Mama, wie gemein sie ist, oder versuche, sie mit Worten umzustimmen. Ob im Streit oder bei bester Laune, ich suche immer den Kontakt und das Gespräch. Mit sachlichen Erklärungen kann man mich gut lenken, denn ich weiß oft selbst nicht so recht, was ich will. Und Kommunikation liegt mir sehr am Herzen.

Da ich meine Umwelt vorwiegend mit dem Verstand zu erfassen suche und dabei meine Gefühlsseite manchmal fast vergesse, brauche ich immer wieder Hinweise von den Eltern, daß das Leben nicht nur sachlich und logisch angegangen werden kann. Es tut mir gut, wenn sie mir durch ihr Vorbild zeigen, daß Tränen keine Schande sind, wenn sie meine emotionalen Bedürfnisse ernst nehmen und mich ermuntern, zu meinen Gefühlen zu stehen und sie nicht aus Vernunftgründen zu überspielen.

Krebs ***Beeindruckbar und anschmiegsam***

Ich bin ein kleines Schmusekätzchen, sensibel und anschmiegsam. Ich brauche viel Geborgenheit und Nestwärme. Zu viele Umweltreize verunsichern mich, sei dies nun zuviel Lärm, dauernd neue Spielsachen oder eine oft wechselnde Umgebung. Ich fühle mich wohl in einem trauten Familienklima. Mehr als andere Kinder brauche ich meine Mutter und bin auf eine stabile Beziehung zu ihr angewiesen. Ich fasse nicht gleich zu jedermann Vertrauen. Ich mag es z. B. gar nicht, wenn man mir immer wieder andere Babysitter zumutet.

Wegen meiner ausgeprägten emotionalen Seite eigne ich mich gut für die Rolle des Nesthäkchens. Ich brauche viel Ermunterung zur Selbständigkeit, so daß ich langsam aus der kindlichen Abhängigkeit herauswachsen kann.

Ich bin offen für die Gefühle der anderen. Ist Mama traurig oder wütend, dann spüre ich das, selbst wenn sie sich bemüht, sich nichts anmerken zu lassen. Ich kann kaum unterscheiden, was eigene Gefühle sind und was ich aus meiner Umwelt aufnehme, wie etwa eine Stimmung der Mutter. Beides beeindruckt mich gleichermaßen stark.

Wenn die Eltern in der Partnerschaft, im Beruf oder in einem anderen Bereich Probleme haben, so beeinträchtigen ihre Sorgen das häusliche Klima, und ich leide darunter. Oberflächliches Trösten oder Ablenken hilft nicht viel. Wie eine Pflanze, an deren Wurzel ein Wurm nagt, sich nicht durch etwas Wasser wieder aufrichtet, lasse ich mich auf diese Weise nicht von meiner Grundstimmung abbringen. Ich gehe zu sehr davon aus, daß die Stimmung in mir und außen eins sind. Damit ich eine glückliche Kindheit verbringen kann, ist es wichtig, daß die Eltern für ihr eigenes Wohlbefinden sorgen. Je zufriedener sie sind, desto glücklicher bin ich.

Ich brauche Eltern, die klar sagen, was sie denken und fühlen. Machen sie mich immer wieder darauf aufmerksam, daß ihre Gefühle nicht meine sind, dann kann ich lernen, zwischen meinen und ihren Gefühlen zu unterscheiden. Dieses innere Sich-Abgrenzen übe ich in konkreten Handlungen, etwa indem ich aus Sand Staudämme baue und das Wasser damit abgrenze und so symbolisch mein »Wasser«, d. h. meine innere Gefühlswelt von der Außenwelt abgrenze.

Mehr als durch Worte drücke ich mich durch Mimik, Gestik, Lachen und Weinen aus. Auf eine liebevolle Umarmung spreche ich weit mehr an als auf lange Erklärungen. Ich brauche viel Zärtlichkeit. Fühle ich mich geborgen, so zeige ich meine kindliche, fröhliche und ausgelassene Natur. Scheint mir das Umfeld fremd und bedrohlich, ziehe ich mich in meine innere Fantasiewelt zurück wie eine Schnecke in ihr Häuschen und verhalte mich möglichst unbeweglich und unauffällig.

Wenn mir etwas nicht paßt, kann ich mich auf den Boden legen, schreien und weinen, ohne daß Worte mich erreichen. In solchen Situationen ist es wichtig, mich nicht einfach meiner Laune zu überlassen, sondern mir Zuneigung und Liebe zu geben, so daß ich mich nicht in meinem Schmollwinkel zu verkriechen brauche. Auf diese Art kann ich zu einem fröhlichen, feinfühligen und beeindruckbaren Menschen heranwachsen, der viel Lebenskraft aus der eigenen Gefühlswelt schöpft.

Löwe ***Mut zur Tat***

Ich bin ich! Ich strahle wie eine kleine Sonne und wünsche mir nichts mehr, als daß sich möglichst viele Menschen in meinem Licht sonnen. Ich liebe es, wenn man mich beachtet. Ich schätze es sehr, wenn mir die Eltern »Bühnenauftritte« verschaffen. Möglichkeiten gibt es viele. Im Kleinkindalter kann ich der Verkäuferin an der Kasse die Ware hinreichen. Oder zu Hause am Mittagstisch hören Vater und Mutter mir zu. Meine Bilder werden eingehend begutachtet, gelobt und aufgehängt. In der Schule habe ich das schönste Federmäppchen oder sonst etwas mit Superlativen.

Gelingt es mir nicht, die Aufmerksamkeit auf positive Weise auf mich zu ziehen, so bleibt mir immer noch die Möglichkeit, ausfällig zu werden. Ich kann ganz schön trotzen und schreien, quengeln oder Schwächere ärgern, wenn ich will, daß man mich bemerkt. Beispielsweise ziehe ich die Katze am Schwanz übers Parkett, wenn die Mutter telefoniert. Oder ich hau dem kleinen Bruder eine runter. Wetten, daß sie hinschaut! - Bösartig bin ich nicht. Ich will nur, daß man mich beachtet.

Ich habe ein gesundes Selbstwertgefühl und kann mich mit großer Selbstverständlichkeit annehmen, wie ich bin. Meine Fähigkeiten liegen in meiner Herzlichkeit, Spontaneität und Kreativität, sowie in meinem Mut zur Tat. Ich packe an, was ich mir vorgenommen habe, und bringe auch Geduld und Ausdauer auf, um ein einmal begonnenes Vorhaben zu Ende zu führen. Kann ich etwas vollbringen und »glänze« dann mit meiner Tat im Mittelpunkt von Familie oder Schule, festigt dies mein Selbstvertrauen.

Schwierigkeiten können auftreten, wenn ich um meiner selbst willen bewundert werden will. Eigentlich will ich genau das. Da die Mitmenschen mir diesen Gefallen allenfalls in den ersten paar Lebensjahren tun, muß ich etwas lernen, was ich vorzeigen kann. Ich bin sehr kreativ und kann auch hart für etwas arbeiten. Ich lerne z. B. Gitarre spielen. Wenn ich dann an Weihnachten die Lieder begleite, geben mir alle Applaus. Jede Form von »Theaterauftritten« ist mir hoch willkommen, denn ich habe einen Sinn für Dramatik.

Ich bin stark von mir eingenommen. Interessen, Ideen und Vorstellungen nehmen viel Raum ein. Ich neige dazu, darüber zu vergessen, daß es neben mir noch andere Menschen gibt, von denen jeder auch in einer eigenen und für sich wichtigen Welt lebt. Damit ich mir nicht einen einsamen Thron namens Ego baue, brauche ich Eltern, die mir ihre Gefühle, Wünsche und Gedanken immer wieder mitteilen und mich an ihrem Innenleben teilhaben lassen. So werde ich offener für andere und lerne, Begeisterung und Mitgefühl gleichermaßen zu teilen, ohne mich in der Beschäftigung mit meiner eigenen Wichtigkeit zu verlieren.

Ich bin ein Kind der Tat und brauche ein weites Betätigungsfeld. Lange Erklärungen oder genaue Vorgaben langweilen mich. Viel lieber packe ich die Sache einfach an und sehe, was daraus wird. Mit Bastelsets kann ich nicht viel anfangen und mit der Gebrauchsanweisung erst recht nicht. Viel lieber werke ich mit Papier, Schere und Klebstift. So kommt meine kreative Seite zum Zug. Was entsteht, entspringt meinem Herzen.

Jungfrau — *Eine gründliche und bodenständige Natur*

Ich brauche eine äußere Ordnung, um mich sicher und wohl zu fühlen. Diese Ordnung besteht nicht in säuberlich aufgeräumten Schubladen, sondern meine Welt muß überblickbar sein. Ich fühle mich erst so richtig wohl, wenn ich weiß, was am Morgen als erstes getan wird, was folgt und wie die einzelnen, zum Tagesablauf gehörenden Rituale wie Perlen an einer Schnur aufgereiht sind. Mein Tag beginnt so: Die Mutter gibt mir einen Gutenmorgenkuß und legt mir die Kleider hin. Anziehen kann ich mich selbst. Ich lege die Kleider in der Reihenfolge auf die Bettdecke, in der sie angezogen werden müssen. Zuerst die Hose und dann die Pantoffeln und nicht umgekehrt. Dann mit dem Waschlappen übers Gesicht und mit der Bürste durch die Haare. Das geht allerdings nicht so schnell, wie es hier beschrieben ist. Nun gibt es Frühstück. Die Mutter streicht mir ein Honigbrot. Doch was ist heute bloß los? Sie benutzt ein Messer, das ich noch nie gesehen habe. Der Griff ist breiter und dunkelbraun. Ich muß es mir genau ansehen, damit ich weiß, was neu in meine Welt eingetreten ist ...

Wenn mein Alltag übersichtlich ist, kann ich ihn in meiner Vorstellung in »Schublädchen« einordnen und so all die neuen Eindrücke verarbeiten. Unbekanntem gegenüber neige ich zur Vorsicht und lasse mich erst ein, wenn ich weiß, woran ich bin. Ermunterungen zu etwas mehr Spontaneität können mir helfen, trotz der angeborenen Zurückhaltung meine Fähigkeiten Schritt für Schritt zu entfalten.

Ich nehme die Umwelt vorwiegend über die Sinne wahr. Ich möchte die Dinge anfassen, beobachten und auseinandernehmen. Viel wichtiger als Erklärungen ist die Erfahrung über die Sinne. Etwas mit den Dingen tun zu dürfen ist für mich sehr wichtig. Am liebsten spiele ich mit Erde, Sand und Wasser, Teig oder anderen Knetmassen. Risikofreudig bin ich nicht gerade. Wenn die Mutter sagt, daß Herdplatte und Bügeleisen heiß sind, muß ich allerhöchstens einmal ausprobieren, ob dies auch wirklich stimmt. Meinem Alter entsprechend bin ich über die Maßen vernünftig.

Ich habe mich ganz dem Experimentieren verschrieben. Die Mechanik von Spieldosen fasziniert mich weit mehr als die Musik. Ich lerne die materielle Welt kennen, indem ich die Dinge anfasse, genau beobachte und herausfinde, wie sie funktionieren. Jedes Ding hat seinen Zweck und seine Logik. Diese zu erforschen macht mir Spaß. Ich halte mich auch an Einschränkungen und lege mich nicht unbedingt mit Vaters Stereoanlage an. Also laßt mich experimentieren!

Waage *Liebenswürdig, kontaktfreudig und anpassungsfähig*

Kontakte sind das wichtigste auf der Welt. Wenn andere Menschen um mich herum sind, spüre ich mich erst so richtig. Ich mag nicht allein in der Wiege liegen, sondern will dabeisein. Ich brauche nicht im Mittelpunkt zu stehen - oder vielmehr zu liegen -, aber jede Zuwendung läßt mein Kinderherz höher schlagen.

Ich möchte Kontakte pflegen und beginne deshalb früh zu sprechen. Zwar möchte ich niemanden mit meiner Fragerei zu stark beanspruchen, aber ich würde gerne alles wissen. Wenn sich einmal niemand mit mir beschäftigt, kann ich auch ganz gut alleine spielen. Ich bin geistig flexibel und mag Spielsachen, die mich zum Kombinieren anregen. Ich denke mir gerne selbst Spiele aus. So schule ich meinen Verstand. Noch lieber spiele ich mit jemandem zusammen.

Grundsätzlich liegen mir das Lesen- und Schreibenlernen und all die anderen Herausforderungen der Schule. Ich mag die Lehrer und Kameraden und bin offen für alles Neue. Durch meinen Wissensdurst lasse ich mich leicht zum Lernen motivieren. Und natürlich lerne ich auch für meine Lehrer. Ich will ja ihre Sympathie. Die Eltern freuen sich ebenfalls über meine schulischen Leistungen, und so strenge ich mich auch ihretwegen besonders an.

Ich höre gerne Geschichten. Sie regen meine Gedankenwelt an. Ich mag es sehr, wenn mir jemand etwas erzählt. Zuhören ist so gemütlich, und die ganze Welt ist dann in Frieden und Harmonie. - Ich lese auch selbst. Es fällt mir leicht, die Gedanken und Vorstellungen eines anderen nachzuvollziehen. In der Schulbibliothek gehe ich ein und aus wie in meinem eigenen Zuhause.

Ich brauche eine harmonische Umgebung. Schönheit ist für mich ein wichtiger Bestandteil des Lebens, und ich schätze schöne Dinge und zeige schon früh einen ausgeprägten eigenen Geschmack.

Ich bin sehr darauf bedacht, die Harmonie in der Familie nicht zu stören. Aus diesem Grund neige ich dazu, mich anzupassen und nicht zu sagen, was mir mißfällt. Streit und offene Konfrontation sind mir äußerst unangenehm, und so füge ich mich oft dem Frieden zuliebe. Wenn Eltern und Lehrer mich ermuntern, meine Absichten klar zu äußern, und mir zeigen, daß ein fair geführter Streit die bessere Basis für eine harmonische Stimmung ist als Anpassung um jeden Preis, dann kann ich meine Fähigkeit zum Schlichten entwickeln.

Ich bin kontaktfreudig und liebenswürdig und kann ganz schön schmeicheln und andere um den Finger wickeln. Ich suche das Gemeinsame mit anderen und schließe leicht Freundschaften. Der Kontakt zu anderen Kindern und Erwachsenen regt mich zum Denken und Handeln an. Manchmal habe ich Mühe, zu wissen, was ich will. Ich kann schlecht nein sagen. Soll ich mich entscheiden, weiß ich oft gar nicht, wie. Wenn die Mutter mit mir z. B. Kleider einkaufen geht, sehe ich so viele wunderschöne Pullover. Soll ich mich für diesen oder für den anderen entscheiden? Die Qual der Wahl kann mir die Freude ziemlich verderben. Zu guter Letzt entscheide ich mich für denjenigen, der meiner Mama am besten gefällt. So ist die Situation gerettet, und wir gehen zufrieden und in bester Eintracht mit dem neuen Kleidungsstück nach Hause.

Skorpion ***Eine tiefgründige Natur***

Ich bin ein schwacher, kleiner Mensch, weder allmächtig noch perfekt - leider! Ich bemühe mich, meine Mängel nicht an die große Glocke zu hängen. Überhaupt ziehe ich es vor, aus dem Hintergrund zu beobachten und mich selbst nicht zur Schau zu stellen. Dadurch wäre ich doch nur noch verletzlicher, als ich ohnehin schon bin. Die Vorstellung, daß andere Macht über mich haben, bereitet mir Unbehagen. Ich brauche Eltern, die mir zeigen, daß wir alle schwach sein dürfen und nicht immer gleich in Abhängigkeit geraten oder ausgelacht oder manipuliert werden. Dann kann ich meine Schwächen besser akzeptieren und mich meinen Gefühlen hingeben.

Ich bin ein tiefgründiges Kind, das sich mit Intensität und Leidenschaft auf das Leben einläßt. Themen wie Geburt, Tod und Sexualität faszinieren mich. Ich suche geradezu Situationen, die mich zutiefst aufwühlen und mir Gelegenheit geben, mich ganz einzulassen und nicht nur oberflächlicher Zuschauer zu bleiben. So kann ich lernen, daß Höhen und Tiefen zum Leben gehören und daß ich mich einbringen kann, ohne kontrollieren zu müssen.

Ich möchte den Eltern meine Gefühle offen zeigen können. Dabei ist Offenheit nicht etwas, das man in einer bestimmten Situation einschalten kann, sondern ein Ergebnis des Vertrauens, das die Eltern während all der Jahre der Kindheit zu mir aufbauen. Haben sie Geheimnisse vor mir oder gibt es Dinge, über die man nicht spricht, spüre ich dies auf einer unbewußten Ebene schon als kleines Kind und reagiere mit Mißtrauen und Verschlossenheit. Ich brauche nicht so sehr ein äußerlich geordnetes Umfeld als vielmehr ihre ganze Zuwendung und Liebe. Indem ich mich von den Eltern getragen fühle, kann ich meine eigene innere Kraft und Stärke entwickeln, die mich im späteren Leben tragen.

Ich dürfte schon früh einen ausgeprägten Forscherdrang entwickeln. So stelle ich hartnäckige und nicht immer angenehme Fragen. Es fasziniert mich, mein Spielzeug auseinanderzunehmen, um zu sehen, wie es innen aussieht. Der Gedanke, daß der Teddybär kaputtgeht, wenn ich ihn aufschneide, ist Nebensache; wichtig ist mir, den Dingen auf den Grund zu kommen.

Wenn mein Bedürfnis, in die Tiefe vorzudringen und nicht am Oberflächlichen kleben zu bleiben, auf Widerstand stößt, wird die Angelegenheit für mich um so spannender, und ich kann mich dann geradezu in eine Sache »verbeißen«. Verbotene Kirschen schmecken mir viel besser als die erlaubten. Ich habe ein feines Gespür für Ungereimtheiten, für Tabus oder Familiengeheimnisse. Es ist deshalb sehr wichtig, daß die Eltern offen sind und aufrichtige Antworten auf meine oft unbequemen Fragen geben. Dazu gehört auch, daß sie mir ihre Schwächen zeigen.

Schütze ***Bewegung und Begeisterung***

Ich bin ein lebhaftes Kind und lasse mich leicht von den Wellen der Begeisterung fortreißen. Es sprudelt dann nur so aus mir. Die Eltern sagen, ich sei eine Plaudertasche oder immer in Bewegung oder vielleicht auch beides zugleich. Es muß dauernd etwas laufen. Es sollte auch noch Sinn machen. Eine Geschichte kann mich derart begeistern, daß ich sie am liebsten gleich in die Tat umsetzen würde. Theater spielen hat etwas für sich. Ich hänge mir liebend gern einen purpurroten Königsmantel um. Und das nicht nur auf der Theaterbühne, sondern auch im Alltagsleben. Ich muß doch der schalen Wirklichkeit etwas Farbe geben. Mehr zu scheinen, als ich wirklich bin, ist eine gefährliche Verlockung, der ich immer wieder erliege. Vor allem, wenn die Eltern diesbezüglich Vorbilder sind und anderen Leuten etwas vorspielen, sehe ich es sofort und bemühe mich eifrig, es ihnen gleichzutun. Ich neige dazu, Schein mit Sein zu verwechseln und brauche Eltern, die meinen Hochstaplerallüren kritisch entgegentreten und mir liebevoll, aber bestimmt den Purpurmantel von den Schultern nehmen. Wenn ich lerne, die Realität und die Banalitäten des Alltags so zu akzeptieren, wie sie sind, kann mein Streben nach etwas Größerem bei den tatsächlichen Begebenheiten ansetzen. Mein Schwung und Elan motiviert mich dann zum Lesenlernen, anstatt mich in Wunschvorstellungen vom Fliegen oder Zaubern zu entführen.

Grundsätzlich bin ich ein fröhliches Kind, das die positiven Seiten des Lebens sieht und sich von den negativen wenig bedrücken läßt. Zumindest in den ersten Lebensjahren - und wenn mich das Leben nicht allzusehr beutelt, auch weiterhin - bin ich wie ein Stehaufmännchen. Wenn ich auf die Nase falle, stehe ich einfach wieder auf.

Ich nehme viel Raum ein. Mit meinen Kräften und meiner Geschicklichkeit will ich experimentieren. So tolle ich gerne auf dem Spielplatz herum oder treibe Sport. Ich kenne keine Grenze und fordere meine Umwelt immer wieder heraus, mir diese klar zu setzen. Ich bin maßlos, sei dies mit dem Verlangen nach Süßigkeiten oder Taschengeld, dem Verschleiß von Kleidern oder dem Platzanspruch in der Wohnung. Wo ich bin, dehne ich mich aus wie ein Hefeteig. Um meinen Schwung und Elan zu erproben, brauche ich Eltern, die »Stop!« sagen. Sie sollen meinen Herausforderungen nicht nachgeben, mich jedoch auch nicht mit allzu vielen Verboten und Regeln einschränken und dadurch meine Begeisterung ersticken. Ideal ist, wenn sie sich immer wieder auf ein Kräftemessen mit mir einlassen.

Steinbock ***Sachlichkeit, Ernst und klare Ziele***

Die starke Betonung des Steinbockzeichens in meinem Geburtsbild weist darauf hin, daß ich mir schon früh Ziele setze und diese konsequent verfolge. Kaum daß ich die ersten Worte sprechen kann, sage ich ein klares Nein. Ernster und willensstärker als andere Kinder, möchte ich für voll genommen werden. Deshalb ist es wichtig, daß die Eltern nicht einfach Verbote und Regeln aufstellen, sondern mir erklären, *warum* ich dieses oder jenes tun muß. Ich bin außerordentlich vernünftig und empfänglich für rationale Argumente, ich mag es jedoch gar nicht, wenn man mich mit einer fadenscheinigen Antwort abspeist und nicht ernst nimmt.

In allem, was ich tue, bin ich sehr gründlich. Ich brauche für gewisse Dinge länger als andere, denn mein ausgeprägtes Pflichtbewußtsein fordert von mir eine tadellose Leistung. Ich neige auch dazu, mich selbst unter Druck zu setzen, etwas Bestimmtes erreichen zu müssen. Mein großer Perfektionsanspruch kann dann zu Problemen führen, wenn Elternhaus und Schule noch zusätzlich hohe Erwartungen an mich stellen und mich überfordern. Da ich leicht Verantwortung übernehme, ist die Versuchung groß, mehr von mir zu erwarten, als meinem Alter entspricht. Wenn ich mich überfordert fühle, wehre ich mich kaum, sondern strenge mich um so mehr an, die an mich gestellten Erwartungen zu erfüllen.

Ich sollte jedoch trotz oder gerade wegen meiner ernsten Seite Kind sein dürfen. Ich brauche ein warmes Familienklima, das mir die Bestätigung gibt, so geliebt zu werden, wie ich bin, ungeachtet meiner Leistungen. Zeigen mir die Eltern ihre Gefühle und ihre Zuneigung und fördern sie meine verspielte und genießerische Seite, kann ich immer wieder erleben, daß es in der Welt noch andere Werte gibt außer Leistung und Erfolg.

Mir ist es ein großes Anliegen, mit beiden Füßen auf dem Boden der Realität zu stehen. Tagträume und der Zugang zu Phantasie und Märchen sind mir eher fremd. Mein Interesse gilt der konkreten und materiellen Welt, die ich sachlich und korrekt zu erobern versuche. Ich beobachte genau, nehme die Tatsachen, wie sie sind, und hänge kaum irrealen Wünschen und Träumen nach. Meine Ziele sind konkret, und es gehört zu meinen größten Stärken, Schritt für Schritt auf eine sehr pragmatische Weise zu verwirklichen, was ich mir vorgenommen habe. So verfüge ich über gute Fähigkeiten, mir im späteren Leben eine gesellschaftliche oder berufliche Stellung zu erarbeiten.

Wassermann — *Ein kleiner Individualist mit originellen Einfällen*

Auch wenn ich etwas ganz Besonderes bin, liege ich doch nicht gern allein in der Wiege. Hellwach, wie ich vom ersten Tag an auf dieser Welt bin, verfolge ich alles, was um mich herum geschieht. Ich beginne früh zu sprechen, denn die Sprache ist ein Mittel, um die Besonderheiten dieser Welt kennenzulernen. Mit meinen unermüdlichen Fragen kann ich die Eltern ganz schön stressen. Ich will einfach alles wissen. Meine geistige Flexibilität zeigt sich auch im Spiel. Ich bevorzuge Spielsachen, die immer wieder neu kombiniert werden können. Am liebsten erfinde ich selbst Spiele. Solche kreative Beschäftigungen regen mein Denken an. Das Kombinieren und Immer-wieder-neu-Überlegen macht mir Spaß. So kann ich in den ersten Lebensjahren spielend lernen, meinen Verstand zu gebrauchen. Ich entwickle außergewöhnlich originelle Ideen, und meinem Einfallsreichtum sind keine Grenzen gesetzt. Ich brauche unbedingt Eltern, die tolerant genug sind, mir genügend Freiraum zu lassen.

Ich bin eigentlich nicht nervös. Aber als ruhig kann man mich wohl auch nicht bezeichnen. Ich bin gedanklich hyperaktiv und komme auf sogenannte »dumme« oder gar »verrückte« Ideen. Ich bin eben ein bißchen *ver*rückt, d. h. abgerückt von der Norm. Solange Eltern und Lehrer mich lassen, wie ich bin, kann ich mich wunderbar entfalten. Anregungen bietet die Umwelt genug. Ich bin selbständig, wenn es um Kreativität und Ideenreichtum geht.

Schwierigkeiten gibt es dann, wenn man mich »erziehen« will. Ich lasse mich nicht durch einen konventionellen Rahmen formen. Ich gebe weder schön brav Händchen noch knickse ich vor dem Besuch, weil Mama es so gerne hätte. Anstandsregeln locken meine unflätigste Seite hervor. Ich werde borstig wie ein Stachelschwein, wenn ich etwas tun soll, einfach weil »man« es so tut. Persönliche Freiheit geht mir über alles. Notfalls werde ich rebellisch, eigenwillig und störrisch wie ein Esel.

Die Schule ist für mich ein geistiger Tummelplatz - vorausgesetzt, der Lehrer läßt mich tummeln. Ich bin neugierig auf alles Unbekannte. Theoretisches und abstraktes Wissen faszinieren mich. Zu Gedankenakrobatik bin ich fast immer aufgelegt. Nur sitze ich dabei nicht ruhig in der Schulbank und passe kaum in das Konzept des Lehrers. Das will ich auch gar nicht. Ich möchte zwar geliebt und geschätzt werden, aber ich möchte auch ich selbst sein. Wenn ich nicht beides haben kann, gebe ich letzterem den Vorzug.

Ich bin ein kleiner Individualist und neige dazu, mich für etwas Besonderes zu halten. Aus Angst, daß die Realität das Gegenteil beweisen könnte, scheue ich mich, meine Ideen zu verwirklichen, und ziehe mich gerne in die innere Welt meiner Vorstellungen zurück wie Rapunzel im Turm. Die Wirklichkeit scheint mir fast zu konkret, und ich brauche die Ermunterung der Eltern, um die Neigung zu kühler Distanziertheit zu überwinden und mich auch auf die weniger intellektuellen Bereiche des Lebens einzulassen. Sonst stehe ich wie ein Zuschauer am Gartenzaun und betrachte das Gartenfest des Lebens von außen, anstatt selbst teilzunehmen.

Da ich meine Umwelt sehr mit dem Verstand zu erfassen suche und dabei meine Gefühlsseite manchmal in den Hintergrund dränge, müssen mich die Eltern immer wieder daran erinnern, daß das Leben nicht nur im Glaspalast der Ideenwelt stattfindet. Zeigen sie mir durch ihr Vorbild, daß Tränen keine Schande sind, und nehmen sie meine emotionalen Bedürfnisse ernst, so kann ich lernen, zu meinen Gefühlen zu stehen und den Garten des Lebens zu betreten.

Fische ***Beeindruckbar und offen für Stimmungen***

Ich bin ein sensibles Kind. Wie der Seismograph das fernste Erdbeben, so nehme ich die leiseste Stimmungsschwankung wahr. Die Gemütsbewegungen der anderen sauge ich auf wie ein Schwamm. Sie vermischen sich mit meinen eigenen, und ich weiß nie, welches Gefühl woher stammt.

Ich bin offen für die Emotionen der anderen. Sind die Eltern traurig oder wütend, spüre ich dies, selbst wenn sie sich bemühen, sich nichts anmerken zu lassen. Ich kann kaum unterscheiden, was eigene Gefühle sind und was beispielsweise zum Stimmungstief meiner Mutter gehört. Beides beeindruckt mich gleichermaßen stark.

Wenn meine Eltern in der Partnerschaft, im Beruf oder in einem anderen Bereich Probleme haben, dann beeinträchtigen ihre Sorgen das häusliche Klima, und ich leide darunter. Oberflächliches Trösten oder Ablenken hilft nicht viel. Die Atmosphäre ist vergiftet. Mit jedem Atemzug fülle ich mich mehr damit, werde aggressiv, nervös oder still und versuche, meinen Eltern zu helfen. Ich möchte immer zuerst alle anderen glücklich machen, bevor ich es sein kann. Je besser meine Eltern für ihr eigenes Wohlbefinden sorgen, desto unbeschwerter kann ich meine Kindheit leben. Ich brauche Eltern, die klar sagen, was sie denken und fühlen. Machen sie mich immer wieder darauf aufmerksam, daß ihre Gefühle nicht meine sind, so kann ich lernen, zwischen meinen und ihren Gefühlen zu unterscheiden. Wenn sie mich dann auch noch nach meinen ganz persönlichen Wünschen und Bedürfnissen fragen, merke ich mit der Zeit, daß ich nicht mehr im Urmeer des Einsseins schwimme, sondern ein eigenes Ich habe.

Ich kann mich gut anpassen. Unauffällig ziehe ich mich zurück, wenn mir etwas nicht paßt. Eltern und Lehrer müssen sehr aufmerksam sein, um zu bemerken, wenn mit mir etwas nicht stimmt. »Ich will« zu sagen fällt mir unendlich schwer. Deshalb tut es mir gut, wenn meine Eltern mich immer wieder fragen, was ich will. Man kann so vieles haben - Liebe, Zärtlichkeit, Spielsachen, Essen, ein Haustier -, ohne die anderen unglücklich zu machen. Diese Erfahrung brauche ich.

Ich fühle mich eins mit allem, was ist. Eine tiefe Naturverbundenheit, Mitgefühl mit allem, was lebt, sowie Versenkung in Musik oder religiöse Bereiche sind neben einer intensiven Phantasie- und Märchenwelt Beispiele dafür. Ich lebe gewissermaßen mit einem Fuß in der Realität und mit dem anderen in einer inneren Traumwelt. So brauche ich während meiner Kindheit eine liebevolle Begleitung, um zwischen den beiden Welten unterscheiden zu lernen. Laßt mich träumen, und gebt meiner Phantasie Raum, aber zeigt mir auch, daß auf der Straße die Gesetze der Realität gelten – dann kann ich zu einem fröhlichen, feinfühligen und beeindruckbaren Menschen heranwachsen, der viel Lebenskraft aus der eigenen Gefühlswelt schöpft.

Grundsätzliches zur Deutung von Kinderhoroskopen

Bevor ich mich eingehend mit den astrologischen Konstellationen im Kinderhoroskop auseinandersetze, möchte ich der Frage nach dem Warum nachgehen. Es soll nicht einfach nur die Freude an der Astrologie sein, die den Astrologen veranlaßt, Horoskope für Kinder zu erstellen. Welchen Nutzen bringt die Deutung eines Kinderhoroskops? Der Astrologe kann die Möglichkeiten, die im Kinderhoroskop liegen, je nach eigenem Wissen und Erfahrung mehr oder weniger ausschöpfen. Wie jeder beratende Astrologe weiß, birgt die Beratungspraxis auch ihre Gefahren. Kinder sind keine Ausnahme, im Gegenteil stellen sie den Astrologen durch ihre Abhängigkeit von Erwachsenen vor eine besonders heikle Aufgabe.

Der Nutzen des Kinderhoroskops

Ein Geschenk für jeden Astrologen

Wer sich mit Astrologie beschäftigt, hat nie ausgelernt. In einem jahrelangen Prozeß kann er Beispiele zu den einzelnen astrologischen Archetypen sammeln. Das Leben bietet eine Fülle davon, seien dies nun eigene Erfahrungen, Erzählungen und Erlebnisse von Mitmenschen, aber auch Geschichten, Filme, Musik, Bilder, Kunst, Tiere, Blumen und vieles mehr. Die Liste läßt sich beliebig verlängern, denn letztlich spiegelt alles Sein die astrologischen Archetypen wider. Oder, von der anderen Seite betrachtet, bietet die Astrologie ein perfektes System von Symbolen, in das sich alles Sein einordnen läßt. Sammelt ein Astrologe Beispiele für Planeten-, Zeichen- und Häuserentsprechungen, so verfeinert er sein Verständnis für die Symbolsprache der Astrologie.

Kinder bieten eine Fülle von sehr klarem und einfachem Anschauungsmaterial. Sie haben noch keinen Zugang zu den vielfältigen Möglichkeiten der Erwachsenen, eine Planetenkonstellation zum Ausdruck zu bringen. Sie sind auch weniger in gesellschaftliche Zwänge eingebunden; sie leben im Hier und Jetzt. Im Unterschied zu den Erwachsenen ist ihre Ausdrucksweise einfach, direkt und klar:

- Ein Junge mit Aszendent in Stier klebt einen Zettel an seine Zimmertüre mit der Aufschrift: »Das ist mein Revier!«
- Ein Kind mit Mond in Krebs schläft bis ins Alter von vierzehn nur selten ohne sein Kuscheltierchen.
- Ein Mädchen mit gut aspektiertem Zwillinge-Merkur fängt gleich mit jedem ein Gespräch an.

Ein wunderschönes Beispiel für die Ausdruckskraft der Planetenenergien bieten die Schwestern Lia und Fleur. Beide gehen ins Ballett, Lia mit Saturn im 5. Haus, Fleur mit einem Krebs-Mond im 5. Haus. Die Mutter beschreibt ihre Töchter so: »Lia hat etwas Graziöses an sich, wenn sie tanzt. Sie stellt sich gleichsam in Pose, und die Frau in ihr schimmert durch. Fleur ist eins mit ihrer Seele beim Tanzen. Einmal stellte sie eine Schneeflocke dar und ein andermal einen Wassertropfen. In beiden Rollen war sie überwältigend.«

Ich möchte Sie ermuntern, Kinder zu beobachten und sich diese reiche Quelle an archetypischen Beispielen zu erschließen.

Eine Hilfe zum besseren Verständnis der Kinder

Jeder Mensch ist eine Welt für sich. Kinder entsprechen den Persönlichkeiten ihrer Eltern selten. Oft sind sie ganz anders als ihre Eltern. Kinder haben es oft schwer, Charakterzüge, die anders sind als bei Vater und Mutter, zum Ausdruck zu bringen. Wenn man für Weihnachtsgebäck Sterne aus dem Teig ausgestochen hat und dann die Herzform nimmt und die Sterne so zu Herzen machen will, bleibt eine unschöne »Zerrform« übrig, weder Stern noch Herz. Dies ist ein Vergleich, der zutrifft, wenn Eltern ihre Kinder nach dem eigenen Ebenbild formen wollen. Ich war selbst einmal so ein »Herz« und sah in meinem »Sternsohn« nur das Herzkind. Das Kinderhoroskop hat mir die Augen für seine Sternform geöffnet:

Renato wurde mit Krebs-Mond und Krebs-Aszendent in eine kühle, intellektuelle Familie hineingeboren. Wasser ist in meinem Horoskop und in denen meines Mannes und meiner Tochter »Mangelware«. Wenn Renato weinte, hieß es denn auch sofort: »Sag, was du hast! Du kannst doch reden!« Wir hatten nur wenig Verständnis für die starken Gefühle des kleinen Jungen, die nichts auf Erklärungen hielten, sondern sich in einem herzlichen Lachen oder einer Flut von Tränen äußerten. Erst die Astrologie brachte mich feuer- und luftbetonte Mutter auf die Idee, meinen Sohn nicht länger nach dem Grund der Gefühlsausbrüche zu fragen. Wenn er weinte, nahm ich ihn auf den Arm und versuchte, auf seine Stimmung einzugehen, indem ich fragte: »Ist es so schlimm, daß wir miteinander traurig sein müssen, oder können wir auch ein Lied zusammen singen?« Darauf ging sein Krebs-Mond sofort ein. Meist sangen und lachten wir, manchmal brauchte er Trost, und immer wollte er gehalten und gewiegt werden. Mit meiner Luftbetonung hätte ich natürlich gerne gewußt, was der Grund des Weinens gewesen war. Doch half mir Renatos Horoskop sehr, zu verstehen, daß für ihn Gefühle viel zentraler waren als für mich, meinen Mann und meine Tochter. Diese wichtige Erkenntnis war Erleichterung und Bereicherung zugleich.

Schlüssel zur optimalen Förderung des Kindes

Eltern möchten in der Regel ihr Kind fördern, ihm den Weg ins Leben ebnen und ihm helfen, seine Anlagen zu entwickeln. Schwierig wird die Situation dann, wenn die Persönlichkeit des Kindes nicht zu den Vorstellungen der Eltern paßt. Wenn z. B. ein eher saturnisches und konservatives Elternpaar den Alltag nach klaren Richtlinien gestaltet, sich im gesellschaftlichen Umfeld einen sicheren Platz geschaffen hat und das Kind planmäßig zur Welt kommt, jedoch mit einem Uranus am Aszendenten, so dürften sich die Eltern über kurz oder lang fragen, was »schiefläuft«. Vielleicht versuchen sie mit Strenge, ihren Wildfang in geordnete Bahnen zu lenken. Uranus am Aszendenten wird da kaum mitspielen. Aus dem Horoskop ist klar ersichtlich, daß es bei diesem Kind nicht darum geht, ihm gute Manieren beizubringen, sondern daß es Möglichkeiten braucht, mit seiner Neigung, aus dem Rahmen zu fallen, zu experimentieren.

Bei einem festlichen Anlaß gaben die Erstkläßler mit Kartongeigen und Tonband im Hintergrund ein Vivaldi-Konzert. Dirigent in Frack und Schlips war die achtjährige Martina. In ihrem Horoskop steht Uranus gradgenau auf dem Aszendenten. Dirigent spielen vor einem fiktiven Orchester mit Klassenkameraden macht Spaß, liegt aber noch einigermaßen im Rahmen. Das Außergewöhnliche kam am Abend, als das Blasorchester des Dorfes eine Abendunterhaltung bot und der Dirigent das kleine Mädchen aus dem Publikum holte und vor sein Orchester stellte. Zum großen Vergnügen aller Anwesenden dirigierte Martina einen flotten Marsch.

Diese ungewöhnliche Sonderstellung ist kein Einzelfall in Martinas Leben. Sie scheint entsprechende Situationen mit magnetischer Kraft anzuziehen. So kann sie die innere Unruhe des Uranus auf gute Weise zum Ausdruck bringen. Die Eltern geben ihr so oft wie möglich Gelegenheit, sich in ungewohnten Situationen zu mausern und zu improvisieren. Die typische Uranus-Rolle als Unruhestifter in Schule und Elternhaus braucht sie nur am Rande.

Die planetarischen Konstellationen zeigen, welche Art von Erfahrungen ein Kind sucht. Natürlich läßt sich nicht jede Uranus-Problematik mit ein paar Sonderauftritten aus der Welt schaffen. Doch hilft die Astrologie, ein Thema beim Namen zu nennen, es als Anteil der Persönlichkeit des Kindes zu akzeptieren und in einem weiteren Schritt nach Gelegenheiten zu suchen, die es dem Kind ermöglichen, sich zum Ausdruck zu bringen.

Uranus braucht Abwechslung, Neptun fühlt sich wohl in einer Phantasie- und Märchenwelt, Pluto will aufs Ganze gehen und Mars sucht den Wettbewerb. Ein Kind hat dann die besten Voraussetzungen für eine gesunde Entwicklung, wenn ihm Gelegenheit geboten wird, diese Planetenenergien auch zu leben und sich darin zu üben.

Das Horoskop zeigt, was das Kind aus einem inneren Bedürfnis heraus üben will. Die Symbolik der Zeichen und Häuser beschreibt die Situationen, die ein Kind sucht. Daraus ergibt sich die Möglichkeit, konkrete Ratschläge zu erteilen. Was das Beispiel mit Uranus am Aszendenten anbelangt, könnte der Astrologe den Eltern den Hinweis geben, dem Kind möglichst viel Freiraum und Gelegenheit zum Improvisieren zu bieten. Dies verhilft nicht nur dem Kind zu positiven Ausdrucksmöglichkeiten, sondern entlastet auch die Eltern von dem Druck, das Kind zu einem angepaßten Verhalten erziehen zu müssen.

Gefahren bei der Deutung des Kinderhoroskops

Der Astrologe in der Machtposition

Die Astrologie ist kein Spielzeug, mit dem man nach Lust und Laune herumexperimentiert, dem man etwas Psychologie beimischt und das Ganze dann dem Klienten als schwer verdaulichen Brocken vorsetzt. Eine solche Haltung nutzt in erster Linie dem Ego des Astrologen und in zweiter Linie seinem Geldbeutel. Der Klient hat bestenfalls schlaflose Nächte.

Wenn die Klientin eine Mutter ist und das Horoskop des Kindes besprochen wird, wandert der Astrologe auf dem schmalen Grat zwischen Unterstützung und Machtmißbrauch. Man spricht über eine dritte Person, die sich nicht verteidigen kann. Hand aufs Herz: Hätten Sie es gern, wenn Ihre Mutter oder Ihr Lebenspartner mit Ihrem Horoskop zum Astrologen geht? Nur weil ein Kind ein paar Jahre weniger zählt als Sie und ich, haben wir noch lange kein Recht, einfach über es zu verfügen. Wenn wir uns trotzdem entscheiden, ein Kinderhoroskop mit der Mutter oder dem Vater zu besprechen, so nur, weil die Vorteile überwiegen. Die Nachteile sind trotzdem da. Wir üben die Macht unseres Wissens aus über eine dritte Person, die nicht dazu Stellung beziehen kann. Wir geben einen Teil dieser Macht an die Mutter ab. Folgendes Beispiel zeigt, was man als Astrologe unbeabsichtigt anrichten kann:

> *Eine Mutter war mit dem Horoskop des zehnjährigen Fabian bei mir in der Beratung. Zufällig traf ich sie und ihren Sohn einige Monate später. Wir tauschten ein paar Worte, und sie sagte zu Fabian: »Das ist die Frau, die dein Horoskop gedeutet hat. Erzähl ihr doch die Geschichte von ...« Der Junge, der vier Planeten in Skorpion hatte, schaute mich böse an und sagte: »Das ist gar nicht nötig. Sie weiß eh alles von mir!«*

Ein zehnjähriges Kind hat sich gerade erst von seinem magischen Weltbild gelöst, hat erkannt, daß Weihnachtsmann und Osterhase Fantasiegestalten sind, und gelernt, sich mit einem logischen und kausalen Weltbild anzufreunden. Mit einem Fuß steht es immer noch im Land von Wunder und Magie. Der Astrologe braucht nur ein paar treffende Aussagen zu machen, die die Mutter - selbst beeindruckt.- dem Kind weitererzählt. Die Wirkung ist ähnlich, als wenn die Eltern sagen, der liebe Gott würde alles sehen und wissen: Das Kind fühlt sich ausgeliefert.

Um dies zu verhindern, muß der beratende Astrologe dem Klienten, Mutter oder Vater, erklären, wie die Astrologie »funktioniert«. Das Magische und Geheimnisvolle, das sie in den Augen vieler umgibt, muß aufgedeckt werden. Erst wenn die Astrologie als Naturphänomen verstanden wird - vor dem man durchaus Ehrfurcht haben darf -, wird dem Thema »Macht« in der Beratungssituation die Spitze genommen.

In einem zweiten Schritt können die Eltern darauf aufmerksam gemacht werden, was sie mit leichtfertig hingeworfenen Bemerkungen wie »Der Astrologe hat gesagt, daß du ...« bewirken können.

Auf diesem sorgfältig aufgebauten Fundament kann eine Beratung sogar Früchte tragen, wenn das Kind ein Merkur-Pluto-Thema im Horoskop hat und äußerst empfindlich auf das Wissen des Astrologen reagiert.

Der Astrologe als Mensch mit einer Neigung zu Projektionen

Wie wir gesehen haben, ist eine astrologische Beratung eine heikle Angelegenheit. Neben dem Thema »Macht« warten noch andere Fallgruben. Der Berater ist selbst Mensch mit einer bestimmten Persönlichkeitsstruktur mit Spannungen und ungelebten Potentialen, die zum Ausdruck drängen. Die Tendenz, eigene, nicht gelöste Themen im anderen Menschen übergroß zu sehen oder ganz auszublenden, ist wohl jedem beratenden Astrologen bekannt, der seine Beratungen hin und wieder auf Tonband festhält und genauer untersucht, was er dem Gegenüber mitgeteilt hat.

Auch die Mutter oder der Vater, die/der in die Beratung kommt, hat ungelebte Potentiale, die sie oder er nur zu gerne auf das Kind projiziert. Hätte er in seiner Jugend gerne Klavier gespielt und hat auch der Astrologe eine Vorliebe für Musik, aber zuwenig Zeit und Gelegenheit, dem Wunsch nachzukommen, so braucht es nur noch den Wink Neptuns aus dem 5. Haus im Kinderhoroskop, und schon werden dem Kind wöchentlich 1 bis 2 Stunden Musikunterricht verordnet. Dies mag übertrieben klingen. Doch jeder Astrologe, der seine beratende Tätigkeit offen und vorurteilslos betrachtet, dürfte sich in dieser Karikatur zumindest ansatzweise finden.

Kinderhoroskope eignen sich ausgezeichnet für Projektionen. Ein Grund dafür ist die Abwesenheit des Kindes. Man kann ihm jede Eigenschaft, jedes Bedürfnis, jeden Zwang und jede Begabung überstülpen. Es bezieht zum Zeitpunkt der Beratung keine Stellung. Berater und Klient haben freie Hand.

Ein weiterer Grund für die Neigung zu Projektionen mag darin liegen, daß der Astrologe wie der Klient bei der gedanklichen Beschäftigung mit einem Kind sich selbst in die Kindheit zurückversetzt fühlt und die eigenen Kinderträume wach werden.

Projektionen spielen überall im Leben mit. Kein Horoskop kann ohne Projektionen gedeutet werden. Das ist weiter nicht tragisch. Wir sind alle Menschen. Zum Problem und zum Schaden werden Projektionen dann, wenn sie dem Kind einen Rahmen auferlegen, wie es zu sein hat. Jedes Kind weiß selbst, ob es Musikstunden nehmen will oder nicht. Eltern können ihm die Möglichkeit dazu bieten, sollten es aber nicht dazu zwingen.

Ein Rezept gegen Projektionen gibt es nicht. Wenn sie bewußt sind, können sie so gelenkt werden, daß sie nicht mit voller Energie in die Besprechung eines Kinderhoroskopes einfließen. Sich darüber Gedanken zu machen, gehört zur Vorbereitung des beratenden Astrologen.

Grenzen der Aussagemöglichkeiten

Ein Horoskop ist vergleichbar mit dem Schattenbild eines Menschen. Wenn wir einen Menschen kennen und sein Gesicht als Schattenprofil sehen, sind die Zusammenhänge offensichtlich. Sehen wir nur die Linie des Gesichtsprofils eines unbekannten Menschen, so können wir uns zwar ein Bild von ihm machen, aber dieses bleibt weit hinter dem Bild eines lebendigen Menschen zurück. Genauso ist das Horoskop nur ein unvollständiges Abbild eines Menschen und bestimmt nicht aussagekräftiger als die Person selbst. Da Kinder zur Deutung ihres Horoskops kaum Stellung nehmen können, sollte man sich vor allem bei Kinderhoroskopen die Beschränktheit der Aussagekraft stets vor Augen halten.

Wenn ich auf den folgenden Seiten schreibe, diese oder jene Konstellation sei so oder so, sollten Sie die Aussagen als Durchschnittswerte betrachten. Die häufigsten Ausdrücke in den Beschreibungen der Planetenstellungen sind Wörter wie »vermutlich«, wahrscheinlich«, »oft«, »z. B.«. Streng genommen gehören sie in jeden Satz. Ich verwende sie relativ sparsam, möchte jedoch an dieser Stelle betonen, daß Kinder nicht »so« oder »so« sind, auch wenn das Horoskop ein entsprechendes Thema aufzeigt.

Im Horoskop sind die *Anlagen* des Kindes ersichtlich. Ein Kind mit einer ausgeprägten Neptunstellung neigt z. B. dazu, sich mit der Familie auf einer gefühlsmäßigen Ebene zu identifizieren. Es geht mit großer Selbstverständlichkeit davon aus, daß »alle eins sind«, und hat Mühe, sich abzugrenzen und die eigenen Bedürfnisse wahrzunehmen. Das Horoskop beschreibt das subjektive Erleben des Kindes. Es sagt nicht aus, ob das Kind in einer Trinker- oder Musikerfamilie, in gutbürgerlichem Mittelstand oder im Waisenhaus aufwächst. Wir wissen auch nicht, ob und wann es ihm gelingen wird, eine klare Ich-Identität zu entwickeln und auf einer höheren, spirituellen Ebene »Kanal« für Neptun zu werden, oder ob es sich bis ins hohe Alter vom Leben treiben läßt oder beides zugleich. Wir können sein Erleben als Kind zum Teil beschreiben, und wir kennen in groben Zügen den neptunischen Weg der Ich-Findung. Wie weit und wie schnell es ihn gehen wird, wissen wir nicht.

Unterschiede in der Deutung zum Radix eines Erwachsenen (altersbedingte Unterschiede)

Es gibt eine Flut von astrologischen Methoden und Deutungskonzepten. Die Arbeit mit dem Kinderhoroskop ist nicht einfach eine zusätzliche Deutungsmethode. Sie ist eigentlich eine ganz simple Radixdeutung. So, wie ein guter Astrologe seinem Klienten nicht einfach nach Kochrezept das Radixhoroskop deutet, sondern ihn dort abholt, wo er in seinem persönlichen Entwicklungsweg steht, soll der Astrologe bei der Deutung des Kinderhoroskops auf das »Kindsein« eingehen.

Das astrologische Symbol für einen Säugling ist der Mond. Das neugeborene Kind lebt nur in seinen primären Bedürfnissen wie Nahrung, Zuwendung, Schlaf und Körperpflege. Fehlt ihm etwas, dann weint es. Unlustgefühle werden der Umwelt und der Mutter auf direktestem Wege signalisiert. Je jünger das Kind, desto zentraler das Mond-Thema. Für ein Kind im ersten Lebensjahr ist neben der Deutung des Aszendenten diejenige des Mondes im Zeichen und in starken Aspekten zu langsamen Planeten sinnvoll.

Beginnt das Kind mit einigen Monaten zu greifen und *be*greifen, kann Merkur einbezogen werden. Nahrungsaufnahme gehört in den Bereich von Venus, der Durchbruch der Zähne ist Angelegenheit von Mars. Wenn Merkur, Venus und Mars nicht Aspekte zu transsaturnischen Planeten bilden und damit eine Neigung für tief prägende frühkindliche Erfahrungen anzeigen, haben sie in diesem Alter noch wenig Bedeutung.

Für ein Kind in den ersten Lebenswochen und -monaten werden somit Aszendent und Mond gedeutet, mit einem Seitenblick auf persönliche Planeten und vorherrschendes Element.

Renato war mit Krebs-Mond und Krebs-Aszendent ein Baby, das viel Zuwendung brauchte. Seine Bedürfnisse nach Zuneigung und Zärtlichkeit waren so gewaltig, wie sie nur ein Krebs-Kind haben kann. Doch hatte er eine unglaublich kräftige Stimme. Er weinte nicht. Jammernde Tönchen, wie man sie vielleicht von einem Krebs-Mond erwarten würde, gab er fast nie von sich. Er schrie - kräftig, fordernd und mit einer sagenhaften Ausdauer. Schon in den ersten Tagen seines Lebens bekam er den Kosenamen »Schrillophönchen«. In seinem Horoskop finden wir neben der Krebs-Thematik Mars in Löwe im 1. Haus, was die durchsetzungsfähige Stimme erklärt.

Mit zunehmendem Alter entfaltet das Kleinkind die Persönlichkeitsbereiche von Merkur, Venus und Mars. Merkur erhält einen starken Impuls durch die Entwicklung der Sprache. Venus als Beziehungsplanet zeigt sich vor allem ab dem Zeitpunkt, an dem die Mutter erkannt und von anderen Personen unterschieden wird. Das Kind baut seine erste Liebesbeziehung auf. Es läßt sich nicht mehr von jedermann auf den Arm nehmen. Es fremdelt. Wie intensiv diese unbekannte Personen ablehnende Phase verläuft, beschreibt die Venusstellung im Horoskop. Auch das Eßverhalten wird von Venus beeinflußt, denn Venus ist der Teil der Persönlichkeit, der sagt, was guttut.

Mars zeigt sich durch die Eroberung des Lebensraumes, d. h. durch Krabbeln, Gehen und Klettern. Das Kind dringt in seine Umwelt vor und erforscht diese. »Ich will« ist die nächste Stufe des marsischen Ausdrucks. Die berüchtigte Trotzphase kann als extreme Form des »Ich will« ebenfalls Mars zugeordnet werden.

Betrachten wir das Horoskop eines Dreijährigen, so ist der Mond zwar immer noch der wichtigste Planet, doch haben Merkur, Venus und Mars jetzt außerdem erste Ausdruckskanäle entwickelt.

Auch die langsamen Planeten haben Spuren hinterlassen in Form prägender Erfahrungen. Die Jupiterposition, vor allem die Hausstellung, weist auf Bereiche hin, in denen das Kind besonders leicht lernt und Erfahrungen sammelt. Die Hausposition von Saturn tritt vor allem als Thematik in Erscheinung, in deren Zusammenhang das Kind sehr viel Rückhalt braucht und sich wenig zutraut. Eine Hemmung im klassischen Sinne kann man in der heutigen Kindergeneration nur noch in Ausnahmefällen beobachten. Die meisten Kinder scheinen den durch Saturn angesprochenen Bereich scheu und zaghaft abzutasten. Eine Hemmung entsteht erst langsam, wenn das Kind zu viele negative Erfahrungen einstecken muß. Ansonsten entwickelt es den Rückhalt, den es in früher Kindheit von der Außenwelt braucht, langsam in seinem Innern.

Uranus, Neptun und Pluto haben vor allem in Form prägender Erfahrungen von der Persönlichkeit der Kindes Besitz ergriffen. Bei einem Dreijährigen sind die Weichen im Umgang mit diesen transsaturnischen Energien weitgehend gestellt. Das Kind mit stark gestelltem Pluto hat beispielsweise bereits ein ganzes Sortiment an Erfahrungen im Zusammenhang mit Macht gesammelt und aufgrund dieser entschieden, ob es der plutonischen Energie die Stirn bieten und selbst auch Macht erlangen will oder ob es diese als lebensbedrohlich einstuft und sich davor zu schützen versucht. Die Würfel sind gefallen, ob es mehrheitlich den Weg des Zuviel und der Überkompensation oder den Weg des Zuwenig und der Hemmung beschreiten will. Äußerlich mag von diesem Pluto noch wenig in Erscheinung treten.

Mit zunehmendem Alter tritt der Mond weiter in den Hintergrund zugunsten der anderen persönlichen Planeten. Mars zeigt sich in der Durchsetzung, im Herumtollen, Streiten und ersten sportlichen Aktivitäten, Venus im Aufbau von sozialen Kontakten. Merkur nimmt viel Raum in der Kinderseele ein, wenn das Kind schulreif wird. Das Kind beginnt, Verantwortung in kleinen Belangen zu übernehmen und so Saturn zu integrieren. Die Sonne schimmert ansatzweise im Verhalten des Kindes durch. Den definitiven Siegeszug tritt sie jedoch erst in der Pubertät an.

Schwerpunkte im Kinderhoroskop

Vom sinnvollen Gebrauch eines »Kochrezeptes«

Astrologie sollte nicht nach »Kochrezept« betrieben werden. Wenn ich hier trotzdem ein Rezept anbiete und eine exakte Liste der zu berücksichtigenden Horoskop-Faktoren aufführe, so nur, um Ihnen für erste »Gehversuche« eine Hilfe anzubieten. Arbeiten Sie einige Kinderhoroskope nach den Anleitungen in diesem Buch durch. Am meisten profitieren Sie, wenn Sie die Kinder kennen und Theorie und Leben vergleichen können. Dieses Buch ist als Einstieg und »Gehhilfe« gedacht. Für Beratungen mit Kinderhoroskopen sollten Sie jedoch selbst gehen können. Nehmen Sie die folgenden Seiten als Vorschlag, wie man den Schlüssel zum Kinderhoroskop finden kann. Was hier beschrieben ist, entspricht meiner Art zu arbeiten, nicht Ihrer. Finden Sie Ihre eigene! Sie werden die Zusammenhänge zwischen astrologischen Symbolen und dem tatsächlichen Kinderleben erkennen, wenn Sie einige Horoskope nach dieser Anleitung durcharbeiten und mit den Kindern aus Fleisch und Blut vergleichen.

Was Sie selbst mit Kindern erleben und sehen, dürfte Sie weit mehr beeindrucken als die Abhandlungen der einzelnen Horoskop-Faktoren in diesem Buch. Diese sollen Ihnen ein Bild vermitteln und den Einstieg erleichtern – vergleichbar einer Landkarte, die man studiert, bevor man sich auf eine Wanderung begibt. Ich möchte Sie ermuntern, nicht beim Studium der Landkarte bzw. dieses Buches stehenzubleiben, sondern sich auf die Wanderung ins Reich der Kinder zu begeben.

Die wichtigen Themen im Kinderhoroskop

Zu berücksichtigende Konstellationen:

- Elementeverteilung
- Aszendent in Element/Zeichen

- Mond in Element/Zeichen
- Merkur in Element/Zeichen
- absteigender Mondknoten in Zeichen und Haus
- Saturn in Haus und Aspekten
- Jupiter in Haus und Aspekten
- Uranus, Neptun und Pluto an Hauptachsen und im Aspekt zu persönlichen Planeten

In einem zweiten Durchgang zu berücksichtigende Themen:

- Venus und Mars in Element/Zeichen
- Sonne in Element/Zeichen
- unbesetztes Element
- Planeten (von Sonne bis Saturn) an Aszendent oder MC
- rückläufige oder eingeschlossene persönliche Planeten

Die vier Elemente

Grundsätzliches zu den Elementen

Die Verteilung der persönlichen Planeten und der Achsen in den vier Elementen sind im Kinderhoroskop genau so wichtig wie in jedem anderen Radixhoroskop. Die Gewichtung der einzelnen Planeten setze ich beim Kind anders als beim Erwachsenen. Je kleiner das Kind ist, desto mehr Gewicht erhält das Element, in dem der Mond steht. Gilt es beim Baby neben dem Element des Aszendenten als der einzige wichtige Faktor, so tritt es mit zunehmendem Alter mehr und mehr zurück.

Wir können uns die In-Szene-Setzung des Horoskops im Verlaufe der kindlichen Entwicklung als ein Bühnenstück vorstellen. Bei der Geburt steht der Mond allein im Vordergrund. Er trägt die Farben seines Elementes. Der Aszendent sei durch die Kulissen dargestellt: blauer Hintergrund für Wasseraszendent, roter für Feueraszendent usw. Die zwei Farben bzw. Elemente von Mond und Aszendent beherrschen das Bühnenbild. Mit der Sprachentwicklung, der Entwicklung von persönlichen Vorlieben und Beziehungsmustern, einem eigenen Willen und dem Erkennen einer eigenen, von der Mutter losgelösten Identität treten Merkur, Venus, Mars und Sonne auf die Bühne, jedes in den Farben seines Elementes. Auch wenn der Mond noch über Jahre ein paar Schritte weiter vorne steht als die anderen, sind diese doch nicht zu übersehen. Die Elementeverteilung verschiebt sich langsam zu ihren Gunsten. Im Schulalter tritt Merkur nahe an den Mond heran. Das Element von Merkur gewinnt an Wichtigkeit.

Etwas mehr im Hintergrund, aber trotzdem nicht aus dem Bühnenbild wegzudenken, steht der absteigende Mondknoten und hält das ihm zugehörende Zeichen und Element wie das Sternenbanner einer alten Heimat in die Höhe. Er ist eine Art guter alter Bekannter des Kindes. Er verleiht dem Element, in dem er steht, vor allem in den ersten Lebensjahren des Kindes eine kräftige Farbe. Tendenziell tritt er schrittweise zur Seite.

Jupiter, Saturn und die transsaturnischen Planeten halten sich im Hintergrund. Allenfalls streckt Jupiter seinen Kopf zwischen dem Vorhang hervor oder wagt sich im Schulalter gar ein, zwei Schritte auf die Bühne. Auch von Saturn sieht man im Laufe der Jahre gerade soviel, daß man seine Elementezugehörigkeit erkennen kann.

Bei einem siebenjährigen Kind tummelt sich der Mond im vorderen Drittel der Bühne. Im mittleren Drittel rückt Merkur vor, flankiert von Venus und Mars. Im hinteren Drittel hat die Sonne gemächlich ihren Weg angetreten, der sie in den nächsten sieben Jahren schließlich an die Seite des Mondes führen wird. Jupiter und Saturn blicken verstohlen hinter dem Vorhang hervor. Jeder Planet ist in die Farben seines Elementes gehüllt. Der Regisseur schwört auf das Element und die Farbe des absteigenden Mondknotens. Das Spiel mag seinen Lauf nehmen ...

Wenn man diese Szene vor dem inneren Auge aufbaut, wird klar, was die Elementeverteilung in einem bestimmten Horoskop bedeutet. Kindern kann man die Elemente im Horoskop auf diese Weise anschaulich erklären. Ich lade Sie ein, es mit zwei bis drei Horoskopen in Gedanken durchzuspielen.

Wer trotzdem oder zusätzlich noch Zahlen braucht, beachte die folgende Tabelle:

Alter:	2	7	15 Jahre	
Aszendent	20	15	15	
Sonne	–	5	16	
Mond	50	30	16	
Merkur	5	20	10	
Venus	5	10	13	für Mädchen
	5	7	10	für Jungen
Mars	5	7	10	für Mädchen
	5	10	13	für Jungen
Jupiter	–	2	5	
Saturn	–	1	5	
abst. Mondknoten	15	10	10	

Das Horoskop von Olivia (s. Seite 367) ergibt folgende Elementeverteilung:

im Alter von zwei Jahren:	Feuer		Erde		Luft		Wasser	
	Mond	50	Mars	5	Merkur	5	AC	20
					Venus	5		
					abst. Mk.	15		
		50		5		25		20

im Alter von sieben Jahren:	Feuer		Erde		Luft		Wasser	
	Mond	30	Sonne	5	Merkur	20	AC	15
			Mars	7	Venus	10		
					Jupiter	2		
					Saturn	1		
					abst. Mk	10		
		30		12		43		15

im Alter von fünfzehn Jahren:	Feuer		Erde		Luft		Wasser	
	Mond	16	Sonne	16	Merkur	10	AC	15
			Mars	10	Venus	13		
					Jupiter	5		
					Saturn	5		
					abst. Mk	10		
		16		26		43		15

Man beachte, wie beim Kleinkind der Mond eine relativ starke Feuerkomponente einbringt, die im Schulalter zu mehr Luftbetonung wechselt. Mit der Pubertät zeichnet sich das spätere Charakterbild des Erwachsenen ab, in dem die Erde neben der Luft den zweiten Platz besetzt. Nicht jedes Kinderhoroskop ändert seine Elementefärbung im Laufe der Kindheit in diesem Ausmaß. Doch ist es wichtig, die entwicklungsbedingte Dynamik und etwaige Schwerpunktveränderungen zu beachten und das Alter des Kindes zu berücksichtigen.

Betontes Element aus der Sicht des Kindes

Feuerbetonung

Ich bin ein Wildfang. Von morgens bis abends tolle ich herum. Am glücklichsten bin ich, wenn meine Mami mit mir herumtollt und wir es gemeinsam lustig haben oder etwas unternehmen. Es soll stets etwas passieren. Ist nichts los, so sorge ich für Unterhaltung. Ich bewege mich gern, denn so spüre ich mich erst richtig. Ich bin für jedes Wettrennen zu haben, sogar wenn es darum geht, wer seine Sachen zuerst aufgeräumt, zuerst die Zähne geputzt oder den Spinat aufgegessen hat. Wettkampfsituationen feuern mich an, wecken meine Begeisterung und lassen mich fast alles tun. Meine Toleranzgrenze wird überschritten, wenn ich fünf Minuten ruhig sitzen und den Mund halten soll und dabei nicht mit den Beinen zappeln oder auf dem Stuhl herumrutschen darf. Das kriege ich weder mit dem besten Willen noch mit der verlockendsten Belohnung hin – außer meine Kreativität ist gefragt. Basteln ist genauso spannend wie Herumtollen. Ich habe viele Ideen, was man mit Schere, Papier und Klebstoff machen kann und fast immer Lust, ein eigenes Werk zu produzieren. Hat mich eine Vorstellung gepackt, dann wird gewerkt, geschnitten, gemalt und geklebt. Mein Körper sitzt vergleichsweise ruhig und zeigt das Feuer nur durch das Leuchten in den Augen und eine vorwitzige Zungenspitze im Mundwinkel. Oder – falls die Realität sich nicht meinen Vorstellungen anpaßt – durch einen temperamentvollen Ausbruch meiner Ungeduld und Frustration.

Ich bin gerne laut. Schreien befreit. Streiten mag ich auch. Wenn mich jemand angreift und ich muß mich wehren, weckt dies meine Lebensgeister. Noch lieber gehe ich selbst zum Angriff über. Kein Wunder, daß ich oft ein bißchen stichle und provoziere, um einmal mehr zu einem Gefecht zu kommen. Grundsätzlich bin ich eine fröhliche Natur, zwar schnell wütend, aber auch schnell wieder guter Dinge. Für viele bin ich ein Sonnenschein, dem man großmütig manche Lausbubentat verzeiht.

Erdbetonung

Ich sitze auf der Erde. Zum Glück ist sie fest und stabil. Der Sandhaufen ist mein Element. Man kann Berge bauen und Tunnels und Kuchen. Ich baue viel. Am nächsten Tag beginne ich wieder von vorne und jeden Tag so fort – den ganzen Sommer durch. Mit der Zeit weiß ich, wie Sand sich anfühlen muß, damit die Tunnels nicht gleich in sich zusammenstürzen. Ein bißchen feucht, aber nicht zu sehr. Und schön festgeklopft. Ich übe jeden Tag, bis ich die Sache optimal im Griff habe.

Im Winter nehme ich statt Sand Kuchenteig. Weihnachtsgebäck fasziniert mich besonders. Der Teig von Zimtsternen fühlt sich anders an als der von Weihnachtsstollen. Und er schmeckt auch anders. Beide munden mir besser als Sand. Zwar sagt die Mutter, ich soll keinen Sand und nicht so viel Kuchenteig und auch sonst nichts in den Mund stecken. Doch ich muß die Dinge probieren, damit ich sie kennenlerne. Ich bin ja schon so einsichtig, daß ich Zigarettenstummel aus meinen Experimenten ausklammere.

Die Welt kann ich nur erobern, indem ich mich langsam und vorsichtig Schritt für Schritt vortaste. Was ich anfassen kann, wird für mich reale Wirklichkeit. Sehen, Hören und Riechen sind neben meinen Händen weitere unentbehrliche Sensorien für die Umwelt. Ich beobachte sehr gut. Neben Feuer- und Luftkindern scheine ich zwar etwas langsam und begriffsstutzig, aber bezüglich der Wahrnehmung bin ich ihnen weit voraus. Ich habe gesehen, wo die Mutter in der Eile den Schlüssel verlegt hat, und ich merke es sofort, wenn sie das Waschmittel wechselt. Ich mag es, wenn sie mich anfaßt und liebkost. Sogar waschen und kämmen lasse ich mich von ihr. Ich liebe es, in ihr Haar zu fassen, weil es sich so unverwechselbar nach Mami anfühlt.

Luftbetonung

Wer bist du? Warum sehe ich dich nicht? Wie groß bist du? Was tust du gerade? Warum? – Hast du schon genug von meiner Fragerei? Dies ist erst der Anfang. Zu Hause frage ich den ganzen Tag. Alles ist furchtbar interessant. Ich möchte vieles wissen. Und nicht zuletzt suche ich den Kontakt zu meiner Umwelt. Man muß die Leute ansprechen. Deshalb habe ich dir auch gleich so viele Fragen gestellt. Und auch, weil ich wirklich gerne wissen würde, wer du bist.

Viele sagen, ich sei ein Plappermäulchen. Sprache ist jedoch ein so wichtiges Werkzeug, um in dieser Welt bestehen zu können, daß ich intensiv üben muß. Ich höre gut zu, wenn die Erwachsenen miteinander sprechen. Am allerwenigsten mag ich, wenn man mir auf meine Fragen hin sagt, ich sei noch zu klein, um das zu verstehen. Allein die Tatsache, daß ich frage, zeigt doch, daß ich reif genug bin. Ich verstehe fast alles – wenn auch auf meine Art. In meinem Kopf wächst ein phantastisches Netz von Ideen und Gedanken. In dieses System baue ich alles ein, was ich sehe und höre. Auf ähnliche Weise laden die Erwachsenen einen Computer mit Daten und Programmen.

Ich höre auch liebend gern Geschichten. Wer mir jeden Abend eine erzählt, hat mein Herz im Nu gewonnen. Ach, könnte ich doch nur schon selbst lesen! Ich würde jede Geschichte im Bücherregal meiner Eltern von A bis Z durchlesen.

Wasserbetonung

Es ist so schön, ein Baby zu sein und gehalten, genährt und liebkost zu werden! Warum nur soll ich größer und selbständig werden? Wenn die Mami mich im Arm hält und streichelt, ist für mich die Welt in Ordnung. Allerdings muß sie für die Mutter auch in Ordnung sein. Ich habe ein feines Gespür dafür. Hat sie Streit mit dem Vater oder Sorgen, belasten diese Unstimmigkeiten meinen Seelenfrieden. Es vergeht einem die Lust zum Kuscheln, wenn nebenan ein Preßlufthammer dröhnt. Sind Mutter, Vater, Bruder oder Schwester unglücklich, dann wirkt ihre Stimmung wie ein Preßlufthammer in mehr oder weniger geringer Distanz auf die Ohren meiner Seele. Da kann man auch mit den besten Kuscheleinheiten nicht mehr gedeihen. Deshalb meine Bitte an alle Familienmitglieder: Sorgt dafür, daß euch wohl ist! Dann kann ich mich auch wohl fühlen. Sonst muß ich versuchen, euch zu helfen. Da ich dies aber nicht kann, belade ich mich mit Schuldgefühlen und mache mich ganz klein.

Ich lebe nach dem Motto: Stille Wasser gründen tief. Meine Antennen sind auf Gefühl eingestellt. Ich spüre, wer es gut mit mir meint, und da blühe ich so richtig auf. Ich kann lachen und fröhlich sein und andere mit meiner Fröhlichkeit und Liebe zum Leben anstecken. Ich weine auch gerne und viel. Weinen erleichtert, weil es den Schmerz wegspült. Der arme Papa hat vergessen, wie man weint, und muß alles Weh in sich behalten. Ich möchte ihm gerne helfen und schenke ihm meinen Teddybären. Ich habe noch ein Plüschtierchen, ein Robbenbaby, das ich über alles liebe. Es schläft in meinem Bett. Ich schlafe auch in meinem Bett, obwohl ich lieber bei meiner Mami schlafen würde. Aber ich kann ja mein Robbenbaby nicht allein lassen.

Schwach oder nicht besetztes Element

Element Feuer schwach oder nicht besetzt *Wenig »Feuer und Flamme«*

Ohne Planeten im Feuerelement fehlen dem Kind die Mittel, um so richtig »hinterm Ofen hervorzukommen«. Begeisterung und Idealismus wurden ihm nicht einfach mit in die Wiege gelegt, sondern es muß sich im Laufe seiner Entwicklung selbst den Weg dazu suchen. Da auf der Symbolebene das konkrete Feuer in engem Zusammenhang mit dem inneren Feuer steht, fördert ein häufiger Umgang mit Feuer seine Unternehmungslust, seine Begeisterung und seinen Willen. Oft ist es vom Feuer fasziniert und würde gerne damit spielen, wenn es sich nicht gleichzeitig auch davor fürchten würde. Je mehr Gelegenheit es bekommt, mit Feuer umzugehen und seine Angst abzubauen, desto besser kann es das eigene innere Feuer entfachen. Sonne und Wärme in jeder Form wirken in ähnlicher Weise positiv.

Manchmal fehlt dem Kind der Mut zum Sprung. Die Eltern können es unterstützen, indem sie es immer wieder kleine Mutproben machen lassen. Wenn es beispielsweise von einer Mauer springt, die gerade so hoch ist, daß es sich ein klein wenig ängstigt und seine Zaghaftigkeit mit etwas gutem Zuspruch noch überwinden kann, sammelt es positive Erfahrungen, die seine Sicherheit stärken, so daß es auch im übertragenen Sinne Sprünge wagt.

Dieses Thema, immer wieder in neue Situationen hineinzuspringen und den eigenen Spielraum so ständig zu vergrößern, dürfte auch bei der späteren Berufswahl von zentraler Bedeutung sein.

Nicole hat keine Planeten in Feuerzeichen. Ihre Klasse spielt Theater. Die Kinder können unter archetypischen Rollen wie Nymphe,

Luftgeist, Feuergeist und andere auswählen. Es ist vor allem die Feuerrolle, die Nicole anspricht.

Element Erde schwach oder nicht besetzt ***Wenig »Bodenständigkeit«***

Wenige oder keine Planeten im Erdelement lassen auf einen schwachen Bezug zur realen Wirklichkeit schließen. Realitätssinn ist keine Charaktereigenschaft, die das Kind bei der Geburt mit auf den Weg bekommen hat. Es muß ihn im Laufe der Jahre selbst suchen. Dies mag sich zeigen durch eine extreme Haltung gegenüber allem Konkreten und Erdhaften, sei es, daß das Kind alles anfassen und »dreckeln« will oder daß es ein außergewöhnliches Sauberkeitsempfinden hat und sich scheut, etwas anzurühren, das seine Hände oder seine Kleider beschmutzen könnte. In jedem Fall braucht es für eine gesunde Entwicklung den Umgang mit konkreter Materie. Spiele im Sandkasten oder mit Ton, Kuchenteig oder anderen Knetmassen bieten ihm Gelegenheit zum Experimentieren. Jede Tätigkeit, bei der es darum geht, etwas anzufassen und mit den Händen in eine Form zu bringen, fördert seinen Realitätsbezug.

Auch fällt es dem Kind schwer, die täglich notwendigen kleinen Dinge zu tun. Beispielsweise »vergißt« es das Zähneputzen oder erledigt es schnell und oberflächlich, weil es viel spannendere Dinge im Kopf hat, einfach keine Lust dazu verspürt und den Sinn nicht einsieht. Es braucht eine liebevolle und konsequente Ermunterung, jeden Tag trotzdem zur Zahnbürste zu greifen. Mit solchen sich immer wiederholenden kleinen Aufgaben lernt es, in der Wirklichkeit und im Alltag Fuß zu fassen.

Malex (keine Planeten in Erdzeichen, Jungfrau-Aszendent) mag nichts anfassen, was die Hände beschmutzt. Alles Klebrige, Dreckige wie Erde oder Sand meidet er. Bis zum Alter von elf Jahren legt er sich jedoch auf den Boden, um aufzutanken.

Element Luft schwach oder nicht besetzt ***Mentale Fähigkeiten wollen geübt werden***

Ist das Luftelement nicht durch Planeten vertreten, wird dem Kind der Schlüssel zum Reich der Ideen und Gedanken nicht einfach ins Leben mitgegeben, sondern es muß ihn im Verlaufe seiner Entwicklung selbst suchen. Dies ist keine Frage von Intelligenz, sondern hat eher damit zu tun, daß geistige Flexibilität ihm nicht besonders liegt. Das Kind hat Phantasie und Vorstellungskraft, doch fällt es ihm schwer, diese in klare Gedanken und Worte zu fassen. Es denkt eher in Bildern als in logischen Abläufen.

Um die fehlende spielerische Leichtigkeit der Gedankenwelt wettzumachen, ist das Kind eventuell sehr von Wind und frischer Luft angetan und liebt es, sich im Freien aufzuhalten oder bei offenem Fenster zu schlafen. Gedanken und Luft gehören zur selben astrologischen Symbolebene; beide Male handelt es sich um etwas Leichtes, Unsichtbares, das erst in seinen Auswirkungen sichtbar wird.

Da in unserer westlichen Gesellschaft der mentale Bereich des Denkens, der Kommunikation, des Lernens und des Wissens durch die Schule stark gefördert wird, erwacht im Kind früher oder später ein Bedürfnis, sich das fehlende Werkzeug anzueignen, etwa viel zu lesen oder zu kommunizieren oder in der Berufswahl eine Richtung einzuschlagen, in der Gespräch, Austausch von Information oder Wissensvermittlung von Bedeutung sind.

Element Wasser schwach oder nicht besetzt ***Die Schwierigkeit, Gefühle auszudrücken***

Ohne Planeten im Wasser hat ein Kind Mühe, zu spüren, was ihm bekömmlich ist und was es braucht. Der Zugang zu seinen Gefühlen wurde ihm nicht einfach geschenkt, sondern es muß ihn im Laufe seiner Entwicklung selbst suchen. Dies bedeutet, daß es nicht ohne weiteres spürt, wann es Ruhe oder Nähe und Geborgenheit braucht. Nach außen mag es eher kühl wirken, es ist jedoch keineswegs gefühllos. Eher könnte man sagen, daß seine Gefühle oft in seinem Kinderherzen eingeschlossen sind und es den Schlüssel dazu suchen muß.

Wasser ist eines der wichtigsten Symbole für Gefühle. Der Umgang mit Wasser kann dem Kind helfen, sein Schlüsselchen zu finden. So ist es sehr wohl möglich, daß es ausgesprochen gern badet und mit Wasser spielt. Indem es immer wieder erlebt, wie Wasser ohne feste Form überall hinfließt und alles umspült, sich nicht halten läßt und doch nicht weicht, findet es durch diese Bilder langsam den Zugang zur eigenen Gefühlswelt.

Es fällt ihm leichter, die Gefühle der anderen nachzuempfinden, als die eigenen Bedürfnisse zu erkennen. So kommt es über Mitgefühl seinem eigenen Gefühlsbereich näher. Mitleid mit Tieren, jemandem helfen wollen oder auch Betroffenheit und Traurigkeit über Krieg und Umweltzerstörung können ihm letztlich den Weg zu seinen eigenen Bedürfnissen nach Geborgenheit, Liebe und Nähe zeigen.

Dieses Thema ist für das Kind so wichtig, daß es auch seine spätere Berufswahl beeinflußt und es sich zu Berufen hingezogen fühlt, bei denen Helfen und Sich-Einfühlen in andere oder der Umgang mit Wasser von zentraler Bedeutung sind.

Der Aszendent
Das Erscheinungsbild

Grundsätzliches zum Aszendenten

Durch die Erdrotation dreht sich der Tierkreis mit Sonne, Mond und Planeten scheinbar einmal täglich um die Erde. Am Osthorizont steigt ein Tierkreiszeichen nach dem anderen auf. Diese Schnittstelle von Ekliptik und Horizont ist der Aszendent. Hier treten die Planeten aus dem unsichtbaren in den sichtbaren Bereich.

Der Aszendent ist somit Grenze oder Übergang zwischen innen und außen. Er kann als das Schaufenster oder als Maske der Persönlichkeit verstanden werden. Er symbolisiert das, was für Außenstehende am sichtbarsten ist. Er steht aber auch für die Qualitäten, die der Horoskopeigner in der Außenwelt sieht und erlebt. Wir können uns den Aszendenten als eine Wand zwischen Persönlichkeit und Außenwelt vorstellen. Diese Wand hat Öffnungen von der Form des Aszendentenzeichens, also z.B. lauter Krebs-Formen. Was von der einen Seite auf die andere gelangt, muß durch diese Krebs-Öffnungen. Löwe-Qualitäten kommen bei einem Krebs-Aszendenten nur schwer durch. Alles »Krebsartige« jedoch durchdringt die Wand problemlos. Die Persönlichkeit erlebt die Außenwelt als »krebsig«, d.h. die emotionalen Qualitäten fallen auf. Die Außenwelt erlebt die Persönlichkeit ebenfalls als »krebsig«, d.h. als beeindruckbar, sanft und fürsorglich. Was tatsächlich innerhalb und außerhalb der Wand ist, kann völlig anders sein.

Meist zeigt ein Kind schon in den ersten Wochen und Monaten seines Lebens die Eigenschaften, die das Zeichen und Element am Aszendenten symbolisieren:

Ein Kind mit einem Aszendenten im Feuerelement
- hat eine laute Stimme, kräftige Bewegungen;
- wirkt lebhaft;
- liebt es, im Mittelpunkt zu sein.

Ein Kind mit einem Aszendenten im Erdelement

- braucht Ruhe und einen geordneten Tagesablauf;
- liebt es, getragen, gebadet und gestreichelt zu werden;
- hat einen ausgeprägten Greifreflex.

Ein Kind mit einem Aszendenten im Luftelement

- will dabei sein, Stimmen hören und angesprochen werden,
- liebt Abwechslung;
- wirkt aufgeweckt.

Ein Kind mit einem Aszendenten im Wasserelement

- braucht viel Nestwärme und Zärtlichkeit;
- fühlt sich in den Armen der Mutter und im eigenen Bettlein am wohlsten;
- ist abhängig von der Stimmung in der Familie.

Diese Eigenschaften sind in ähnlicher Form auch beim Mond im entsprechenden Element zu beobachten. Wo liegt also der Unterschied zwischen Mond und Aszendent? Im Gegensatz zum Aszendenten *ist* das Kind Mond. Es ist »durchtränkt« von der Zeichenqualität des Mondes. Die entsprechenden Eigenschaften sind »in die Seele gemeißelt«. Auch die anderen persönlichen Planeten Merkur, Venus, Mars und mit den Jahren mehr und mehr auch die Sonne kommen gleichsam »von innen«. Sie sind Teile der kindlichen Persönlichkeit.

Im Unterschied dazu symbolisiert der Aszendent im Kindesalter einen anderen Aspekt der Persönlichkeit, nämlich die Schnittstelle zur Außenwelt oder die äußere Verkleidung. Damit sind nicht nur Aussehen und Körperbau gemeint, sondern auch eine Verhaltensweise des Kindes, die mehr einer Rolle oder Gewohnheit zu entspringen scheint als einem tieferen Bedürfnis. Ein Kind mit einem Löwe-Aszendenten zieht die Aufmerksamkeit auf sich, weil es entsprechend auftritt. Das Kind mit einem Löwe-Mond wird von einem tiefen Bedürfnis nach Aufmerksamkeit motiviert, sich entsprechend zu verhalten. Auf den ersten Blick mag in der äußeren Handlung kein großer Unterschied sichtbar sein. Kennt man das Kind und beobachtet man es genau, so zeigen sich die Qualitäten des Aszendenten als äußere Schale, der Mond als innerer Kern. Den Aszendenten sieht man, den Mond spürt man eher. Um nochmals auf das obige Löwe-Beispiel zurückzukommen: Das Kind mit einem

Löwe-Aszendenten ist grundsätzlich auffällig und dynamisch. Der Löwe-Mond zeigt sich erst so richtig, wenn ihm das Umfeld geeignet erscheint, so z. B. im vertrauten Familienkreis oder in Situationen, denen er sich gewachsen fühlt. Der Mond und auch die anderen Planeten können gezeigt oder verborgen werden. Der Aszendent ist als äußerste Schicht immer da.

Das Kind strahlt die Qualitäten des Aszendenten aus. Eltern und Geschwister reagieren darauf. So entsteht ein lebendiges Wechselspiel zwischen Kind und Umwelt. Das Kind erlebt immer wieder, daß die Eigenschaften des Aszendenten sich sehr für den Umgang mit der Umwelt eignen. Die Mutter und die anderen Bezugspersonen gehen auf das Verhalten des Kindes ein und reagieren zumindest teilweise auf dieselbe Art. So »übt« das Kind die Ausdrucksweise des entsprechenden Zeichens, bis diese schließlich zu einer perfekten Rolle wird, hinter der sich oft ein ganz anderer Wesenskern verbirgt.

Der Aszendent beschreibt also die äußeren Verhaltensweisen eines Kindes. Dabei ist sich das Kind seiner »Rolle« nicht bewußt, sondern lebt einfach im Kontakt zur Außenwelt die entsprechenden Eigenschaften und erlebt die Umwelt in der entsprechenden Färbung.

Wenn wir den Aszendenten als eine Rolle oder Verkleidung betrachten, erfassen wir die Art seiner Manifestation im Kindesalter. Der Aszendent ist jedoch kein Faschingskostüm, dessen wir uns nur entledigen müssen, um unser wahres Gesicht zu finden. Er ist Teil unserer Persönlichkeit. Zumindest sollte er dies im Laufe des Lebens werden. Wir benehmen uns und erleben die Welt gemäß seiner Zeichenqualität. Doch da wir uns in jungen Jahren nicht wirklich damit identifizieren, kommt er nicht »von Herzen«.

Bei Kindern zeigt sich das Zeichen des Aszendenten oft von seiner unreifen und unerlösten Seite. Da sie den Beschützerinstinkt in uns Erwachsenen ansprechen, sind wir gewillt, ihnen vieles zu verzeihen. Versuchen wir, diesen zur Seite zu legen und Kinder so neutral wie möglich zu beobachten, so sind die unerlösten Anlagen des Aszendenten gut sichtbar:

- Widder — Draufgänger, Egoist
- Stier — träger Genußmensch
- Zwillinge — oberflächliche Plaudertasche
- Krebs — Nesthocker
- Löwe — Macho

- Jungfrau kleinlicher Nörgler
- Waage Fahne im Wind
- Skorpion Zerstörer
- Schütze Hochstapler, Besserwisser
- Steinbock Prinzipienreiter
- Wassermann Eigenbrötler
- Fische schwer faßbarer Chaot

Es ist eine große Entwicklungsaufgabe für das Kind, die Zeichenqualitäten des Aszendenten als zu sich gehörend zu erkennen und reifere Ausdrucksformen dafür zu entwickeln. Die Liste der erstrebenswerten Eigenschaften könnte – kurz gefaßt – ungefähr wie folgt aussehen:

- Widder Mut
- Stier Gelassenheit
- Zwillinge Kommunikationsfähigkeit
- Krebs Geborgenheit
- Löwe Wille
- Jungfrau Sachlichkeit
- Waage Du-Bezogenheit
- Skorpion Wandlung
- Schütze Streben nach Höherem
- Steinbock Struktur
- Wassermann Individualität
- Fische All-eins-Sein

Mit dem Aszendenten sind wir ein Leben lang auf dem Weg zu mehr persönlicher Reife. Das kleine Kind beginnt mit einer unerlösten Form und sammelt eine Menge Erfahrungen, die es ihm ermöglichen, die Zeichenqualität zu erleben und schließlich im Erwachsenenalter zu läutern.

Die zwölf Aszendentenzeichen: Wer scheine ich zu sein?

Das Kind spielt die Rolle seines Aszendenten. Wir können Kinder auffordern, die Rollen deutlicher sichtbar zu machen, indem wir sie

Figuren aus dem reichhaltigen Schatz der Kindergeschichten und des täglichen Lebens auswählen und spielen lassen. Ich habe im folgenden versucht, den Aszendenten als Rolle oder Karikatur sowie in seiner Manifestation im Alltag zu beschreiben.

Widder-Aszendent — *Mit Mut und Tatkraft dem Leben die Stirn bieten*

Ho!!!! Ich bin der Räuber Hotzenplotz. Ich lebe allein im Räuberwald und hole mir, was mir paßt. Ich stehle der Großmutter Sauerkraut und Bratwürste und habe dem Kasper und dem Sepp auch die Kiste mit Gold abgejagt. Ein Schuß aus der Pfefferpistole, und weg waren sie. Der Raubüberfall glückte. Doch in der Kiste war nur Sand. Stockmillionenhagelwetter, war ich da wütend!!!!!

Auch ohne die Klamotten des Räuber Hotzenplotz bin ich ein draufgängerischer Typ. Kaum daß ich die ersten Schritte machen kann, gehe ich spontan auf die Umwelt zu und verhalte mich, als wollte ich diese im Sturm erobern. Angst kenne ich kaum. Ich bin ein eher »unbequemes« Kind, dem man dauernd nachlaufen muß, um zu sehen, was es gerade wieder anstellt.

Selbst wenn ich älter werde, fühle ich mich wohl, wenn etwas läuft. So tobe ich lieber im Freien herum, als mich mit Bauklötzen oder Bilderbüchern zu verweilen. Grundsätzlich erlebe ich alles aus der Sicht eines Pioniers und Eroberers. Ich zettle manchen Streit an und reagiere ziemlich ärgerlich, wenn sich mir ein Hindernis in den Weg stellt. Ehrlicherweise muß ich zugeben, daß es mich unwiderstehlich dahin zieht, wo Hindernisse sind. Ich klettere auch dann über den Zaun, wenn die Gartentüre offen steht.

Ich werde schnell wütend und mache kein Hehl daraus. Wenn ich »Dampf abgelassen« habe, ist die Welt ebenso schnell wieder in Ordnung, wie der Sturm aufgekommen ist. Erlaubt mir, zu trotzen und wütend zu sein, aber gebt nicht klein bei, damit ich lerne, mit meinen rasch aufflammenden Aggressionen umzugehen.

Im Schulalter sind meine Sprache und Umgangsformen ziemlich unkultiviert. Kraftausdrücke gehören einfach zu mir. Ihr könnt euch die vielen Verbote sparen. Ich werde sie ohnehin dauernd übertreten. Zeigt mir, wie ich mein aufbrausendes Temperament mit Bewegung und Sport ausleben kann. Für einen Wettkampf bin ich leicht zu motivieren. Kampfsport könnte ganz nach meinem Geschmack sein.

Ich zeige meinen Willen klar und deutlich. Grundsätzlich gehe ich davon aus, alles erreichen zu können, was ich mir vorgenommen habe, und steuere voll dynamischem Elan und Vertrauen auf die eigene Kraft einem Ziel entgegen. Einschränkungen in meinem Tatendrang vertrage ich schlecht und reagiere darauf mit Trotz und Aggression. Geht etwas nicht nach meinem Kopf, kann ich zwar im Moment sehr wütend werden, doch schon kurze Zeit später bin ich wie ein Stehaufmännchen schon wieder guter Dinge und mit neuen Abenteuern beschäftigt.

Stier-Aszendent *Leben und leben lassen*

Ich bin das Heidi von der Alp und genieße jeden Tag, an dem ich mit dem Geißenpeter und den Ziegen auf die sonnigen Höhen hinaufziehen kann. Ich fühle mich von der Sonne gestreichelt, ich liebe den Duft der Bergkräuter und lasse mir die Ziegenmilch schmecken. Es ist auch schön, dem Großvater beim Käsemachen zuzusehen. Oder wenn der Wind in den drei Tannen hinter der Hütte rauscht, da kann ich stundenlang im Gras liegen und zuhören. Hier auf der Alp ist meine Welt. Muß ich fort von hier, so ertrage ich dies fast nicht.

Ich heiße zwar nicht Heidi und lebe nicht auf der Alp, aber ich verhalte mich trotzdem fast wie sie. Schon ab dem ersten Tag wirke ich ruhig und bedächtig. Ich bin ein kleiner Genußmensch, zufrieden mit dem, was ich habe. Zumindest vordergründig melde ich kaum große Ansprüche an, falle nicht besonders auf, sondern bin einfach da, still und vergnügt. Ich beobachte gut. Neue Eindrücke nehme ich nur langsam auf, verarbeite diese jedoch gründlich. So brauche ich oft mehr Zeit als andere Kinder, um etwas zu begreifen. Was jedoch einmal sitzt, vergesse ich kaum wieder.

Vor allem wenn die Eltern schnell und initiativ sind, sollten sie darauf achten, mich nicht dauernd anzuspornen. Ich trödle gerne herum. Was in den Augen eines vielbeschäftigten Erwachsenen nach Zeitvergeudung aussieht, kann für mich wichtige Erfahrungen beinhalten. Die halbe Stunde, die ich vielleicht brauche, um mich anzuziehen, bedeutet für mich intensive Auseinandersetzung mit meinem Körper und mit den Materialien, Formen und Farben meiner Kleider. Ich schule damit meine Beobachtungsgabe, Körperempfindungen, Tastsinn und vieles mehr. Auch im Schulalter falle ich durch meine eher bedächtige, langsame und gründliche Art auf.

Für mich ist die konkrete, materielle Welt wichtig. Ich fasse die Dinge an und »begreife« sie im konkreten Sinne, um sie schließlich verstehen zu können. Auch bin ich für klare Besitzverhältnisse. So mag ich es gar nicht, wenn man ungefragt meine Spielsachen benutzt. Ich brauche mein eigenes »Revier«. Wenn ich meine Zimmertüre beispielsweise mit dem Vermerk »Bitte anklopfen!« versehe oder Spielsachen mit meinem Namen kennzeichne, möchte ich damit den anderen mitteilen, daß hier mein Territorium beginnt. Respektiert dies bitte! Ich achte eure Grenzen schließlich auch.

Trotz meines eher ruhigen Äußeren kann ich ganz schön wütend werden. Es ist dann wie bei einem Gewitter; lange geschieht nichts, und wenn genug angestaut ist, bricht der Tobsuchtsanfall aus mir heraus. Wenn ich meiner Wut Ausdruck geben darf, lerne ich, mit meinem Jähzorn umzugehen, ohne daß andere darunter zu leiden haben.

Zwillinge-Aszendent *Neugierig und an allem interessiert*

Soll ich mich als »Doppeltes Lottchen« oder als Pippi Langstrumpf ausgeben? »Erster Schultag« würde ich auch ganz gerne spielen. Oder Fernsehansager! In einem Spielzeugladen Lebensmittel zu verkaufen wäre auch ein nettes Spiel. Am liebsten spiele ich jeden Tag etwas anderes. Aber immer haben meine Rollen mit Kontakt und Bewegung zu tun. Ich bin geistig sehr wendig und habe meine Nase nicht nur im Spiel ganz vorn.

Ich gehe mit wachem Interesse auf die Welt zu. Und das vom ersten Tag an. Schon im Babyalter schätze ich es, wenn viel los ist. Kaum kann ich gehen und sprechen, wird meine Kontaktfreudigkeit offensichtlich. Leicht und schnell finde ich den »Draht« zu Menschen jeden Alters, denn ich spreche sie einfach an. Wenn nicht andere zurückhaltende Anlagen entgegenwirken, sprudelt es bei mir nur so drauflos. Voll Begeisterung erzähle ich allen, die es wissen wollen, und auch noch vielen anderen meine Erlebnisse, teile ihnen die tägliche Geschichte aus dem Kindergarten mit oder wie ich im Sandkasten gespielt habe. Sprache ist ein wichtiges Ausdrucksmittel für mich, das ich entsprechend üben muß.

Ich bin ausgesprochen neugierig. Alles will ich wissen und sehen. Ich kann mir gut vorstellen, daß meine Fragerei ziemlich nervenaufreibend ist. Ich frage kaum lange in die Tiefe, sondern bin zufrieden, wenn ich kurze und sachliche Antworten bekomme. Manchmal höre ich auch gar nicht richtig hin und bin in Gedanken schon an einem ganz anderen Ort. Wie ein Schmetterling von Blume zu Blume gaukelt und überall ein bißchen nascht, wandert meine Aufmerksamkeit von einem Objekt zum nächsten und sammelt fast wahllos die Dinge und Eindrücke, die sich bieten. Meine Interessen sind außergewöhnlich vielfältig, so daß ich mich manchmal in nervöser Ungeduld zersplittere. Ich werte kaum, sondern gehe mit Toleranz und Objektivität an die Dinge heran. Meine Offenheit für Neues erschwert es mir, mich für etwas zu entscheiden. Auch beim Spielen kann ich mich oft nur schwer konzentrieren. Kaum habe ich begonnen, lasse ich mich durch etwas scheinbar noch Spannenderes ablenken.

Eltern und Erziehern kann meine Flexibilität sehr gelegen kommen, lasse ich mich doch leicht dazu bewegen, das Spiel abzubrechen, um beispielsweise an den Mittagstisch zu kommen oder mit der Mutter einkaufen zu gehen. Mit Hinweisen wie »Schau mal dieses Kätzchen!« oder »Jetzt gehen wir zur Großmutter« lasse ich mich willig lenken, denn es locken mich die neuen Eindrücke.

Im Schulalter sind es Spielkameraden, Bücher oder wechselnde Hobbys, die mich dauernd »auf Trab« halten, das Leben spannend erscheinen lassen, mich aber auch daran hindern, meine wirklichen Interessen zu vertiefen.

Krebs-Aszendent *Ein beeindruckbares Gemüt*

Alle Kinder der Welt haben ein Traumland. Ich bin Peter Pan und komme aus einem solchen Traumland, das Nimmerland heißt. Wenn ich zu den Kindern komme, suche ich mir eine Familie, in der die Kinder an mich glauben. Ich habe gerade erfahren, daß Wendy bald erwachsen wird und mir dann keine Geschichten mehr erzählt. Das lasse ich nicht zu. Ich streue Feenglanz auf sie und fliege mit ihr in den Himmel hinein, beim ersten Stern rechts und dann immer der Nase nach bis nach Nimmerland. Dort wird man nie erwachsen.

Auch ohne diese Verkleidung bin ich ein äußerst sensibles Kind. Geborgenheit und Wärme sind für mich ebenso notwendig wie die tägliche Nahrung. Vom ersten Lebenstag an fühle ich mich am wohlsten in einer ruhigen und vertrauten Umgebung. Als ausgesprochenes Schmusekind schätze ich es, gehalten und liebkost zu werden. Immer wieder suche ich die Nähe der Mutter. Die Leute sagen, ich hänge an ihrem Rockzipfel. Auf den Spielplatz oder in den Kindergarten muß sie mich viele Male begleiten, damit ich den Mut finde, schließlich allein hinzugehen.

Für Stimmungen habe ich ein gutes Gespür. Wenn in der Familie ein Gewitter im Anzug ist, wittere ich dies mit untrüglicher Sicherheit. Ebenso habe ich ein feines Barometer für die innere Gefühlslage der Menschen, die ich liebe. Deshalb ist es wichtig, daß die Eltern eigene Probleme klar aussprechen und nach Lösungen suchen, denn wenn sie bedrückt oder wütend sind, leide ich unweigerlich mit.

Da ich mich leicht in andere versetze und mitfühle, kann ich mich nicht ungehemmt durchsetzen. Wenn ich wütend bin, darf ich meinen Ärger nicht offen zeigen, denn sonst hat mich niemand mehr gern. Zumindest glaube ich das. Anstatt meiner Wut klar Ausdruck zu verleihen, ziehe ich mich in solchen Situationen in einen »Schmollwinkel« zurück, hänge vielleicht weinerlich an Mutters Rockzipfel und verhalte mich, als wäre ich ein paar Jahre jünger. Mein Einfühlungsvermögen schafft für mich eine Situation, als säße ich in einem Glashaus und dürfe daher nicht mit Steinen werfen. Auch gegenüber Geschwistern und in der Schule ducke ich mich allzuoft und stecke Demütigungen ein, die ich wie Rabattmarken sammle. Irgendwann und völlig unerwartet kommt dann ein Wutausbruch oder eine heftige Trotzreaktion, die in keinem Verhältnis zur momentanen Situation steht, in der jedoch die angestaute Frustration und Verletzung wieder abfließt.

Ich bin sehr empfindsam und verletzlich. Wenn mir die Umwelt zu rauh wird, ziehe ich mich in meine Phantasie und Traumwelt zurück. Ich gehöre zu den Kindern, die lange klein bleiben und sich behüten und beschützen lassen wollen. Ich hätte nichts dagegen, immer ein Baby zu bleiben und in Mutters Armen zu kuscheln, anstatt zu wachsen und mehr und mehr in die rauhe Außenwelt gestoßen zu werden. Um so wichtiger ist es, daß die Eltern mich liebevoll zu Selbständigkeit ermuntern.

Grundsätzlich reagiere ich stark aus dem Gefühl heraus. Mit Lachen, Jauchzen, Singen, Weinen und Trotzen zeige ich meine

Stimmungen und äußere damit Freude und Schmerz, ohne viele Worte darüber zu verlieren. Ich habe Mühe, zu sagen, warum ich weine, denn letztlich fühle ich mich einfach traurig, und die rationalen Gründe dafür sind mir unwichtig. So tröstet mich eine herzliche Umarmung oder ein gemeinsam gesungenes Lied oft mehr als lange Erklärungen.

Löwe-Aszendent ***Selbst ist die Frau, und selbst ist der Mann***

Ich spiele Simba, den König der Löwen aus dem gleichnamigen Walt-Disney-Film. Ich bin ein Prachtexemplar mit einer wundervollen, dichten Löwenmähne, voller Stolz und Würde, geschmeidig und stark. Ich habe Mut und siege über die dunklen Schatten in meinem Reich, so daß wir in Frieden leben können und mich alle als Majestät anerkennen.

Meine königliche Würde gilt auch im Alltag. Kaum bin ich auf der Welt, richtet sich alle Aufmerksamkeit auf mich. Ich strahle eine Menge Selbstvertrauen aus. Dadurch ziehe ich alle Augen auf mich. Schon als Baby will ich unterhalten werden. In der Wiege allein zu sein, schätze ich wenig. In jedem Alter stehe ich gerne im Mittelpunkt. Ich genieße es, wenn man mir beim Spielen zuschaut und meinen Fortschritten Beachtung schenkt.

Ich gehe aktiv auf die Umwelt zu und versuche, diese nach meinem Willen zu formen. Am liebsten habe ich es, wenn sich die anderen nach meinen Anweisungen bewegen. Doch ich bewege mich auch selbst gerne. Sobald ich kriechen und laufen kann, habe ich die Möglichkeit, selbst etwas zu unternehmen. Es soll niemandem einfallen, mein ausgeprägtes Bedürfnis nach Selbständigkeit einzuschränken. So will ich schon früh selbst essen und mich eigenhändig anziehen. Ich lasse mir nur ungern helfen. Je älter ich werde, desto schlechter vertrage ich es, wenn mir jemand etwas zeigen will, das ich eh schon kann. Ich will eine Persönlichkeit sein und verhalte mich selbstbewußt und eigenwillig. Ich will die Dinge in die Hand nehmen und probieren. Lieber soll eine Bastelarbeit kaputt gehen, als daß mir die Mutter diese aus der Hand nimmt und mir zeigt, wie man sie handhabt. Damit trifft sie nur meinen Stolz. Aber empfindlich! Wenn ich selbst bestimmen kann, wann ich Unterstützung brauche und wann ich selbständig sein will, kann ich die Hilfe auch annehmen.

Ich habe manchmal Mühe, mich im richtigen Licht zu sehen, den richtigen Ton und die angebrachten Verhaltensweisen zu finden. Ich erlebe mich als Zentrum der Welt. Aus dieser Sicht fällt es mir oft schwer, mich in andere einzufühlen und auf andere zuzugehen. Starallüren liegen mir näher. Damit ich nicht zu einem kleinen Egoisten werde oder sogar vereinsame, brauche ich immer wieder Hinweise von anderen, daß es neben meinem Ich noch viele andere Ichs gibt, die alle dieselbe Daseinsberechtigung haben. Indem ich immer wieder die Erfahrung mache, daß ich zwar nicht der Größte bin, aber trotzdem geschätzt und geliebt werde, festigt sich mein Selbstvertrauen, und ich finde meinen Platz im Gefüge der zwischenmenschlichen Beziehungen, in der Familie und unter meinen Spielkameraden.

Jungfrau-Aszendent — *Das Gewohnte und Überschaubare bietet Sicherheit*

Die Rolle von Aschenputtel fasziniert mich wohl am meisten. Erbsen aus der Asche lesen würde ich auch ganz gerne, und wenn dann noch ein Prinz käme ... Aschenputtels Stiefmutter finde ich dumm. Wie kann man nur Erbsen in die Asche schütten, nur um sie wieder herauszulesen? Eine nutzlose Beschäftigung! An ihrer Stelle hätte ich Aschenputtel befohlen, Geschirr abzutrocknen oder das Zimmer aufzuräumen. Davon hätte ich wenigstens etwas. Aber das ist ja eh nur ein Märchen. Ich sortiere Legosteine und nicht Erbsen. Das ist vernünftiger.

Ich schätze einen geordneten Tagesablauf. Meine Spielzeugpuppen und Kuscheltiere müssen beispielsweise in einer ganz bestimmten Reihenfolge aufgestellt werden. Es stört mich, wenn Dinge oder Möbel nicht am gewohnten Ort stehen. Ich beobachte meine Umwelt sehr genau. Auch scheinbar belanglose Kleinigkeiten springen mir ins Auge. Wegen meines eher ruhigen und unauffälligen Äußeren unterschätzt man mich gerne – genauso wie Aschenputtel. Denn auch wenn ich mich kaum lautstark durchsetze und in den Mittelpunkt stelle, sondern eher scheu und bescheiden warte, so entgeht mir nichts, und ich nehme die Eindrücke mit all meinen Sinnen wahr. Alles, was ich höre und sehe, versuche ich mit meinem Verstand zu begreifen und zu ordnen. In meiner Vorstellung hat alles seinen Platz, ähnlich wie in einem Lagerhaus. Neue Eindrücke verarbeite ich, indem ich diese als Tatsachen akzeptiere und eine geeignete »Schublade« dafür schaffe.

Es geht mir also nicht so sehr um ganzheitliche Zusammenhänge, um Ideen und Ideale, sondern vielmehr um ein pragmatisches Bestreben, die Dinge zu begreifen. Dabei heißt für mich »begreifen«, etwas mit Händen zu ergreifen und es so zu verstehen. Mich beeindruckt das Konkrete, Materielle. Meine Reaktionen sind auf das Praktische ausgerichtet. Es ist sehr wohl möglich, daß mich das Innenleben der Waschmaschine weit mehr interessiert als Dornröschen oder Rotkäppchen. Ich will wissen, wie die reale Welt funktioniert, und ich neige zu einer starken Sachbezogenheit.

Meine fast etwas altklugen Bemerkungen und vernünftigen Reaktionen können täuschen, entsprechen sie doch äußeren Verhaltensweisen und haben wenig mit meinem wahren Wesen zu tun. Gerade deshalb brauche ich Eltern, die mich zu Großzügigkeit, Spontaneität, Spiel und Risiko ermuntern. Nur so bringen mich meine ordnenden und absichernden Tendenzen nicht auf ein festgelegtes Gleis oder lassen mich gar zu einem kleinen Pedanten werden.

Alessandro (Aszendent Jungfrau) wird oft unterschätzt. Man glaubt leicht, ihm Dinge zwei- oder dreimal ausführlich erklären zu müssen, dabei hat er sie längst begriffen. So löst er etwa in den Schulreifetests im Kindergarten weit mehr Aufgaben, als die Kindergärtnerin ihm zugetraut hätte.

Waage-Aszendent — *Der Wunsch nach Harmonie*

Hallo! Erlaubt ihr, daß ich mich vorstelle? Ich bin Duchesse, die weiße Katzendame aus dem Walt-Disney-Film Aristocats. Ich bin eine »Aristocat«. Aristocats zeigen nie – wie andere Katzen – ihre Krallen. Bin ich nicht wunderschön?! Ich lasse mich verwöhnen und lasse die anderen für mich aktiv werden. Ich treffe den richtigen Kater-Kavalier, der mir alle Probleme abnimmt und noch dazu mein Partner wird.

Habt ihr gesehen, wie sanft und liebenswürdig ich sein kann? Die Rolle der edlen, überzüchteten Rasse spiele ich auch in meinem Alltag. Ich gehe davon aus, daß man mit Diplomatie und Anpassungsbereitschaft am besten fährt, und bemühe mich deshalb, es allen recht zu machen. Das heißt nicht, daß ich nicht auch unartig und trotzig sein kann, aber im allgemeinen halte ich meine Aggressionen zurück und passe mich den äußeren Gegebenheiten an. Wenn ich etwas will, versuche ich es auf die sanfte Tour, schmeichle und bettle so lange, bis man ja sagt. Offene Konfrontation meide ich. Ich erreiche viel auf diese Weise. Indem ich das Gemeinsame und Verbindende betone, schlage ich eine Brücke zwischen den Menschen. Ich bin entgegenkommend, gesellig und anpassungsbereit und finde leicht Kontakt.

Mit meiner liebenswürdigen Art gewinne ich die Wertschätzung vieler. Ich bin so sehr auf mein Gegenüber bezogen, daß ich mich dabei oft ganz vergesse. Ich tue alles, damit ich geliebt und geschätzt werde, und viel zu wenig das, was mir persönlich wichtig ist. Ich vergesse es ganz einfach.

Wenn nicht andere Anlagen stark dagegen sprechen, bin ich ein »pflegeleichtes« Kind. Gerade deshalb brauche ich immer wieder die Ermunterung, zu mir zu stehen, den eigenen Willen zu äußern und Entscheidungen zu treffen. Bevor ich etwas tue, taste ich meine Umwelt sorgfältig nach etwaiger Mißbilligung ab. Höre ich Bemerkungen wie »Das mag ich nicht!« oder »Tu das nicht!«, so nehme ich diese sehr persönlich. Ich gehorche nicht aus Überzeugung, sondern weil ich die Zuneigung der Mitmenschen nicht leichtfertig aufs Spiel setzen will. Ich brauche Menschen, die mich zu eigenen Entscheidungen ermuntern und mir zeigen, daß Streit und Konfrontation manchmal heilsamer sind als eine geheuchelte Scheinharmonie.

Für eine gesunde Entwicklung bin ich mehr als andere Kinder auf ein harmonisches Umfeld angewiesen. Alles Schöne spricht mich an. Ich neige zu einer oberflächlichen Betrachtungsweise, bei der ich das Harmonische und ästhetisch Ansprechende herauspicke und die härteren Seiten des Lebens außer acht lasse. Ich muß im Laufe meiner Kindheit und meines ganzen Lebens lernen, die Unterschiede zwischen echter Harmonie und oberflächlicher Schönmacherei zu erkennen.

Skorpion-Aszendent — *Ein guter Beobachter aus dem Hintergrund*

Chchchchchchch!!!! – Ichchchch binnn derrrr Drrachchche Mmahlzzzzzzzahnnnnn – chchch!! – Ich bin auch der Goldene Drache der Weisheit. Ich stamme aus dem Buch Jim Knopf und Lukas der Lokomotivführer von Michael Ende und bin in die tiefsten Geheimnisse des Lebens eingeweiht. Aber diese behalte ich für mich. Ich erzähle euch nur soviel: Ich war ein böser Drache, der Kinder gefangenhielt und mißhandelte. Ich wurde überwältigt und nicht getötet, und so konnte das Wunder der Wandlung mit mir geschehen. Ich wurde zum Goldenen Drachen der Weisheit. Ich zeige meinem Retter den Weg zu seinem Reich und seiner Macht. Ansonsten hülle ich mich in Schweigen ...

Ich bin zwar kein richtiger Drache, aber etwas von dem schillernden, geheimnisvollen Glanz ebenso wie von den heimtückischen und sadistischen Zügen des Drachen aus der Geschichte von Jim Knopf haftet mir an. Schon als kleines Baby scheine ich etwas Tiefes und Unergründliches auszustrahlen. Später mag mein nachhaltiges Fragen und Wissen-Wollen auffallen. Dabei behalte ich die eigenen Gedanken und Regungen meist für mich. Ich durchschaue andere zwar gut, lasse sie jedoch nur höchst ungern in meine Karten schauen.

Ich halte mich eher im Hintergrund und beobachte die Umwelt genau. Meinem forschenden und durchdringenden Blick entgehen auch Ungereimtheiten kaum. Ich lege oft den Finger auf den wunden Punkt und provoziere meine Umwelt so lange, bis ich eine Reaktion bekomme.

Wenn ich Gefühle zeige, dann ganz. Eine Seite von mir ist voller Leidenschaft. So kann ich sehr anhänglich und besitzergreifend sein und kurze Zeit später mit starken Trotz- und Wutanfällen reagieren. Auch wenn ich spiele oder lerne, gebe ich mich voll und ganz meiner Beschäftigung hin. Ich kann sehr beharrlich und verbissen an etwas festhalten, wenn man es mir nehmen will. Einen Moment später werfe ich es vielleicht selbst weg.

Ich gehöre zu den Kindern, denen man nur schwer etwas vormachen kann. Mit allen Mitteln versuche ich, den Kern einer Sache zu ergründen. Je verbotener oder geheimnisvoller etwas ist, desto mehr zieht es mich an. Ich gebe mich nicht mit dem zufrieden, was ich höre und sehe, sondern versuche stets, auch hinter die Kulissen zu schauen.

Es ist mir wichtig, die Fäden in der Hand zu behalten, und ich greife eher zu einer Notlüge, als mich bloßstellen zu müssen. Grundsätzlich fällt es mir nicht leicht, mich schwach zu zeigen oder eine Rüge einzustecken. Kritik nehme ich persönlich. Behandelt mich jemand ungerecht, dann sinne ich auf Vergeltung. Ich kann lange warten. Wenn der Augenblick gekommen ist, kann ich dem anderen mit raffinierter Gemeinheit gegen das Schienbein treten.

Schütze-Aszendent *Begeisterung muß sein*

> *Ich bin Aladdin, und ich glaube an das Gute im Menschen und daran, daß alles möglich ist. Ich habe eine Wunderlampe. Der Geist der Lampe (oder ist es mein eigener Geist?) bringt mir alles, was ich mir wünsche. Dank der Kraft des Geistes kann ich jede Grenze überschreiten und Großartiges vollbringen. Alles, was in meiner Vorstellung möglich ist, wird Realität: ein Schloß, eine Prinzessin und eine unermeßliche Menge an Gold und Edelsteinen.*

Ich gehe spontan und voll Begeisterung auf die Welt zu. Kaum kann ich kriechen und gehen, wird die Umgebung erforscht und erobert. Vor meinem Tatendrang und Einfallsreichtum ist kaum etwas sicher. Ich sprudle vor Lebensfreude. Ich bin ein sonniges Kind, das in seinem Optimismus Grenzen nur schwer akzeptiert. So brauche ich viel Bewegung und Freiraum, Spiele im Freien und später eine sportliche Betätigung. Meine Begeisterung wirkt ansteckend, so daß es für meine Eltern manchmal schwierig sein dürfte, einen Rahmen und eine gewisse Ordnung zu vermitteln, die ich nicht mit einem schelmischen Lächeln gleich wieder zunichte mache.

Grundsätzlich bin ich ein Optimist. Sofern mein manchmal überschäumendes Temperament nicht zu sehr eingeschränkt wird, versuche ich, meine Ideen und Ideale auch zu verwirklichen. Habe ich zuwenig Spielraum, gehen Schwung und Elan mit den Jahren verloren. Ich neige dazu, meine Vorstellungen als nicht durchführbar abzuwerten und nur noch davon zu träumen. Damit Begeisterung und Lebensfreude auch im Erwachsenenalter erhalten bleiben, brauche ich kreative Ausdrucksmöglichkeiten.

Ich habe nie genug. Wenn mich etwas gepackt hat, bin ich kaum zu bremsen und steigere mich geradezu in eine Idee hinein. Maßlosigkeit oder Überheblichkeit sind die negativen Auswirkungen dieses Verhaltens, und es ist wichtig, daß man mich darauf aufmerksam macht, wenn ich Schein und Sein zu sehr verwechsle und mich mit fremden Lorbeeren schmücke. Ich habe einen ausgeprägten Sinn für Fairneß und soziale Gerechtigkeit. Auch wenn ich Lausbubenstreichen nicht abgeneigt bin, zeige ich mich meist gutherzig und großzügig.

Camilla (Aszendent Schütze, Mond in Löwe, Sonne in Wassermann) ist ein lebhaftes und fröhliches Kind voller Ideale und Vorstellungen, wie die Welt sein könnte. Sie geht davon aus, daß man jeden Wunsch erfüllt bekommt, so, wie einem lange Haare wachsen, wenn man sich dies wünscht. Geht einmal etwas nicht nach ihrem Kopf, verwirft sie gleich alles. Die Frustrationstoleranz ist gering. Verlieren und die Unannehmlichkeiten des Lebens akzeptieren kann sie schlecht.
Camilla kennt keine Grenzen, läßt sich aber auch ihre Suche nach etwas Größerem nicht nehmen. Einmal sagt sie: »Ich bin der liebe Gott. Und du bist auch der liebe Gott. Alle Menschen sind auch der liebe Gott.« – Sie schaut der Mutter in die Augen und fügt hinzu: »Da schaut der liebe Gott heraus!« Dann schaut sie einem Hund und einem Schaf tief in die Augen und stellt begeistert fest: »Aus diesen Augen schaut auch der liebe Gott heraus!«

Steinbock-Aszendent *Die Rolle eines kleinen Erwachsenen*

Ich bin ein Kind – und doch bin ich es nicht ganz. Ich spiele die Rolle eines kleinen Erwachsenen. Nicht nur daß ich in Mutters Schuhe schlüpfe und mich am Telephon mit gesetzter Stimme mit unserem Familiennamen melde, ich fühle mich auch verantwortlich für meine Lieben. Wenn man mich damit nicht ernst nimmt und mich wie ein kleines Kind behandelt, werde ich stocksauer. Ansonsten bin ich sehr vernünftig. Aber ich habe meine Prinzipien. Das Leben ist eben kein Spiel.

Grundsätzlich bin ich ernst und vernünftig. In manchen Situationen gebe ich mich wie ein kleiner Erwachsener. Ich schätze eine ruhige Umgebung, wo alles seinen gewohnten Platz hat und der Tagesablauf nach bestimmten Regeln abläuft. Allzuviel Aufregung und Abwechslung verunsichern mich. Mein Sinn für Ordnung und Strukturen mag sich auch darin zeigen, daß ich meine Kleider abends ordentlich auf den Stuhl lege und unaufgefordert die Zähne putze. Jedes Ding in meinem Zimmer hat seinen Platz, und ich gebe keine Ruhe, bis nicht alles so geordnet ist, wie ich es mir vorstelle.

Mein Sinn für Regeln zeigt sich auch in meinem Auftreten. Ich bin gerne hübsch und sauber angezogen, grüße, danke und reiche die Hand, wie man es von mir erwartet. Ich schaue den Erwachsenen zu und übernehme ihre Normen im Umgang miteinander.

Ich beobachte die Umwelt genau, nehme wahr, wie die Mutter den Haushalt macht, wie sie die Dinge handhabt und wohin sie diese räumt. Ich gehe davon aus, daß das Leben am besten zu meistern ist, wenn ich selbst mit all diesen Dingen umgehen kann. So will ich alles selbst in die Hände nehmen und die Erwachsenen nachahmen. Ich brauche Eltern, die meinem Bedürfnis zum Experimentieren nicht allzu viele Neins entgegenstellen, sondern an meine Ernsthaftigkeit und mein Verantwortungsgefühl appellieren und mir früh schon den Umgang mit Bügeleisen, Kochherd oder Stereoanlage gestatten, ohne mich jedoch zu überfordern. Da ich außerordentlich vernünftig wirke, besteht leicht die Gefahr, daß sie in mir einen kleinen Erwachsenen sehen und mich mit zuviel Verantwortung belasten. Ich will ernst genommen werden. Meine Eltern haben die nicht ganz einfache Aufgabe, das richtige Maß zu finden. Damit auch Spiel und Spaß genügend zum Zuge kommen, brauche ich eine warme Familienatmosphäre und immer wieder Ermunterung zum Spiel.

Ich wirke eher zurückhaltend und erzähle nicht immer alles. Auch brauche ich eine gewisse Zeit, um Kontakte mit anderen Kindern zu knüpfen. Ich bin kein stürmischer Draufgänger und auch kein ausgesprochenes Schmusekind, sondern bewahre eher eine kühle, sachliche Distanz.

Nicole hat einen Steinbock-Aszendenten, Mond in Wassermann und Sonne in Fische. Von ihrem ersten Atemzug an hat sie mit der Bescheidenheit und Duldsamkeit des Steinbock-Aszendenten nicht den Platz beansprucht, der ihr zugestanden hätte. Ihre Mutter litt an einer chronischen Krankheit und war durch das Kind sowohl körperlich wie auch psychisch aufs äußerste belastet. Nicole schien zu wis-

sen, daß sie auf ihre Mutter Rücksicht nehmen mußte. Obwohl sie zu wenig Milch bekam, war sie ein ruhiges, zufriedenes Kind. Mit 11 Monaten erkrankte sie an Rachitis, einer Mangelkrankheit des Skeletts. Ihre ersten Schritte machte sie mit 18 Monaten.
Nicole übernimmt früh die Rolle einer Erwachsenen. Sie tröstet die Mutter. Als Krankheit und Verzweiflung über eine zerrüttete Ehe sie einmal mehr in Tränen ausbrechen ließen, nahm die kleine Nicole ihre Mami an der Hand, führte sie ans Bettchen der vier Jahre jüngeren Schwester und sagte: »Mami, sie braucht dich!«
Nicole ist heute – mit zwölf Jahren – ein ruhiges, zuverlässiges und distanziertes Mädchen. Sie nimmt das Leben, wie es ist, und tut, was ansteht. Einmal wollte ihre Mutter mit ihr ins Kino, bekam dann aber keine Eintrittskarten mehr. Nicole nahm es gelassen hin. Nicht die Mutter tröstete die enttäuschte Tochter, sondern umgekehrt. In der Schule ist es ebenfalls Nicole, die Streit in der Klasse schlichtet und eine Erwachsenenrolle übernimmt. Mit sich und mit anderen kann sie sehr streng sein. Was sie am allerwenigsten ausstehen kann, ist, nicht ernst genommen zu werden.
Nicole ist für ihr Alter groß gewachsen und körperlich frühreif. Ihre Haltung ist leicht gebeugt. Die Vermutung liegt nahe, daß die Bürde vor allem in den ersten Lebensjahren doch etwas schwer war. Der Ernst des Lebens ist früh an Nicole herangetreten, und sie hat ihn mit ihrem Steinbock-Aszendenten mit offenen Armen empfangen.

Wassermann-Aszendent *Ein Hang zum Außergewöhnlichen*

> *Ich bin etwas ganz Besonderes. Vielleicht der »Kleine Prinz«. Ich wohne auf dem Planeten B 612 mit einer Blume und drei Vulkanen. Ich gehe von einem Stern zum anderen und schließlich auf die Erde. Dort finde ich einen Freund. Erst war er wie hunderttausend andere. Aber ich habe ihn zu meinem Freund gemacht, und jetzt ist er einzigartig in der Welt. Ich kehre zurück auf meinen Planeten und denke an meinen Freund. Das ist schön ...*

Wie in der Rolle des »Kleinen Prinzen«, so zeige ich auch im Alltag mit großer Selbstverständlichkeit meine originelle und unkonventionelle Seite. Schon als kleines Baby mache ich immer wieder die Erfahrung, daß ich durch eigenwilliges Verhalten viel erreiche. So »übe« ich mich in einem kindlichen Individualismus und entwickle die für mich selbstverständliche Haltung, ein eigenständiges und unabhängiges Wesen zu sein. Ich halte nicht viel von konventionellem Rollenverhalten und schätze es gar nicht, Dinge tun zu müssen, nur weil »man« es tut.

Von meiner Mutter beginne ich mich früh zu lösen, denn ich gehöre zu den Kindern, die lieber die Welt entdecken, als an Mutters Schürzenzipfel zu hängen. Ich suche schon früh meinen eigenen Weg. Um dies zu können, brauche ich viel Spielraum und Eltern, die mich weder zu sehr umsorgen noch einschränken. Ich habe viele ausgefallene Ideen. Damit sie nicht nur leere Schaumblasen bleiben, benötige ich Bastelmöglichkeiten und kreatives Spielzeug. Daß Steckdosen, Medikamentepackungen und Feuerzeuge nicht dazu gehören, muß man mir schon sehr deutlich sagen.

Die Grenze zwischen einem gesunden Individualismus und arrogantem Verhalten ist fließend. Wenn Eltern und Mitmenschen mir vermitteln, daß ich etwas Besonderes sei, bin ich sehr empfänglich dafür und kann leicht zu einem kleinen »Snob« werden. Besser wäre, sie gäben mir den Freiraum, den ich brauche, und würden von mir verlangen, daß ich anderen dieselben Privilegien zugestehe.

Fische-Aszendent — *Schillernd und flexibel wie ein Chamäleon*

Ich bin die Blumenelfe aus irgendeiner Geschichte. Ich komme aus einer Traum- und Märchenwelt und tanze vorsichtig, leise und mit tausend Schleiern verhüllt in dieses Leben hinein. Die Wirklichkeit ist mir fremd, und ich zeige ihr mein Gesicht nicht gern. Ich lasse mich von ihrem kalten Hauch erfassen und unsanft zu Boden setzen. Ich spüre alles, doch ich kann und will mich nicht aus meinen Schleiern befreien und auf die Dinge reagieren. Ich bin für die Mitwelt eine nebelhafte Erscheinung, fast mehr eine Seele aus dem Jenseits als ein Mensch aus Fleisch und Blut.

Ich lebe in einer Welt des Traumes und der Phantasie. Ich bin ein einfühlsames Kind, vor dem keiner seine Gefühle verbergen kann. So, wie ein Seismograph die leisesten Erschütterungen der Erde registriert, nehme ich die Stimmung in der Familie auf und stelle mich darauf ein. Ob Vater und Mutter nun gerade Freude, Ärger oder Trauer empfinden, ich werde schnell davon erfaßt, auch wenn ich mit den realen Ursachen wenig zu tun haben mag. Diese Durchlässigkeit macht mich beeinflußbar. Die Eltern vermitteln mir den Eindruck, besonders brav sein zu müssen, damit es ihnen gut geht, beispielsweise indem sie sagen: »Wenn du das nicht tust, macht es mich traurig.« Ich werde mich dann bemühen, mich anzupassen und so dafür zu sorgen, daß es allen Familienmitgliedern gut geht.

Deshalb brauche ich Eltern, die mich immer wieder auffordern, meine Grenzen wahrzunehmen. Ein konkretes Beispiel ist ein eigenes Zimmer oder eine Rückzugsmöglichkeit, die ich, auch wenn ich diese brauche, kaum selbst zu beanspruchen wage. Ich möchte ja niemanden ausschließen, und schon gar nicht die geliebten Eltern. Indem diese durch ihr Vorbild vermitteln können, daß Abgrenzung nichts mit Liebesverlust zu tun haben muß, lerne ich, meine eigenen Bedürfnisse wahrzunehmen und mich nicht so sehr mit dem äußeren Stimmungsklima zu identifizieren.

Anpassung ist für mich gleichsam ein Selbstschutz. Ähnlich wie ein Chamäleon nehme ich die Färbung des jeweiligen Hintergrundes an und entwickle so eine Vielfalt von Verhaltensweisen und zwischenmenschlichen Kontaktmöglichkeiten. Hinter dieser schillernden Palette von Rollen ist mein eigentliches Ich nur schwer faßbar. Wenn ich immer wieder ermuntert werde, zu mir zu stehen und Verantwortung zu übernehmen, kann ich mit der Zeit eine eigene Identifikation finden, ohne daß ich meine weiche und einfühlsame Seite verleugnen muß.

Planeten am Aszendenten aus der Sicht des Kindes

Planeten in der Nähe des Aszendenten beeinflussen zusätzlich zum Aszendentenzeichen das Erscheinungsbild. Das Aszendentenzeichen beschreibt, wie ein Kind sich in seiner Umwelt bewegt. Es kommt einer Liste von Eigenschaften gleich. Ein Planet in der Nähe des Aszendenten wirkt wie eine Linse, die Zeichenqualitäten offenbaren sich über diesen Planeten. Ein Beispiel: Ein Kind mit Steinbock-Aszendent wirkt ernst und zurückhaltend. Steht die Steinbock-Sonne am Aszendenten, so bekommt sein Verhalten zusätzlich eine überzeugende Strahlkraft. Mit Steinbock-Mond am Aszendenten scheint das Kind zu sagen: »Mein Wohlbefinden ist abhängig von einer geordneten Umwelt.« Merkur bewirkt, daß sich die Ernsthaftigkeit und der Realitätssinn des Kindes vor allem in seinen sprachlichen Äußerungen zeigt.

Sonne am Aszendenten ***Ein ausgeprägtes Selbstbewußtsein***
Ich weiß, was ich will. Schon als kleines Kind strahle ich ein gesundes Selbstbewußtsein aus, das sich im Laufe der Jahre und vor allem in der Pubertät zu einer ausgeprägten Seite meiner Persönlichkeit entwickelt. Ohne zu zögern oder zu fragen, gehe ich meinen eigenen Weg. Mein Wesen strahlt wie eine kleine Sonne aus sich selbst heraus. Trotz des ausgeprägten Willens gehe ich mit Herzlichkeit und Wärme auf die Umwelt zu.

In den ersten Lebensjahren dient mir vor allem mein Vater als Leitbild, und ich versuche, wie er aufzutreten und den eigenen Willen in die Tat umzusetzen. Für eine gesunde Entwicklung brauche ich viel Selbständigkeit. Möglichst früh möchte ich meinen eigenen Weg gehen und meinen Willen durchsetzen dürfen. Dies bedeutet nicht, daß die Eltern mir alles erlauben. Ich brauche Bereiche, in denen ich selbst bestimme. Die Eltern sollen zwar da sein, sich jedoch auf eine begleitende und beratende Funktion beschränken und mich Fehler machen und daraus lernen lassen. Wie die Möbel im Kinderzimmer gestellt werden oder was angezogen wird, sind Fragen, die ich auch im Vorschulalter durchaus selbst entscheiden könnte und möchte.

Mond am Aszendenten ***Kindlich spontan und verträumt***
Spontan und voll kindlichem Vertrauen, zeige ich meine Gefühle. So bin ich einmal sehr anschmiegsam und liebebedürftig, und kurze Zeit später schmolle oder trotze ich. Stimmungen wechseln bei jedem Kind schnell und sind gut sichtbar, doch bei mir ist die Gemütsverfassung noch offensichtlicher als bei anderen Kindern. Man liest aus meinem Gesicht Freude, Trauer, Wut oder Enttäuschung wie in einem offenen Buch. Meine Regungen spiegeln sich in Mimik und Gestik wider, und ich kann sie nur schlecht verbergen. Diese Direktheit verleiht mir etwas Kindlich-Herzliches, das in vielen Menschen einen Mutterinstinkt anspricht. So ist man leicht geneigt, mich mehr zu umsorgen, als es meinem Alter entspricht. Ich wünsche mir von den Eltern, daß sie mich in einem Klima von Wärme und Zuwendung Schritt für Schritt selbständig werden lassen, auch wenn ich oft sehr kindlich wirke.

Ich habe ein feines Gespür für die Stimmung meiner Umgebung. Ich bin ganz Gefühl und reagiere auf unterschwellige Wut oder Trauer, indem ich die Stimmung des anderen wie einen Schwamm aufnehme. Damit ich nicht den Ärger der Eltern übernehmen und abreagieren muß, ist es wichtig, daß diese zu ihren Gefühlen stehen und sie klar beim Namen nennen – also sagen, wenn sie wütend oder traurig sind. So habe ich die Möglichkeit, zwischen den eigenen Gefühlen und denjenigen meiner Mitmenschen zu unterscheiden.

Merkur am Aszendenten ***Sachliches Interesse steht im Vordergrund***

Mir steht die Neugier und Offenheit für all die großen und kleinen Dinge auf der Welt geradezu ins Gesicht geschrieben. Ich will alles wissen und mit dem Verstand erfassen. Ich beginne früh zu sprechen, denn Sprache ist für mich ein wichtiges Mittel, um Kontakt mit der Umwelt herzustellen. So frage ich ausgesprochen viel und strapaziere die Geduld meiner Mitmenschen mit meinem unermüdlichen Warum. Meine Wißbegierde ebnet mir den Weg in der Schule.

Ich bin gesprächig und kontaktfreudig und weiß jedem etwas zu erzählen. Doch sind diese Begegnungen mehr sachlich orientiert. Meine ganze äußere Erscheinung und mein Verhalten erwecken den Eindruck von einem sachlichen und objektiven Interesse an allem, was ist.

Venus am Aszendenten ***Ein kleiner Diplomat***

Venus, das Prinzip von Gemeinsamkeit, Schönheit, Genuß und Harmonie, steht bildlich gesprochen im Schaufenster meiner Persönlichkeit. Mein äußeres Verhalten und die Art und Weise, wie ich auf die Umwelt zugehe, ist stark davon geprägt. So bin ich grundsätzlich kontaktfreudig und friedliebend. Ich sehe das Gemeinsame mit anderen Menschen und bin bestrebt, eine Brücke zu schlagen. Um keine Mißstimmung aufkommen zu lassen, lasse ich auch einmal fünf gerade sein. Ich verfüge zwar über Takt und Diplomatie, bin jedoch oft einfach zu bequem, um Konflikte auszutragen und mich durchzusetzen. Bei anderen erwecke ich den Eindruck, außergewöhnlich umgänglich und friedlich zu sein, was wohl meiner äußeren Erscheinung, kaum jedoch meinem innersten Wesenskern entspricht.

Mars am Aszendenten ***Ein kleiner Draufgänger***

Ich bin ein impulsives und lebhaftes Kind. Ich brauche viel Freiraum und Bewegung. Muß ich lange ruhig sitzen, dann werde ich quengelig und ziemlich unausstehlich. Kann ich jedoch auf Bäume klettern, mich bewegen und herumtollen, so ist die Welt für mich in Ordnung. Ich bin jederzeit bereit, aktiv zu werden. Auch Streit und Auseinandersetzungen bieten willkommene Abwechslung. Mit Gleichaltrigen trage ich Meinungsverschiedenheiten gerne handgreiflich aus. Die eigentliche Ursache des Streites kann dabei völlig in den Hintergrund treten. Ich fühle mich lebendig, wenn etwas läuft.

Ich stehe zu meinem Willen, habe einen Dickkopf und setze durch, was ich will. Auch Wut und Ärger zeige ich spontan, trotze und schreie, wenn es nicht nach meinem Kopf geht. Habe ich mich ausgetobt, so bin ich bald wieder besänftigt.

Jupiter am Aszendenten ***Offenes und großzügiges Auftreten***

Ich bin ein Kind, daß mit offenen Armen auf die Welt zugeht. Ich strahle Selbstvertrauen und Optimismus aus und lasse mich schnell begeistern. Stets offen und zu Unbekanntem bereit, nutze ich jede Gelegenheit für neue Erfahrungen. Ich besitze eine nicht zu unterschätzende Fähigkeit, andere »um den Finger zu wickeln«. Voller Charme, stecke ich andere mit meiner Begeisterung an und erreiche meist, was ich will. Mir kommt die Umwelt in vielem entgegen. Wo andere sich hart für ein Ziel einsetzen müssen, fällt es mir fast von allein in den Schoß.

Maß zu halten macht mir Mühe. Mein Optimismus und mein Selbstvertrauen erschweren es mir, Grenzen zu sehen. Ich sonne mich gerne in Anerkennung und Bewunderung. Die Aussicht auf Applaus veranlaßt mich, relativ hohe Risiken einzugehen. Die Grenzen des Machbaren erkenne ich kaum mehr. Eine allzu positive Einschätzung der Situation kann vor allem auf der Straße oder beim Skifahren gefährlich werden. Auch Ausdauer und Durchhaltevermögen gehören kaum zu meinen Stärken, dafür um so mehr ein lebensbejahendes und offenes Wesen.

Saturn am Aszendenten ***Korrektes Auftreten ist wichtig***

Ich bin vermutlich weniger spontan und ausgelassen als andere Kinder. Fast wie ein kleiner Erwachsener, halte ich mich an Verhaltensregeln, grüße, danke und spreche, wie ich es von den Großen höre.

Schon in meiner frühen Kindheit achte ich auf saubere und passende Kleidung, auf Pünktlichkeit und Zuverlässigkeit. Für gesellschaftliche Normen und Regeln des Zusammenlebens bin ich sehr empfänglich, denn ich betrachte diese gewissermaßen als die Grundausrüstung, die ich für mein Leben brauche.

Ich will eine Autorität werden. Dieses Ziel verfolge ich bewußt oder unbewußt mit großem Ernst und Ausdauer. So erlege ich mir eine kaum mehr kindlich anmutende Disziplin auf und stelle mich unter starken Leistungsdruck. Wenn die Eltern diese Neigung durch ihren eigenen Perfektionsanspruch noch verstärken, kann ich mich unter so großen Druck stellen, daß ich mich blockiere und lieber nichts riskiere, um ja keine Fehler zu machen. Eine innere Haltung, es ja doch nicht zu können, macht sich dann breit, beschneidet meinen Tatendrang und kann mich gar zu einem gehemmten Kind werden lassen. Ich brauche deshalb ein lockeres, fröhliches und warmes Familienklima sowie Ermunterung und Vorbilder, die mir zeigen, daß man auch fünf einmal gerade sein lassen darf.

Uranus am Aszendenten ***Lebendig wie Quecksilber***

Ich dürfte ein kleiner »Zappel-Philipp« sein, stets in Bewegung und voller origineller Einfälle. Da ich ziemlich unberechenbar und kaum einen Augenblick ruhig bin, mag ich für Eltern und Lehrer manchmal recht anstrengend sein. Ich passe mich keinem äußeren Rahmen an, bin ganz ich selbst und überrasche immer wieder durch meine ausgefallenen Ideen. Als ausgesprochener Individualist reagiere ich auf elterlichen oder schulischen Druck mit Rebellion.

Stillsitzen ist für mich fast eine Unmöglichkeit, und so stehe ich beim Essen dem »Zappel-Philipp« kaum nach. In der Schule habe ich Mühe, mich längere Zeit auf etwas zu konzentrieren. Ich bewege mich dauernd, drehe mich auf dem Stuhl herum, baumele mit den Füßen oder schwatze mit dem Banknachbarn.

Ich brauche viel Bewegung und Freiraum sowie Gelegenheit, meine spontanen Einfälle umzusetzen, damit sich meine Stärken entwickeln können. Ich verfüge über ein außergewöhnliches Improvisationstalent, das, wenn ich es entfalten kann, mich in keiner Situation im Stich läßt. Ich bin erfinderisch und weiß aus jeder Lage einen Ausweg. Um dieses Talent entfalten zu können, brauche ich ein Elternhaus, das mir sehr viel Spielraum und persönliche Freiheit gewährt.

Der 15 Monate alte Patrick (Wassermann und Uranus am Aszendenten) läßt sich von niemanden auf den Arm nehmen. Auch seine Mutter kann nicht einfach mit ihm kuscheln, wenn sie Lust dazu hat. Er macht sich dann steif wie ein Stock und entzieht sich. Körperliche Nähe läßt er nur zu, wenn er dies will, und dann nur für kurze Zeit. Auch beim Spazierengehen ist ihm seine Freiheit ein grundlegendes Bedürfnis. Er mag es gar nicht, an der Hand gehalten zu werden.
Die eigenwillige Signatur des Uranus zeichnet sich auch in seinen Bewegungen ab. Er krabbelt nicht wie jedes andere Kind auf dem Boden herum, sondern rutscht auf eine auffällige und ungewöhnliche Weise vorwärts. Er krabbelt auch nicht Tritt für Tritt die Treppe hinauf, sondern setzt sich nach jedem Tritt auf die Stufe (Stier-Mond!), mit dem Blick treppaufwärts und dem Rücken über der Vorderkante der Stufe.

Neptun am Aszendenten ***Anpassung an den Hintergrund***
Ich bin sehr offen und sensibel für das Stimmungsklima in meiner Umgebung. Ich kann nur unbeschwert und fröhlich sein, wenn um mich herum alles in Ordnung ist. Mit einem untrüglichen Gespür reagiere ich auf Trauer oder Wut bei einem Familienmitglied. Zeigt der andere seine Gemütsregungen nicht offen, übernehme ich die Stimmung, als wären es meine eigenen Gefühle, und verhalte mich entsprechend aggressiv oder bedrückt.

Ich bin voll Mitgefühl, und so ist man leicht geneigt, mir Dinge zu erzählen, die mich sehr belasten können. Meine Anteilnahme wird von anderen oft ausgenützt, und ich werde überfordert. Ich habe Mühe, mich dem Ansturm all der fremden Eindrücke zu erwehren. Da ich sehr beeinflußbar bin, muß ich mich immer wieder zurückziehen, um mich selbst zu spüren und ein stabiles Ich zu entwickeln.

Ich habe eine enorme Fähigkeit, mich meiner Umgebung anzupassen. Ich nehme die Atmosphäre auf und stelle mich darauf ein. So verfüge ich schon als kleines Kind über eine beachtliche Auswahl von »Rollen«, die ich je nach Umgebung an- und ablegen kann. Mein wahres Ich zu zeigen fällt mir dagegen enorm schwer. So bleibe ich oft unbeachtet, vergleichbar mit einem Tier, das die Farbe seines Hintergrundes angenommen hat und deshalb nicht gesehen wird. Werde ich bedrängt und angegriffen, ziehe ich mich gerne zurück, denn ich kann mich nur schlecht zur Wehr setzen.

Um meine Sensibilität und Offenheit für alles ringsum positiv nutzen zu können, muß ich unterscheiden lernen, was meine eigenen Gefühle und Wünsche sind und was von außen an mich herangetragen wird. Von den Eltern wünsche ich mir, daß sie immer wieder nachfragen, ob ich auch wirklich hinter dem stehe, was ich sage oder tue. Ich brauche Ermunterung, um selbst Farbe zu bekennen und den eigenen Willen zu zeigen.

Pluto am Aszendenten ***Macht will geübt sein***
Als hätte ich eine entsprechende Brille auf, teile ich die Umwelt unwillkürlich in Stärkere und Schwächere ein. Ich erlebe Eltern, Lehrer und ganz allgemein Erwachsene als übermächtig und mich selbst als unterlegen, begreife jedoch auf einer unbewußten Ebene schnell, wo ich Macht über die Erwachsenen ausüben kann, indem ich z. B. im unpassendsten Augenblick schreie und trotze oder mich hilflos der Mutter an den Hals hänge und sie so zwinge, sich mir zuzuwenden.

Ich fordere meine Umwelt heraus und gehe nicht nur bis zur Grenze des Erlaubten, sondern nach Möglichkeit einen Schritt darüber hinaus. Tabus und Verbote haben deshalb eine ganz besondere Anziehungskraft. So provoziere ich Eltern, Lehrer und meine ganze Umwelt zu heftigen Reaktionen, um durch ihre Vorbilder zu lernen, mit meiner eigenen Energie umzugehen. Erfahre ich immer wieder, daß Macht und Stärke zum Guten eingesetzt werden, dann gibt mir das Mut, selbst zu einer starken Persönlichkeit heranzuwachsen. Erlebnisse, in denen ich als schwaches Kind mißbraucht werde, prägen sich gleichermaßen tief ein und bestärken mich in der Einstellung, daß Macht stets mit Manipulation verbunden sein muß. Ich neige dann vermehrt zu einer verschlossenen und kontrollierenden Haltung. Grundsätzlich bin ich kein leicht durchschaubares Kind, sondern eine kleine Persönlichkeit, die ihre Umwelt schnell abtastet, ohne dabei die eigenen Karten auf den Tisch zu legen.

Ich habe eine außergewöhnlich starke Ausstrahlung. Wenn ich beispielsweise einen Raum betrete, bleibe ich nicht ohne Beachtung. Um damit umgehen und meine Energie in konstruktive Kanäle lenken zu können, brauche ich immer wieder die Unterstützung der Eltern. Sie zeigen mir durch das eigene Vorbild, daß Schwächen keine Schande sind und daß ich Fehler machen darf.

Der Mond
Die innere Welt der Gefühle

Grundsätzliches zur Mond-Thematik

Im astrologischen Planetarium ist der Mond als unser Erdtrabant derjenige Himmelskörper, der uns am nächsten steht. Der Mond umkreist die Erde und damit unser ganzes Sein. Wenn wir dieses Umkreistwerden sowie die verhältnismäßig geringe Distanz von der Erde zum Mond in die symbolische Sprache der Astrologie übersetzen, können wir dem Mond-Prinzip nicht genug Bedeutung zumessen.

Im Kinderhoroskop nimmt der Mond die zentrale Stellung ein, die beim Erwachsenen die Sonne innehat. Wenn ein Kind das Licht der Welt erblickt, steht es ganz unter den Einflüssen des Mond-Prinzips. Es verbringt seine ersten Tage und Wochen mit Schlafen und Trinken. Für eine gesunde Entwicklung braucht es die Pflege und Zärtlichkeit der Mutter. Es will gestreichelt und liebkost werden. Fühlt es sich allein, hungrig oder anderweitig unwohl, gibt es seinen Unlustgefühlen durch Weinen Ausdruck. All dies sind Manifestationen des Mondes.

Auch wenn der kleine Erdenbürger einmal greifen, krabbeln und sprechen kann, bestimmen die Mond-Funktionen immer noch den größten Teil seines Daseins. Bis zum Alter von drei bis vier Jahren ist das Leben des Kleinkindes fast ausschließlich von Gefühlen bestimmt. Es handelt nach dem Lustprinzip und braucht Geborgenheit und Zuwendung.

Nur langsam gewinnen andere Planetenprinzipien an Raum, und erst in der Pubertät tritt der Mond seine zentrale Stellung zugunsten der Sonne ab. Solange ein Kind Kind ist, steht es unter der Herrschaft des Mondes.

Da der Mond eine so zentrale Stellung einnimmt, setzt vor allem das Zeichen, in dem er steht, wichtige Impulse im Leben eines Kindes. Die Zeichenstellung des Mondes gibt Antwort auf folgende Fragen:

- Was braucht ein Kind, um sich geborgen zu fühlen? Wie soll seine Umgebung sein?
- Welche Art von Zuwendung schätzt es am meisten?
- Wie reagiert es emotional?
- Wie erlebt es seine Mutter?
- Welche Schattenseiten birgt seine Mond-Qualität?

Was braucht ein Kind, um sich geborgen zu fühlen? Wie soll seine Umgebung sein?

Ein Neugeborenes ist zwar noch klein und hilflos, aber trotzdem eine Persönlichkeit mit eigenen Bedürfnissen, was seine Umgebung und den Tagesablauf anbelangt. Ein Luft- oder Feuermond-Baby mag Abwechslung und Unterhaltung. Es lebt so richtig auf, wenn man sich mit ihm beschäftigt, wenn es Stimmen hört, Menschen sieht, von Arm zu Arm gereicht und bewundert wird. Kinder mit Erd- oder Wassermond sind introvertierter und verlangen nach mehr Ruhe. Zuwendung und Streicheleinheiten müssen regelmäßig und von derselben Betreuungsperson kommen, damit der nach Sicherheit verlangende Erd- oder Wassermond Vertrauen aufbauen kann.

Auch mit zunehmendem Alter braucht ein Kind mit einem Wassermond eine Kontinuität in der Betreuung. Sein Bett soll immer am selben Ort stehen, die Mutter soll dasselbe Gute-Nacht-Lied singen, es will auf dieselbe Art gehalten und getröstet werden.

Ähnlich reagieren Erdmond-Kinder, wobei diese vor allem Beständigkeit im Materiellen benötigen. Dasselbe Kuscheltierchen, dieselbe Bettwäsche und die gleichen Spielsachen helfen ihm, eine Basis von Vertrauen aufzubauen.

Ein Luftmond-Kind scheint auf den ersten Blick flexibler. Allerdings braucht es für eine gesunde Entwicklung ebenfalls eine solide Vertrauensbasis. Diese besteht weniger in den konkreten Dingen, sondern mehr in der Erfahrung, daß es tausend Dinge zu entdecken und auszuprobieren gibt und daß Menschen da sind, die zuhören und mit ihm sprechen.

Auch für den Feuermond besteht Sicherheit nicht im gleichbleibenden Kinderzimmer, sondern mehr in der Entwicklung der eigenen Beweglichkeit. Erfolgserlebnisse, wenn das Kind beispielsweise etwas erreichen will und es dann auch schafft, stärken sein Vertrauen.

Jedes Kind braucht bis zu einem gewissen Grad eine Bezugsperson, die ihm in Liebe und Zärtlichkeit zugetan ist und ihm einen konstanten Alltag, Bewegungsmöglichkeiten und geistige Nahrung bietet. Nur die Schwerpunkte sind unterschiedlich – je nach Element, in dem der Mond steht.

Welche Art von Zuwendung schätzt das Kind am meisten?

Zuwendung ist für jedes Kind genauso lebensnotwendig wie Nahrung und Pflege. Doch gibt es verschiedene Arten der Zuwendung. Wenn wir uns an den Elementen orientieren, können wir folgende Zuordnung vornehmen:

- Zuwendungen, die dem Feuerelement entsprechen:
  Möglichkeiten bieten für Bewegung, z. B. herumbalgen, kitzeln, miteinander tanzen, etwas Kreatives gestalten, Sport treiben, Abenteuer bestehen.
- Zuwendungen, die dem Erdelement entsprechen:
  Körperkontakt, Streicheln, Massage, Anreiz bieten für die Sinnesorgane, speziell für den Tastsinn, z. B. Sandkastenspiele, mit Kuchenteig oder Knetmassen formen, die Dinge anfassen und in den Mund nehmen dürfen.
- Zuwendungen, die dem Luftelement entsprechen:
  verbaler Kontakt, Geschichten erzählen, dem Kind zuhören, Fragen beantworten, Dinge erklären, mit dem Kind sprechen, Gesellschaftsspiele (Kartenspiele, Brettspiele etc.).
- Zuwendungen, die dem Wasserelement entsprechen:
  kuscheln, streicheln, in den Arm nehmen, Zärtlichkeiten austauschen, mit dem Kind singen, lachen.

Ein Kind braucht alle diese Formen der Zuwendung, doch die einen braucht es notwendiger als die anderen. Diese entsprechen dem Element, in dem der Mond steht. Für diese Formen der Zuwendung ist das Kind besonders offen, auf diese Tonart ist es gestimmt. Ist im Horoskop der Mutter oder der Bezugsperson dieses Element in ausreichendem Maße vertreten, so wird das Kind reichlich mit emotionaler Nahrung versorgt. Hat jedoch beispielsweise ein Kind mit Krebs- oder Fische-Mond eine Mutter, in deren Horoskop Feuer und Luft betont sind und keine persönlichen Planeten im Wasser stehen, dann bekommt das Kind zwar reichlich Anregung, um sich zu bewegen und die Welt zu entdecken (Feuer und Luft), wird jedoch relativ wenig einfach im Arm gehalten und gewiegt und gestreichelt. Die Mutter ist aktiv, kontaktfreudig und extravertiert und möchte dem Kind den Zugang zur Welt öffnen. Das Kind jedoch möchte mit dem Wassermond einfach sein, gehalten werden und die Nähe der Mutter spüren. Es braucht ein großes Einfühlungsvermögen und Verständnis der Mutter und/oder ein beratendes Gespräch mit dem Astrologen, damit die Mutter diese Unterschiede erkennt und die Schwerpunkte ein wenig anders setzen kann.

Im umgekehrten Fall kommt ein Kind mit Luft- oder Feuermond mit ausgesprochen erd- und wasserbetonten Eltern in seinem Bedürfnis nach geistiger Nahrung und kreativen Möglichkeiten ebenfalls zu kurz.

Natürlich lassen sich in der Praxis Probleme mit Kindern nicht einfach auf die Elementeverteilung in der Familie zurückführen. Doch führt die Frage nach der bevorzugten Art der Zuwendung zu der fundamentalen Beziehungsstruktur zwischen Kind und Mutter und kann Licht auf manche Schwierigkeit werfen.

Wie reagiert das Kind?

Kinder sind spontan. Sie zeigen ihre Gefühle und bringen sich direkt und ungeschminkt zum Ausdruck. Sie lachen, wenn sie fröhlich sind, und weinen, wenn etwas schmerzt. Sie leben ganz aus dem Moment heraus, ohne sich Gedanken über das Gestern und Morgen zu machen. Sie sind ganz Gefühl, echt und unbestechlich. Sie leben das Mond-Prinzip in seiner reinsten Form.

Ein Feuermond verleiht dem Kind ein kreatives, lebhaftes und bewegungsfreudiges Naturell. Es reagiert schnell, fühlt sich herausgefordert und bietet der Welt gleichsam die Stirn.

Ein Erdmond-Kind ist grundsätzlich vorsichtiger und tastet die Umwelt sorgfältig ab, bevor es sich darauf einläßt. Es wirkt entsprechend langsam und verblüfft oft durch seine ausgezeichnete Beobachtungsgabe.

Ein Luftmond rückt den sprachlichen Austausch in den Vordergrund. Die vielfältigen Eindrücke werden bewältigt und geordnet, indem das Kind darüber spricht.

Einem Kind mit Mond im Wasser fällt es dagegen schwer, seine Freuden und Sorgen in Worte zu kleiden. Es lacht oder weint und sucht einem Schmusekätzchen gleich nach Nähe und Geborgenheit. Wo ein Feuermond-Kind sich im aktiven Auf-die-Welt-Zugehen wohl fühlt, ein Erdmond-Kind beobachtet und ordnet und ein Luftmond-Kind Kontakte schafft, braucht ein Wassermond-Kind vor allem ein stimmiges Familienklima und Streicheleinheiten für sein Wohlbefinden.

Wie erlebt ein Kind seine Mutter?

Der Mond ist Symbol für das Mütterliche. Die Mutter oder die Person, die eine Mutterrolle einnimmt, wird vom Kind in der Färbung seiner Mondstellung wahrgenommen. Unabhängig davon, wie die Mutter wirklich ist, sieht das Kind vor allem das, was ihm selbst am nächsten liegt. Dies sind Verhaltensweisen der Mutter, die seinem Mond entsprechen. Das Kind verhält sich seinen Anlagen gemäß und lockt damit in der Mutter eine ähnliche Reaktion hervor. Die Beziehung zwischen Mutter und Kind ist von den Mond-Qualitäten im Kinderhoroskop geprägt. Als Folge davon erlebt das Kind die Mutter in der entsprechenden Färbung. Dabei ist nicht nur die Zeichenstellung wichtig, sondern auch Hausposition und Aspekte.

Ein Feuermond (Mond in Feuerzeichen, Mond im 1., 5. oder 9. Haus und/oder Aspekte zu Sonne, Mars oder Jupiter) läßt das Kind vor allem die aktive, unternehmungslustige und begeisterungsfähige Seite der Mutter erkennen.

Ein Erd-Mond (Mond in Erdzeichen, Mond im 2., 6. oder 10. Haus und/oder Aspekte zu Saturn) fördert die Wahrnehmung der ruhigen, zuverlässigen und strukturierenden Seiten der Mutter.

Ein Luftmond-Kind (Mond in Luftzeichen, Mond im 3., 7. oder 11. Haus und/oder Aspekte zu Uranus) erlebt mit der Mutter vor allem die luftigen Aspekte ihres Naturells, geistige Anregung erhalten, fragen dürfen, Geschichten hören u.s.w.

Ein Wassermond-Kind (Mond in Wasserzeichen, Mond im 4., 8. oder 12. Haus und/oder Aspekte zu Neptun) kuschelt gerne, lockt in der Mutter diese Seite hervor und erlebt sie entsprechend mit einer starken Gefühlskomponente.

Schattenseiten der zwölf Mond-Qualitäten

Das Kind gibt dem Mond-Prinzip eine individuelle Form. Jede Form schließt etwas ein. Dieses Etwas innerhalb der Form unterscheidet sich von allem anderen außerhalb der Form und grenzt sich davon ab. In diesem Sinne ist jede Form einseitig. Auch die Zeichenstellung des Mondes kann als Entscheidung für eine eng definierte Palette von Eigenschaften verstanden werden, die alle anderen Qualitäten ausschließt. Wir leben in einer polaren Welt, die auf Gegensätzen beruht. Für die Mondstellung im Kinderhoroskop bedeutet dies, daß sich ein Kind gemäß dem Mondzeichen in eine ganz bestimmte Richtung entwickelt, einseitig wird und unweigerlich mit den Schattenseiten dieses Extrems konfrontiert wird.

Ein Kind mit Widder-Mond geht mit der inneren Haltung eines Einzelkämpfers spontan und aktiv auf seine Umwelt zu. Es interpretiert a priori alles außerhalb seiner selbst als feindlich, ähnlich der Haltung, mit der ein Höhlenbewohner und Steinzeitmensch seiner bedrohlichen Umwelt entgegengetreten sein mag. Aufgeweckt und beweglich, reagiert es sofort. Die Schattenseite ist sein Einzelgängertum. Mit der Einstellung »einer gegen alle« kann es nur schwer Vertrauen fassen. Innerlich dauernd auf dem Sprung, braucht es einiges, damit es Nähe zulassen und das polare Gegenprinzip der Waage zumindest teilweise integrieren kann. Etwas abstrahiert könnte man die Zeichenstellung des Mondes als doppelte Aufforderung verstehen. Einmal entwickelt das Kind Formen, mit denen es Geborgenheit erleben kann. Außerdem soll es mit den Qualitäten des Gegenzeichens zumindest ansatzweise vertraut werden. Im Beispiel für den Widder-Mond ist die Offenheit und Hingabefähigkeit an ein Du des Waagezeichens gefordert.

Mit einem Stier-Mond erlebt sich ein Kind vor allem durch das, was es hat. Es fühlt sich wohl, wenn seine Grenzen klar abgesteckt sind und es ein kleineres oder größeres Reich, ein Zimmer, Kleider und Spielsachen, sein eigen nennen kann. Entsprechend bedrohlich erscheint ihm jedes Loslassen. Es muß lernen, daß Besitz und Genuß zwar Geborgenheit bieten, aber nicht das A und O eines glücklichen Lebens sind. Es braucht die Möglichkeit zum Sammeln, aber auch einen liebevollen Zuspruch, um Dinge wegzuwerfen und sich zu trennen.

Ein Kind mit Zwillinge-Mond möchte sich mit allen gut stellen. Es fühlt sich geborgen, wenn es weiß, was die Umwelt denkt, und es mit allen im Gespräch ist. Es ist offen für jede Information, unterläßt es jedoch, selbst Stellung zu beziehen. So verliert es sich gerne in Oberflächlichkeiten, ohne zu dem zu finden, was ihm selbst zutiefst wichtig ist.

Das besonders anhängliche Kind mit Mond in Krebs neigt dazu, vor den Herausforderungen des Lebens in den Schoß der Mutter zu flüchten und Kind bleiben zu wollen. Im Verlaufe seiner Entwicklung sucht es nach Ausdrucksformen für sein Bedürfnis nach Nähe und Zärtlichkeit. Es muß erfahren, daß Kuscheln nicht jederzeit erwünscht ist und daß es Situationen gibt, in denen nicht Nähe und symbiotisches Verhalten, sondern eine klare Stellungnahme im Alleingang gefordert ist. Dies fällt dem Krebs-Mond-Kind außerordentlich schwer. Es braucht Eltern, die einerseits auf sein Kuschelbedürfnis eingehen und es andererseits immer wieder ermuntern, sich der Welt mutig zu stellen.

Der Mond im Löwezeichen symbolisiert eine Neigung, sich selbst als Mittelpunkt der Welt zu erleben. Das Kind entwickelt kreative Formen, um seiner Wichtigkeit Ausdruck zu verleihen. Es fällt ihm schwer, sich vorzustellen, daß jeder Mensch eine Welt für sich ist mit Idealen, Wünschen und dem Bedürfnis, sich zu verwirklichen.

Das Jungfrauzeichen verleiht dem Mond ein Bedürfnis, seine Umwelt zu ordnen. Indem sich das Kind einen klaren Überblick verschafft und die Eindrücke in sein System einordnet, erlebt es Sicherheit und Geborgenheit. Mit dieser vorsichtigen Haltung büßt es viel von seiner spontanen Hingabefähigkeit ein. Geschehenlassen fällt ihm schwer. Es bindet sich stark an reale Dinge, an den Tagesablauf und vernünftige Beweggründe und vergißt, einfach ein unbeschwertes Kind zu sein und zu träumen.

Ein Kind mit Waage-Mond möchte geliebt und geschätzt werden. Es bemüht sich sehr um ein Verhalten, das ihm die Liebe seiner Umgebung sichert. Dabei stellt es die Wünsche seiner Mitmenschen über die eigenen Bedürfnisse und paßt sich weitgehend an. Es muß lernen, zu sich selbst zu stehen und notfalls auch einmal Zähne und Krallen zu zeigen und im Alleingang für sein Wohl zu sorgen.

Mit der Signatur eines Skorpion-Mondes werfen die Gefühle hohe Wellen. Das Kind verlangt nach Intensität. Es läßt nicht locker, bis es die Menschen durchschaut und den Dingen auf den Grund kommt, und zerstört manches dabei. Es ist aufgefordert, etwas so zu lassen, wie es ist, beispielsweise ein Stofftierchen nicht aufzuschneiden, nur um sein Innenleben zu erforschen.

Der Mond im Schützezeichen verleiht eine optimistische und unbeschwerte Einstellung zum Dasein. Das Kind lächelt der Welt vertrauensvoll zu und erhält meist auch, was es erwartet. Entsprechend gering ist seine Frustrationstoleranz. Es muß lernen, eigene Wünsche und Meinungen zu relativieren und offener und objektiver für das zu werden, was um es herum vor sich geht.

Mit einem Steinbock-Mond übernimmt ein Kind früh Verantwortung. Es nimmt das Leben von der ernsten Seite und wird oft zu einem frühreifen kleinen Erwachsenen. Wirklich Kind sein fällt ihm schwer. Spiel, Spaß und Spontaneität kommen zu kurz, wenn es nicht immer wieder dazu angehalten wird, seine kindliche Seite auszuleben.

Der Mond in Wassermann verleiht einem Kind eine beachtliche Dosis Freiheitsliebe und das Bedürfnis nach Unabhängigkeit. Es ist zwar gerne etwas Besonderes, aber sich wirklich darauf einzulassen und sich auf der Lebensbühne darzustellen, fällt ihm schwer. Es muß lernen, nicht nur an seine Besonderheit zu glauben, sondern sich auch zu zeigen und der eigenen Kreativität konkreten Ausdruck zu verleihen.

Der Mond im Fischezeichen beschenkt ein Kind mit viel Phantasie und großen Hingabequalitäten. Das Kind möchte sich eins fühlen mit seiner Umwelt und der Sehnsucht nach dem symbiotischen Zustand im Mutterleib Ausdruck geben. Entsprechend schwer fällt ihm der Alltag mit all seinen ernüchternden Anforderungen. Es braucht eine liebevolle Unterstützung, daß es sich diesem nicht entzieht und in eine innere Traum- und Phantasiewelt flüchtet.

Die vorhergehende, etwas theoretische Abhandlung der Mond-Themen dient in erster Linie dem Überblick und Verständnis. In den folgenden zwölf Abschnitten werden die Mondstellungen in den Tierkreiszeichen von der praktischen und kindgerechten Seite beschrieben.

Der Mond in den Zeichen aus der Sicht des Kindes

Obwohl die folgenden Formulierungen so gehalten sind, daß das Kind sagt, was es braucht, gehe ich nicht davon aus, daß Kinder ihre Bedürfnisse auch nur annähernd so formulieren können. Wenn man mit ihnen zusammenlebt und nicht nur hört, sondern auch beobachtet und mitfühlt, beginnt man die nonverbale Sprache zu »hören«. Die folgenden zwölf Mondabschnitte sind als solche nonverbalen Äußerungen des Kindes zu verstehen.

Mond in Widder ***Alles ist Herausforderung***

Ich bin voller Lebensenergie und Tatendrang. Ich fühle mich wohl, wenn ich herumtollen darf. Rennen, mit anderen herumbalgen, auf Bäume klettern und die Natur an Ort und Stelle erforschen liegen mir weit mehr als braves Spielen in der engen Wohnung oder Stillsitzen auf der Schulbank. Ich will mich bewegen und so meine Energie ausleben. Wenn etwas los ist, fühle ich mich wohl. Stets bin ich bereit, etwas zu unternehmen oder anderen einen Schabernack zu spielen. Ich brauche Bewegungsfreiheit und später die Möglichkeit einer sportlichen Betätigung, am besten mit Wettkampfcharakter.

Habe ich zuwenig »Auslauf«, z. B. in einer engen Stadtwohnung, so wird mein Bedürfnis nach Bewegung für die ganze Familie zum Problem; ich werde quengelig, aggressiv und unausstehlich. Wird meine Energie über Jahre zu sehr zuruckgehalten, so kann mein Tatendrang ersticken und sich vorwiegend als Aggression und Ärger gegen mich und gegen andere manifestieren.

Ich bin ein mutiges und kampffreudiges kleines Kind, das jede Herausforderung gerne annimmt und auch Streit und Konfrontation nicht scheut. Spontan gehe ich auf andere zu und sage, was ich will. Wenn meine Eltern mit mir herumbalgen, Kissenschlachten und Wettspiele machen – und mich auch einmal gewinnen lassen –, fühle ich mich wohl und geborgen. Eine innige Umarmung zwischendurch und ihre Bestätigung, daß sie mich gern haben, geben mir zusätzliche Sicherheit. Ich bin jedoch kein Schmusekind, das gerne und ausgiebig kuschelt, sondern will schnell wieder meinen eigenen Weg gehen.

In einem Teil in meinem Herzen wohnt ein einsamer Wolf. Er verleiht mir Züge von einem eigenwilligen Einzelgänger. Früh schon strebe ich nach Selbstandigkeit. Mein Wille ist mein kostbares Werkzeug, das erprobt werden muß. Die Eltern unterstützen mich dabei, wenn sie mir möglichst viel Freiraum zugestehen. Das heißt jedoch nicht, daß ich einfach tun darf, was ich will. Wenn ich selbst bestimme, soll ich auch die Konsequenzen selbst tragen. Spiele ich beispielsweise als Sechs- oder Siebenjähriger lieber draußen, als daß ich an den Mittagstisch komme, so habe ich eben diesmal kein Mittagessen. Wichtig ist, daß die Mutter konsequent bleibt. Ich lerne am besten, mit meinem überschäumenden Temperament umzugehen, wenn ich es ausleben kann, jedoch stets mit den Auswirkungen konfrontiert werde. Dies erfordert einiges Fingerspitzengefühl von den

Eltern, bleibt es doch ihnen überlassen, zu entscheiden, wann ich meinen freien Willen haben soll und wann rigorose Richtlinien angebracht sind.

Zutiefst in meiner Seele gehe ich davon aus, daß das Leben Kampf ist und ich allein dastehe. So verhalte ich mich oft nach dem Motto »einer gegen alle« und suche schnell Streit und Wettbewerb. Andere Menschen wirken auf mich häufig wie eine Herausforderung, die es auszustechen gilt. Deshalb haben gemeinsame Familienerlebnisse und Gruppenaktivitäten eine sehr heilsame Wirkung, zeigen sie mir doch, daß Gemeinsamkeit möglich ist. Vermitteln die Eltern mir durch ihr Vorbild, daß man nicht jeden Streit hart auf hart austragen muß, sondern daß es möglich ist, Kompromisse einzugehen und miteinander eine Lösung zu suchen, dann lerne ich, mein fröhliches und spontanes Temperament so einzusetzen, daß ich und die anderen sich dabei wohl fühlen.

Niklaus (Mond und Aszendent in Widder) ist trotz dieser Widder-Betonung keine angriffslustige Kämpfernatur. Dazu steht sein Mond viel zu exponiert. Niklaus möchte Kind bleiben und liebt es gar nicht, Rivalitäten offen auszutragen. Der Pioniergeist von Widder manifestiert sich darin, daß Niklaus unermüdlich andere Kinder zu gemeinsamen Spielen anregt. Sobald ein Spiel in Gang ist, spielt er nicht mehr mit und beginnt ein neues. Das subjektive Erleben des Widder-Mondes als Einzelkämpfer und einsamer Wolf zeigte sich an einem Schulsporttag besonders dramatisch. Die Kinder mußten nach genauen Regeln »Ringkämpfe« gegeneinander bestehen. Niklaus' Gegner war ein kleiner, feingliedriger Junge, der von den Zuschauern im Chor so mächtig angefeuert wurde, daß Niklaus den Kampf verlor. Er mußte die Erfahrung machen, daß »alle gegen ihn« sind.

Mond in Stier ***Geborgenheit durch körperliche Nähe***

Mein Körper und die Sinneswahrnehmung stehen für mich im Zentrum des Erlebens. Ich fühle mich geborgen, wenn ich gehalten und gestreichelt werde. Körperliche Zärtlichkeit und Sinnlichkeit vermitteln mir das Gefühl, geschätzt und geliebt zu werden. Durch die Gegenwart und Berührung meiner Eltern erfahre ich ihre Zuneigung, weniger durch Worte oder das Familienklima. Wenn sie mich immer wieder in die Arme nehmen und mich als kleines Kind baden und mit mir kuscheln, mich später vielleicht massieren oder mit mir herumbalgen, so daß ich ihre Anwesenheit hautnah fühle, gibt mir dies die Sicherheit, geliebt zu werden. Dabei ist die Grenze zwischen einem wohltuenden sinnlichen Körperkontakt und körperlichen oder gar sexuellen Übergriffen recht schmal und erfordert immer wieder die ganze Aufmerksamkeit meiner Eltern.

Grundsätzlich ist mir die räumliche Anwesenheit von Mutter oder Vater wichtig. Auch wenn ich mich ausgiebig allein beschäftigen kann, schätze ich es doch, wenn mir jemand Gesellschaft leistet. Traute Gemeinsamkeit ziehe ich einem lauten Aufruhr vor. Im Grunde meines Herzens bin ich nicht sehr unternehmungslustig. Lieber, als einer Idee nachzulaufen, möchte ich in stiller Zufriedenheit genießen, was ich habe. Die Eltern müssen mir hin und wieder einen Schubs geben, damit ich nicht in meiner Trägheit steckenbleibe.

Ich bin ein gutmütiges Kind, das sich weitgehend nach dem Motto »leben und leben lassen« verhält. Ich bin mit wenigen Dingen zufrieden, mit denen ich mich um so intensiver beschäftige. Die Umwelt erspüre ich über die Sinne. Vor allem Beobachten und Anfassen, aber auch Hören, Riechen und Schmecken vermitteln mir wichtige Informationen über die materielle Welt. So taste ich mich im wörtlichen und im übertragenen Sinn langsam an die Dinge heran und verarbeite die Eindrücke gründlich. Dabei wiederhole ich Handlungen so lange, bis diese wirklich sitzen. Ich will immer denselben Spazierweg gehen, dieselben Bücher anschauen oder mit denselben Spielsachen spielen, bis etwas sozusagen ein Teil von mir geworden ist. Auch eine Fertigkeit, z. B. Schuhe binden, übe ich mit großer Ausdauer immer wieder, bis ich diese gänzlich beherrsche und »besitze«. Diese für mich charakteristische Art und Weise, die Dinge und Eindrücke nicht einfach vorüberziehen zu lassen, sondern sie mir geradezu einzuverleiben, läßt mich oft langsam oder starrköpfig erscheinen. Ich kann jedoch neue Eindrücke nicht schnell aufnehmen und fühle mich überfordert, wenn allzuviel auf mich einstürmt. Wenn man mich zur Eile antreibt, reagiere ich leicht bockig. Für mein Wohlbefinden brauche ich eine möglichst gleichbleibende Umgebung und viel Zeit für mich.

Patrick (Mond in Stier) ist 15 Monate alt. Er macht gerade seine ersten Schritte und ist damit eher ein »Spätzünder«. Das Gehen scheint ihm nicht besonders verlockend. Er rutscht viel lieber auf dem

Hintern herum, und dies nicht nur in der Wohnung, sondern auch auf Wiese und Acker. Kann er auf Sand und Lehm sitzen und mit den Händen darin wühlen, so fühlt er sich buchstäblich in seinem Element. Erde hat eine gewaltige Anziehungskraft. Auch wenn er in der Stube spielt, sitzt er in fast meditativer Haltung da, nimmt ein Spielzeug in die Hände und spielt lange und friedlich damit. Er erobert seine Umwelt nicht, indem er aktiv darauf zugeht und beispielsweise Schubladen ausräumt, sondern indem er die Eindrücke – Spielsachen, Musik, Licht – auf sich zukommen läßt und mit seinen fünf Sinnen gleichsam aufsaugt.

Wie mit dem Stier-Mond nicht anders zu erwarten, schläft Patrick kaum in einem fremden Bett. Ist er nicht in seiner gewohnten Umgebung, so blickt er mit wachen Augen im Raum umher. Ein Kuscheltierchen genügt nicht, um ihn in einer fremden Umgebung friedlich einschlafen zu lassen.

Mond in Zwillinge — *Ein aufgewecktes und wissensdurstiges Kind*

Voll Neugier gehe ich auf die Welt zu. Ich fühle mich dann wohl und geborgen, wenn die Eltern meinen Wissensdurst stillen, mir auf meine vielen Fragen antworten und mir immer wieder neue Anregungen bieten. Ich liebe es sehr, wenn sie mir eine Geschichte erzählen oder etwas erklären und ich mich gemütlich in die Kissen kuscheln und ihnen zuhören kann. Geborgenheit ist für mich eng mit einem Spiel der Gedanken verbunden, mit Gesprächen und Wissensvermittlung. Ich fühle mich in der Schule und in jedem intellektuell gefärbten Kreis wohl. Bücher sind treue Begleiter in meiner Kindheit.

Ich finde schnell Kontakte, doch mag ich es nicht besonders, wenn mir daraus eine Verpflichtung erwächst. Wie jedes Menschenkind brauche ich Geborgenheit und Nähe, doch neige ich dazu, in eine objektive, intellektuelle Neutralität auszuweichen, wenn die Gefühle zu sehr angesprochen werden. Ich bedarf der vorurteilslosen Liebe und Zuneigung der Eltern, damit meine eher sachliche Natur den Zugang zum emotionalen Bereich nicht verbaut. Wenn ich in einer warmen Familienatmosphäre die nötige geistige Anregung erhalte, kann ich meine Fähigkeit entwickeln, Gefühle genauso wie reale Dinge aus einer gewissen Distanz zu betrachten und dadurch unvoreingenommen zu handeln.

Meine Interessen sind vielseitig. Wie ein Schmetterling, der von Blume zu Blume flattert und jeweils nur kurze Zeit am selben Ort verweilt, beschäftige ich mich kurz mit diesem und dann bereits mit dem nächsten. Bin ich einmal wirklich mit Lust und Liebe dabei, sollten Eltern und Lehrer die Gelegenheit nutzen und mich zu etwas mehr Ausdauer anhalten. Mein vielseitiger Wissensdurst ist zwar ernst zu nehmen, doch ist es ebenso wichtig, daß ich mich mit einem Gebiet ausführlicher beschäftige und dafür ein paar zerstreuende Impulse fallenlasse. Die Erfahrung, nichts zu verpassen, wenn ich mich auf weniger beschränke und dies dafür gründlicher tue, hilft mir, das leicht flatterhafte Temperament in ruhigere Bahnen zu lenken.

Da ich selbst Informationen und Wissen einen großen Wert beimesse, sollte diese Tendenz von den Eltern nicht noch unterstützt werden, indem sie meine Kenntnisse rühmen und mich in die Rolle des »kleinen Professors« drängen. Mein altkluges und wissendes Verhalten und meine schnelle Auffassungsgabe mögen auf Erwachsene eine erfrischende Wirkung ausüben, doch brauche ich von den Eltern mindestens so sehr eine emotionale Zuwendung. Ich brauche immer wieder die Erfahrung, daß man nicht nur über die Gefühle sprechen, sondern diese auch direkt ausdrücken kann. Jede Ermunterung, Freude, Ärger oder Trauer nicht nur verbal zu formulieren, sondern direkt in Lachen und Tränen auszudrücken, ist eine Wohltat für mich.

Entscheidungen fälle ich nicht leicht. Ich sehe beide Seiten aus sicherer Distanz und zögere, die eine zu wählen, mich damit zu identifizieren und sie in die Tat umzusetzen. Ich brauche die Ermunterung, in vielen kleinen lust- und unlustbetonten Dingen zu entscheiden, beispielsweise was ich essen, anziehen und spielen will. So muß ich mich immer wieder ganz eingeben und lerne, meine Neigung, mich möglichst neutral zu verhalten, nur dann einzusetzen, wenn es um eine objektive Beurteilung geht, und nicht wenn meine persönlichen Bedürfnisse angesprochen sind.

Mond in Krebs ***Ein anschmiegsames und sensibles Kind***

Ich bin ein überaus anhängliches und sensibles Kind. Ich gehöre zu den Kindern, die Gefühle nicht nur spontan zeigen, sondern durch und durch Gefühl sind. So bin ich weit mehr als andere Kinder auf ein stimmiges Familienklima angewiesen. Wie Essen und Trinken, so brauche ich Zärtlichkeit und Zuwendung, um aufzublühen.

Da ich jede Stimmung sofort aufnehme, ist es wichtig, daß die Eltern ihren Ärger aussprechen, denn wenn sie einfach darüber hinweggehen, spüre ich, daß etwas nicht stimmt, und leide entweder darunter oder werde stellvertretend für sie wütend und aggressiv.

Ich brauche die uneingeschränkte Liebe und Zuwendung der Eltern. Ich fühle mich dann geborgen, wenn die Atmosphäre »stimmt«. Aus diesem Grund ist es wichtig, daß die Eltern eigene Probleme zu lösen versuchen. Wenn sie glücklich sind, bin ich es auch.

Ich reagiere empfindlich auf Strafe und neige dazu, mich in einen »Schmollwinkel« zurückzuziehen. Falls es den Eltern leid tut, mich bestraft zu haben, und sie ein schlechtes Gewissen verspüren, sollten sie mich trotzdem nicht mit übermäßigen Liebesbeteuerungen hervorlocken, sondern mir auch Zeit lassen, das innere Gleichgewicht wiederzufinden. Wenn ich allzuoft die Erfahrung mache, daß das Erdulden von Strafe ihre besondere Zuwendung zur Folge hat, werde ich in meinen Gefühlen sehr verunsichert. Sie helfen mir vielmehr, wenn sie eine möglichst klare Linie einhalten, an der ich mich orientieren kann, so daß ich mit der Zeit mit meinen manchmal überschwenglichen Emotionen umgehen lerne.

Ich brauche Ruhe und Geborgenheit. So ziehe ich mich manchmal stundenlang in mein Zimmer zurück und spiele für mich. Dies heißt jedoch nicht, daß ich die Mutter in dieser Zeit entbehren will. Ihre Anwesenheit im Nebenzimmer kann für mein Wohlbefinden sehr wichtig sein.

Wenn mich etwas freut oder bedrückt, fällt es mir schwer, Worte dafür zu finden. Ich erzähle kaum viel, sondern gebe meiner Gemütsverfassung durch Singen oder Weinen Ausdruck. Bin ich beispielsweise auf dem Spielplatz von einem anderen Kind geschubst worden, so ist es mir nicht wichtig, die ganze Geschichte zu erzählen, sondern ich will im Arm gehalten und getröstet werden.

Da ich mich gegen psychische und physische Angriffe nur schlecht zur Wehr setzen kann, bin ich im Zusammensein mit anderen Kindern eher scheu und zurückhaltend. Erst wenn ich die anderen kenne, öffne ich mich und zeige meine ganze spontane Herzlichkeit und Wärme. Dann kommt meine kindliche und ausgelassene Seite zum Zug, und ich kann aus ganzer Seele lachen und fröhlich sein.

Ich habe ein reiches Innenleben, in das ich mich zurückziehe, wenn mir die Außenwelt zu rauh wird. Ich brauche viel Liebe und

Zuwendung, um immer wieder den Mut zu finden, aus meinem Schneckenhäuschen herauszukommen und mich der oft beängstigenden Umwelt zu stellen.

Mond in Löwe ***Das Bedürfnis nach Selbständigkeit***

Mein Löwe-Mond braucht viel Bewegung. Schon als kleines Kind gehe ich aktiv auf die Umwelt zu und will alles ausprobieren. Angst vor Unbekanntem kenne ich kaum, im Gegenteil, mir ist es erst so richtig wohl, wenn etwas los ist.

Ich habe ein sonniges Gemüt. Offen, spontan und voller Herzlichkeit möchte ich auf die Welt zugehen, spielen und Spaß am Leben haben. Mit Mut und innerem Feuer packe ich Neues an und gebe meiner Kreativität Ausdruck.

Ich liebe es, wenn ich beachtet und bewundert werde, und tue auch viel, um auf mich aufmerksam zu machen. Das Publikum brauche ich wie meine tägliche Nahrung. Ich will zeigen, wie groß ich schon bin und was ich schon alles kann. Verniedlicht man mich als kleines Kind, so fühle ich mich leicht in meinem Stolz verletzt. Auch auf Bloßstellungen reagiere ich äußerst empfindlich. Wenn die Mutter mich beispielsweise ihren Bekannten mit Namen vorstellt und nicht einfach von »ihrem Kleinen« spricht, so fühle ich mich in meinem Wert gestärkt und ernst genommen. Erhalte ich zu wenig Beachtung, dann fordere ich die Eltern so lange heraus, bis sie mit mir schimpfen oder mich bestrafen und mir so auf eine negative Weise Aufmerksamkeit schenken.

Mit meinem starken Bedürfnis, im Mittelpunkt zu stehen, brauche ich immer wieder Gelegenheit, selbständig zu handeln. Im Vorschulalter kann ich ein Liedlein vorsingen, ein Geschenk überreichen oder in einem Laden etwas einkaufen. Im Schulalter können es entsprechend größere »Auftritte« sein.

Ich will nicht mithelfen, sondern selbständig etwas anpacken. Ich brauche Möglichkeiten in Schule und Elternhaus, »meinen Mann oder meine Frau zu stehen« und eigenhändig etwas in Angriff zu nehmen. Erwartet die Mutter, daß ich unter ihrer Anleitung lerne, Kuchen zu backen, so werde ich sie bestimmt enttäuschen. Ich will selbständig in der Küche wirken. Auch wenn nicht alles auf Anhieb gelingt, befriedigt mich dies mehr, als wenn die Mutter den Kuchen rettet und dabei meinen Stolz empfindlich trifft. Ich will selbst kreativ sein und Anerkennung für mein Tun erhalten. Dann fühle ich mich so richtig wohl und strahle meine ganze Herzlichkeit und Wärme aus.

Da ich dazu neige, mich mehr als andere Kinder als Mittelpunkt der Welt zu erleben, ist es wichtig, mich nicht zu sehr um meiner selbst willen zu bewundern. Wenn die Eltern mich in den ersten Lebensjahren allzusehr auf ein Podest stellen, kann ich eine egozentrische Haltung entwickeln. Damit mein gesundes Selbstwertgefühl nicht zu Selbstüberschätzung wird, brauche ich immer wieder Hinweise, daß es außerhalb meiner eigenen Welt noch andere Welten gibt. Ich muß darauf aufmerksam gemacht werden, daß auch andere Freude und Schmerz empfinden, und ich brauche die Bestätigung, daß es richtig ist, wenn ich Mitgefühl zeige, Mitleid mit Tieren habe oder mich einfach in jemand anderen einfühle.

Ich kann meine Bedürfnisse nach Nähe und Zärtlichkeit gut selbst ausdrücken. Ich bin kein Schmusekind, sondern komme bei Bedarf schnell auf die Mutter zugerannt, um sie zu umarmen und im nächsten Moment schon wieder zu einer fesselnden Beschäftigung zurückzukehren. Es genügt mir, zu wissen, daß sie für mich da ist. Wenn sie mit mir kuscheln will, wird mir dies schnell zu eng. Ich möchte selbst bestimmen, wann und wieviel Nähe ich zulassen will.

Camilla (Mond in Löwe) ist ein Sonnenschein, lebendig, fröhlich und voller Energie. Die Forderung, die Camilla an die Mitmenschen stellt, lautet: »Spielt mit mir ...!« Dabei möchte sie nur auf der Sonnenseite stehen und ist eine schlechte Verliererin. Sie nimmt jede Rüge persönlich und tobt, wenn etwas nicht nach ihrem Kopf geht. Sie lebt nach dem Motto: Mir gehört die Welt! Mit dieser positiven, lebensfrohen Grundstimmung erreicht sie vieles. Doch wehe, wenn sie etwas nicht erreicht ...

Mond in Jungfrau — *Das Bedürfnis nach Überschaubarkeit*

Ich brauche eine geordnete Umgebung, um mich wohl zu fühlen. Ich beobachte sehr genau und brauche viel Zeit, um all die vielen Eindrücke, denen ich tagtäglich ausgesetzt bin, zu verarbeiten. Da ich gewissermaßen einen Sinneseindruck nach dem anderen aufnehme, identifiziere und in meinem Innern in ein »Schublädchen« einordne, mag ich den Eindruck eines langsamen und umständlichen Kindes erwecken. Doch bin ich einfach gründlicher als viele andere Kinder. Um mich wohl zu fühlen, muß in mir und um mich jedes Ding seinen Platz haben.

Das kann sich auch in einem ausgeprägten Ordnungssinn zeigen. Beispielsweise werden Kuscheltiere, Puppen oder Bauklötze in einer bestimmten Ordnung aufgestellt. Falls die Eltern eine andere Vorstellung von Ordnung haben, aufräumen und meine Aufstellung zerstören, stören sie damit auch mein inneres Gleichgewicht, denn ich identifiziere mich sehr stark mit meiner »Arbeit«, vor allem wenn es darum geht, Chaos zu bekämpfen.

Auch wenn ich älter werde und mir etwas vornehme, tauche ich ganz ein in meine Beschäftigung und identifiziere mich mit ihr. Gelingt es mir nicht, dann nehme ich dies sehr persönlich. Ich brauche deshalb immer wieder kleine Aufträge. Obwohl ich oft zurückhaltend reagiere, schätze ich es doch sehr, mich bewähren zu können. Die Bestätigung, den Dingen gewachsen zu sein, vermittelt mir Sicherheit und Wohlbefinden.

Ich bin ein eher besonnenes Kind. Wie ein Schnecklein strecke ich die Fühler aus, bevor ich mich herauswage, und beobachte, bevor ich handle. Im Straßenverkehr kommt mir diese Vorsicht sehr zugute. Doch in vielen Lebenssituationen zögere ich eher zu lange und komme dann oft gar nicht mehr zum Handeln. Damit ich nicht zu einem allzu vorsichtigen und pflichtbewußten Kind heranwachse, sollte man mich immer wieder einmal zum Herumtollen auf dem Spielplatz ermuntern. Ich brauche ein heiteres Familienklima, das meine verspielte Seite hervorlockt, und Spiel und Sport für einen gesunden Ausgleich. Es tut mir gut, hin und wieder zu erleben, daß die Welt nicht aus den Fugen gerät, auch wenn die Tagesordnung einmal kopfsteht. Ich muß immer wieder »hinterm Ofen hervorgeholt« werden, damit ich nicht zu einem kleinen Pedanten werde.

Andererseits brauche ich auch die Bestätigung der Eltern, daß meine Zuverlässigkeit und genaue Beobachtungsgabe geschätzt und anerkannt werden. Wenn ich ihnen etwas erzähle, sollten sie meine Wahrnehmung bestätigen und mir klar sagen, was ich richtig erkannt habe. Bemerke ich etwa die Weihnachtsbäume auf dem Markt und frage nach dem Zusammenhang, so will ich die Wahrheit darüber wissen. Ich werde verunsichert, wenn die Mutter ausweicht oder mir eine schöne Geschichte über das Christkind oder den Weihnachtsmann erzählt. Ich fühle mich am wohlsten und sichersten, wenn ich die Tatsachen kenne und so in der Realität Fuß fassen kann.

Ich schätze es, wenn man mich immer wieder einmal in die Arme nimmt und mir sagt, daß man mich gern hat, so wie ich bin. Das ermuntert mich, meine eigene Zurückhaltung zu überwinden und Nähe und Geborgenheit selbst zu suchen und zu geben.

Jeden Abend bekommt Nina genau zehn Küsse von der Mutter und gibt ihr auch zehn. Und dies nicht einfach links, rechts, klatsch, klatsch, sondern nach einem komplizierten, etwa fünfminütigen Ritual. Nun möchte Nina eine Woche zu den Großeltern in die Ferien. Sie will jedoch auf kein Gutenachtritual mit der Mutter verzichten. Die Lösung des Problems liegt darin, daß die beiden in der Woche vor den Ferien jeden Abend zweimal das gesamte Ritual vollziehen. So nimmt und gibt Nina genau die Anzahl Gute-Nacht-Küßchen an, die sie gewohnt ist. Nur der Zeitpunkt ist verschoben.

Mond in Waage ***Das Bedürfnis nach Geborgenheit und Harmonie***

Für mich ist die Gewißheit, akzeptiert und geliebt zu werden, noch wichtiger als für andere Kinder. Wirklich wohl fühle ich mich nur in einer harmonischen Umgebung. Um den Frieden nicht zu gefährden, stelle ich eigene Wünsche und Bedürfnisse oft zurück. Ich neige dazu, mich anzupassen, nur um der Mutter keine Umstände zu machen.

Mit großer Wahrscheinlichkeit bin ich in den ersten Lebensjahren ein fast problemloses Kind, das sich dem Willen der Eltern ohne weiteres beugt. Deshalb ist es sehr wichtig, mich zu unterstützen, wenn ich meinen eigenen Willen zeige. Meine natürliche Veranlagung, auf andere einzugehen, könnte sich sonst zu Durchsetzungsschwäche und übermäßiger Anpassung entwickeln. Wenn ich mit jemandem Streit habe, empfinde ich das als Belastung und gebe leicht klein bei, nur um wieder Frieden schließen zu können. Aus Angst vor Zurückweisung habe ich Mühe, meine Meinung klar zu äußern. Andererseits habe ich große Fähigkeiten, das Verbindende und Gemeinsame zwischen Menschen zu sehen, und ich kann gut vermitteln und schlichten. Ich bin zu Freundschaft und Kameradschaft fähig.

Auch zeige ich früh Sinn für schöne Dinge und bin empfänglich für die Schönheit der Natur. Ich spreche stark auf eine harmonische und formvollendete Umgebung an, auf ein hübsch eingerichtetes Kinderzimmer oder attraktive Kleider.

Für Schmeicheleien bin ich empfänglich. Ich versuche kaum, mit Trotz und Stampfen meinen Willen durchzusetzen, sondern vertraue eher auf meinen Charme, indem ich mit einer diplomatischen und werbenden Haltung die Umwelt verführe und so meinem Willen gefügig mache. Für die Eltern ist es wichtig, nicht zu sehr nachzugeben und mich den Weg des geringsten Widerstandes gehen zu lassen. Meiner Tendenz, mit Oberflächlichkeit und Charme alle Probleme zu übergehen, können sie entgegentreten, indem sie mich anhalten, konkrete Forderungen zu stellen und, anstatt zu schmeicheln, klar zu sagen: »Ich will!«

Konfliktsituationen meide ich nach Möglichkeit. Gerate ich doch einmal in eine solche »Zwickmühle«, ist die Versuchung, auszuweichen oder Zuflucht in einer Lüge zu suchen, relativ groß.

Ich bin nicht willensschwach. Aus meinem Bedürfnis nach Nähe und Anerkennung wage ich oft nicht, meinen Willen direkt zu äußern. Ich versuche, ihn auf Umwegen, ohne direkte Konfrontation, durch Schmeicheln, Betteln und andere indirekte Formen durchzusetzen. Ich brauche immer wieder die Bestätigung, daß man mich auch gern hat, wenn ich anderer Meinung bin, und daß Konfrontation keinen Liebesverlust beinhalten muß.

Mond in Skorpion ***Ein intensives, tiefgründiges Gefühlsleben***

Ich fühle tief und leidenschaftlich. Ich lasse mich nicht von schönen Worten beeindrucken, sondern spüre auf einer tiefen Ebene, wer mir wirklich gut gesonnen ist. Schon als kleines Kind verfüge ich über eine verblüffende Fähigkeit, den innersten Kern des anderen intuitiv auszumachen. Umgekehrt bin ich selbst alles andere als ein offenes Buch, und die Eltern mögen sich des öfteren fragen, was wohl in mir vorgeht. Mein tiefgründiges, schwer durchschaubares Wesen verleiht mir einen ganz speziellen Charme, der auf andere Kinder und Erwachsene wie ein Magnet wirken kann.

Meine Gefühle gehen tief, und ich versuche mit allen Mitteln, die Menschen, die ich liebe, an mich zu binden. Für die Eltern kann dies eine enorme Herausforderung sein. Ich habe ein außergewöhnlich starkes Liebesbedürfnis und fordere ihre ganze Zuwendung. So kann die Mutter kaum einer eigenen Beschäftigung nachgehen, wenn ich neben ihr spiele. Ich will mich immer wieder absichern, daß sie ganz mir gehört, und fordere ihre Aufmerksamkeit. Diese fast leidenschaftliche Inbesitznahme kann manchmal ziemlich aufreibend sein, z. B. wenn die Mutter telefoniert und ich am Kabel ziehe. Mit solchen Reaktionen taste ich ab, wieweit sie mir gehört. Auch Geschwistern oder dem einen oder anderen Elternteil gegenüber kann ich sehr eifersüchtig reagieren, denn ich will Vater oder Mutter ganz für mich.

Ich brauche Eltern, die diesen Besitzansprüchen Grenzen setzen und mir erklären, daß sie auch einmal etwas für sich tun wollen, mir aber zeigen, daß sie mich bedingungslos gern haben, indem sie mich immer wieder in den Arm nehmen und mir ihre ganze Zuwendung schenken. Wenn sie Zuneigung von meinem Verhalten abhängig machen und vielleicht sagen, sie hätten mich nur gern, wenn ich nicht eifersüchtig sei, löst dies in mir eine tiefe Angst aus, letztlich böse und nicht liebenswert zu sein. Ich brauche immer wieder die Bestätigung, daß auch meine dunklen Gefühle in Ordnung sind.

Ich suche die Auseinandersetzung mit der dunklen Seite des Menschseins, wie z. B. mit Krankheit und Tod, und kann auch ziemlich gut mit diesen Themen umgehen. Ich ertrage es jedoch schlecht, wenn mir die Wahrheit vorenthalten wird. Ich spüre dann, daß etwas nicht in Ordnung ist, und grüble und bohre so lange, bis ich weiß, woran ich bin. So haben Verbote und Tabus eine geradezu anziehende Wirkung. Gelingt es den Eltern, offen zu sein und sich auch einmal schwach zu zeigen, kann dies zwischen ihnen und mir die Nähe und Vertrautheit schaffen, die ich so dringend brauche, um mich wohl und geborgen zu fühlen.

Mond in Schütze — *Begeisterung, Optimismus und hohe Erwartungen*

Ich bin ein aktives Kind. Voll Lebhaftigkeit und Interesse gehe ich auf die Umwelt zu und lasse mich schnell begeistern. Ich bin kein ausgesprochenes Schmusekind, sondern komme mal schnell auf die Mutter zugerannt, um sie zu umarmen und dann wieder zu meinem Spiel zurückzukehren.

Schon als kleines Kind lache ich die Welt an, und die Welt lächelt zurück. Mein fröhliches und beschwingtes Verhalten öffnet mir viele Türen, was mich wiederum in der Annahme bestärkt, daß grundsätzlich alles gut ist. So kenne ich kaum Scheu vor Menschen und finde rasch Kontakt. Vermutlich würde ich auch ohne große Hemmungen mit Fremden gehen, denn ich fühle mich jedem verbunden, der mich freundlich anspricht. In meinem Optimismus und meiner Offenheit kenne ich kein Mißtrauen. Da mich vor allem im Kleinkindalter keine natürliche Hemmschwelle zurückhält, müssen mir die Eltern sehr genau sagen, wo meine Grenzen sind, was ich darf und was nicht.

Ich stelle hohe Erwartungen an das Leben und werde kaum um Enttäuschungen herumkommen. Je früher ich deshalb mit der harten Realität konfrontiert werde und man mir nicht in allem entgegenkommt, sondern mich selbst probieren läßt, desto schmerzloser kann ich meine hohen Erwartungen der Wirklichkeit anpassen.

Es fällt mir nicht leicht, mich für ein Ziel einzusetzen und dafür zu arbeiten, denn ich bin auch hier grundsätzlich ein Optimist und glaube an ein Gelingen ohne große Anstrengung. Dies verhilft mir oft zum Erfolg, ich habe jedoch wenig Gelegenheit, zu lernen, wie man sich etwas erarbeitet, wenn es einem nicht von allein zufällt. Wenn ich bastle, spiele oder für die Schule lerne, gehe ich voller Elan ans Werk. Gelingt es jedoch nicht beim ersten Anlauf, werfe ich das Ganze hin und finde nur schwer die Energie für einen zweiten Anlauf. In einem gewissen Sinne gehe ich stets den Weg des geringsten Widerstandes, wobei ich selbst staune, wieviel ich damit erreiche. Die Eltern unterstützen mich, wenn sie mir möglichst viel Spielraum für meine spontanen Einfälle lassen, mich jedoch immer wieder ermuntern, bei Mißgeschicken einen zweiten Versuch zu wagen, und mir durch ihr Vorbild zeigen, daß durch Ausdauer viel zu erreichen ist.

Ich habe eine lebhafte Vorstellungskraft. Entweder bin ich innerlich für etwas »Feuer und Flamme«, oder es läßt mich ganz kalt. In der Schule lerne ich viel, wenn ich mich für etwas begeistern kann. All mein Erfolg hängt von meinem inneren Feuer ab. Mich interessiert nicht das langfristige Ziel, sondern die Idee. So übe ich beispielsweise nur mit Mühe regelmäßig ein Musikinstrument, um es einmal perfekt zu beherrschen. Ist jedoch eine Weihnachtsaufführung geplant, dann kann mich dieser Gedanke so begeistern, daß ich stundenlang dafür übe und gewaltige Fortschritte mache. Nach Weihnachten lasse ich das Instrument dann wieder in einer Ecke liegen, bis die nächste Idee »zündet«.

Ich brauche Anerkennung, und ich neige dazu, mir eine Rolle

zuzulegen, die mir den gewünschten Applaus einbringt. Ich mag mich manchmal aufspielen, prahlen und übertreiben. Es ist wichtig, mir immer wieder zu zeigen, daß letztlich eine Scheinrolle keine echte Anerkennung bringt. Wenn ich immer wieder auf eine liebevolle Weise »auf den Boden« geholt werde, kann ich lernen, die Realität und meine überschäumende Vorstellungskraft auf einen Nenner zu bringen, so daß ich mir meine lebensbejahende Einstellung auch im Erwachsenenalter erhalten kann.

Mond in Steinbock ***Regeln im Alltag schaffen Wohlbefinden***

Ich habe ein ausgesprochenes Bedürfnis nach Beständigkeit und brauche ein geordnetes Umfeld, um mich wohl zu fühlen. Ein geregelter Tagesablauf mit festen Essens- und Schlafenszeiten gibt mir Sicherheit. Vor allem als Kleinkind reagiere ich empfindlich auf Unterbrechungen des gewohnten Rhythmus. Um mich so richtig entspannen zu können, muß ich die Gewißheit haben, daß alles um mich herum im bekannten Rahmen verläuft.

Geborgenheit finde ich in einer vertrauten Umgebung. Es geht mir dabei nicht so sehr um eine harmonische und schöne Atmosphäre, als vielmehr darum, die Regeln zu kennen und zu wissen, daß die Mutter beispielsweise um elf Uhr in die Küche geht und das Mittagessen zubereitet und freitags Wäsche bügelt. Solche äußeren Strukturen geben mir Halt. Jede Veränderung, vor allem wenn sie unvorbereitet kommt, verunsichert mich. Ich schätze es nicht, immer wieder von einem anderen Babysitter betreut zu werden oder einmal hier und einmal dort zu schlafen. Auch möchte ich mein Zimmer so behalten, wie es ist, möglichst ohne daß Möbel umgestellt oder andere Veränderungen vorgenommen werden.

Ich zeige meine Gefühle nicht jedem. Von einem freundlichen Wort oder einem Stück Schokolade lasse ich mich nicht beeindrucken, sondern bleibe erst einmal in kühler Distanz. Mein Vertrauen muß verdient werden. So wirke ich zwar wenig spontan und kontaktfreudig, wähle mir jedoch meine Bezugspersonen schon früh selbst aus. Habe ich einmal mit jemandem Freundschaft geschlossen, so lasse ich ihn nicht so schnell wieder fallen.

Grundsätzlich reagiere ich langsam und gründlich. Was ich tue, hat »Hand und Fuß«. Ich neige dazu, ein eher ernstes Kind zu sein, das früh schon Verantwortung übernehmen und etwas leisten will. Deshalb ist es wichtig, daß die Eltern mir immer wieder zeigen, daß sie mich vorbehaltlos lieben. Ich höre es sehr gut, wenn sie Bedingungen an ihre Zuneigung knüpfen und mir sagen, daß sie mich nur gern haben, wenn ich dieses oder jenes tue. Solche Aussagen nehme ich ernst und bemühe mich, ihren Wünschen nachzukommen. Da ich bereits von mir aus zu der Annahme neige, daß Liebe und Leistung eng miteinander verknüpft sind, besteht leicht die Gefahr, daß ich mich nur als liebenswert empfinde, wenn ich etwas dafür leiste.

Wenn die Eltern mir zeigen, daß sie mich lieben und wertschätzen, unabhängig davon, was ich gerade angestellt habe, so heißt dies nicht, daß sie mir alles durchgehen lassen sollen. Ihre Zuwendung darf nicht von meinem Gehorsam abhängig sein. Es ist für mich noch wichtiger als für andere Kinder, die Sicherheit entwickeln zu können, um meiner selbst willen geliebt zu werden. Nur so lerne ich, meine Zurückhaltung zu überwinden. Ich brauche eine warme Atmosphäre, um meine Gefühle zu zeigen und Nähe zuzulassen.

Ich schätze klare Regeln. Ich fühle mich wohl, wenn ich weiß, was von mir erwartet wird. Strukturen geben mir Sicherheit. Schon früh bemühe ich mich selbst darum. Wenn die Eltern meiner Tüchtigkeit und meinem Leistungswillen vertrauen und mich vor allem im schulischen Bereich nicht noch zusätzlich anspornen, lerne ich, Verantwortung zu übernehmen, ohne unter einen inneren oder äußeren Leistungsdruck zu geraten. Ich entwickle von mir aus ein ausgeprägtes Pflichtgefühl, das nicht noch von der Umwelt verstärkt werden sollte. Ich brauche ein Elternhaus, das mich spielen und Kind sein läßt. Gerade weil ich so vernünftig und ernst bin, könnte die Versuchung groß sein, mir zuviel Verantwortung zu übertragen.

Mond in Wassermann ***Sich selbst sein, um sich wohlzufühlen***

Ich bin ein Individualist. Aufgeweckt und neugierig beobachte ich meine Umwelt, um letztlich doch meinen eigenen Weg zu gehen. Vieles in meiner emotionalen Entwicklung läuft vor dem Hintergrund einer ausgeprägten Eigenwilligkeit ab. Ich möchte etwas Besonderes sein. Tief in meiner Seele weiß ich auch, daß ich ein einmaliges Wesen bin, und versuche immer wieder, dieser Einmaligkeit Ausdruck zu verleihen.

So zeige ich früh schon ein Bedürfnis nach Selbständigkeit. Ich bin kein ausgespochenes Kuschelkind, sondern suche eher Kameradschaft. Ich kann ziemlich kühl und distanziert auftreten und klar äußern, daß ich keine Einmischung in meine persönlichen Angelegenheiten wünsche. Die Eltern sollten dies unbedingt respektieren. Ich fühle mich völlig unverstanden, wenn sie aus falscher Besorgnis in mich dringen. Sie sollen mich allein lassen, wenn ich dies wünsche, denn ich brauche für eine gesunde Entwicklung nicht nur die Wärme und Geborgenheit des Elternhauses, sondern auch viel persönlichen Freiraum. Dazu gehört die Möglichkeit, mich zurückzuziehen und gewisse Dinge für mich zu behalten.

Ich reagiere gesellschaftlichen Normen gegenüber eher ablehnend. Wenn ich etwas tun soll, weil »man« es tut, etwa die Hand geben und danke sagen, kann ich mit Rebellion oder Rückzug darauf reagieren. Persönliche Freiheit ist mir wichtig, und ich wehre mich gegen jeden erzieherischen Druck, dem ich keine Einsicht entgegenbringen kann. Man soll mir erklären, warum man dies oder jenes von mir verlangt. Leuchtet es mir ein, so spiele ich mit.

Freundschaften sind mir schon im frühen Kindesalter wichtig. Ich fühle mich zu Gleichaltrigen und Gleichgesinnten hingezogen. Natürlich brauche ich wie jedes Kind die Geborgenheit eines »warmen Nestes«. Doch – um beim Bild des Nestes zu bleiben – bin ich kein Nesthäkchen, sondern verhalte mich eher wie ein Nestflüchter. Die kameradschaftlichen Bande bedeuten mir oft mehr als die familiären. Wenn meine Eltern allzuviel Wert auf ein traditionelles und geregeltes Familienleben legen, vielleicht häufig die Verwandten besuchen, fordern sie meine Opposition geradezu heraus. Ich brauche mehr persönlichen Freiraum als andere Kinder. Werde ich zu sehr in einen gesellschaftlichen Rahmen gepreßt, reagiere ich mit Rebellion.

Andererseits identifiziere ich mich leicht mit einem besonderen Status der Familie, mit einem außergewöhnlichen Beruf des Vaters oder der Zugehörigkeit zu einer speziellen Gemeinschaft. Die Eltern sprechen mir aus der Seele, wenn sie sagen, wir seien etwas Besonderes. Falls ich ein Einzelkind bin oder eine besondere Begabung zeige, spüre ich sehr gut das Spezielle heraus. Der Schritt zur Annahme, etwas Besseres als alle anderen zu sein, ist sehr klein. Deshalb ist es wichtig, mich immer wieder daran zu erinnern, daß ich zwar ein unverwechselbares Individuum bin, daß jedoch alle anderen ebensolche unverwechselbaren Individuen sind.

Ich überrasche die Eltern immer wieder mit meinen originellen Einfällen. Das sowie mein offenes, kontaktfreudiges Wesen erleichtert mir vieles im Leben. Doch kann sich hinter dieser fröhlichen Maske eine zurückhaltende und verletzliche Kinderseele verbergen.

Ich bleibe oft aus Angst, meine Besonderheit gar nicht zum Ausdruck bringen zu können, auf Distanz, wie ein Kind, das über den Zaun in Nachbars Garten schaut, es aber nicht wagt, hineinzugehen und mitzuspielen. Solange ich draußen bleibe, kann ich davon träumen, wie alles geworden wäre, wenn ich mich eingelassen hätte. Ich brauche viel Liebe und Ermunterung, um mich ganz in etwas hineinzugeben und zu akzeptieren, daß die Realität sich oft schmerzlich von den eigenen Vorstellungen unterscheidet und trotzdem wert ist, gelebt zu werden. So erfahre ich immer wieder, daß ich mich und meine innere Unabhängigkeit nicht verliere, auch wenn ich mich einlasse und nicht Zaungast bleibe.

Nicole (Mond in Wassermann, Aszendent in Steinbock, Sonne in Fische) ist oft und gern allein. Körperliche Nähe sucht sie kaum. Auch ihre Mutter kann sie nur selten umarmen und nur »von Frau zu Frau«. Das Schutzspendende und Anlehnungsbedürftige in der Mutter-Kind-Umarmung mag Nicole nicht.
Die gefühlsmäßige Distanz und das Sich-heraus-Halten des Wassermann-Mondes zeigt sich auch darin, daß Nicole sich selten über etwas aufregt. Mit erstaunlicher Gelassenheit nimmt sie Unannehmlichkeiten und Enttäuschungen hin. Sie läßt sich kaum mit Belohnungen motivieren. Jeder erzieherische Druck perlt an ihrer »Ich identifiziere mich damit nicht«-Haltung ab wie Wasser auf gut eingefetteter Haut.
Ein anderes Beispiel sind die Maden aus dem Tierfutter, die eines Tages auf dem Schreibtisch und auf Wänden und Decke in Nicoles Zimmer herumkrochen. Nicole sagte ohne jeden Ekel: »Ich habe Würmer im Zimmer. Sie lassen sich an Fäden von der Decke herunter. Man kann blasen, und dann schaukeln sie lustig in der Luft.« Nicole wird nie hysterisch und läßt sich nicht zu einem Gefühlsausbruch hinreißen.
Die Mutter sagt von ihr: »Sie ist wie ein Sternenlicht, immer da, aber weit weg!« Dies ist ein treffendes Bild für die Kombination von Wassermann-Mond, Steinbock-Aszendent und Fische-Sonne.

Ein weiteres Beispiel für Mond in Wassermann:

Alessandro (Mond in Wassermann im 6. Haus) hat hundert oder mehr Plüschtiere in einer großen Kiste. Eines darf jeweils für ein paar

Tage in seinem Bett schlafen. Dann ist Alessandros Bedürfnis nach diesem Kuscheltier gesättigt. Es kommt zurück in die Kiste, und Alessandro wählt ein neues aus.
In seinem Umgang mit Freunden sind ähnliche Züge sichtbar. Er hat viele Freunde, mit denen er von Zeit zu Zeit intensiv spielt, die er dann aber wieder »zur Seite stellt«, bis sie sein Interesse von neuem wecken.
Alessandros Wassermann-Mond steht im 6. Haus. Um sich auch mit den Forderungen des Alltags wohl zu fühlen, braucht Alessandro eine Menge Abwechslung in den kleinen und unscheinbaren Dingen. Seine Zahnbürste muß originell sein, z. B. Füße haben oder ein Gesicht. Das Zahnglas soll farbig sein und die Seife knetbar. Badeschaum in Form von Disneyfiguren vermag ihn von der Notwendigkeit des Badens zu überzeugen. Wie mit einem Wassermann-Mond nicht anders zu erwarten, wirken diese Tricks nur eine beschränkte Zeit.

Ein drittes Beispiel zeigt noch eine völlig andere Manifestationsweise desselben Archetyps:

Lia (Mond in Wassermann im 8. Haus) will in der Nacht manchmal für eine Weile zur Mutter ins Bett. Ist diese einverstanden und macht kein Geschwister Lia den Platz streitig und auch der Vater nicht, so erzählt sie, was ihr auf dem Herzen liegt. Wird sie – egal aus welchen Gründen – abgewiesen, dann verschließt sie sich. Die Mutter kann am nächsten Tag lange fragen, Lia öffnet sich nur, wenn sie will.

Mond in Fische — *Geborgenheit in einem stimmigen Familienklima*

Ich bin ein äußerst beeindruckbares Kind. Was auch immer in meiner unmittelbaren Umgebung vor sich geht, ich nehme es auf und versuche, es zu verarbeiten. Bilder, Worte oder Gesten, die Erwachsene kaum noch wahrnehmen, können auf mein Gemüt eine nachhaltige Wirkung ausüben, und ich brauche außergewöhnlich lange, um diese zu verarbeiten. Durch meine Offenheit und Sensibilität bin ich stets einer Flut von Umwelteindrücken ausgesetzt, die sehr beängstigend sein können. Aus diesem Grund brauche ich mehr als andere Kinder einen »sicheren Hafen«, ein Zuhause, wo ich mich geborgen fühle, und eine Mutter, die einfach da ist und mich in die Arme nimmt, wenn ich von zu vielen Eindrücken überschwemmt werde.

Im Unterschied zu anderen Kindern kann ich mir die Dinge, die um mich herum geschehen, nicht sehr gut vom Leibe halten. Ich bin gefühlsmäßig mitten drin und nehme alles auf. So reagiere ich auch äußerst sensibel auf das Familienklima. Wie ein Mobile, das im leisesten Luftzug zittert, nehme ich Unstimmigkeiten zwischen anderen Familienmitgliedern wahr. Schwelen unausgesprochene Konflikte zwischen den Eltern, spüre ich dies mit untrüglicher Sicherheit, auch wenn vordergründig alles in bester Ordnung scheint und nie ein lautes Wort gefallen ist. Ich neige dazu, mich für die Unstimmigkeiten schuldig zu fühlen. Um mir die Sicherheit zu geben, die ich für eine gesunde Entwicklung brauche, ist es wichtig, daß die Eltern ihre Probleme offen aussprechen und zu lösen versuchen. Sie helfen mir, mich von ihren Schwierigkeiten zu distanzieren, indem sie mir erklären, daß ich keine Schuld daran habe. Je zufriedener sie sind, desto glücklicher bin ich. In einer warmen Familienatmosphäre mit viel Zärtlichkeit und gegenseitigem Verständnis kann ich so richtig aufblühen.

Ich neige dazu, mich mit meiner Umwelt eins zu fühlen und mich gewissermaßen in diesem Gefühl aufzulösen. Die Entwicklung von Wille und Tatkraft sowie eines stabilen Ich-Gefühles wird dadurch geschwächt. Ich ziehe mich lieber zurück, als daß ich kämpfe und mich durchsetze. Ich brauche immer wieder die liebevolle Ermunterung der Eltern, nicht klein beizugeben und der als hart empfundenen Realität die Stirn zu bieten. Sie fördern meine Selbständigkeit und helfen mir, Vertrauen in die eigene Kraft zu entwickeln, indem sie mich immer wieder nach meinem Willen und meinen persönlichen Bedürfnissen fragen. Dann macht mich meine angeborene Offenheit und Sensibilität nicht beeinflußbar und labil, sondern entwickelt sich zu einem ausgeprägten Einfühlungsvermögen und einer tiefen Verbundenheit mit allem, was ist. Ich finde in diesem Gefühl des All-eins-Seins Geborgenheit in mir.

Ich habe eine lebhafte Phantasie. Meine innere Welt ist für mich Schutz und Zufluchtsort vor der rauhen Wirklichkeit. So brauche ich viel Zeit für mich allein, um die Flut der Umwelteindrücke zu verarbeiten. Musik, Malen oder eine tiefe Naturverbundenheit können mir dabei eine wertvolle Hilfe sein. Vor allem wenn mir die nötige Geborgenheit und mütterliche Wärme und Zärtlichkeit fehlt, neige ich dazu, mir in meiner Phantasie eine wunderschöne Welt auszumalen und die Hoffnung auf Erfüllung meiner Bedürfnisse in der realen Welt aufzugeben. Ich ziehe mich dann in mein »Schneckenhaus« zurück und kann sehr einsam werden. Wird meine Sehnsucht nach Geborgenheit und dem Gefühl des Eins-Seins mit der Mutter und mit meiner Umwelt gestillt, dann kann ich mich zu einem feinfühligen Menschen entwickeln.

Spezielle Mondstellungen

Mond am absteigenden Mondknoten — *Aus ganzer Seele ein Kind*

Mond am absteigenden Mondknoten läßt ein Kind aus ganzer Seele Kind sein. Es will kuscheln und klein und behütet sein, auch wenn es langsam aus diesem Alter herauswächst. Ein Teil seines Wesens scheint sich zu weigern, das Kleinkindalter zu verlassen. So braucht es in den ersten Lebensjahren sowie im Schulalter sehr viele Streicheleinheiten und gleichzeitig immer wieder die Aufforderung, auf eigenen Beinen zu stehen.

Ein Baby hüten oder ein Tier pflegen sind Möglichkeiten, wie es seine fürsorgliche und emotionale Seite ausdrücken kann, ohne in der Kleinkindrolle zu verharren. Der Gefühlsbereich ist ihm wichtig, und es braucht immer wieder Gelegenheit, Gefühle leben zu können.

Unaspektierter Mond — *Die Schwierigkeit, Gefühle zu integrieren*

Ein Kind mit unaspektiertem Mond scheint zwei Wesen in sich zu tragen. Das eine Mal ist es ganz Kind und lacht und weint spontan. Unversehens wechselt es die Rolle und verhält sich wie ein vernünftiger kleiner Erwachsener. Es hat Mühe, seine Gefühle in sein übriges Persönlichkeitsgefüge zu integrieren, und so schwankt es zwischen beiden Rollen hin und her. Damit es jedoch lernen kann, auch in der Schule und in der späteren beruflichen Arbeit nicht nur zu denken, sondern auch Herz und Bauch einfließen zu lassen, braucht es die Ermunterung und das Vorbild der Eltern, die seine Gefühle ansprechen, wenn es allzu sachlich reagiert, und ihr eigenes inneres Erleben zum Ausdruck bringen.

Sonne/Mond in Spannung ***Vater und Mutter werden unterschiedlich erlebt***

Im Geburtsbild eines Kindes sagt die Sonne vieles darüber aus, wie das Kind seinen Vater erlebt. Der Mond symbolisiert entsprechend das Bild der Mutter. Stehen Sonne und Mond in Spannung zueinander, so dürfte das Kind davon ausgehen, daß Vater und Mutter polare Gegensätze sind, die sich nur schwer vereinen lassen. Wie auch immer die Eltern sich verhalten, das Kind sieht vor allem die Unterschiede zwischen ihnen. Es reagiert empfindlich auf Unstimmigkeiten in ihrer Beziehung. Jeden Streit nimmt es sogleich als Bestätigung dafür, daß die Eltern niemals eins werden können. Es fühlt sich leicht veranlaßt, Partei zu ergreifen, um zumindest zu einem Elternteil zu gehören. Wenn die Eltern offen zu Spannungen in ihrer Beziehung stehen und das Kind auch am kreativen Aspekt der Unterschiede teilhaben lassen, wird aus seiner polaren Sichtweise immer mehr eine Quelle der Anregung.

Die Spannung zwischen männlich und weiblich erlebt es als kleines Kind durch Vater und Mutter, später vermehrt durch die eigene aktive und willensbetonte Seite, die im Widerspruch zu seinen Gefühlen steht. Etwas wollen und auf etwas anderes Lust haben ist eine konkrete Auswirkung davon, die für Spannung und damit auch für eine Weiterentwicklung in seinem Leben sorgt.

Merkur
Kommunikation, Denken, Lernen

Merkur verstehen wir als vermittelndes Prinzip. Sein Symbol setzt sich aus Kreuz, Kreis und Schale zusammen. Das Kreuz steht für das Materielle und Körperliche, der Kreis für den Geist und die Schale für die Seele. Somit zeigt uns das Symbol die drei Ebenen Körper, Geist und Seele in enger Verbindung. Merkur ist das Prinzip, das zwischen diesen Ebenen vermittelt. Diese abstrakte Vorstellung von Merkur als Vermittler manifestiert sich im Konkreten als Denken, Lernen und Kommunizieren.

Merkur im Kleinkindalter

Vom Begreifen zur Entwicklung des abstrakten Denkens

Deuten wir Merkur im Kinderhoroskop, so denken wir als erstes an die Schule. Merkur ist jedoch weit mehr als nur Lesen und Schreiben. Er umfaßt den gesamten Bereich der sprachlichen und kognitiven Entwicklung des Kindes.

Im Kleinkindalter sind dies insbesondere folgende Themen:
- *Be*greifen
- Sprachentwicklung, erste Wörter
- Fragealter

Im Übergang vom Kleinkind zum Schulkind:
- Entwicklung des abstrakten, logischen Denkens

Merkur ist ein objektives Prinzip, das den Kontakt zur Umwelt schafft, ohne diese zu werten. Sonne und Mond sind subjektive, wertende Prinzipien. Die Sonne sagt: »Ich will«, der Mond: »Ich habe Lust ...« Merkur stellt nur fest: »Es ist ... (z. B. schönes Wetter).« Der

Merkurteil in uns freut oder ärgert sich nicht darüber. Völlig neutral registriert er den Sachverhalt.

Die Umwelt bietet eine Fülle von Eindrücken. Ein kleiner Teil davon gelangt über die Merkurschiene zum einzelnen Menschen. Die Stellung von Merkur im persönlichen Horoskop verrät etwas über die persönlichen Auswahlkriterien. Ein Kind mit einem Merkur, dessen Zeichen-, Haus- und Aspektstellung auf Feuer hinweist, läßt sich von Dingen und Situationen beeindrucken, die in sein Weltbild eingeordnet werden können und einen Sinn ergeben. Ein erdiger Merkur läßt darauf schließen, daß intellektuelles Begreifen eng mit konkretem Begreifen, d. h. in die Hände nehmen und anfassen, verbunden ist. Ein Kind mit Luftmerkur will die Dinge erklärt bekommen. Das Gespräch hat zentrale Bedeutung. Mit einem Wassermerkur nimmt ein Kind vor allem die Dinge wahr, die mit Emotionen verknüpft sind. Jedes Kind braucht alles, setzt jedoch seinem Horoskop gemäß Schwerpunkte.

Wenn wir die astrologische Symbolik vor den Hintergrund der sprachlichen und kognitiven Entwicklung eines Kindes stellen, können wir uns als Orientierungshilfe folgendes Schema vorstellen:

Merkur in	Feuer	Erde	Luft	Wasser
be-greifen	×	××		×
vom Lautklang zum Inhalt, erste Wörter		××		
Fragealter	××	×	××	×
Ich-Bezogenheit	××		×	×
Alles lebt und fühlt, ist positiv oder negativ	×			××
Vom subjektiven zum objektiven Weltbild		××	××	
Entwicklung des abstrakten Denkens		×	××	

(Die Anzahl der Kreuze entspricht der Wichtigkeit.)

Merkur im Feuerelement

Feuerqualitäten hat Merkur dann, wenn er
- in einem Feuerzeichen (Widder, Löwe, Schütze),
- in einem Feuerhaus (1., 5., 9. Haus),
- in einem Aspekt zu Sonne, Mars oder Jupiter steht.

Das Feuerelement wird mit Bewegung und Aktivität, aber auch mit dem inneren Mythos und mit Intuition in Zusammenhang gebracht. Feuer brennt, ist Begeisterung und Elan. Wenn Merkur davon ergriffen ist, wird die Welt der Gedanken zu einer dramatischen Bühne. Die Vorstellungskraft schafft immer wieder neue Gestalten, spielt die Szenen durch, bis sie stimmen, und schafft sich so ein farbiges und lebendiges, stets in Veränderung begriffenes Weltbild. Wird etwas als »richtig« erkannt, so wird es auch im Gespräch nach außen vertreten. Feuer ist von innen nach außen drängend. Der Feuermerkur holt sich seine Wahrheiten im eigenen Innern und verkündet sie nach außen.

Feuer ist – verglichen mit Erde, Luft und Wasser – ständig in Bewegung. Es züngelt und prasselt, sprüht Funken und verändert sich von Moment zu Moment. Ein Merkur mit einer starken Feuerprägung läßt auf ein Kind schließen, dem vor allem die beweglichen Dinge ins Auge fallen. Sein erstes Wort könnte »Auto« sein. Ein frei hängendes Uhrenpendel mag eine viel größere Anziehungskraft besitzen als die Erde von Topfpflanzen. Kann das Kind sich einigermaßen sprachlich ausdrücken, so kreiert es selbst Wörter. Wenn es ihm nicht gleich gelingt, seine Vorstellungen zu formulieren, wird es leicht ungeduldig oder frustriert. Es fragt viel, und es fragt vor allem: »Warum?« Alles, was es erlebt, versucht es in sein Weltbild einzuordnen. Dieses Weltbild ist bis zum Schulalter sehr subjektiv. Das Kind erlebt sich als Mittelpunkt und kann sich nichts vorstellen, das außerhalb des Hier und Jetzt existiert. Mit zunehmendem Alter erkennt es, daß Zeit und Raum objektive Größen sind, daß es beispielsweise im Nachbarhaus am Abend genauso dunkel wird wie im eigenen oder daß die Straßenbahn auch fährt, wenn man sie nicht sieht.

Feuer ist ein subjektives Element, das die Ich-Bezogenheit unterstützt. Logisches und kausales Denken läuft diesem Prinzip zuwider. Ein Kind mit feurigem Merkur mag sich lieber mit Märchenhelden identifizieren als den Schritt in die Objektivität wagen und anerkennen, daß man die Welt nicht nur aus dem eigenen Mittelpunkt heraus betrachten kann. Doch um diesen Schritt kommt es nicht herum. Es kann ihn leichter vollziehen, wenn es den Sinn hinter den Tatsachen erkennt: Die Straßenbahn fährt auch, wenn es nicht anwesend ist. Das ist sinnvoll, weil sonst der Vater abends nicht nach Hause fahren könnte. Der Feuermerkur braucht Begründungen, damit er alle Eindrücke in ein übergeordnetes System einordnen und seine eigene Stellung darin immer wieder neu definieren kann. Auch wenn das logische Denken sich so weit entwickelt hat, daß das Kind schulreif ist, bleibt eine starke Vorstellungskraft erhalten.

Merkur im Erdelement

Erdqualitäten hat Merkur dann, wenn er
- in einem Erdzeichen (Stier, Jungfrau, Steinbock),
- in einem Erdhaus (2., 6., 10. Haus),
- in einem Aspekt zu Saturn oder yin-betonter Venus (Venus in einem Erd- oder Wasserzeichen) steht.

Das Erdelement weckt in uns Assoziationen der Schwere, Stabilität und Zuverlässigkeit. Das Erdelement ist das unbeweglichste der vier Elemente. »Da bin ich, und da bleibe ich«, scheint es zu sagen. Damit bietet es ein solides Fundament, auf dem man aufbauen kann. Erde ist die verkörperte Geduld, die einfach da ist, den Samen trägt und wartet, bis er Wurzeln schlägt, keimt und blüht. Wenn wir dieses Bild auf Merkur übertragen, so gibt die Erde Merkur einen »Boden«. Sie läßt ihm Zeit, sich mit der Umwelt auseinanderzusetzen, nachzudenken, die Eindrücke zu verdauen und schließlich die Früchte der guten Beobachtungsgabe und des gründlichen Nachdenkens hervorzubringen.

Kinder mit Merkur im Erdelement oder im Aspekt zu Saturn haben selten eine schnelle Auffassungsgabe. Wenn sie mit einigen Monaten beginnen, Dinge anzufassen, zu betasten und zu begreifen, dann zeigen sie mehr Ausdauer als andere Kinder. Sie wollen alles ergreifen, denn nur der direkte Kontakt läßt den Gegenstand konkret genug erscheinen, so daß er und alle seine Eigenschaften bis ins letzte Detail im Gedächtnis gespeichert werden können. Da vor allem das Handfeste und Greifbare das Kind fasziniert, dürften auch seine ersten Worte neben Mama und Papa – die es ja auch mit Händen greifen kann – Dinge des täglichen Gebrauchs bezeichnen. Merkur steht für die Kontaktaufnahme mit der Welt. Ein erdiger Merkur sucht den Kontakt über das, was er anfassen kann.

Die Erde von Topfpflanzen, Kieselsteine oder die Küchenschubladen dürften besondere Anziehungskraft besitzen. Das Kind kennt seine Umwelt – soweit es diese in die Hände nehmen darf – sehr genau.

Die Sprachentwicklung mag scheinbar zögernd verlaufen. Dinge mit Namen zu versehen, diese als allgemeine Begriffe zu verstehen sowie aus einzelnen Wörtern Sätze zu bilden, sind abstrakte Vorgänge, die dem Erdelement nicht besonders liegen. Sätze kann man nicht anfassen. Typisch für ein Kind mit Erdmerkur ist, daß es seine Umwelt sehr genau kennt und scharf beobachtet, jedoch seine Erkenntnisse nur schwer in Worte fassen kann. So mag es ihm auffallen, wenn die Mutter die Tassen einmal anders in den Schrank räumt, aber es fehlen ihm die Worte, dies mitzuteilen.

Jedes Kind geht davon aus, daß nur das, was es sieht, existiert. Drehen Sie eine Kaffeetasse vor den Augen eines Kleinkindes so, daß der Henkel nicht mehr sichtbar ist, dann denkt das Kind, dieser sei verschwunden. Es hält die Hände vor die Augen und fragt: »Wo bin ich?« Das räumliche Bewußtsein entwickelt sich erst nach und nach. Ein Kind mit einem erdigen Merkur setzt sich intensiv mit den konkreten Dingen auseinander. Damit gehört auch »Raum« in sein zentrales Experimentierfeld. Es kann den nicht sichtbaren Henkel der Tasse anfassen, oder es kann auf die andere Seite des Tisches gehen, um sich vom Vorhandensein des Henkels zu überzeugen. Dies können Kinder mit anderen Merkurstellungen zwar auch, doch ist ihr Denken nicht so eng mit den Sinnen, dem Sehen und Tasten, verbunden, so daß sie andere Wege suchen und meist auch länger brauchen, um »Raum« von einer objektiven Warte aus zu begreifen.

Ein Erdmerkur erleichtert den Zugang zu einem objektiven Weltbild. Mit einem Erdmerkur ist es leichter möglich, die Sinneswahrnehmung höher zu werten als das subjektive Ich-hier-jetzt-Weltbild. Das logische und kausale Denken liegt dem Erdmerkur ebenso wie dem Luftmerkur. Im Unterschied zu diesem braucht er viele konkrete Beispiele und Anregungen. Er benötigt überdurchschnittlich viel Zeit, um die Dinge zu begreifen, denn er setzt sich gründlich mit ihnen auseinander. Er gibt nicht auf, bis er alle Möglichkeiten der sinnlichen Wahrnehmung ausgeschöpft hat – dazu wird das Ding oft auch in den Mund genommen – und schafft sich so einen soliden Grundstock an Erfahrungen. Was er einmal begriffen hat, sitzt.

Merkur im Luftelement

Luftqualitäten hat Merkur dann, wenn er

- in einem Luftzeichen (Zwillinge, Waage, Wassermann),
- in einem Lufthaus (3., 7., 11. Haus),
- in einem Aspekt zu Uranus oder yang-betonter Venus (Venus in einem Feuer- oder Luftzeichen) steht.

Luft ist das beweglichste Element. Es ist der Schwerkraft weniger untertan als Erde oder Wasser, und es braucht auch kein Brennmaterial wie Feuer. Merkur als der mythologische Götterbote ist ständig unterwegs. Die Kombination von Luft und Merkur ist potenzierte Beweglichkeit. Ein Luftmerkur orientiert sich nach außen, ist stets in Bewegung und an allem interessiert. Luftmerkur ist der Inbegriff eines geistig hellwachen, lernbegierigen Schulkindes, das frei von der Leber spricht, alles wissen will und mit jedem Kontakt aufnimmt. Es lernt, solange sein Interesse gefesselt ist. Ausdauer kennt es nicht. Beim Schreibenlernen ist es fasziniert von der Idee, mit abstrakten Zeichen etwas aussagen zu können. Es zeigt jedoch wenig Lust, zeilenweise Buchstaben in ein Heft zu malen. Alle Dinge, auf die sich sein weit gefächertes Interesse richtet, haben eines gemeinsam: Sie reizen den Luftmerkur, zu verstehen und ein inneres System von Ideen und Zusammenhängen aufzubauen. Eine Raupe frißt und frißt, verpuppt sich eines Tages und wandelt sich zum Schmetterling. »Aha, interessante Tatsache!« mag der trockene Kommentar des Luftmerkurs sein. Er ordnet die Information in seinem Kopf in die Schublade der Tierleben und landet mit dem nächsten Gedankensprung bei der Frage, warum es tagsüber hell und nachts dunkel ist. Dies als Bild, wie ein Luftmerkur in »Reinkultur« sich verhalten würde.

Für ein kleines Kind mit einem Luftmerkur steht die Sprachentwicklung im Vordergrund. Im Alter von ungefähr einem Jahr beginnen Kinder mit ersten Schritten und ersten Worten. In der Regel hat das eine oder andere Priorität. Oft beginnt ein solches Kind früh zu sprechen und macht seine ersten Gehversuche entsprechend später.

Mit einem Luftmerkur geht es mehr um abstrakte als um konkrete Belange. Die Kontaktaufnahme über Sprache scheint wichtiger als die eigene physische Beweglichkeit. Das Kind braucht von Geburt an ein entsprechend großes Angebot an Sprache im weitesten Sinne.

> *Meine Tochter Olivia (Schütze-Mond und Fische-Aszendent) hat einen Zwillinge-Merkur im 3. Haus. Als sie ein Baby war, erteilte ich mehreren Kindern und Jugendlichen Nachhilfeunterricht. Sie kamen zu mir nach Hause, wir saßen am Tisch und arbeiteten, während meine Tochter im Stubenwagen friedlich mit Armen und Beinen in der Luft herumruderte. Es klingt fast unglaubwürdig, aber sie weinte nicht ein einziges Mal, wenn ein Schüler da war. Sie hörte unsere Stimmen, was ihr weit besser gefiel, als wenn ich mit ihr allein war und nicht ununterbrochen redete. (Horoskop s. Seite 367)*

Wenn ein Luftmerkur-Kind einmal einigermaßen sprechen kann, beginnt es zu fragen. Alles will es wissen. Von morgens bis abends läuft das Plappermäulchen. Für Geschichten ist es immer zu haben. In der Regel fällt ihm der Übergang vom subjektiven Kleinkind-Weltbild zum objektiven und kausalen Weltbild relativ leicht. Es hat eine natürliche Begabung, Dinge zu abstrahieren. Im Unterschied zum Kind mit Erdmerkur, das sich ein objektives Verständnis vorwiegend über die Sinnesorgane erarbeitet, läuft beim Kind mit Luftmerkur vieles über die Vorstellungskraft. Gemeinsam ist beiden, daß sie eher als Kinder mit Feuer- und Wassermerkur bereit sind, von ihrem Ich-hier-jetzt-Standpunkt abzusehen.

Merkur im Wasserelement

Wasserqualitäten hat Merkur dann, wenn er

- in einem Wasserzeichen (Krebs, Skorpion, Fische),
- in einem Wasserhaus (4., 8., 12. Haus),
- in einem Aspekt zu Mond, Neptun oder Pluto steht.

Merkur, der mythologische Götterbote, ist hier mit Eigenschaften des Wasserelementes ausgestattet. Er ist nicht nur objektiver Vermittler, der eine Botschaft überbringt, sondern er läßt sich davon auch beeindrucken. Das Gefühl »schwimmt« mit. Oder anders herum: Wenn es nichts zu fühlen gibt, ist die Botschaft für den Wassermerkur unwichtig. Er hat keinen Grund, diese zu übermitteln. Auf ein Kind mit Wassermerkur übertragen, bedeutet dies, daß der mentale Bereich eng mit dem emotionalen Bereich verbunden ist. Wenn das Gefühl stimmt, das Kind sich geborgen und geliebt fühlt, kommt Merkur seiner Aufgabe nach, sonst nicht. Vor allem in der Schule hat diese Grundhaltung Auswirkungen auf den Lernerfolg.

Doch schon das kleine Wassermerkur-Kind ist noch mehr als andere Kinder auf ein Geborgenheit spendendes Familienklima angewiesen, um sich normal entwickeln zu können. Seine ersten Lall- und Lautübungen, seine Versuche, die Umwelt zu begreifen, seine Neugier und sein Expansionsdrang sind stimmungsabhängig. Wenn die Mutter gegen Depressionen ankämpft oder ein unausgesprochener Konflikt zwischen den Eltern schwelt, reagiert ein Kind mit Wassermerkur besonders feinfühlig darauf und ist in seiner Kontaktaufnahme mit der Umwelt gestört. Ist das Klima jedoch gut, öffnet sich das Kind vertrauensvoll. Es lernt und begreift die Dinge nicht so sehr durch Ausprobieren wie der Feuermerkur, durch Sinneseindrücke wie der Erdmerkur oder durch Erklärungen wie der Luftmerkur, sondern es erkennt sie mehr gefühlsmäßig.

Da in einem objektiven und kausalen Weltbild Gefühle kaum Platz haben, fällt es ihm nicht so leicht, sich dieses anzueignen. Die Ich-hier-jetzt-Position liegt seiner Denkweise naturgemäß näher, ebenso die Vorstellung einer belebten Umwelt. Wenn Gefühle gleichsam an den Gedanken hängen, wird es schwierig, diese vom eigenen Ich zu lösen und zu erkennen, daß es eine objektive Wirklichkeit gibt.

Umgekehrt beleben die Gefühle die innere Gedankenwelt des Kindes. Eine Geschichte bleibt nicht einfach eine Geschichte, sondern wird mit einer farbigen und warmherzigen Kinderphantasie ausgemalt. Wo es in der Außenwelt dieselbe Farbigkeit und Herzlichkeit findet, kann sein Merkur aufblühen. Es nimmt die Informationen nicht nur als objektive Tatsachen auf, sondern fügt ihnen eine Art Gefühlsfärbung bei. Ein Regenbogen ist nicht nur ein schöner Bogen in bestimmten Farben in einer bestimmten Reihenfolge, sondern verbunden mit dem Erlebnis eines Sonntagspazierganges mit warmem Sommerregen und einem Schutz spendenden Unterstand am Waldrand. Das Kind »weiß« vielleicht nicht so viel wie ein Kind mit Luftmerkur, aber es assoziiert sein Wissen mit Erleben. Die Fakten werden farbig und lebendig.

Merkur im Schulalter

Merkur, der Götterbote

Merkur – oder Hermes, wie er in der griechischen Mythologie genannt wird – ist ein unehelicher Sohn des Göttervaters Zeus. Durch seine Klugheit und seinen raffinierten Einfallsreichtum bringt er Zeus dazu, ihn in den Götterstand zu erheben und ihm das Amt des Götterboten zu übergeben. Als Zeichen für seinen Stand erhält er einen geflügelten Helm und geflügelte goldene Sandalen, die ihn in Windeseile überall hintragen. Hades oder Pluto – der Gott der Unterwelt – übergibt ihm eine Tarnkappe, mit der er sich bei Bedarf unsichtbar machen kann.

Es ist Merkurs Aufgabe, den Willen der Götter den Menschen kundzutun und die Anliegen der Menschen vor die Götter zu tragen. Er ist der Bote. Als solchem unterstehen ihm alle Wege und Verbindungen. Dies gilt sowohl im Konkreten wie im übertragenen Sinne, also für Straßen ebenso wie auch für Handelsabkommen und Verträge. Sowohl die einen wie die anderen können gerade oder krumm sein. Merkur ist kein durch und durch lauterer Bursche, sondern packt jede Gelegenheit, andere auszutricksen, beim Schopf. Er ist nie roh und gewalttätig, sondern erschleicht sich seinen Vorteil durch Überredenskünste, List und gute Einfälle und ist auch Herr über die gesprochene und geschriebene Sprache.

Die Psychologie von Merkur

Die griechischen Götter können als Projektionen der Menschen zu jener Zeit betrachtet werden. Sie beschreiben mit großer Exaktheit die menschliche Psychologie. Jeder Gott ist ein Teilaspekt der Persönlichkeit des Menschen. Alle zusammen bilden symbolisch ein menschliches Dasein ab. Die Geschichten über ihre Entstehung, über Rivalitäten und Bündnisse sind symbolische Beschreibungen der menschlichen Psychologie. In unseren modernen Anschauungen sprechen wir vom Bedürfnis eines Kindes, zu lernen, sich die Kulturerrungenschaften Lesen und Schreiben anzueignen und so zu einem anerkannten Mitglied der Gesellschaft heranzuwachsen. Die »alten Griechen« mögen sich für dasselbe Phänomen den Mythos von Merkur erzählt haben. Merkur schafft die Verbindung zur Umwelt. Ihm sind die Wege und Kontakte unterstellt.

Analog dazu zeigt die Merkurstellung im Kinderhoroskop, wie ein Kind sich den Draht zur Umwelt sucht, wie es lesen und schreiben und vieles mehr lernt. Der mythologische Merkur setzt sich über jeden ethischen oder moralischen Aspekt hinweg. Merkurs Zeichenstellung beschreibt nur die Wege, auf denen das Kind Informationen aufnehmen kann, wo es »Flügel« hat und wo es allenfalls die Tarnkappe aufsetzen kann und »von nichts weiß«. Merkur symbolisiert den intellektuellen, geistig-abstrakten Teil in uns. Einem Computer vergleichbar, wird er mit Daten oder Wissen gefüttert, speichert diese ab und gibt bei Bedarf einen entsprechenden Output. Wie der Computer ist auch der Merkur-Anteil im Menschen völlig frei von persönlichen Werten, Meinungen und Gefühlen. Er verarbeitet die Daten, und damit hat es sich. Er ist »Kopf«, wenn wir Sonne und Mond mit »Herz« und »Bauch« gleichsetzen.

Für das Schulalter ist er ein wichtiger Planet, denn das primäre Ziel der Schule ist Informationsvermittlung. Trotzdem darf nicht vergessen werden, daß die Schule auch eine wichtige Aufgabe bezüglich der Persönlichkeitsentfaltung zu erfüllen hat. Das Kind tritt aus dem engen Familienkreis in das größere soziale Umfeld einer Gruppe Gleichaltriger. Dieser Prozeß hat wenig mit Merkur zu tun.

Merkur läßt sich nicht gleichsetzen mit schulischer Leistung. Schwierigkeiten in der Schule finden sich nicht regelmäßig in einer schwierigen Merkurstellung im Horoskop wieder. Umgekehrt kann eine gespannte Merkurstellung sowohl in Lernschwierigkeiten als auch in einer Kompensation und hervorragenden Schulleistungen Ausdruck finden.

Merkur im Horoskop gibt keine Auskunft über die Intelligenz des Horoskopeigners. Er beschreibt allein den Weg, wie die Information zu dem betreffenden Menschen fließt. Dies ist wenig und gleichzeitig viel. Das Kinderhoroskop zeigt, wie Information an ein Kind herangetragen werden muß, damit der Lernerfolg optimal ist. Da Merkur hier das zentrale Thema ist, werden andere Störfaktoren, z.B. emotionaler Art, ausgeblendet. Wir beschäftigen uns in der Folge nur mit der Frage, wie die Information verpackt sein muß, damit ein Kind sie so leicht wie möglich aufnimmt und als »gelernt« im Gedächtnis behält.

Merkur in den Zeichen

Merkur in Widder

Informationsvermittlung auf »Widderart« ist rasch, sprühend, und mit einem kämpferischen Einschlag. Lernen hat Ähnlichkeit mit Erobern. Die Buchstaben des Alphabets werden von einem Kind mit Widder-Merkur nicht nur gelernt, sondern jeder einzelne wird wie eine zu erobernde Festung attackiert und eingenommen.

Das Kind setzt sich mit Schwung und Elan mit dem unbekannten Lernstoff auseinander. Kann es beim ersten Anlauf die Burg stürmen, z. B. den Buchstaben verstehen, so freut es sich über dieses Erfolgserlebnis und stellt sich sogleich der nächsten Herausforderung.

Diese Art des Lernens bedingt ein Lernstoffangebot, das in kleine Einheiten aufgeteilt ist. Der Widder-Merkur hat keine Ausdauer. Er rammt das Hindernis zwei-, dreimal mit großer Kraft. Läßt es sich nicht besiegen, so gibt er bald auf. Die Motivation zum Lernen kann gesteigert werden, indem man dem Kind viele kleine Erfolgserlebnisse ermöglicht. Da es selbst schon Wettkampfcharakter in die Lernsituation einbringt, reagiert es mit »Feuer und Flamme«, wenn ein Lehrer Spiele einbaut, in denen um die Wette gelernt wird. Hat ein Kind eine Lernaufgabe begriffen, so legt es diese fast unachtsam zur Seite und wendet sich der nächsten Herausforderung zu. Es neigt also dazu, rasch vieles zu begreifen, jedoch auch vieles wieder zu vergessen. Es ist nicht der Typ, das Gelernte von sich aus zu festigen, sondern muß vom Lehrer immer wieder dazu angehalten werden.

Merkur in Stier

Ein Stier-Merkur läßt sich Zeit. »Da wollen wir einmal sehen«, scheint er bedächtig zu sagen, wenn der Lehrer einen neuen Buchstaben vermittelt. Das unbekannte Ding wird ausgiebig betastet. Wenn das Kind etwa ein Brot in Form eines Buchstabens formt, bäckt und ißt, kommt dies seinem Stier-Bedürfnis nach Sinneswahrnehmung am nächsten. Sich etwas einverleiben ist typisch für den Stier. Kann ein Kind dies sowohl auf der konkreten wie auf der mentalen Ebene vollziehen, ist der Lernerfolg optimal.

Stier liebt das Handfeste. Mit allzu abstraktem Lernstoff hat er Mühe. Das Kind mit einem Stier-Merkur braucht einige Zeit, bis es mit der neuen Information ins reine kommt. Hat es sich einmal damit angefreundet und gleichsam beschlossen, diese in sein Reich aufzunehmen, dann zu 100 Prozent und für alle Zeiten. Die Langsamkeit des Stier-Merkurs wird wettgemacht durch seine Gründlichkeit. Einmal Gelerntes vergißt er nicht mehr. Die Interessen eines Stier-Merkurs kreisen um konkrete Dinge, die das Leben angenehm machen. Etwas überspitzt könnte man sagen, der Stier-Merkur ist zum Lernen motiviert, wenn er den dahinterliegenden Gewinn erkannt hat. Dem Stier geht es ums Haben, das er sich Stück für Stück erringt. Der Stier-Merkur im Kinderhoroskop weist auf ein Sich-Einverleiben des Lernstoffes hin. Schritt für Schritt werden die Wissensschätze gesammelt.

Merkur in Zwillinge

In Zwillinge ist Merkur zu Hause. Das Zwillingezeichen beflügelt den Verstand und läßt die Interessen ins Uferlose wachsen. Ein Kind mit einem Zwillinge-Merkur reagiert ausgesprochen neugierig auf seine Umwelt. Sofern Merkur nicht durch harte Aspekte belastet ist, fällt das Kind durch seine Wachheit auf, interessiert sich für fast alles, schließt mit jedem Kontakt und weiß immer etwas zu erzählen. Nicht selten muß es das letzte Wort haben. Die Bereitschaft, lesen und schreiben zu lernen, ist meist in großem Ausmaß vorhanden. Kinder lernen, weil Eltern und Lehrer dies von ihnen erwarten und sie sich deren Anerkennung und Liebe sichern wollen. Erst im Verlauf der Schulzeit verlagert sich die Motivation mehr in eine autonome Richtung, und die Kinder setzen sich aus persönlichem Interesse oder aufgrund zukunftsgerichteter Zielsetzungen mit einem Lernstoff auseinander. Eine Merkurstellung in Zwillinge spricht für ein früh erwachendes persönliches Interesse an der Sache.

Zwillinge ist ein labiles Zeichen. Die Schwäche des Zwillinge-Merkurs ist seine Zerstreutheit. Alles wird als interessant empfunden. Damit läßt sich ein Kind leicht ablenken, hat vielleicht Mühe, sich hinzusetzen und eine ganze Zeile A zu schreiben, weil es in dieser Zeit etwas Spannendes verpassen könnte. Seine Offenheit für fast alles verhilft ihm zu einem breit gefächerten Allgemeinwissen, das oft weit über den in der Schule vermittelten Stoff hinausgeht.

Olivia (mit Merkur in Zwillinge im 3. Haus und Jupiterbetonung) bekam nach einem einwöchigen Reitkurs eine Art Zertifikat mit dem zusätzlichen Vermerk: »Ist vom Pferd, aber nicht auf den Mund gefallen.« (Horoskop s. Seite 367)

Merkur in Krebs

Krebs ist das Zeichen, das der beeindruckbaren und ganz aus dem Gefühl reagierenden kindlichen Natur wohl am nächsten steht. Krebs ist ein Symbol für das Kleinkind. Steht Merkur in Krebs, so wird sein Wissensdurst gleichsam begleitet von emotionalen Bedürfnissen. Nur wenn es ihm wohl ist, öffnet er sich der unbekannten Umwelt.

Krebs braucht ein vertrautes Klima. Lernen beinhaltet jedoch immer eine Auseinandersetzung mit etwas Neuem und Unbekanntem. Damit Krebs Merkur erlaubt, geistiges Neuland zu betreten, muß zumindest der äußere Rahmen dem Kinde vertraut sein. Das Kind mit Merkur in Krebs ist auf eine gute Beziehung zum Lehrer und zu den Mitschülern angewiesen, um sich dem Schulstoff zuwenden zu können. Nur wenn es sich in der Gruppe gut integriert hat und zwischen ihm und dem Lehrer eine Vertrauensbasis aufgebaut ist, gibt Krebs sein Okay, und das Kind ist zum Lernen motiviert.

Wenn man die Lernmotivation des Kindes als einen entwicklungspsychologischen Prozeß vom Lernen für Anerkennung zum Lernen aus eigenen Interessen und Zielen betrachtet, so läßt sich das Kind mit einem Krebs-Merkur relativ lange aus Gründen der Liebe und Anerkennung motivieren. Es lernt für seine Lehrer, sofern es sie mag. Lernschwierigkeiten sind meist gekoppelt mit Beziehungsschwierigkeiten zu Lehrern oder zu den Eltern. Liebe ist der Motor für intellektuelle Leistungen. Der Mensch steht im Vordergrund, nicht das Buch. Das bedeutet, daß ein Kind den Lernstoff besser verarbeitet, wenn ihm dieser von seinen nächsten Bezugspersonen vermittelt wird. Von fremden Personen, z.B. einem Aushilfslehrer, läßt es sich schlecht motivieren. Mit Büchern oder Computern kann es kaum etwas anfangen. Die menschliche Note darf nicht fehlen.

Merkur in Löwe

Der Löwe-Merkur zeigt sich in der Schule durch gezielte Interessen und ein selbständiges und großzügiges Denken. Kinder lernen, wie bereits weiter oben ausgeführt, in den ersten Schuljahren vorwiegend für die Eltern und Lehrer. Sie wollen deren Erwartungen erfüllen und sich somit Liebe und Anerkennung sichern. Im Laufe der Entwicklung wird diese Lernmotivation mehr und mehr von persönlichen Interessen und Zielen abgelöst. Das Löwezeichen symbolisiert den Archetyp der bewußten Selbstbestimmung. Steht Merkur in diesem Zeichen, so erhält er eine Menge Impulse in Richtung Eigeninteressen. Im Kind erwacht relativ früh die Begeisterung und Faszination für einen bestimmten Lernstoff. Es lernt aus eigenem inneren Antrieb. Natürlich braucht es wie jedes Kind die Anerkennung seiner Lehrer. Die Eigenmotivation ist jedoch verhältnismäßig früh entwickelt.

Kleinlichkeit ist nicht Sache des Löwezeichens. So mag sich auch der Löwe-Merkur sträuben, wenn es gilt, seitenweise Buchstaben zu malen. Löwe ist Lebensfreude, Spiel und Vergnügen. Einem Kind mit einem Löwe-Merkur dürfte es schwerfallen, auf vorgedruckte Linien zu schreiben. Jede Übung in Schönschreiben ist ihm ein Greuel. Seine Motivation wird geweckt, wenn es gilt, frei Geschichten zu erfinden. Schreiben lernt es am besten, wenn seine Kreativität angesprochen wird, es beispielsweise eine Geschichte aus seiner Phantasie niederschreibt und das Schreiben so zu einem Werkzeug und Mittel zum Zweck wird. Beherrscht man es, so kann man seine Gedanken zu Papier bringen. Die Lernmotivation für den Löwe-Merkur heißt kreative Selbstdarstellung über das geschriebene und gesprochene Wort.

Merkur in Jungfrau

Der Jungfrau-Archetyp zeichnet sich durch Sachlichkeit und Liebe zum Detail aus. Ein Jungfrau-Merkur ist ein Buchhalter. Begeisterung und Gefühlsausbrüche sind ihm ebenso fremd wie persönlicher Ehrgeiz. Er verbucht die Ein- und Ausgaben und ist zufrieden, wenn seine Bilanz mit dem tatsächlichen Inhalt der Kasse übereinstimmt. Analog dazu ist die Denkweise des Jungfrau-Merkurs objektiv und wirklichkeitsnah. Er nimmt zur Kenntnis, was ist, und zieht daraus seine Bilanz.

Ein Kind mit einem Jungfrau-Merkur dürfte früh die Notwendigkeit und den Nutzen des Lesens und Schreibens erkennen. Ohne diese Einsicht ist ein effizientes Lernen unmöglich. Begreift es den Nutzen, so ist es motiviert und bereit, auch langweilige Schreibübungen auf sich zu nehmen. Die Lernmotivation läuft primär über das Erkennen einer alltäglichen Notwendigkeit, die sich wie folgt zusammenfassen läßt: »Es ist klug und vernünftig, wenn ich lesen und schreiben lerne.«

Merkur in Jungfrau dürfte bewirken, daß ein Kind früher als andere Kinder zu dieser Erkenntnis gelangt, fehlt sie ihm jedoch, so ist es schwer zum Lernen zu motivieren. Kinder leben in der Gegenwart. Was sie in der Schule lernen, ist eine Investition für die Zukunft. Wenn der Gewinn des Lesens und Schreibens in so weiter Ferne liegt, daß ihn das Kind nicht erfassen kann, braucht es Lernmotivationen, die mehr auf die Gegenwart bezogen sind. Solche zu finden, die real genug sind, um auch einen Jungfrau-Merkur zu überzeugen, ist oft nicht einfach.

Die Denkweise des Jungfrau-Merkurs ist kritisch und gründlich. Ein Kind mit einem Jungfrau-Merkur ist in seinen Schularbeiten meist nicht sehr schnell, dafür aber exakt. Es stellt kritische Fragen und kann Verstand und Sprachfähigkeiten optimal entwickeln, wenn Eltern und Lehrer auf einer »Erwachsenenebene« auf seine Fragen eingehen.

Merkur in Waage

Merkur bekommt in Waage wie in jedem anderen Luftzeichen Flügel. Waage beinhaltet Kultur im weitesten Sinne. Betrachtet man den Schulstoff und speziell das Erlernen von Lesen und Schreiben durch die Waage-Brille, so tritt der Aspekt des Verbindenden hervor. Die Fähigkeit zum Lesen und Schreiben ist eine nur dem Menschen zugängliche Fertigkeit. Die Schrift schlägt Brücken zwischen einzelnen Individuen und zwischen dem einzelnen und der Gesellschaft.

Ein Kind mit einem Waage-Merkur bringt ein großes Allgemeininteresse und Mitteilungsbedürfnis mit. Es will dazugehören. Dies nicht nur im Klassenverband, sondern auch auf Kultur und Zivilisation bezogen. Ähnlich wie das Kind mit einem Zwillinge-Merkur ist es vielseitig, neugierig und interessiert. Sein Interesse bezieht sich aber nicht primär auf die Vielfalt der Dinge wie beim Zwillinge-Merkur. Seine Motivation entspringt eher einem Bedürfnis, teilzunehmen an den kulturellen Errungenschaften der Menschheit.

Nicht zu unterschätzen ist das Harmoniebedürfnis der Waage. Ein Kind mit einem Waage-Merkur braucht ein harmonisches Umfeld, um lernen zu können. Konflikte mit Lehrern und Eltern, eine laute Umgebung oder Spannungen zwischen den Eltern können den Lernerfolg massiv beeinträchtigen. Liebe und Anerkennung von Eltern und Lehrern regen das Kind zum Lernen an. Vor allem wenn noch weitere Planeten in Waage stehen, setzt sich das Kind aus ganzen Kräften für ein geliebtes Du ein. Geben die Eltern klar zu erkennen, daß sie Lesen und Schreiben befürworten, dann bemüht sich das Kind, ihren Erwartungen zu entsprechen. Ästhetisch ansprechende Schulbücher und ein freundliches, helles Schulzimmer wirken ebenfalls motivierend.

Merkur in Skorpion

Der Skorpion-Archetyp geht in die Tiefe. Die Informationsdienste des Götterboten Merkur sind ihm zu banal und oberflächlich. Er legt dem beflügelten Vermittler Ketten an, zieht ihn in die Tiefe und verleiht seinen Gedanken einen Hauch »Unterweltklima«. Ein solcher Merkur ist nicht an allem interessiert, flexibel und kontaktfreudig, sondern er wählt sich seine »Opfer« aus – Interessengebiete, in die er sich mit einiger Leidenschaft und Hartnäckigkeit hineingibt und die er bis auf den Grund auslotet.

Kommt ein Kind mit Merkur in Skorpion zur Schule, so mag es neben der Liebe zu Eltern und zum Lehrer vor allem einen Grund geben, der es motiviert, lesen und schreiben zu lernen. Die Schrift dürfte wie eine magische Zauberformel auf das Kind wirken. Es verbirgt sich etwas dahinter. Die Erwachsenen und älteren Schüler können es entziffern, es selbst nicht. So ist in seinen Augen mit der Fähigkeit zum Lesen sehr viel Macht verbunden. Das Kind mit einem Skorpion-Merkur will diese Macht auch erringen und bemüht sich deshalb, das Geheimnis der Buchstaben zu lüften.

Wenn es sich für ein Thema interessiert, so wohl kaum nur halbherzig. Als hätte es sich an dem Interessensbereich festgehakt, setzt es sich ausgiebig und ausdauernd damit auseinander. Manchmal hält es zu sehr an einer Idee fest, grübelt tief und vermischt die objektiven Sach- und Fachbelange mit seinen Emotionen. Ehrgeiz, Mißtrauen und Zurückhaltung sind Extremformen der Mischung des Mentalen mit den Gefühlen. Der Antrieb, den Dingen auf die Spur zu kommen und sich nicht mit Halbheiten zufriedenzugeben, ist die positive Seite der Münze.

Merkur in Schütze

Mit Merkur in Schütze gehen die Interessen über Sachinformationen hinaus und kreisen mehr um den Sinn und Zusammenhang der

Dinge als um konkrete Einzelheiten. Das Warum ist mindestens so wichtig wie das Was. Wenn ein Kind mit Merkur in Schütze begreift, daß Lesen und Schreiben nicht nur langweilige Buchstabenmalerei ist, sondern die einzelnen Buchstaben eine Bedeutung haben und man sie zu Wörtern und Sätzen zusammenfügen und damit Aussagen machen kann, wird es begeistert zur Schule gehen. Hinter einem Buchstaben steht kein Mythos, aber die Tatsache, daß die einzelnen Buchstaben zusammengefügt werden können und darum einen Inhalt bekommen, beflügelt die Vorstellungskraft des Schütze-Merkurs. Lesen und Schreiben öffnen die Tore zu einer neuen Welt. Das Kind mit Merkur in Schütze läßt sich leicht vom Aspekt des »neuen Horizontes« begeistern und für die Schule motivieren.

Weniger berauschend ist die Bereitschaft, die Einzelheiten so zu üben, daß sie sitzen. Der Schütze-Merkur ist kein Freund von kleinkariertem Papier, und eine entsprechende Denkweise ist ihm noch viel mehr zuwider. Das Kind mit Schütze-Merkur lernt, indem sein persönliches Interesse geweckt und ihm ein Überblick über den Lernstoff geboten wird. Vermutlich ist es auch gerne bereit, das Gelernte an andere weiterzugeben, etwa im Rollenspiel als Lehrer oder Lehrerin.

Merkur in Steinbock

Der Steinbock-Archetyp gibt dem beflügelten Merkur Gewicht, Halt und Richtung. So, wie Gewicht sowohl Wichtigkeit wie Schwere bedeuten kann, verhilft Steinbock dem Götterboten einerseits dazu, daß er ernst genommen wird, kann ihm andererseits jedoch auch die Flügel stutzen mit Vorgaben, was konform ist und gelernt werden soll.

Für ein Kind mit Merkur in Steinbock ist die Schule eine ernste Angelegenheit. Das Erlernen von Lesen und Schreiben ist eine Notwendigkeit, wenn man im Leben bestehen will. Das Kind sieht, wie für die Eltern diese Kulturtechniken selbstverständlich sind. Steinbock hält sich an vorgegebene Normen, und so tritt das Kind mit großer Selbstverständlichkeit in die Fußstapfen der Eltern und bemüht sich, ihren Erwartungen zu entsprechen.

So wird das Steinbock-Merkur-Kind von zwei Seiten zum Lernen motiviert. Einmal will es tun, was Eltern und Lehrer ihm nahelegen, denn es respektiert ihre Autorität zumindest im Bereich des Lernens. Zum zweiten erfaßt es früh, daß Lernen Mittel zum Zweck ist. Man will in der nahen oder fernen Zukunft etwas erreichen, und deshalb lernt man. Je besser das Kind fähig ist, Zeit zu erfassen und sich mit seinen Gedanken nicht nur im Heute, Gestern und Morgen aufzuhalten, sondern sich auch vorstellen kann, daß es einmal erwachsen sein wird und einen Beruf ausüben soll, desto nachhaltiger läßt es sich zum Lernen motivieren. Sachliche Gründe überzeugen mehr als der Versuch, in ihm eine enthusiastische Begeisterung zu wecken.

Merkur in Wassermann

Wassermann-Qualitäten geben der Leichtigkeit und Beweglichkeit von Merkur noch die zusätzliche Fähigkeit, weit über die Grenzen des Hier und Jetzt zu denken. Der Wassermann-Merkur ist im Science-fiction-Bereich mehr zu Hause als im Alltag. Seine Vorstellungen bewegen sich außerhalb aller vorstellbarer Grenzen. Er überrascht immer wieder von neuem mit seinem Einfallsreichtum und seinen Zukunftsvisionen.

Ein Kind mit einem Wassermann-Merkur hat eine geflügelte Phantasie und Vorstellungskraft. Je mehr der Lernstoff der Schule diese innere Gedankenwelt einbezieht, desto motivierter ist das Kind. Daß Lesen und Schreiben notwendige, von der Gesellschaft geforderte Fertigkeiten sind, beeindruckt es wenig. Die Aussicht, Gedanken auf Papier zu bringen und vielleicht sogar per Post an Freunde zu senden, motiviert es schon mehr. Daß Lesen Voraussetzung für einen gekonnten Umgang mit dem Computer ist, mag ebenfalls ein Lernargument sein. Die Zukunftsaussicht, mit allen Menschen per Brief, Internet, Zeitschrift usw. vernetzt zu sein, vermag dem Kind mit einem Wassermann-Merkur zu helfen, auch langweilige Buchstabenzeilen ins Schulheft zu malen.

Grundsätzlich ist ein Kind mit Merkur in Wassermann vielseitig interessiert, offen und kontaktfreudig. Wenn es sich in seiner Gedankenfreiheit und der Wahl seiner Interessen nicht eingeschränkt fühlt, ist es leicht zum Lernen zu motivieren.

Computerspiele fesseln David (Merkur im Wassermann, Uranus am absteigenden Mondknoten). Er liebt es, von einem imaginären Problem herausgefordert zu werden. Stundenlang sitzt er am PC, um schließlich als Sieger aus dem Spiel hervorzugehen. Manchmal bezeichnet er sich selbst als »überdreht« und stellt fest, daß ihm die Anspannung vor dem Bildschirm nicht unbedingt gut bekommt.

Merkur in Fische

Wenn wir uns Merkur als den beflügelten Götterboten vorstellen, der sich im Reich Neptuns tummelt, mag das Bild von geflügelten Schildkröten diesen Merkur-in-Fische-Archetyp widerspiegeln. Die Schildkröten bewegen sich an Land etwas schwerfällig, und genauso mag es dem Kind mit Merkur in Fische ergehen, wenn es sich mit konkreten Zahlen und Buchstaben auseinandersetzen soll. Es fühlt sich mehr zu Hause in einer Welt der Phantasie und Märchen. Es braucht Zeit zum Tagträumen und mag auch in der Schule nicht immer aufmerksam zuhören. Kann es jedoch seiner lebendigen Phantasie Ausdruck geben, blüht es richtig auf. Werden die Buchstaben zu Würdenträgern eines weisen Königs namens »Schreibkunst« und hat jeder einzelne seine eigene Geschichte, so ist das Kind mit Merkur in Fische zum Lernen motiviert.

Eine zweite Voraussetzung zu erfolgreichem Lernen ist das Klima im Schulzimmer. Eine friedliche Atmosphäre und ein gutes Einvernehmen mit Lehrern und Mitschülern ermöglichen es dem Kind, sich dem Lernstoff vorbehaltlos zu öffnen.

Spezielle Merkurstellungen

Rückläufiger Merkur ***Bilder statt Worte***

Im Unterschied zum direktläufigen Merkur ist der rückläufige mehr nach innen und in die Tiefe gerichtet. Man könnte sich vorstellen, daß er einen »heißen Draht« zum kollektiven Unbewußten unterhält und daß von da schwer einzuordnende Informationen das mentale Bewußtsein des Kindes überschwemmen.

Das Kind mit rückläufigem oder stationärem Merkur denkt mehr in Bildern als in Worten. Wenn es beispielsweise ein Erlebnis erzählen will, steht vor seinem inneren Auge das ganze Geschehen auf einmal da. Der zeitliche Beginn der Situation ist aus seiner Sicht nicht notgedrungen auch der Anfangspunkt. Es läßt in einem gewissen Sinne die Zeit außer acht, und die ganze Geschichte wird zu einem Bild. Es ist sich unsicher, welche Ecke des Bildes es zuerst beschreiben soll. So beginnt es irgendwo, in der Mitte oder am Schluß des Geschehens, bemerkt dann, daß für das logische Verständnis der Anfang fehlt, schiebt ihn irgendwo ein und hüpft so in einem mehr oder weniger verständlichen Durcheinander hin und her. Dies mag eine übertriebene Schilderung sein, jedoch fällt es ihm zumindest im Vorschulalter schwer, eine Geschichte oder ein Erlebnis in eine lineare und zusammenhängende Kette von Worten umzusetzen.

Wenn es immer wieder zum Erzählen ermuntert wird und Eltern und Lehrer ihm ohne Kritik helfen, eine chronologische Reihenfolge zu finden, bekommt es mit der Zeit Übung und meistert diese »Übersetzungsarbeit« vom Bild in Worte immer besser. Daraus kann sich mit den Jahren eine außergewöhnliche Fähigkeit entwickeln, auch kompliziertere Zusammenhänge klar und für andere verständlich zu formulieren.

Da das Kind jedoch immer wieder erlebt, daß es nicht verstanden wird, schwelt das Gefühl, nicht ganz in Ordnung zu sein, direkt unter der Oberfläche des Bewußtseins. Sagt ihm jemand, es sei dumm oder nicht ganz richtig im Kopf, erschüttert dies sein Selbstvertrauen sehr schnell. Im Extremfall werden die Zweifel, nicht denken zu können, zu einer fixen Vorstellung. Das Kind ist dann überzeugt, dumm zu sein, und der Lernprozeß in der Schule wird stark erschwert.

Das Kind mit rückläufigem Merkur braucht viel »Übungsmaterial«, aufmerksame Zuhörer für seine Geschichten und Erlebnisse und einen intensiven Dialog im Elternhaus. Es muß aufgefordert werden, seine Meinung zu äußern und auch schwierige Dinge zu formulieren. Da es Kommunikation als etwas sehr Anspruchsvolles erlebt, neigt es – je nach weiteren Anlagen seiner Persönlichkeit und je nach Elternhaus – entweder dazu, sich für dumm und unfähig zu halten oder mit großem Einsatz und Ehrgeiz zu lernen. Hat es sich für letzteres entschieden, dann versucht es sein vermeintliches Manko mit Wissen wettzumachen, bemüht sich in der Schule, liest viele Bücher und lernt soviel als möglich. Wissen gibt ihm Sicherheit.

Seine Veranlagung, in Bildern »mehrdimensional« zu denken, kann durch Lernen, Denken und Austausch im Gespräch zu einer Fähigkeit entwickelt werden, verschiedene Dinge gleichzeitig zu erfassen und zu formulieren, die andere nur mit Mühe nachvollziehen können. So liegt in dieser Sternkonstellation die Anlage zu einem ausgezeichneten Denker, die sich jedoch nur entfalten kann, wenn das Kind in den ersten Lebensjahren eine positive Einstellung zu seinen tiefschichtigen Denkansätzen gewinnt.

Alessandro (rückläufiger Merkur, Pluto im 3. Haus) wächst zweisprachig auf. Er beginnt erst im Alter von drei Jahren zu sprechen. Mit fünfeinhalb Jahren fehlen ihm die Mitlaute s, f und sch in der deutschen Sprache immer noch. Im Italienischen, das er nur mit seiner Nonna spricht, hat er seltsamerweise mit denselben Lauten keine Mühe.

Ein weiteres Beispiel zu rückläufigem Merkur:

Lia (rückläufiger Merkur) fällt Mathematik nicht leicht. Sie hat Mühe mit dem Zahlenverständnis. Wird in der Schule beispielsweise der Zahlenraum von 100 auf 1000 erweitert, dann hat sie den Eindruck, der Boden werde ihr entzogen. Verliert jemand etwas, so findet sie dies oft auf unerklärliche Weise. Sie scheint auf einer ungewöhnlichen, nicht logischen Schiene zu denken.

Merkur am absteigenden Mondknoten ***Intellekt und Sprache sind wichtig***

Mit Merkur am absteigenden Mondknoten zeigt ein Kind schon früh einen ausgeprägten Wissensdurst. Es fragt viel und will alles ganz genau wissen. Kommunikation, Denken und Wissen sind wichtige Bereiche. Mit fast zwanghaftem Eifer lernt es, liest Bücher oder löst Kreuzworträtsel und Frage- und Antwortspiele. Alles im Zusammenhang mit Sprache und Intellekt scheint ihm auf seltsame Art vertraut. Unabhängig davon, ob in der Familie diese Bereiche gepflegt werden oder nicht, nehmen sie in seinem Leben außergewöhnlich viel Raum ein.

Unaspektierter Merkur ***Die Schwierigkeit, das erworbene Wissen im Leben umzusetzen***

Denken und Lernen sind für ein Kind mit unaspektiertem Merkur Bereiche, die es nur schwer in sein übriges Leben eingliedern kann. Vielleicht ist die Schule aus seiner Sicht ein Ort weitab vom Elternhaus, ähnlich einer fernen Insel, auf die es für einige Stunden hinüberwechselt, um dann alle Erfahrungen und das Gelernte dort zu lassen. Es kommt kaum von selbst auf die Idee, an Straßenschildern oder Lebensmittelpackungen seine ersten Kenntnisse im Lesen zu erproben, oder es hängt mit übermäßigem Eifer an dieser Idee fest.

Dies ist keine Bequemlichkeit; ihm fehlt vielmehr die Brücke zwischen dem Gelernten und dessen Anwendung im praktischen Leben. Es ist hier ganz besonders auf die Unterstützung von Eltern und Lehrern angewiesen. Wenn diese Anteil nehmen an seinem Schulleben und es immer wieder ermuntern, sein neu erworbenes Wissen auch zu Hause einzubringen, findet es mit der Zeit Wege, selbst seine mentalen Fähigkeiten in sein Leben zu integrieren.

Venus
Nahrung und Beziehung

Grundsätzliches zur Venus-Thematik

Venus ist neben dem Mond das zweite passive, aufnehmende Prinzip. Der Mond beschreibt, was wir brauchen, Venus, was wir mögen. Der Mond-Archetyp ist bedürftig. Mit ihm benötigen wir Essen und Trinken, Wärme und Zuwendung. Er ist Symbol für die elementaren Bedürfnisse des Menschen. Nicht so Venus. Sie hat höhere Ansprüche. Aus dem vielfältigen Angebot der Umwelt sucht sich Venus das aus, was ihr Gefallen erweckt. Der Mond hat Hunger und ißt, was er kriegt. Venus hat Stil und wählt, was ihr schmeckt. Der Mond braucht menschliche Wärme und will gehalten und gewiegt werden, egal von wem. Venus verlangt nach einem bestimmten Du, zu dem sie sich hingezogen fühlt. Für Venus sind die Menschen – im Gegensatz zum Mond – nicht austauschbar. Nicht nur Menschen, sondern die gesamte Umwelt wird von Venus mit einer Art ästhetischem Gradmesser eingestuft, der von der absoluten Schönheit und Harmonie bis zu geschmacklos und verwerflich reicht. Erstrebenswert für Venus ist, was ihr zutiefst guttut, was sie mit der Umwelt verbindet, Ausgleich schafft und das innere Gleichgewicht stärkt.

Die Nahrung ist ein erster und wichtiger Venusbereich. Wenn das Kind im Alter von einigen Monaten beginnt, feste Nahrung zu sich zu nehmen, wird es anstelle der immer gleich schmeckenden Muttermilch mit verschiedenen Aromen konfrontiert. Auch die Konsistenz der einzelnen Nahrungsmittel wie Banane, Apfel, Karotte oder Brotrinde ist unterschiedlich. Vorlieben und Abneigungen melden sich. Viele kleine Kinder sind mühsame Esser, spucken den Brei aus, werfen mit dem vollen Löffel um sich und verschmieren alles im Umkreis von einem Meter. Haben sie dann endlich den Teller leer gegessen, mit Hilfe des fragwürdigen Spieles »ein Löffelchen für Mami, ein Löffelchen für Papi ...«, dann erbrechen sie womöglich den aufgezwungenen Brei eine halbe Stunde später wieder. Viele

Mütter plagen sich herum mit dem passiven Widerstand der Venus des Kindes und vermitteln damit gleichzeitig dem Kind die Botschaft, daß seine Venus-Fähigkeiten, zu wählen, was ihm gut tut, nicht gefragt sind. Damit wird es für das Kind und den späteren Erwachsenen schwierig, überhaupt zu erkennen, was sein Herz begehrt. Die konkreten Auswirkungen finden wir sowohl in Zuviel-Essen und falscher Ernährung als auch in Beziehungsproblemen. Ein kleines Kind, dessen Eßgewohnheiten noch nicht von gesellschaftlichen Vorgaben beeinflußt wurden, wählt instinktiv das Richtige und die richtige Menge, wenn man es aus einem entsprechenden Angebot selbst wählen läßt.

Das Thema der freien Wahl breitet sich im zweiten und dritten Lebensjahr auch auf Kleidung und Spielsachen aus.

Ein weiterer Bereich von Venus sind Beziehungen. Ein Neugeborenes will Nahrung und Pflege. Von wem es diese erhält, ist primär nicht wichtig. Es läßt sich von jedermann wiegen, wickeln und auf den Arm nehmen. Erst mit einigen Monaten unterscheidet es die Mutter von anderen Personen. Es nimmt die Mutter als individuelles Wesen wahr und knüpft seine erste Liebesbeziehung.

Von außen sichtbar wird die zunehmende Bindung des Kindes an die Mutter vor allem durch das Fremdeln: Das Kind schreit lautstark, wenn es von einer fremden Person auf den Arm genommen wird. Es gibt deutlich zu erkennen, von wem es gehalten werden will und von wem nicht. Vorerst ist diese »Wahl« gewohnheitsbedingt und auf die Familienmitglieder beschränkt. Schon ein Zweijähriger geht es auf andere Kinder und eventuell auch Erwachsene zu und zeigt seine Sympathien und Antipathien. Venus wählt. Sie wählt die Personen, und sie bestimmt, wieviel und welche Art Nähe sie zuläßt. Sie ist in diesem Sinne ein passives Selektionsprinzip, das wir uns als eine Art Sieb vorstellen können. Die Stellung von Venus im Geburtshoroskop, insbesondere in den Zeichen, gibt Auskunft über Form und Größe der Maschen im Sieb.

Die Hausstellung beschreibt in manchen Fällen eine Schwester oder Tante des Kindes. Neben diesen klassischen Entsprechungen weist die Hausstellung auch in die Richtung, in die das Kind in seiner weiteren Entwicklung bezüglich Beziehungen gehen wird. Die Hausstellung zeigt, was ein Kind in einer Beziehung sucht, was es in der Regel noch nicht selbst zum Ausdruck bringen kann und wie es entsprechend seine Freunde und Spielkameraden wählt.

Die Aspekte zu Venus geben Auskunft über den Fluß der »Beziehungsenergien«. Sind harmonische Aspekte oder Konjunktionen von Venus zu Mond, Sonne, Jupiter, Merkur oder Mars gegeben, so fließt aus diesen Polen eine Menge Energie in den Beziehungsbereich und motiviert das Kind, auf andere Menschen zuzugehen und Nähe zu suchen. Spannungsaspekte, Aspekte zu Saturn oder den transsaturnischen Planeten sowie eine Venusstellung in einer eingeschlossenen Zeichenachse oder an der Mondknotenachse geben der Beziehungsthematik eine Entwicklungsaufgabe mit. Es gibt Schwierigkeiten, an denen das Kind reifen und wachsen kann. Neben Beziehungen ist auch das Eßverhalten und der Umgang mit schönen Dingen angesprochen.

Venus ist ein weibliches Prinzip, mit dem sich naturgemäß Mädchen besser identifizieren können als Jungen. In der Regel ist Venus mit Zeichen, Haus und Aspekten im Alltag der Mädchen besser sichtbar als bei Jungen. Nichtsdestotrotz haben auch Jungen Beziehungen, ein Eß- und Auswahlverhalten und einen Schönheitssinn. Oftmals verbirgt er sich unter einer etwas rauheren Schale.

Venus in den Zeichen

Venus in Widder

Venus manifestiert sich im Eßverhalten des Kleinkindes. Der Widder neigt zum Neinsagen. Das vorgesetzte Essen wird also fast schon aus Prinzip verweigert. Gleichzeitig ist der Anreiz groß, sich selbst zu holen, was gut schmeckt. Man könnte soweit gehen und sagen, daß ein Widder-Venus-Kind bevorzugt, was mit einem Eroberungsspiel verbunden ist. Es ist spannender, sich gegen den Willen der Mutter etwas aus dem Kühlschrank zu holen, als das zu essen, was auf dem Tisch steht. Ähnlich verhält sich das Kind im Kontakt zu anderen Kindern. Dem anderen einen Freund »auszuspannen«, um Freundschaft zu buhlen und vielleicht sogar zu kämpfen fasziniert mehr, als sich einer Freundschaft sicher sein zu können. So wechseln die Beziehungen vermutlich oft und halten höchstens so lange, wie sie vom Kind als nicht gesichert und beständig erlebt werden.

Das Kind mit Venus in Widder sagt: »Mir gefällt es, wenn etwas läuft!« Es empfindet Harmonie vor allem in der Bewegung. Tanz könnte eine konkrete Ausdrucksform dafür sein.

Venus in Stier

Im Stierzeichen ist Venus in ihrem Element. Körper und Sinne nehmen die Umweltreize auf und sortieren aus, was gewollt und was zurückgewiesen wird. Der Stier-Venus geht es um die Sache und nicht um irgendwelche Spiele. Wenn das Kleinkind mit Venus in Stier festgestellt hat, daß Karottenbrei gut schmeckt und ihm gut bekommt, dann verdrückt es diesen mit Genuß. Paßt ihm die Flaschenmilch nicht, läßt es sich um nichts in der Welt dazu bringen, sich diese einzuverleiben. Es ist seiner Geschmacksempfindung treuer als jedes andere Kind. Das Sprichwort »Was der Bauer nicht kennt, das ißt er nicht« mag für die Stier-Venus die ganze Kindheit hindurch gültig sein.

Auch im Beziehungsbereich neigt ein Kind mit Venus in Stier zum Festhalten am Bestehenden. Die Phase des Fremdelns dürfte sehr ausgeprägt sein. Wenn es älter wird, geht es neue Beziehungen nur langsam und nicht wahllos mit jedermann ein. Beständigkeit und Treue sind ihm wichtig. Ein Freund und Spielkamerad wird ebenso als »mein« betrachtet wie Vater und Mutter. Diese Grundhaltung ermöglicht viel Nähe, bringt aber auch ausgeprägte Besitzansprüche mit sich. Eifersuchtsreaktionen bei der Geburt eines Geschwisters sind nichts Außergewöhnliches.

Venus in Zwillinge

Diese Venusstellung verleiht dem Kind Offenheit, Kontaktfreudigkeit und Flexibilität. Das bedeutet nun aber nicht, daß Zwillinge-Venus-Kinder in ihrem Eßverhalten pflegeleicht sind und alles essen würden. Die Flexibilität von Zwillinge scheint sich mehr darauf zu beziehen, daß nicht das Einverleiben der Nahrung allein wichtig ist, sondern zusätzlich der soziale Kontakt. Beim Essen wird gesprochen und gespielt.

Kindern mit Zwillinge-Venus fällt es in der Regel leicht, auf andere Menschen zuzugehen und Kontakt aufzunehmen. Schon als Baby fremdeln sie wenig. Wenn sie sprechen können, beginnen sie im Supermarkt, in der Eisenbahn oder wo auch immer sie gerade sind mit dem nächststehenden Erwachsenen ein Gespräch. Das Risiko, daß sie sich vertrauensvoll mit einem Fremden einlassen und mitgehen würden, ist entsprechend groß. Im Schulalter sind Freundschaften wichtig. Mindestens so wichtig wie Nähe ist der verbale Austausch, der zu einem großen Teil per Brief oder Telefon stattfinden kann.

Venus in Krebs

Mit Venus in Krebs ist dem Kind Geborgenheit ein ganz zentrales Anliegen. Die Toleranzgrenze von Streß, Streit, Lärm, vielen verschiedenen Menschen oder einem unregelmäßigen Tagesablauf ist beim Krebs-Archetyp tief angesetzt. Das Kind mit Krebs-Signatur braucht ein warmes Nest ohne Durchzug, also kein »offenes Haus«.

Mit Venus ist, wie oben bereits ausgeführt, das Eßverhalten angesprochen. Das Kind mit Venus in Krebs will gehalten, gestreichelt und liebevoll gefüttert werden. Von Lärm und Unruhe läßt es sich leicht ablenken. Ist die Mutter in Eile oder gestreßt, so zieht sich ihm der Magen zusammen, und es spuckt den Brei aus. Das Klima in der Familie überträgt sich auf sein Eßverhalten und ist oft wichtiger als der tatsächliche Inhalt des Tellers.

Auch in Beziehungen ist es auf ein familiäres und warmes Klima angewiesen. So hält es sich lange an Mutter, Vater und Geschwister und fremdelt stark. Es wagt sich nur zögernd aus dem vertrauten Beziehungsumfeld heraus, um neue Beziehungen zu knüpfen. Meist fällt ihm die Kontaktaufnahme leichter, wenn andere Kinder zu ihm nach Hause kommen und es selbst in seinem vertrauten Umfeld ist. Öffnet es einem anderen Menschen sein Herz, so kann sehr viel Nähe entstehen. Das Kind mit Venus in Krebs ist seinen Mitmenschen gegenüber einfühlsam und beeindruckbar. Die leiseste Zurückweisung nimmt es persönlich und zieht sich verletzt zurück.

Patrick (Venus in Krebs) ist 15 Monate alt. Es gibt nur drei Personen, von denen er sich auf den Arm nehmen läßt: Mutter, Vater und Großmutter. Beziehungen werden nicht einfach spielerisch eingegangen, sondern erfordern eine tiefgreifende Vertrauensbasis und sind auf einen engen Kreis beschränkt. An einen Babysitter ist nicht zu denken. Trifft seine Mutter beim Spazierengehen Bekannte, dann reagiert Patrick sehr zurückhaltend und schreit notfalls lautstark, wenn ihm jemand zu nahe kommt.

Venus in Löwe

Venus in Löwe versteht es, die Aufmerksamkeit auf sich zu ziehen. Was das Eßverhalten anbelangt, erachtet sie es als selbstverständlich, daß man ihr eine reichhaltige Palette vorsetzt und sie sich großzügig das aussuchen kann, was ihr mundet. Ein Kind mit Venus in Löwe sitzt nicht still in der Ecke und löffelt seinen Brei, sondern zieht mit allen Mitteln die Aufmerksamkeit auf sich. Wenn es aus seinem Stühlchen klettert, den Löffel auf den Boden wirft oder gar den Teller umkippt, so weniger, weil ihm das Essen nicht schmeckt, sondern weil es beachtet werden will. Auch in seinem sozialen Verhalten schimmert der Wunsch nach Beachtung durch.

Mit Venus in Löwe versuchen Kinder vieles, um zu gefallen. Sie sind besonders geneigt, sich auf eine stolze, großzügige Art so zu verhalten, daß sie die Zuwendung der Mitmenschen erhalten. Da sie scheinbar großzügig über ihren empfindlichen Stolz hinweggehen und ihre verletzliche Seite kaum zeigen, werden sie oft fälschlicherweise als besonders robust und unempfindlich eingeschätzt.

Venus in Jungfrau

In keinem zweiten Zeichen läßt sich Venus so von Vernunftgründen leiten wie in Jungfrau. Kinder mit Venus in diesem Zeichen mögen zwar langsame Esser sein. Doch sind sie von allen Venusstellungen noch am ehesten mit sachlichen Argumenten zum Essen zu motivieren. Sie haben einen guten Bezug zum eigenen Körper und erkennen den Zusammenhang zwischen Essen und darauf folgender Körperreaktion. Wenn ein Kind nach drei Stück Schokoladenkuchen Bauchweh bekommt, läßt eine Jungfrau-Venus den Zusammenhang zwischen Kuchen und Bauchschmerzen ersichtlich werden. Venus in Jungfrau unterstützt die Erziehung zu vernünftiger Ernährung.

Ein Kind mit Jungfrau-Venus ist in seinem Beziehungsverhalten eher vorsichtig. Es wartet lieber ab, bis die anderen kommen, als daß es spontan auf jedermann zugeht. Wenn es als Baby seine Beziehungsfähigkeit soweit entwickelt hat, daß es seine Bezugspersonen von Fremden unterscheiden kann, läßt es sich von letzteren kaum noch auf den Arm nehmen. Wird es älter, ist es wählerisch in seinem Beziehungsverhalten. Die Frage, ob es klug ist, sich mit jemandem einzulassen, beeinflußt schon seine ersten Freundschaften. Es plant sein Beziehungsnetz sicherlich nicht im voraus bewußt, doch dieses fällt durch eine gewisse sachliche Richtigkeit, Zuverlässigkeit und Treue auf.

Venus in Waage

In Waage steht Venus in ihrem eigenen Zeichen. Waage gibt Venus volle Rückendeckung für ihre Anliegen. Eine Waage-Venus weiß, was ihr gut bekommt. Sie weiß, wie man anderen Menschen entgegenkommt. Das Du kann wichtiger werden als das Ich.

Beim Kleinkind zeigt sich die Waage-Venus als Bedürfnis nach einem harmonischen Umfeld und als Kontaktfreude. Im Zusammenhang mit dem Eßverhalten fördert Venus in Waage ein gutes Wahlvermögen sowohl für die bekömmlichsten Speisen wie für die richtige Menge. Venus in Waage steht gleichzeitig für die Tendenz, es allen recht machen zu wollen. Wenn andere Horoskopfaktoren zusätzlich für ein beeinflußbares Gemüt sprechen, ißt das Kind mit einiger Wahrscheinlichkeit den Teller leer, nur um der Mutter einen Gefallen zu tun.

Auch bei der Wahl der Kleider, Spielsachen und Freunde hat ein Kind mit Waage-Venus einerseits einen guten Geschmack und Stil, läßt sich andererseits aber auch von den Wünschen der Mitmenschen stark beeinflussen. Es wird schon früh vor die Aufgabe gestellt, die eigenen Vorlieben und Umgangsformen nicht zu sehr denen von Eltern und Freunden anzupassen, sondern einen eigenen Stil zu pflegen.

Am Tisch zeigt sich Niklaus (Venus in Waage im 6. Haus) als Mimöschen. Er mag es nicht, wenn sich auf dem Teller verschiedene Speisen vermischen. Fleisch und Nudeln will er auf zwei getrennten Tellern. Selbstgepreßten Orangensaft liebt er heiß. Doch findet er nur eine einzige Faser Fruchtfleisch, so verzichtet er darauf.

Venus in Skorpion

Stellt man Venus als passives Prinzip der Aufnahme, des Genießens und des In-Beziehung-Seins vor den plutonischen Hintergrund des Skorpionzeichens, so bekommen Beziehungen eine Färbung von Intensität und Leidenschaft. Aufnehmen erhält den Beigeschmack von Verschlingen.

Jedes Kleinkind kann mit seinem Eßverhalten die Nerven der Mutter arg strapazieren. Für ein Kind mit Venus in Skorpion kann Essen die Gelegenheit sein, durch Verweigerung Macht auszuüben. Dem Kind ist nicht primär wichtig, was ihm gut schmeckt, sondern eher, was es mit Essen oder Nicht-Essen bei der Mutter bewirken kann.

Venus steht für Geschmack, Stil und Ästhetik. Die Skorpion-Venus fragt nicht nach optischer, oberflächlicher Schönheit, sondern mehr nach der Wirkung. Beispielsweise findet ein Kind mit Venus in Skorpion den Friedhof schön, weil es von der intensiven, gefühlsschwangeren Stimmung beeindruckt ist, die diesem Ort anhaftet.

Auch in Beziehungen gehen die Gefühle tief. Entsprechend verletzlich ist ein Kind mit Venus in Skorpion, wenn die geliebte Schulfreundin ihm den Rücken kehrt. Eifersucht, auch auf ein jüngeres Geschwister, das ihm die Eltern »wegnimmt«, ist häufig ein aktuelles Thema. Das Kind sucht Nähe und bindet sich emotional stark an seine Bezugspersonen. Sucht jemand anders auch die Nähe der heißgeliebten Person, so kommt dies einer persönlichen Zurücksetzung und Beleidigung gleich. Entsprechend empfindet es Trennung als schmerzhaft oder gar als Verrat.

Venus in Schütze

Venus mit Schütze-Qualitäten ist lebhaft und großzügig. Schon beim kleinen Kind zeigt sich die Abneigung des Schützezeichens gegen allzu eng gesetzte Grenzen im Eßverhalten. Ruhig zu sitzen und den Brei zu löffeln ist nicht seine Stärke, und schon gar nicht, wenn niemand zuschaut. Das Kind mit einer Schütze-Venus schätzt es sehr, wenn es gefragt wird, was es essen möchte. Es weiß, was ihm gut bekommt, und wählt gerne selbst. Sein Flair für dramatische Essensauftritte dürfte die Nerven der Mutter manchmal arg strapazieren. Bindet man das Essen in eine Geschichte ein, so läßt sich das Schütze-Venus-Kind in die Welt der Vorstellungen entführen. Es ist von der Idee begeistert, daß der Apfel ein Held ist, der seine abenteuerliche Reise durch den Körper des Kindes antreten will.

Auch seine Vorlieben für Kleider und Spielsachen sind vom Mythos des Großartigen geprägt. Was Beachtung einbringt oder mit einer Geschichte verknüpft ist, wird bevorzugt. Die Schütze-Venus will sich von den Dingen begeistern lassen.

Menschen gegenüber gilt ähnliches. Ein Kind mit Venus in Schütze geht offen und spontan auf andere zu. Es braucht Anerkennung und stellt sich liebend gern in den Mittelpunkt. Unbekannten gegenuber ist es in der Regel neugierig und offen. Mit seiner Vorliebe für alles Dramatische und Theatralische zeigt es sich gerne überlegen oder schnippisch und gibt auf diese Weise zu erkennen, wen es mag und wen nicht.

Venus in Steinbock

Das Steinbockzeichen verleiht Venus eine ruhige, klare Linie. Das kleine Kind mit Venus in Steinbock braucht für seinen venusischen Ausdruck einen soliden Rahmen. Es kann das Essen genießen, wenn die äußere Umgebung in Ordnung ist, d. h. wenn es am gewohnten Küchentisch sitzt, die Gesichter um es herum bekannt sind und es den gewohnten Teller mit bekanntem Inhalt vor sich stehen hat. Die Mahlzeiten brauchen keine japanischen Teezeremonien zu sein, doch liebt das Kind mit Steinbock-Venus das Geregelte, sich jeden Tag Wiederholende. Der Umgang mit Kleidern und Spielsachen ist von einer ähnlichen Stetigkeit geprägt. Die Auswahl der Kleider oder das morgendliche Ankleiden mag an Zen-Rituale erinnern.

Im sozialen Verhalten ist das Steinbock-Venus-Kind eher zurückhaltend. Es fällt nicht gleich jedem Fremden um den Hals, nur weil er freundlich lächelt. Eltern und anderen Bezugspersonen ist es in treuer Liebe und Anhänglichkeit ergeben. Nur langsam geht es die ersten Kinderfreundschaften ein und beschränkt sich auf wenige Spielkameraden. Es mag manchmal ein bißchen spröde wirken. Seine Gefühle gehen jedoch tief. Die Menschen, zu denen es freundschaftliche Bande geknüpft hat, können seiner Loyalität sicher sein. Um so schmerzhafter ist es für die kleine Steinbock-Venus, wenn ein geliebter Freund ihr den Rücken kehrt.

Venus in Wassermann

Aus dem reichen Angebot von schönen und Genuß spendenden Dingen wählt sich die Wassermann-Venus etwas Besonderes. So soll auch das Essen kein täglich gleich verlaufendes Ritual sein, sondern eine Gelegenheit zum Experimentieren. Der Leser mag sich lebhaft vorstellen, was dies beim Kleinkind bedeutet. Der unterschiedliche Klang, wenn Löffel oder Teller auf den Boden fallen, dürfte für das Kind mit Venus in Wassermann eine ebenso sinnliche Erfahrung sein wie die Geschmacksunterschiede von Kartoffelbrei und Schokoladenpudding. Es entdeckt mit Freude, daß man den Brei nicht nur schlucken, sondern auch herauspusten kann. Abwechslung wird in der Kleidung und in der Wahl der Spielsachen ebenfalls geschätzt.

Die persönliche Freiheit liegt der Wassermann-Venus sehr am Herzen. Je nach Aspekten und Stellung des Mondes und des Aszendenten läßt sich das Kind mit Wassermann-Venus nicht jederzeit auf den Arm nehmen. Es fremdelt nicht in dem Sinne wie ein Krebs-

Kind, sondern es mag einfach nicht zu jeder Zeit körperliche Nähe. Von wem es gehalten wird, ist ihm nicht so wichtig wie einem Kind mit Erd- oder Wasservenus. Der springende Punkt ist das Gefühl der Enge und Gebundenheit. Das Kind will selbst bestimmen, wann es wieviel Nähe braucht. Es ist offen für alle und sucht Umgang mit vielen verschiedenen Menschen. Kinderfreundschaften sind wichtig und werden oft immer wieder aufgelöst und neu geschlossen.

Nicole (Venus in Wassermann) gehört zu den wenigen Kindern, die ungewohntes Essen genießen und Neues ausprobieren. Ein Freund des Hauses kocht hin und wieder indisch. Nicole läßt sich gerne auf den fremden Geschmack ein. In ihrer Kleidung ist sie wählerisch. Modetrends sind Grund genug, etwas nicht anzuziehen. Auch auf der Beziehungsebene laßt sie sich nicht mit jedermann ein. Den einen Lehrer mag sie, auch wenn ihr der Lernstoff nicht zusagt. Zur anderen Lehrkraft findet sie den Draht überhaupt nicht, obwohl sie das Schulfach interessiert. Sie hat viele Schulfreunde, aber sie kann auf der anderen Seite gut allein sein.

Venus in Fische

Vor dem Fische-Hintergrund erscheint Venus träumerisch und sensibel. Das Verlangen nach Genuß wird vom Wunsch nach Einssein überlagert. Dies manifestiert sich schon im Eßverhalten des Kleinkindes. Nur wenn das Familienklima friedlich ist, kann das Kind mit Fische-Venus das Essen genießen. Hat die Mutter ernsthafte Probleme, dann ist es keine Seltenheit, daß der Magen des Kindes rebelliert, das Kind das Essen verweigert oder die Mutter noch zusätzlich streßt, indem es sich so unflätig wie möglich benimmt. Gleichzeitig fühlt es sich deswegen schuldig. Dies alles nur, weil sein Stimmungsbarometer auf Alarm steht.

Sind die Wogen im Gefühlsmeer der Familienmitglieder geglättet, so fühlt sich das Kind wohl wie ein Fisch im Wasser und genießt das Essen ebenso wie die Beziehung zu jedem einzelnen Familienmitglied. Es sucht mehr als Geborgenheit, Spiel und Anregung. Es fühlt sich auf einer tiefen Ebene eins mit den Menschen, die es liebt. Sein Liebesbedürfnis erstreckt sich weit über die Familie. Mit Venus in Fische trägt es das Potential in sich, alles Sein in sein Herz einzuschließen. Oft erweckt das Kind den Eindruck, daß es dies in seiner Kindheit viel besser kann als im späteren Erwachsenenleben. Entsprechend fällt es ihm schwer, seine eigenen Bedürfnisse wahrzunehmen und mit seiner Venus die Spielkameraden, die Kleider und das Essen zu wählen, die ihm entsprechen, und nicht zu nehmen, was übrig bleibt oder was sich die Mutter wünscht.

Camilla findet es gemein, Tiere zu töten. Sie fühlt sich eins mit allen Lebewesen und ißt aus diesem Grund, seit sie vier Jahre alt ist, kein Fleisch. Sie geht davon aus, daß alle sie gerne haben. Fast kritiklos sucht sie Nähe. Sie kann sich kaum distanzieren und liebt die ganze Welt.

Spezielle Venusstellungen

Rückläufige Venus — *Ungewöhnlicher Umgang mit Schönheit, Werten und Beziehungen*

Venus beschreibt, was ein Kind schön findet, von sich aus wählt und genießt. Ist Venus rückläufig, so hat das Kind in den Augen seiner Mitmenschen einen seltsamen Geschmack und Stil. Man könnte sich vorstellen, daß es diesbezüglich Impulse aus einer anderen Ebene, z. B. aus dem kollektiven Unbewußten, erhält.

Eine rückläufige oder stationäre Venus gibt dem Kind eine subjektive Einstellung oder vage »Erinnerung« mit in die Wiege, wie Beziehungen sein könnten. Es reagiert, als hätte es Erfahrungen gemacht, die nichts mit dem gegenwärtigen Umfeld zu tun haben. Aus diesem Grund ist sein Verhalten im engen Kontakt zu Eltern und Geschwistern oftmals nur schwer verständlich.

So mag es einmal sehr zutraulich sein und Nähe und Zärtlichkeit suchen, um sich kurze Zeit später aus unersichtlichen Gründen zurückzuziehen. Es fällt ihm schwer, Zuwendung geben und nehmen zu können, ohne daß es ihm plötzlich zuviel wird. Es kann dann nicht anders, als sehr abweisend zu reagieren und den anderen von sich wegzustoßen. Die Eltern sollten ihm sagen, was sie bei einem solchen Rückzug empfinden, aber ihre Zuneigung nicht davon abhängig machen.

Eventuell wirkt auch das Schönheitsempfinden des Kindes befremdend und scheint irgendwie nicht in diese Zeit und Kultur hineinzupassen. Doch sollte das Kind seinen eigenen Stil suchen dürfen, auch wenn es in den Augen der Eltern nur schwer zu akzeptierende Vorstellungen von Kleidern, Haarschnitt, Zimmereinrichtung und anderem hat.

Das Kind kann seine Meinung rasch ändern, wenn es um Werte geht. Was es eben noch unbedingt besitzen wollte, verschenkt es im nächsten Augenblick freigiebig oder wirft es sogar weg. Auch hier ist der Stimmungswechsel kaum erklärbar. Um so nötiger braucht das Kind Eltern, die es lieben und schätzen, wie es ist.

Eine Beschäftigung mit Schönheit im weitesten Sinne ist für das Kind mit rückläufiger Venus sehr wichtig und wird vermutlich sogar in seinem späteren Beruf Ausdruck finden.

Venus am absteigenden Mondknoten — *Beziehung und Ästhetik als wichtige Lebensbereiche*

Harmonie und Nähe sind für ein Kind mit Venus am absteigenden Mondknoten ein absolutes Muß. Sein Bedürfnis, Streit zu schlichten, Beziehung zu schaffen sowie sich ein schönes und harmonisches Umfeld einzurichten, kann manchmal fast zwanghafte Züge aufweisen. Es ist zutiefst überzeugt, daß Gemeinsamkeit und eine schöne Umgebung das wichtigste im Leben sind. Entsprechend bemüht es sich sehr, das Verbindende hervorzuheben und Freundschaften zu pflegen. Auch wenn es dies nicht immer auf die bestmögliche Art und Weise tut, braucht es doch viele unterschiedliche Beziehungen und die Gelegenheit, damit zu »üben«. Kontakte zu anderen Menschen zu finden ist ihm ein dringendes Bedürfnis. Der Umgang mit Ästhetik kann das Kind faszinieren, und es mag eine Schwäche haben für schöne Dinge, Kleider und Kunstgegenstände.

Unaspektierte Venus — *Beziehung, Genuß und Schönheit integrieren*

Stellt man sich die verschiedenen Bestrebungen, Wünsche und Bedürfnisse eines Menschen jeweils als einen Schauspieler auf einer Bühne vor, die das Leben dieses Menschen darstellen, so wird ersichtlich, wie wichtig das Zusammenspiel der einzelnen Schauspieler ist. Wenn das Bedürfnis nach Beziehung und Harmonie z.B. nicht mit Willen, Verantwortungsbewußtsein und Verstand zusammenarbeitet, gibt es auf der Bühne ein Chaos. Für den betreffenden Menschen dürfte es nicht ganz einfach sein, befriedigende Beziehungen aufzubauen.

Eine unaspektierte Venus im Kinderhoroskop weist auf eine entsprechende Grundhaltung hin. Beziehungen, Harmonie und Schönheit sind für dieses Kind Bereiche, die sich nur schwer ins übrige Leben integrieren lassen, die »für andere sind«, die es weitgehend aus seinem Alltagsleben ausschließt und die deshalb von Zeit zu Zeit völlig von ihm Besitz ergreifen und es alles andere vergessen lassen. Im Bühnenvergleich wird der Venus-Schauspieler hinter den Vorhang gedrängt, bis ihm dieses Ausgeschlossensein zuviel wird, er die ganze übrige Besatzung von der Bühne fegt und allein einen Soloauftritt inszeniert.

Im Laufe des Lebens wird das Kind mit unaspektierter Venus immer wieder aufgefordert, Beziehungen, Harmonie und seine Rolle als Mädchen bzw. dem weiblichen Geschlecht gegenüber in die anderen Lebensbereiche einzufügen und aus seinem Leben ein harmonisches Ganzes zu machen. Schon im Kindesalter mögen Hinweise im Zusammenhang mit Nähe, Harmonie und Schönheit eine wertvolle Unterstützung sein. So können die Eltern dem Kind durch ihr Vorbild zeigen, wie es im Alltag Beziehungen pflegen, sich eine schöne Umgebung schaffen und diese genießen kann.

Mond/Venus in Spannung ***Ein Mutter-Tochter-Konflikt***

Der Mond ist unter anderem Symbol für das Mütterliche, Venus für die Tochter. Ein Mädchen mit einer Mond-Venus-Spannung im Horoskop neigt dazu, sich mit Venus zu identifizieren und den Mond der Mutter zu übergeben. Dem Spannungscharakter des Aspektes entsprechend geht es davon aus, daß Mutter und Tochter grundsätzlich Rivalinnen sind. Die Tochter betrachtet ihre Mutter in einem gewissen Sinn als Herausforderung, die ihr im Wege steht oder die es zu bekämpfen gilt. Sie tut das Gegenteil von dem, was die Mutter will, oder spielt sie gegen den Vater aus. Vor allem in der Pubertät ist die Herausforderung an die Mutter gewaltig. Das Kind läßt kaum etwas unversucht, sie zu provozieren. Dabei trägt es diesen Mutter-Tochter-Konflikt in seinem Innern. Wenn die Mutter eine gleichbleibende Haltung von Zuwendung und festem Standpunkt behalten kann, gelingt es der Tochter mit der Zeit, zu erkennen, daß Mutter und Tochter auch Gemeinsamkeiten haben, und sie kann sich mit ihrem inneren spannungsgeladenen Bild aussöhnen.

Mars
Ich will!

Grundsätzliches zur Durchsetzungsthematik von Mars

Mars ist das vorstoßende und eindringende Prinzip. Nicht umsonst war er bei den Griechen und Römern der Kriegsgott. Mindestens ebensogut wie den aggressiven Helden in den alten Geschichten kennen wir Mars als schokoladeüberzogenen Zwischenmahlzeit-Riegel. Selbst da zeigt er sein wahres Gesicht in der rot-schwarzen Verpackung und mit dem Werbespruch: »Mars macht mobil.«

Die astrologische Symbolik von Mars läßt sich in Stichworten wie Bewegung, Selbstbehauptung, Lebensfreude, Tat, Aggression, Konfrontation, Sexualität und Entscheidung umschreiben. Jede Bewegung unseres Körpers gehört dazu, ebenso jede Arbeit und jede Aktion. Mars ist pure Energie. Mars ist es egal, was er bewirkt. Er will aktiv sein. Ob wir durch ihn aufbauen oder abreißen, ist grundsätzlich einerlei.

Im Strampeln und Schreien des Kleinkindes ist er ebenso gegenwärtig wie im Durchbruch der Zähne. Festhalten und Beißen sind erste Manifestationen seiner Energie. Kriechend die Wohnung auskundschaften, Schränke ausräumen, auf die Fensterbank klettern und das Essen ausspucken sind die nächsten Etappen des marsischen Ausdrucks. Ein eigener Wille wird entwickelt und findet oft extreme Ausdrucksformen in der Trotzphase. Ab dem Alter von ein bis zwei Jahren tollen Kinder herum, werfen Bälle und anderes, balgen sich und streiten. Sie sagen nein, reißen sich gegenseitig das Spielzeug aus den Händen, laufen auf der Straße weg, wenn sie die Hand geben sollten, und schreien und heulen laut, wo es am allerwenigsten erwünscht ist. Auf diese Weise üben sie ihre »Waffen«. Da sie körperlich klein und schwach sind, empfinden Erwachsene die ungeschliffenen marsischen Ausdrucksformen nicht als bedrohlich. Die Kinder können experimentieren. Sie agieren und lernen an der Reaktion der Umwelt, was sie damit bewirken. Sie brauchen Widerstand, um daran zu wachsen. Ein Kind, dem alles erlaubt ist, kann seine Durchsetzungskraft nicht entwickeln. Als Erwachsene neigen wir dazu, einzugreifen und Frieden zu stiften, wenn Kinder streiten. Damit nehmen wir ihnen ein wichtiges Experimentierfeld.

Die Familie wie auch die Schule sind Kampfplätze. Jeder kämpft um Ansehen, Macht oder Streicheleinheiten. Bei kleinen Kindern ist das offensichtlich. Das Geschwister wird mit aller Kraft weggestoßen, damit man selbst neben der Mama sitzen darf. In den ersten Schuljahren wird heftig um die Gunst der Lehrer gerungen. Man boxt einander zur Seite, denn jeder will ihnen am nächsten sein. Das Kind übt. Es lernt, wo es seine Energie ungebremst einfließen lassen kann und wo es anderen damit zu nahe tritt und Konsequenzen in Kauf nehmen muß. Es lernt, mit Regeln zu kämpfen, Rücksicht zu nehmen und fair zu bleiben. Mars ist ein Egoist. Im Zusammenspiel mit den anderen Planetenenergien erhält er eine Form, die ihn nicht zum einsamen Wolf werden läßt. Vor allem Sonne, Saturn und Merkur kultivieren die wilde, temperamentvolle Bestie. Dieses Zusammenwirken der einzelnen Planetenprinzipien und insbesondere die Zähmung von Mars vollzieht sich in der frühen Kindheit.

Im Laufe der Schulzeit verlagern sich die Ausdruckskanäle der marsischen Energie mehr und mehr in Sport und Wettkampf einerseits und Arbeit andererseits. Die relativ rohen Ellenbogen-Verhaltensformen des Zweijährigen sind weitgehend geschliffen. Das Kind hat mehr oder weniger ein Gleichgewicht gefunden, wie es sich durchsetzen und seinen Willen zum Ausdruck bringen kann, ohne die Mitmenschen zu brüskieren und ihre Liebe zu verlieren. Doch nach wie vor läßt sich die kraftvolle Energiequelle Mars treffend beschreiben mit: »Mars macht mobil.«

Mars in den Zeichen

Mars in Widder

In Widder ist Mars zu Hause. Er bekommt von diesem Zeichen jede Unterstützung für direkte Vorstöße. Das kleine Kind mit Widder-Mars ist unternehmungslustig und draufgängerisch. Es gehört zu den Kindern, die ihren Müttern einen kalten Schauer den Rücken hinunterjagen, wenn sie auf dem Kletterturm die neu errungene Geschicklichkeit vorführen. Auch auf der Straße brauchen sie einen guten Schutzengel, denn sie sind voreilig und impulsiv und vergessen sich schnell. Wenn etwas nicht nach ihrem Willen geht, reagieren sie laut und trotzig. Falls jemand im Stockwerk unter ihnen wohnt, dürfte er sich über kurz oder lang beschweren, die Decke falle ihm ob des Lärms und Getrampels auf den Kopf. Im Leben des Schulkindes sind Sport und Bewegung wichtig. Es will seine Geschicklichkeit, Schnelligkeit, Körperkraft und seinen Mut mit anderen messen und läßt sich leicht für Wettkämpfe und Lausbubenstreiche motivieren. Wenn es darum geht, etwas in die Tat umzusetzen, ist es initiativ und mutig.

Es handelt eher vorschnell als zu zögernd und wird vorsichtigen Kindern oder Erwachsenen gegenüber leicht ungeduldig. Widerstände können es geradezu reizen, seine Kräfte zu mobilisieren. Dies gilt auch für Wut und Ärger. Mars in Widder ist explosiv, schnell wütend, laut, aggressiv und verletzend. Sein Pulver ist schnell verschossen. Fünf Minuten nach dem Tobsuchtsanfall kann das Kind schon wieder lachen und die nächste Herausforderung anpacken. In seinem Umgang mit Aggression wie in seinem Tatendrang ist es direkt, ehrlich und rücksichtslos. Der Gebrauch der Ellenbogen ist ihm angeboren. Es muß lernen, seine Kräfte gezielt einzusetzen und auf andere Rücksicht zu nehmen.

Mars in Stier

Das Stierzeichen verleiht Mars einerseits Beharrlichkeit, andererseits beeinträchtigt es ihn in seiner Wendigkeit. Das durchsetzende, nach außen vorstoßende Mars-Prinzip ist hier nicht schnell entflammbare Energie, sondern weist eher Eigenschaften einer Dampfwalze auf. Mars schafft Bewegung. Dies jedoch im Stier-Modus, d. h. langsam und stetig. Was einmal ins Rollen gekommen ist, rollt. Richtungsänderungen sind nur beschränkt möglich.

Kinder mit Stier-Mars türmen mit erstaunlicher Ausdauer Klötze aufeinander oder legen Dinge von einer Schachtel in eine andere. Sie können sich gut selbst beschäftigen. Unterbricht man sie im Spiel, reagieren sie mit lautstarkem Protest. Auf dem Spielplatz blenden sie nicht durch Schnelligkeit und Wagemut, wohl aber durch ihre Ausdauer. Immer wieder wird dasselbe wiederholt, bis sie jede Bewegung beherrschen. Haben sie einmal die Rutschbahn entdeckt und die Angst überwunden, sind sie kaum mehr davon wegzubringen.

Im Schulalter sind sie keine Allround-Sportler, sondern eher geneigt, sich .für eine bestimmte Sportart zu entscheiden und diese dann mit zäher Beharrlichkeit zu trainieren. Im Sport ist die »Dampfwalzenmentalität« des Stier-Mars am offensichtlichsten. Ein Kind mit dieser Marsstellung handelt grundsätzlich auf eine unauffällige, aber ausdauernde und bodenständige Weise.

Die wohl stärkste Motivation zum Handeln ist das Haben-Wollen. Egal ob eine Fertigkeit, Taschengeld oder ein Legohaus, Stier-Mars will sich die angestrebte Sache fast buchstäblich einverleiben.

Wenn man Olivia (Mars in Stier im 2. Haus) auffordert, etwas zu tun, erwidert sie oft: »Was bringt es?« Diese Frage ist sehr konkret gemeint und bezieht sich auf ihr Taschengeld. Auf einer Liste wird eingetragen, wie aktiv sie beim Aufräumen der Küche hilft. Daraus wird das Taschengeld berechnet. Auf diesen direkten Zusammenhang von »Arbeit« und »Lohn« spricht sie seit den ersten Schuljahren sehr gut an. (Horoskop s. Seite 367)

Mars in Zwillinge

Mars drängt nach außen. Mit der Zwillinge-Färbung schlägt er die Richtung ein, die sich gerade anbietet. Mars ist Entscheidung – ein klares Ja zur einen Möglichkeit und ein ebenso klares Nein zur anderen. Nur so ist Handlung möglich. Die Zwillinge-Färbung scheint Mars alle Möglichkeiten aufzuzeigen und ihm zuzuflüstern: » Dies könntest du tun! – Oder jenes! – Da gibt es noch eine interessante dritte Möglichkeit! – Wenn du das eine tust, verpaßt du das andere!« Vor diesem Hintergrund ist es schwierig, zu einer klaren und effizienten Handlungsweise zu finden. Mars in Zwillinge erinnert an eine Wespe, die sich unruhig einmal da und einmal dort niedersetzt, ohne daß ihr Tun einen zusammenhängenden Sinn ergibt.

Mars in Zwillinge ist offen für alles Neue. Ein Kind mit dieser Planetenstellung erkundet seine Umwelt mit Neugier und Offenheit. Mit großer Selbstverständlichkeit geht es auf Entdeckungsreise und probiert alles aus, was in Reichweite ist. Auch wenn es sich gerne und viel bewegt, so doch nur, wenn ein interessantes Ziel lockt. Die Muskeln aus reiner Bewegungsfreude anzuspannen liegt ihm weniger.

Man könnte nicht sagen, daß ein Kind mit Zwillinge-Mars außergewöhnlich vernünftig ist, aber es scheint sein Tun früh selbst zu beobachten und darüber nachzudenken. Auch von Wut und Aggression läßt es sich nicht einfach hinreißen, sondern attackiert oft nur seine Umwelt mit kräftigen und unanständigen Worten.

Die Stärken dieser Marsstellung liegen in der großen Experimentierbereitschaft und Entdeckungsfreude. Als Schwäche könnte man die Distanziertheit und mangelnde Bereitschaft zur Identifikation mit dem eigenen Tun ansehen.

Mars in Krebs

Stellen Sie sich vor, Sie wollen sich bewegen, Ihre Kraft spüren und vorwärts stürmen. Aber Sie stehen bis zum Hals im Wasser. Sie können nicht rennen. Sie müssen sich dem Element anpassen und schwimmen. Vor eine ähnliche Situation dürfte sich Mars in Krebs gestellt sehen. Er kann nicht einfach handeln, wie er will, sondern muß auf Gefühle – seine eigenen wie auch die der anderen – Rücksicht nehmen. Es muß schwimmen, wo andere rennen. Geht es um ein typisch marsisches Kräftemessen, so gehört er zu den Verlierern. Seine Stärke muß er erst finden. Sie liegt irgendwo im Gefühlsbereich.

Jedes gesunde Kind entwickelt eigenen Willen und Tatendrang und erobert die Umwelt. Das Kind mit Krebs-Mars braucht ein vertrautes Umfeld und ein stimmiges Klima, um sich auf das Experiment Umwelt einlassen zu können. Es ist eher etwas ängstlich, wenn es darum geht, Bewegungen auszuprobieren und stehen, gehen, springen, klettern und vieles mehr zu lernen. Die Eltern oder andere Vertrauenspersonen müssen es immer wieder ermuntern und ihm versichern, daß seine Vorstöße okay sind. Wenn es jemandem auf die Zehen tritt – konkret oder im übertragenen Sinn –, ist dies fast dasselbe, als wenn ihm jemand auf die Füße treten würde. Es spürt den Schmerz des anderen. Hat es ein ausreichend geschütztes Umfeld, ein warmes Zuhause, Anerkennung und Ermunterung, entwickelt es ein außerordentliches Gespür für sein Tun. Es lernt durch sein feines Stimmungsbarometer, seine Handlungen einzuschätzen und auf die Umwelt abzustimmen. Die Neigung, stets Rücksicht zu nehmen, kann ein Kind außerdem dazu bewegen, seine Wut und Aggression einfach still wegzustecken. Das Kind braucht die ausdrückliche Erlaubnis, wütend, laut und unflätig sein zu dürfen, ohne dadurch einen Liebesverlust riskieren zu müssen.

Mars in Löwe

Löwe-Mars dürfte wohl der selbstherrlichste Mars im Tierkreis sein. Er sagt nicht: »Ich will!« Er tut es. Das Löwezeichen öffnet Mars alle Türen für seinen Egoismus und seine Rücksichtslosigkeit und klatscht ihm begeistert Beifall. Mars hat hier die Kraft, den Mut und die Ausdauer, aber auch die Verspieltheit und Abenteuerlust eines Löwen.

Schon beim kleinen Kind ist ein zäher eigener Wille spürbar. Kann es gehen, so geht es seinen eigenen Weg. Es fragt nicht lange, sondern macht sich ohne zu zögern ans Werk. Was nicht verboten ist, ist erlaubt. Müttern mag auffallen, daß sie gegenüber ihren Löwe-Mars-Kindern immer einen Schritt im Rückstand sind. Eines Tages stellt die Mutter erstaunt fest, daß ihr Kind auf dem Fahrrad sitzt, aufs Fensterbrett klettert oder allein aufs Klo geht. Es strahlt vor Stolz und erwartet Lob und Anerkennung. Es möchte mit seinem Tun glänzen. Bewegung, Sport und jede andere Aktivität machen dann so richtig Spaß, wenn jemand zuschaut. Das Kind fordert viel Beachtung. Bekommt es diese nicht, wächst die Neigung, sich die Anerkennung in Form von Tadel und Strafe zu verschaffen. Negative Zuwendung ist für Mars in Löwe besser als gar keine.

Im Schulalter fällt ein Kind mit Löwe-Mars oft wegen seines egoistischen Handelns auf. Es agiert selbständig und ohne sich beeinflussen zu lassen. Stellt sich ihm jemand in den Weg, kann es sehr wütend werden und seine Wut auch klar zum Ausdruck bringen.

Mars in Jungfrau

Das Jungfrauzeichen flüstert dem nach Taten dürstenden Mars zu: »Sei vorsichtig! Verschwende deine Kraft nicht! Hat es überhaupt Sinn und Zweck, was du da tust? Wem nützt es?« Unter diesen Voraussetzungen kommen vor allem die effizienten Seiten von Mars zum Zug, weniger seine Spontaneität und sein Feuer.

Kinder mit Jungfrau-Mars entdecken die Welt nach dem Motto: »Vorsicht ist die Mutter der Porzellankiste.« Sie verbrennen sich die Finger höchstens einmal an einem Bügeleisen und beanspruchen relativ wenig Desinfektionsmittel, Pflaster und Verbandszeug. Sie bewegen sich vorsichtig und üben ausgiebig, Schritt für Schritt. Wenn sie auf einen Baum klettern, überlegen sie sich vorher, wie sie wieder herunterkommen. Sie wirken oft ängstlich und zurückhaltend. Doch ist es eher kluge Vorsicht als Angst, die sie innehalten läßt.

Jede Handlung hat Sinn und Zweck. Will man Kinder mit Jungfrau-Mars »beschäftigen«, muß man sich etwas »Vernünftiges« einfallen lassen und sie davon überzeugen. Wenn sie handeln, nutzen sie alle gegebenen Möglichkeiten. Ihre Stärke liegt darin, daß sie sehen, was wozu eingesetzt werden kann. Sie bewegen sich nicht einfach aus einem inneren Impuls heraus drauflos, sondern sie beziehen die Umwelt in ihr Tun mit ein. Es braucht viel, bis sie so richtig wütend werden. Eine Voraussetzung dafür ist, daß sie den Eindruck haben, mit Schreien und Stampfen etwas zu erreichen. Ihre Kräfte verschleißen sie nicht grundlos.

Mars in Waage

Mars in Waage kann als Faust im Samthandschuh beschrieben werden. Mars darf nicht frei agieren, sondern muß sich an die Regeln des Anstandes halten. So wird er nie seinen Gegner aus der Wohnung werfen, sondern ihn höflich hinauskomplimentieren. Seine spontane Direktheit kann er nur dann ausleben, wenn diese nicht gegen eine andere Person gerichtet ist, beispielsweise in Bewegung, Sport und Arbeit.

Wenn das kleine Kind mit Waage-Mars »Nein!« und »Ich will!« zu sagen beginnt, kommt es in die Zwickmühle der Mars-Venus- bzw. Widder-Waage-Polarität. Es muß sich immer wieder neu entscheiden, ob es dem Ich oder dem Du Rechnung tragen will.

Oft sind Waage-Mars-Kinder »pflegeleicht«. Sie passen sich an, weil ihnen die Kraft zum offenen Widerstand fehlt. Im Kreise mit anderen Kindern und manchmal auch zwischen den Eltern übernehmen sie die Rolle des Friedenstifters.

Wettkampfspiele sind nicht besonders beliebt, außer es kämpfen oder spielen Gruppen gegeneinander. Waage-Mars-Kinder wollen im Einvernehmen mit anderen aktiv sein, sei dies nun in Sport, Wettbewerb oder einer anderen Tätigkeit. Sie bevorzugen ästhetisch anspruchsvolle Aktivitäten wie Ballett.

Wie Mars mit Waage-Manier kämpft, zeigt eine Szene im Kinder-Kinofilm *Ein Schweinchen namens Babe*. Ein Wettbewerb zwischen Schäferhunden ist angesagt: Jeder soll eine Gruppe von Schafen so schnell als möglich von einem Ort an einen anderen bringen. Babe, ein kleines Schweinchen, das auch am Wettbewerb teilnimmt, jagt die Schafe nicht mit Bellen und Herumrennen an den gewünschten Ort, sondern stellt sich vor sie hin und sagt freundlich und bestimmt: »Darf ich die Damen höflichst bitten, mir zu folgen! – Darf es bitte ein bißchen schneller gehen ...« Die Schafe gehen auf die freundliche Aufforderung ein, und Babe gewinnt den Wettbewerb.

Mars in Skorpion

Wenn Mars Bewegung in die Dinge bringt, zieht ihn die Skorpion-Färbung in die dunkleren Gefilde. Was unsichtbar oder verboten ist, reizt besonders zur Eroberung.

Kindern mit Mars in Skorpion können Sie nichts verbieten. Ein Nein ist eine direkte Aufforderung, das Verbotene zu tun. Vor allem, wenn an der Situation noch etwas emotional Anrüchiges haftet, lockt sie das Kind mit großer Faszination. Vielleicht werden Zigaretten ausprobiert, im geheimen mit Feuer experimentiert, der Arzneischrank und das Buch über Sexualität aufs genauste untersucht. Vielleicht gilt die Faszination auch dem Plüschtier. Es wird aufgeschnitten, um zu sehen, was in ihm steckt. Eltern und Geschwister werden provoziert, um auch da herauszufinden, was hinter der äußeren Fassade verborgen ist.

Kinder mit Mars in Skorpion sind nicht besonders auffällig. Sie stehen lieber im Hintergrund und werden erst aktiv, wenn niemand zuschaut. Dann allerdings ist nichts vor ihnen sicher. Wenn sie sich etwas in den Kopf gesetzt haben, lassen sie sich nur schwer von ihrem Vorhaben abbringen. Sie handeln kompromißlos und ohne Rücksicht auf Verluste, haben Ausdauer und einen sicheren Instinkt.

Nicoles (Mars in Skorpion) geliebtes Haustierchen ist eine Ratte. Ratten tragen mit ihrem bei vielen Menschen Abscheu erregenden Aussehen – unbehaarter, kräftiger Schwanz – und dem Bezug zu Keller und Abwasserkanälen eindeutig die Signatur des Skorpionzeichens.

Mars in Schütze

Das Schützezeichen gießt Öl ins Feuer der marsischen Energie. »Geh voran! Sei der Größte!« scheint es Mars voller Enthusiasmus zuzubrüllen.

Ein Kind mit Mars in Schütze ist kaum brav und angepaßt. Es will zeigen, wer es ist. Und es will sich in größeren Dimensionen bewegen. So versucht es, den Sandberg noch etwas größer und den

Turm aus Bauklötzen noch höher zu bauen, auf noch höhere Bäume zu klettern und noch schneller zu rennen als andere. Es hat das Gefühl, ohnehin der Beste zu sein. Diese Selbstsicherheit bewirkt, daß es schon in frühen Jahren tatsächlich viele Erfolge verbuchen kann. Mit Schwung und Elan setzt sich das Kind mit Menschen, Situationen und Dingen auseinander und meistert manches bereits im ersten Anlauf. Es ist überzeugt von dem, was es tut. Wird seine Begeisterung geweckt, so wachsen ihm geradezu Flügel. Es handelt mit großer Einsatzbereitschaft und zieht andere mit. Wenn nicht andere Horoskop-Faktoren Einhalt gebieten, können seine Streiche ins Maßlose ausarten.

Mars in Schütze verleiht Temperament, Mut und Geschicklichkeit. Die Umwelt wird gleichsam mit Trommel und Brimborium erobert. Geht einmal etwas nicht nach dem Willen des Schutze-Mars, so läßt das Kind schnell seine Absichten fallen und wendet sich neuen Herausforderungen zu. Jedem Mißerfolg kehrt es so schnell wie möglich den Rücken, denn zu sehen, daß es eben doch nicht der Größte ist, läßt die Niederlage erst zu einer solchen werden.

Mars in Steinbock

Hier wird Aktivität mit Zielstrebigkeit, Ausdauer, Disziplin und Pflichtbewußtsein gekoppelt. Steinbock-Mars ist ein ausgezeichnetes Arbeitspferd, das sogar selbst weiß, was es zu tun hat. Effizienter kann Mars kaum sein. Trockener und zuverlässiger auch nicht.

Das Kind mit Steinbock-Mars erobert die Umwelt in kleinen Schritten. Heute kommt Vaters Werkzeugkasten an die Reihe. Mit dem Hammer umzugehen ist nicht einfach. Man muß den Nagel auf den Kopf treffen, sonst tut es weh. Aber mit der nötigen Hartnäckigkeit klappt es, und das Werkzeug wird wieder säuberlich versorgt. Das nächste Ziel ist der Pflaumenbaum im Garten. Man muß schon aufpassen, daß man sich nicht die Beine wund schürft und daß die neue Hose keinen Riß bekommt. Das Steinbock-Mars-Kind befolgt den Vorschlag der Mutter und zieht die alten Hosen an. Wenn die Regeln der Erwachsenen sinnvoll und vernünftig sind, werden sie ohne Murren eingehalten. Steinbock-Mars experimentiert gleichsam im Inneren seines Geheges. Das Steinbock-Mars-Kind zeigt wenig Ambitionen, Grenzen zu überschreiten. Ist sein Ehrgeiz jedoch geweckt, z. B. bei einem sportlichen Wettkampf, dann mobilisiert es ungeheure Kräfte, kennt keine Schonung – weder sich selbst noch anderen gegenüber – und versucht mit aller Kraft und Ausdauer, den Gegner auszustechen.

Mars in Wassermann

Mars erhält vom Wassermannzeichen zwar keine Rückendeckung, wenn er tatkräftig Hand anlegt, doch dafür einen gewaltigen Input an Ideen. Der Wassermann-Mars braucht kein Vorbild. Für ihn sind Dinge machbar, die noch nie jemand getan hat.

Das kleine Kind mit Wassermann-Mars zeichnet sich durch einen großen Einfallsreichtum aus. Jedes Kind versucht in den ersten zwei Lebensjahren, durch Versuch und Irrtum ein Ziel zu erreichen. Es probiert. Je älter es wird, desto mehr stellt es sich einen Handlungsablauf vor, schätzt die Erfolgsaussichten ab und beginnt erst dann mit der eigentlichen Handlung. Bei einem Kind mit Wassermann-Mars sind Handlung und Vorstellung eng verknüpft. Es beginnt früh, sein Tun nach den inneren Vorstellungen auszurichten. Wenn es eine Idee hat, will es diese auch umsetzen. Um Ideen ist es selten verlegen. Es wirkt eigenwillig und rebellisch und ist nicht leicht zu lenken. Die Motivation seines Tuns entspricht seinen eigenen Gedanken, nicht dem, was Eltern oder Lehrer sagen. Alles, was es tut, hat in seinen Augen den Aspekt von etwas Einzigartigem. Es ist nicht gern eines von vielen, sondern will in seinen Aktivitäten nur sich selbst zum Ausdruck bringen. Ob im Sport oder in einem Hobby, ob als Einzelgänger oder als Rebell, Narr oder Clown – Wassermann-Mars geht seinen eigenen Weg.

Mars in Fische

Das Fischezeichen kleidet Mars in weißen Tüll, drückt ihm einen Seismographen für Stimmungen in die Hand und setzt ihm eine Friedenstaube auf die Schultern. Wie soll Mars in dieser Aufmachung Krieg führen?

Vor diese Frage dürften sich schon kleine Kinder mit Fische-Mars gestellt sehen, wenn sich langsam der eigene Wille im Inneren meldet, sie aber gleichzeitig spüren, wie die Mutter dazu steht. Wenn sie die Katze am Schwanz ziehen, braucht kaum jemand zu sagen, daß dies dem Tier weh tut. Das Kind identifiziert sich mit der Katze und spürt den Schmerz. Sein Einfühlungsvermögen erstreckt sich auf Ärger, Enttäuschung, Trauer, Freude, Angst, Unsicherheit und vieles mehr. Sobald es handelt, spürt es, was sein Handeln auf der breiten Palette der Gefühle beim Gegenüber auslöst. Unter diesen Umständen wird es schwierig, sich durchzusetzen. Fische-Mars-Kinder brauchen die ausdrückliche Erlaubnis, »böse« zu sein. Sie müssen wissen und spüren, daß die Mutter ihr Schreien und Stampfen erträgt und es in Ordnung findet. Vor allem Jungen neigen dazu, diese weichen Züge mit einem Ausdruck von Stärke zu kompensieren. Sport eignet sich dazu besonders.

Kinder mit Mars in Fische können außerordentlich verführerisch sein. Sie spüren so genau, was ihr Verhalten auslöst und können dieses so gut anpassen, daß sie fast alles erreichen. Unbewußt stellen sie sich die Frage: »Was muß ich tun, damit die Mutter ja sagt?« Wie kein anderes Kind finden sie mit ihrem feinen Stimmungsbarometer auch die Antwort.

Spezielle Marsstellungen

Rückläufiger Mars — *Energie, die gebändigt und nicht verdrängt werden will*

Ein rückläufiger Mars manifestiert sich oft ähnlich wie ein von Pluto aspektierter Mars. Das Kind handelt, als ob es außer den Impulsen von seinem Ego und seinem Durchsetzungs- und Überlebenstrieb auch noch gewaltige Energieschübe aus einer anderen Ebene erhalten würde. Dem Verhalten des Kindes werden wir einigermaßen gerecht, wenn wir uns diese »andere Ebene« als kollektives Unbewußtes vorstellen, aus dem das Kind Aufforderungen zur Durchsetzung erhält, die wir nicht logisch nachvollziehen können.

Aggression ist ein zentrales Thema für ein Kind mit rückläufigem oder stationärem Mars. Es dürfte immer wieder Situationen geben, in denen es geradezu ausrastet und von einem Wutanfall überrannt wird. Der Grund für seinen hemmungslosen Zorn mag der Familie unerklärlich sein, und das Kind selbst weiß ebensowenig, was es so über alle Maßen wütend werden läßt. Oft sind es kleine, unscheinbare Dinge, auf die es wie auf Knopfdruck reagiert. Bildlich gesprochen könnte man sagen, daß es über einen Kanal zu einer kollektiven Ansammlung verdrängter Aggressionen verfügt. Eine kleine Szene, ein Wort oder ein Geruch können den Kanal öffnen, und das Kind drückt einen Zorn und eine Zerstörungswut aus, die in keinem Verhältnis zu den realen Ursachen stehen.

Wenn das Kind mit rückläufigem Mars »unvernünftig« reagiert, sollte es nicht gebremst werden. Es gilt vielmehr, seine zerstörerische Wut in schadlose Bahnen zu lenken, es auf Kissen einschlagen oder Zeitungen zerreißen zu lassen, ihm jedoch auch klare Grenzen zu setzen, wenn es sich anschickt, Dinge zu zerstören oder handgreiflich zu werden. Indem es dieser unbändigen Energie Ausdruck verleiht und sie nicht unterdrücken muß, lernt es, seine Grenzen selbst zu erkennen. Die Energie, die auf diese Art ins Fließen kommt, zeigt immer mehr auch positive Seiten: Kinder mit rückläufigem Mars verfügen über eine außergewöhnliche Tatkraft und Leistungsfähigkeit. Kissenschlachten und andere Raufspiele sowie Kampfsportarten helfen ihnen ebenfalls, ihre Energie in geeignete Kanäle fließen zu lassen.

Eltern haben oft Mühe mit den aggressiven und triebhaft anmutenden Seiten ihrer Kinder. Ein Grund dafür kann die eigene blockierte Mars-Energie sein. In diesem Fall könnte eine therapeutische Auseinandersetzung mit der eigenen Durchsetzung bzw. deren Hemmung Erleichterung bringen.

Das Kind mit rückläufigem Mars fühlt sich seiner brodelnden und plötzlich losbrechenden Energie gegenüber sehr unsicher. Je nach Veranlagung und seinen ersten Erlebnissen damit kann es auch Angst davor bekommen und sich schon in den ersten Lebensmonaten oder -jahren unbewußt dazu entscheiden, diese zerstörerischen Tendenzen in seinem tiefsten Innern zu begraben. So mag es äußerlich ein braves Kind sein, das kein Wässerchen trübt. Doch wird mit der abgeblockten Wut auch seine Lebensenergie gehemmt, und es erweckt den Eindruck eines kraftlosen oder starren Kindes. Der Mut, sich zu wehren, fehlt ebenso wie die Lust, etwas anzupacken und eine Leistung zu vollbringen.

Das Kind findet am ehesten zu seiner Lebenskraft, wenn es sich durchsetzt, sich wehrt und auch einmal trotzt und tobt. Vorbild und Ermunterung der Eltern sind ihm dabei eine hilfreiche Unterstützung und der gesunde Umgang mit Aggression in der Familie eine notwendige Voraussetzung.

Mars am absteigenden Mondknoten — *Ein starker Drang nach Selbstbehauptung*

Der Umgang mit Wut und Aggression dürfte für ein Kind mit Mars am absteigenden Mondknoten nicht ganz einfach sein. So neigt es zu heftigen Trotzreaktionen, die auch nach der eigentlichen Trotzphase im Vorschulalter nur langsam abklingen. Oft geht es ihm gar nicht um die Sache, sondern darum, sich durchzusetzen. Es dürfte manchmal ziemlich eigenwillig und streitlustig sein und geradezu Gelegenheiten suchen, »seine Hörner abzustoßen«. Es schreit und trotzt. Hat es die Möglichkeit, auf etwas einzuschlagen oder seiner Aggression auf andere unschädliche Weise Luft zu verschaffen, braucht es seinen impulsiven Ausbrüchen keinen Zwang anzutun und lernt mit der Zeit, mit der marsischen Energie umzugehen. Dazu braucht es klare Grenzen, wo es sich austoben darf und wo nicht. Sport und Wettkampf können ihm helfen, seine Energie zu kanalisieren und Schwung und Elan auf sinnvolle Ziele zu lenken.

Da sich das Kind entweder zu heftig oder gar nicht durchsetzt, ist es wichtig, daß zumindest ein Elternteil sich auf ein gegenseitiges Kräftemessen einläßt, so daß es mit der Zeit lernt, sich angemessen zu behaupten.

Unaspektierter Mars ***Durchsetzung am richtigen Ort will geübt sein***

Mit einem unaspektierten Mars sind Durchsetzung und Tatkraft keine einfachen Themen. Kinder mit unaspektiertem Mars haben Mühe, im richtigen Moment zu handeln und sich zur Wehr zu setzen. Oft sind es sanfte Jungen und liebenswürdige Mädchen, die kaum streiten. Mit einiger Wahrscheinlichkeit geraten sie hin und wieder über alle Massen in Wut und holen so ihr Manko an Aggression nach.

Da es ihnen eher schwerfällt, ihre bewegungsfreudige, aktive und streitlustige Seite richtig einzubringen, brauchen sie diesbezügliche Unterstützung und Ermunterung, um herumzutoben und etwas zu unternehmen. Wenn ein Kind mit unaspektiertem Mars Streit sucht, soll man es nicht beschwichtigen, sondern ihm durch das eigene Vorbild zeigen, daß Konfrontation am richtigen Ort eine gute Sache ist. Es muß den Einsatz von Energie und Tatendrang üben, damit es seine Tendenz, die durchsetzungsfähige Seite von seiner übrigen Persönlichkeit abzuspalten, im Laufe der Jahre überwinden kann.

Sonne/Mars in Spannung ***Ein Vater-Sohn-Konflikt***

Dieser Aspekt ist im Horoskop von Jungen von großer Bedeutung. Sie identifizieren sich leicht mit Mars und geben die Sonne an den Vater ab. Liegt ein Spannungsaspekt zwischen diesen beiden Planeten vor, so ist das Verhältnis zum Vater für den betreffenden Jungen sehr wichtig und meist auch gespannt. Das Kind bewundert seinen Vater und versucht ihm nachzueifern. Gelingt ihm dies nicht oder macht der Vater seinen Autoritätsanspruch geltend, dann erlebt sich das Kind schnell in einer Konkurrenzsituation. Vor allem in der Pubertät kann es zu erheblichen Spannungen zwischen Vater und Sohn, aber auch zwischen Lehrern oder anderen Autoritätspersonen und dem Kind mit Sonne-Mars-Spannung kommen. Der Vater hilft ihm, den inneren Konflikt zu lösen, indem er sich dem Kräftemessen mit dem Sohn stellt und seine Überlegenheit nicht ausspielt. Der Sohn braucht sehr viel Fairneß. Wenn er immer wieder erlebt, daß Kompromisse möglich sind und er als Kind nicht unbedingt unterliegen muß, kann er mit der Zeit seine ständig Auseinandersetzung fordernde Energie auf andere Ziele lenken und zu einem willensstarken und tatkräftigen jungen Mann heranwachsen.

Jupiter
Die Bereitschaft für neue Erfahrungen

Grundsätzliches zur Jupiter-Thematik

Jupiter symbolisiert Wachstum und Ausdehnung. Er steht für die Kraft, gegebene Grenzen zu überschreiten und sich neuen Horizonten zuzuwenden. Jupiter-Zeus, der Herrscher über die griechische Götterwelt, suchte immer wieder neue Frauen und zeugte neue Kinder, um sein Erbe auszudehnen. Seine Gemahlin Hera genügte ihm bei weitem nicht.

Dieses Mehr-Wollen ist typisch für Jupiter. Wachstum kann nur dann geschehen, wenn das Bestehende als zu eng erlebt wird und eine Kraft nach Erweiterung drängt. Mehr als jeder andere Lebensabschnitt ist die Kindheit mit ihrer erstaunlichen Entwicklung von dieser Kraft geprägt. Etwas im Kind drängt unaufhaltbar nach Wachstum sowohl auf der physischen wie auf der psychischen und geistigen Ebene. Die Energie Jupiters ist im Kind durchschnittlich stärker angelegt als im Erwachsenen. Es lebt sie nicht nur selbst durch sein Wachstum, es überträgt sie auch auf seine Umwelt. Mit seinem kindlichen Charme weckt es in den meisten Erwachsenen Toleranz und Großzügigkeit. Einem Kind gelingt es, uns selbst in trüben Stimmungen ein Lächeln zu entlocken. Sehen wir ein schlafendes Kind, so wird unser Herz unwillkürlich weit und warm.

Kinder werden traditionsgemäß dem Mond zugeordnet. Zum lunaren Prinzip gehört unsere fürsorgliche Reaktion gegenüber Kindern. Wenn wir jedoch ein Neugeborenes im Arm halten und uns das Staunen über das Wunder der Menschwerdung erfaßt, sind wir im Bereich Jupiters.

Jupiter ist – neben dem Mond – das einzige Planetenprinzip, das dem Kind von Anfang an in aller Fülle zur Verfügung steht. Es wächst vom ersten Tag an, ohne daß es die Fähigkeit dazu erst erwerben müßte. Mit Merkur muß es Sprechen lernen, mit Venus und

Mars Beziehungsfähigkeit und Selbstbehauptung. Saturn verlangt wohl die härtesten Lektionen. Verantwortung, Pflichtbewußtsein und Selbstdisziplin werden in kleinen Schritten mühsam errungen. Die Kraft, zu wachsen und sich neuen Horizonten zuzuwenden, ist einfach da als ein Geschenk Jupiters an das Kind.

Kinder mit stark gestelltem Jupiter haben meist ein sonniges Gemüt. Sie sind fröhlich und unbeschwert und nehmen das Leben von der hellen Seite. Eltern und Lehrern schaffen sie Probleme, wenn sie gar zu sehr über die Stränge schlagen. Diese Kinder sind nicht ohne weiteres bereit, Grenzen zu akzeptieren. Sie sehen keine Gefahren und verhalten sich z. B. auf der Straße so leichtsinnig, daß dem Beobachter ein kalter Schauer den Rücken hinunterläuft. Sie beanspruchen die ganze Wohnung, belegen Wohnzimmer, Küche und Bad und nach Möglichkeit auch noch das Schlafzimmer der Eltern mit Spielsachen. Oder sie fordern die ungebrochene Aufmerksamkeit der Eltern. Kaum hat sich der Vater nach acht Stunden Büroarbeit gemütlich mit der Zeitung ins Wohnzimmer gesetzt, hängt das Jupiter-Kind schon an seinem Arm und will nicht eine, sondern ein halbes Dutzend Geschichten hören.

Betrachtet man eine Kindheit unter dem Aspekt der polaren Gegensätze Jupiter und Saturn, so übernimmt das Kind stets die Jupiter-Rolle und die Eltern den saturnischen Part. Jupiter dehnt sich aus, und Saturn setzt Grenzen. Mit Jupiter rennt das Kind auf die Straße, greift in die Steckdose und stopft sich alles in den Mund, was sich in Reichweite befindet. Mit Saturn müssen die Eltern nicht nur »Stop!« sagen, sondern das Kind auch in seinem eigenen Interesse daran hindern, sich Gefahren auszusetzen. Mit der Zeit lernt das Kind, diese Grenzen zu akzeptieren, einerseits aus Einsicht, andererseits auch, weil es sich die Liebe der Eltern nicht verscherzen will. Die Jupiter-Energie wird gezügelt.

Bei einem drei- bis vierjährigen Kind kristallisieren sich bereits einzelne Lebensbereiche heraus, in denen das Kind seine Jupiter-Energie mehr fließen läßt als in anderen. Ab diesem Alter sind die haus- und aspektspezifischen Jupiter-Qualitäten im Verhalten des Kindes ersichtlich. Das Haus, in dem Jupiter steht, symbolisiert einen Lebensbereich, der dem Kind leicht zugänglich ist, in dem es positive Erfahrungen sammelt und wächst, in dem es jedoch auch zum Übertreiben neigt, maßlos und uneinsichtig ist. Oft ist das der Bereich, in dem Eltern die verantwortungsvolle Saturn-Rolle am deutlichsten zu spüren bekommen. Grundsätzlich gilt: Je Jupiter-betonter ein Kind ist, desto saturnischer wird die Elternrolle.

Jupiter galt in der traditionellen Astrologie als Glücksbringer. Jupiter schafft Weite. Das erleben wir als positiv, wenn die Lebensbedingungen zu eng sind. Unsere Großeltern mußten noch sechs Tage in der Woche arbeiten und konnten damit gerade eben das Allernötigste verdienen. Eine Ferienreise war schon absolutes Glück. Jede Erweiterung der engen Strukturen wurde als Glück erlebt. Heute kennen wir diese einschränkenden Lebensbedingungen kaum mehr. Die Jupiter-Bereiche des Wachstums und der Ausdehnung sind selbstverständlich geworden und werden entsprechend weniger als Glücksfälle erlebt.

Ein stark gestellter Jupiter im Horoskop der heutigen Kindergeneration zeigt Bereiche auf, wo das Kind zu Maßlosigkeit neigt. Dieselbe Jupiterstellung im Horoskop eines Vierzig- oder Fünfzigjährigen deutet auf eine Kindheit hin, in der dieser Bereich als glücklich, leicht und sonnig erlebt wurde.

Jupiter hat nach wie vor etwas Befreiendes. Aber die heutige Generation muß sich mit dem Problem von zuviel Freiheit auseinandersetzen. Die Generation unserer Großeltern und Eltern und zum Teil auch wir waren in unserer Kindheit wie Blumen im Hochgebirge, die sich auf einem kargen Boden und in rauhen Witterungsverhältnissen ihr Wachstum mühsam erkämpfen mußten. Die Kinder der heutigen Generation sind vergleichbar mit Treibhausblumen, die Nährstoffe und Dünger im Überfluß erhalten und so schnell wachsen, daß ihr Gewebe wenig stabil ist und ihre Wurzeln nur wenig im Boden verankert sind. Am offensichtlichsten ist das physische Wachstum der Kinder. Bereits in der Pubertät überragen sie die Elterngeneration an Körpergröße. Sie leiden oft an körperlichen Symptomen, die auf das schnelle Wachstum zurückzuführen sind. Dasselbe spielt sich im psychischen Bereich ab, nur ist es da weniger leicht sichtbar. Jupiter bedeutet nach wie vor Wachstum und Ausdehnung. Im Unterschied zu früher wird dies heute nicht mehr in jedem Fall als »glückbringend« erlebt.

Kinder mit stark gestelltem Jupiter sind meist zuversichtliche und lebensbejahende Kinder, die dem Licht entgegenwachsen, sich ausdehnen und wenig Energie darauf verwenden, solide Wurzeln auszubilden. Gelingt etwas nicht, so locken noch tausend andere Möglichkeiten. Ausdauer kennen diese Kinder kaum. Werden sie enttäuscht, dann werfen sie gleich alles hin, gehen leichtfertig über ihre Frustration hinweg und wenden sich dem nächsten Vorhaben zu. Der Wille, durchzuhalten, ist gering. Wenn sie als Kinder mit einem Lächeln jedes Eis zum Schmelzen bringen und die Umwelt ihnen mit Nachsicht und Toleranz entgegenkommt, so erkennen sie als Jugendliche im Laufe der Pubertät, daß sie spätestens im Berufsleben auch etwas leisten müssen. Als würde die Sonne hinter dunklen Wolken verschwinden, scheint dem Jugendlichen mit stark gestelltem Jupiter das Leben plötzlich hart und unfreundlich. Dies kann eine tiefe Krise auslösen. Aus diesem Grund sollten Eltern ein Kind schon früh mit den saturnischen Qualitäten des Lebens vertraut machen, so daß ihm neben seiner überschäumenden Jupiter-Energie eine gute Dosis saturnischer Bodenständigkeit und Realitätssinn zur Verfügung stehen.

Jupiter im Haus aus der Sicht des Kindes

Jupiter im 1. Haus — *Offene und unkomplizierte Selbstdarstellung*

Ich zeige mich gerne großzügig und unternehmungslustig. Schon in den ersten Lebensjahren habe ich die Erfahrung gemacht, daß ich mit meinen spontanen Äußerungen gut bei anderen ankomme und daß ich dieses positive Bild durch selbstbewußtes Auftreten noch verstärken kann. Lob und Anerkennung mehren mein Selbstvertrauen, was mich wiederum sicherer auftreten läßt. Diese positive Spirale von Sich-Zeigen und vertrauenstärkender Reaktion der Umwelt hilft mir, Zuversicht und Sinn im Leben zu finden.

Ich möchte die Welt verändern und meinen Horizont erweitern. Mit Begeisterung nehme ich neue Herausforderungen an und scheue kein Risiko. Ich neige dazu, im ersten Moment eine Situation von der positiven Seite einzuschätzen und Grenzen und Hindernisse großzügig zu übersehen. Da ich Zurückhaltung kaum kenne, gerate ich voll Begeisterung und Optimismus in angenehme oder auch weniger angenehme Situationen. Meine Maßlosigkeit bereitet mir auch Probleme, beispielsweise wenn ich andere mit meiner Begeisterung überfordere und sie mitreiße zu irgendwelchen Vorhaben, die sie eigentlich gar nicht wollen.

Ohne selbst das Meinige dazu beizutragen, erwarte ich mit

großer Selbstverständlichkeit, daß andere mich unterstützen. Könnte ich leichter akzeptieren, daß ich Dinge nur verwirklichen kann, wenn ich selbst mit Hand anlege, würde mir vermutlich manche Enttäuschung erspart bleiben. Doch ich nehme diese auf die leichte Schulter.

Großzügigkeit und Großspurigkeit liegen nahe beieinander. Ich kann mich mit dem einen wie mit dem anderen identifizieren. Ich neige schon ein wenig zu arrogantem Verhalten, vor allem wenn die Eltern mein Besonders-Sein zusätzlich betonen. Ich will gesehen werden, und ich will Anerkennung. Ich liebe es, ein auffallendes Verhalten zur Schau zu tragen, und versuche stets, die Aufmerksamkeit auf mich zu lenken. Wenn ich mit meinem Selbstausdruck experimentieren kann, lerne ich, wann und wie ich mein Flair für die großen Dinge positiv einsetzen kann und wann es zuviel des Guten ist.

Den Eltern überlasse ich die Rolle des »Bremsers« und »Spielverderbers«. Da ich fast jedes Risiko eingehe, werden sie oft nein sagen müssen, vor allem dann, wenn es gefährlich wird, wie auf der Straße oder beim Sport. Es ist wichtig, daß man mich selbst Verantwortung tragen läßt und ich in ungefährlichen Situationen mit den Konsequenzen meines Verhaltens konfrontiert werde. Indem ich Erfahrungen sammle, wo mein Optimismus angebracht ist und wo es gilt, die Zügel etwas straffer zu halten, kann ich die Rolle des »Bremsers« mit der Zeit selbst übernehmen und eine realistische Sichtweise entwickeln.

Jupiter im 2. Haus — *Es ist für alle genügend da*

Ich höre es gerne, wenn Eltern oder Lehrer meine Fähigkeiten loben. Ich sammle jede Anerkennung, schöpfe Vertrauen daraus und entwickle so ein stabiles Selbstwertgefühl. Grundsätzlich gehe ich davon aus, daß für alle von allem genügend vorhanden ist, sowohl an seelischen wie an materiellen Werten. Ich leihe großzügig meine Spielsachen aus oder verschenke sie gar, nicht weil ich sie nicht mehr will, sondern weil ich davon überzeugt bin, daß ich immer wieder etwas zuruckbekomme. Die Wirkung dieser Großzügigkeit auf die Umwelt bleibt nicht aus, jeder gibt mir etwas, und ich schwelge oft im Überfluß.

Meine Unbekümmertheit gegenüber materiellen Dingen, wie eigene Spielsachen, Kleider und eventuell auch Süßigkeiten, kann zu einem maßlosen Konsumverhalten ausarten, wenn die Eltern nicht hin und wieder den Riegel vorschieben und mich zu mehr Sorgfalt anhalten. Spätestens wenn ich eigenes Taschengeld erhalte, komme ich mit meiner Maßlosigkeit an die Grenzen des Tolerierbaren und muß lernen, daß Besitz nichts ist, was unbegrenzt zur Verfügung steht.

Jupiter im 3. Haus ***Lernbereitschaft und Offenheit für Neues***

Ich verfüge über viel Neugierde, Offenheit und Wissensdurst. Jede Aufmunterung, sich für etwas zu interessieren, etwas zu sagen oder zu fragen, fällt bei mir auf fruchtbaren Boden. Ich beginne schon früh zu sprechen und trainiere meine Ausdrucksfähigkeiten. Besonders aufgehoben und unterstützt fühle ich mich, wenn man mir Geschichten erzählt, etwas erklärt, mit mir spricht und mir zuhört.

Ich interessiere mich für vieles und nehme fast alles auf, was mir an Wissenswertem angeboten wird. Wenn nicht starke andere Charakteranlagen dagegen wirken, freue ich mich sehr auf die Schule und lerne mit Begeisterung Lesen und Schreiben und vieles andere. Ohne es bewußt zu wissen, gehe ich davon aus, daß Wissen und sprachliche Fähigkeiten das Tor zur Welt sind.

Ich bin schnell »Feuer und Flamme« für eine Idee und lerne fast spielend, vorausgesetzt Lehrer und Eltern können mich bei meiner Begeisterung packen. Es fällt mir jedoch nicht leicht, mich in der Vielfalt der Möglichkeiten auf etwas zu konzentrieren und mich gründlich damit auseinanderzusetzen. In der Schule und im Bereich meiner persönlichen Interessen verschaffe ich mir schnell einen Überblick, gehe jedoch der Auseinandersetzung mit Einzelheiten lieber aus dem Weg. Hier mag es nötig sein, einzugreifen und mich zum Dranbleiben zu ermuntern.

Jupiter im 4. Haus ***Großzügig im vertrauten Familienkreis***

Ich erlebe mein Zuhause als etwas Vertrauenerweckendes und Großartiges. Die warme Familienatmosphäre ist ein geeignetes Umfeld, um neue Erfahrungen zu machen. Die weite Welt kommt gewissermaßen in meine vier Wände. Ich bekomme Spielsachen und Bücher. Freunde kommen in unsere Wohnung. Die Eltern zeigen mir viele neue Dinge. Ich kann und will mich in der vertrauten Umgebung damit auseinandersetzen.

Der Familienkreis hat für mich kaum je etwas Beschränkendes, im Gegenteil erlebe ich das familiäre Umfeld als fördernd und unterstützend. Eltern und Geschwister sowie die Wohnung, Haustiere – kurz: alles, was zu einem Zuhause gehört – vermitteln mir Lust und Ansporn, meinen Horizont zu erweitern, Neues zu lernen und mich mit Begeisterung einer Sache zu widmen. Dabei kommt meine großzügige Seite voll zum Vorschein. So kann ich denn auch alle Grenzen und Einschränkungen außer acht lassen und etwa das ganze Wohnzimmer für mich beanspruchen oder Tiere oder Dinge, die ich gefunden habe, nach Hause bringen. In solchen Situationen hat mein Verhalten etwas Begeisterndes, aber auch Maßloses.

Das Gefühl von Geborgenheit vermittelt mir Sinn und Optimismus. In einer vertrauten und warmen Umgebung taue ich erst so richtig auf und zeige meine großzügige Herzlichkeit.

Möglicherweise sehen sich die Eltern oft in der Rolle des »Spielverderbers«. Wenn ich allzuviel Platz beanspruche, wenn ich den kleinen Bruder mit allzuviel Begeisterung in die Luft werfe oder das Zuhause zur Durchgangsstation für zu viele Tiere oder Dinge wird, müssen die Eltern auch einmal nein sagen. Dabei ist es wichtig, daß sie mich mit den Konsequenzen meines Tuns konfrontieren und mir so ermöglichen, mit der Zeit selbst zu erkennen, wo ich über die Stränge schlage.

Ich neige im familiären Bereich zu einer problematischen Erwartungshaltung. Da aus meiner Sicht – zumindest zeitweise – Geborgenheit etwas ist, was das Leben im Überfluß spendet, nehme ich sie als selbstverständlich hin und bin kaum bereit, meinen Beitrag zu leisten, mich z. B. einmal für das Wohlbefinden der anderen Familienmitglieder einzusetzen. Mein Glaube, daß mir und den anderen in der Familie schon alles glücken werde, ist unverrückbar.

Jupiter im 5. Haus — *Anerkennung durch Spiel, Spaß und Kreativität*

Ich bin so richtig in meinem Element, wenn ich spielen und Spaß haben darf. Mit der verspielten und risikofreudigen Seite meiner Persönlichkeit fühle ich mich von den Eltern voll und ganz akzeptiert und unterstützt. Ich höre sehr gut jede Ermunterung und jedes Lob, das man mir ausspricht, wenn ich kreativ tätig bin und mich zeige.

Als Kleinkind sind es ein erstes Wort, ein herzliches Lachen oder eine Sandburg, die mir Anerkennung bringen und mich anspornen, weiterzumachen. Im Schulalter sind es eigentliche »Auftritte«, die mir die Türe zu neuen Erfahrungen öffnen. Ich ernte oft Applaus für meine kreativen Einfälle. Ich kann mir gut vorstellen, mich in einer Jugendorganisation zu profilieren. Immer geht es darum, im konkreten oder übertragenen Sinn auf die Bühne zu treten und etwas vorzutragen.

In meinem Selbstausdruck fühle ich mich von Eltern und Umwelt unterstützt und entwickle so ein gesundes Selbstbewußtsein. Da ich mir kaum Grenzen setze, wird es früher oder später die Aufgabe der Eltern sein, das für mich zu tun. Ich neige dazu, Spiel und Risiko zu übertreiben. Ich muß über Jahre lernen, ein tragbares Maß zu finden, beispielsweise die Grenzen meines Körpers im Sport zu akzeptieren, Risiken abzuschätzen und meine verspielte Seite an geeigneten Orten auszuleben.

Jupiter im 6. Haus ***Eine positive Haltung im Alltag***

Ein Alltag, der von A bis Z geordnet und festgelegt ist, sagt mir wenig zu. Ich möchte von Augenblick zu Augenblick entscheiden. Einen geregelten Stundenplan, wie ihn die Schule vorgibt, empfinde ich als beengend. Wie kann man so kleinlich mit Zeit umgehen? Auch bezüglich Ordnung ist meine Einstellung großzügiger als die der meisten anderen.

Den kleinen Dingen des täglichen Lebens trete ich mit offenem Herz und Sinnen entgegen. Wie nur wenige vermag ich aus jeder Situation etwas Positives zu machen. Wenn ich beim Abtrocknen helfen muß, mache ich die höchsten Tellerberge und habe meinen Spaß daran. Schickt mich die Mutter zum Einkaufen, so halte ich mich nicht stur an den Einkaufszettel, sondern bringe einiges mehr nach Hause. Grundsätzlich neige ich mehr zum Über- als zum Untertreiben. Schule und Alltag sind Bereiche, in denen ich wegen meines großzügigen Umganges viele positive Erfahrungen sammeln kann. Mein Selbstvertrauen wird gestärkt, was mir wiederum hilft, voll Optimismus meine Alltagspflichten und Schulaufgaben zu bewältigen.

Ich bin voller Einfälle, was ich alles tun könnte. In meiner Großzügigkeit nehme ich mir oft zuviel vor. Begegne ich dann der Realität, kann das ziemlich ernüchternd sein. Trotzdem versuche ich immer wieder, das Äußerste zu erreichen. Die Eltern werden eingreifen und ihr Veto einlegen müssen, wenn ich jedes Maß verliere, etwa ganze Nächte hindurch lese oder ohne Vorkenntnisse am Sonntag das Mittagessen allein kochen will. Ich kenne in solchen Fällen keinen Mittelweg und spüre weder die Bedürfnisse meines Körpers noch anderweitige Grenzen.

Mir scheint nichts unmöglich. Das ist die Grundhaltung, mit der ich strahlend lächelnd den Alltag anpacke. Die Welt lächelt zurück, und ich ernte viel Freude und Lebenserfahrung.

Jupiter im 7. Haus ***Begegnungen bereichern das Leben***

Ich habe das Gefühl, von anderen Menschen getragen zu werden. Alle mögen mich, weil ich alle mag. Jede Beziehung, sei sie zu Eltern oder anderen nahestehenden Personen oder eine flüchtige Begegnung im Zug, öffnet mir eine neue Türe zur Welt. Ich gehe mit der Einstellung, daß alle Menschen gut sind, auf andere zu und betone das Gemeinsame und Verbindende, indem ich z. B. als Dreijähriger in der Straßenbahn zu einer fremden Frau sage, sie hätte dieselbe Tasche wie meine Mutter. Schon ist ein Kontakt angebahnt. Auch anderen Kindern gegenüber bin ich offen und tolerant.

Ohne mir dessen bewußt zu sein, spüre ich doch aus der Tiefe meines Herzens, daß mir der Kontakt zu anderen Menschen neue Erfahrungen ermöglicht. So gehe ich voll Vertrauen auf jeden zu. Die Kehrseite dieses offenen Wesenszuges ist die Gefahr, daß ich mich von einem Fremden zum Mitgehen überreden lasse. Wenn nicht andere Charaktereigenschaften in eine entgegengesetzte Richtung weisen, kenne ich keinen Argwohn und lasse mich leicht von ein paar freundlichen Worten dazu verleiten, in ein fremdes Auto zu steigen. Die Eltern sollten mir deshalb immer wieder erklären, daß ich nicht mit einem Unbekannten gehen darf. Da meine eigene Haltung diesbezüglich sehr optimistisch ist, vergesse ich ihre Ermahnungen schnell, wenn sie nicht häufig wiederholt werden.

Auch in weniger dramatischen Begegnungen, in Kinderfreundschaften oder in Beziehungen zu Erwachsenen erlebe ich hin und wieder Enttäuschungen, wenn ich mein Gegenüber allzusehr idealisiere. Doch gerade dadurch komme ich der Realität näher. Die Begeisterung für andere Menschen ist so stark, daß ich mich kaum durch ein paar Mißerfolge beeindrucken lasse, sondern diesen Wesenszug genieße und mir damit immer wieder neue Horizonte erschließe.

Jupiter im 8. Haus ***Die Freude, ein Tabu zu brechen***

Ich schaffe es immer wieder, mir auch in schweren Situationen eine ungebrochene Lebensfreude zu erhalten. Die dunkleren Themen des Lebens wie Krankheit oder Tod haben für mich nichts Erschreckendes. Ich stelle offene Fragen und sehe mich überhaupt nicht veranlaßt, etwaige Tabuthemen der Erwachsenen aus meinen Interessen auszuklammern. Alles rund um Sexualität interessiert mich brennend. Ich schaue gern unter die Oberfläche, entdecke die Schattenseiten des Menschseins und forsche Geheimnissen und Ungereimtheiten nach. Etwas extrem formuliert, finde ich Sinn und Befriedigung, indem ich im »Dreck wühle«. Auch konkret bereitet mir das Spielen mit Sand und Schlamm Spaß. Ich fühle mich in Schattenbereichen von den Eltern akzeptiert und unterstützt. Krisen erlebe ich weniger belastend als andere, und ich vermag auch schweren Situationen noch etwas Positives abzuringen.

Ich erlebe immer wieder, daß andere mich großzügig beschenken, mir Geld geben oder etwas zur Verwaltung anvertrauen. Auch in Wettbewerben habe ich oft Glück. Ich neige dazu, alles als selbstverständlich anzunehmen, verschenke vieles großzügig und gehe mit Geld nicht besonders sparsam um. Das Vertrauen, das andere in mich setzen, kann zu einem berauschenden Erlebnis werden und meine maßlose Seite aktivieren. So komme ich leicht in Versuchung, anvertrautes Geld für eigene Zwecke auszugeben oder anderweitig das in mich gesetzte Vertrauen zu mißbrauchen. Hier ist es besonders wichtig, daß die Eltern eingreifen, mir klare Richtlinien vorgeben und Grenzen setzen.

In der Pubertät dürften die Wellen hoch schlagen, wenn ich mich mit meiner großzügigen und nach neuen Erfahrungen ausschauenden Grundhaltung auf eine sexuelle Entdeckungsreise begebe. Hier ist es einmal mehr Aufgabe der Eltern, mich frühzeitig mit der Realität vertraut zu machen und mir Grenzen und Gefahren klar aufzuzeigen.

Jupiter im 9. Haus ***Eine ausgeprägte Vorstellungskraft***

Ich bin von meinen eigenen Ansichten überzeugt. Schon als kleines Kind bewundere ich Menschen, die sagen, was sie denken, und versuche, es ihnen gleichzutun. Tatsachen sind für mich nicht einfach Tatsachen, die ich als solche zur Kenntnis nehme, sondern ich versuche immer wieder, diese in einen größeren Zusammenhang zu stellen. So sehe ich in einem Frosch leicht einen verzauberten Prinzen, oder ich male mir aus, wie ich den Frosch zu seiner Familie begleiten oder für ihn einen Teich graben würde.

Auch in den kleinsten Begebenheiten suche ich einen Sinn und inneren Zusammenhang, so daß mein tägliches Leben in meinem Innern zu einem farbigen und schillernden Kaleidoskop wird. Es macht mir Spaß, die Realität mit meinen eigenen Bildern und Phantasien zu dramatisieren.

Für weltanschauliche Vorstellungen sowie für mythologische und religiöse Geschichten bin ich jederzeit ganz Ohr. Von dogmatischen Glaubenssätzen lasse ich mich nicht einlullen. Ich erkenne sie schon früh als einengend und verwerfe sie. Grundsätzlich suche ich nach immer neuen Erfahrungen, die ich in meiner Vorstellungskraft nach ihrem Sinn hinterfragen kann. Meine Ansichten verändern sich dauernd. Ich weigere mich, etwas als absolute Wahrheit anzunehmen, seien dies nun kirchliche Dogmen oder elterliche Leitsätze.

Jedes neue Erlebnis ist willkommen. Alles Fremdländische fasziniert mich. Die gegebenen Grenzen zu sprengen und »Neuland« zu erobern gehört zu meinen Lieblingsbeschäftigungen. Ich brauche Eltern, die mich stoppen und mich mit den Konsequenzen meines Verhaltens konfrontieren, wenn ich jedes Maß vergesse. Sie sollen nicht einfach nein sagen, sondern mich so beeinflussen, daß ich selbst zur Einsicht gelange. Mein eigenes inneres Feuer ist so stark, daß ich mich nur schwer durch äußere Gebote lenken lasse, sondern vorwiegend aus der eigenen Überzeugung handle. Aus diesem Grund sollten Eltern und Lehrer auf meine Ansichten eingehen und mich durch einen offenen Meinungsaustausch zu leiten versuchen.

Jupiter im 10. Haus *Die Welt lächelt mir zu*

Ich fühle mich nicht nur in der Familie, sondern auch in meiner weiteren Umgebung zu Hause. In der Schule wie im Wohnviertel finde ich schnell meinen Platz. Vor allem im Kontakt zu Erwachsenen erfahre ich Wohlwollen und Anerkennung, was mich wiederum in meiner Selbstsicherheit stärkt. Ich genieße »Rampenlicht« in jeder Form aus vollem Herzen. Dank meiner Offenheit für neue Erfahrungen außerhalb des familiären und privaten Rahmens lerne ich bald, mich geschickt unter Menschen zu bewegen und mein Licht nicht unter den Scheffel zu stellen. Ich glänze gerne bei einer Geburtstagsfeier oder bei einem anderen gesellschaftlichen Anlaß. Hier wie in der späteren Berufswahl erkenne ich meine Möglichkeiten, positiv aufzufallen. Schwierig wird es dann, wenn ich mich aus der Vielfalt des Angebotes auf etwas beschränken soll. So stehen mir zwar für die Berufswahl wie für andere Schritte nach außen viele Türen offen, doch mich für eine zu entscheiden und die anderen aufzugeben fällt mir nicht leicht. Da brauche ich den leitenden Beistand der Eltern, damit ich in meinem ruhelosen Hunger nach neuen Erfahrungen begreife, daß ich nicht durch alle Türen zugleich gehen kann.

Meine Fähigkeiten liegen in einem ausgeprägten Optimismus und der Einstellung, daß mir die ganze Welt wohl gesonnen ist. Ich lächle der Welt zu, und die Welt lächelt zurück.

Rinaldo (Jupiter in Widder im 10. Haus) nimmt sich seit frühester Kindheit mit großer Selbstverständlichkeit das Recht heraus, eine eigene Meinung zu vertreten. Wird ein Klassenkamerad von einem Lehrer ungerechtfertigt getadelt, so setzt sich Rinaldo geradezu ritterlich für ihn ein. Egal ob er eigene oder fremde Anliegen vorbringt, in der Regel kommt man ihm entgegen. Mit seinen Lehrern hat er außerordentliches Glück. Er mag sie, und sie mögen ihn. Die gute Beziehung zu den Lehrern motiviert ihn zum Lernen, für sie tut er fast alles. Auch außerhalb der Schule öffnen sich Rinaldo viele Türen. So spielt er z. B. gern Theater. An seinem Wohnort findet ein Theaterkurs für Kinder statt, exakt für sein Alter und auch sonst wie für ihn gemacht.

Jupiter im 11. Haus ***In der Gruppe geht's leichter***

Ich fühle mich im Freundeskreis wohl und verstanden. Schon früh suche ich mir Spielkameraden. Im Schulalter werden gemeinsame Interessen wichtig. Der Kontakt zu Gleichaltrigen eröffnet mir neue Möglichkeiten, die mir das Elternhaus nicht bieten kann. In Gruppen fühle ich mich angeregt, Neues auszuprobieren und zusammen mit anderen meinen Horizont zu erweitern. Wird in der Schule Kameradschaft und das gemeinsame Arbeiten in Gruppen von den Lehrern unterstützt, kann mich dies enorm zum Lernen motivieren. In Gruppen geht mir vieles leichter von der Hand, als wenn ich es im Alleingang bewältigen muß.

Im Verbund mit anderen vergesse ich oft meine Grenzen. Dies kann neben positiven Auswirkungen auch eine gefährliche Selbstvergessenheit beinhalten, bin ich doch in Gruppen beinahe zu allem bereit. Spiele ich etwa mit Kameraden und der letzte geht nach Hause, so merke ich erst dann, daß die Mutter schon seit einer Stunde auf mich wartet. Unter Freunden bin ich freizügiger im Umgang mit Geld und risikofreudiger im Sport. Ich neige zum Mitlaufen in zweifelhafter Gesellschaft. Was immer ich tue, die Eltern werden das eine oder andere Mal nein sagen müssen.

Ich finde außerordentlich oft Menschen, die meine Interessen fördern. Zur richtigen Zeit treffe ich »zufällig« auf die richtigen Menschen, die mich unterstützen und mir viele Steine aus dem Weg räumen, so daß ich neue Erfahrungen machen und meine Fähigkeiten entwickeln kann.

Jupiter im 12. Haus *Eine Schatztruhe im eigenen Innern*

Ich habe die Fähigkeit, Stille und Alleinsein als beglückend zu erleben. Ich ziehe mich gerne in meine innere Welt der Träume und Phantasien zurück. In diesem irrealen Bereich fühle ich mich aufgehoben und unterstützt von etwas Größerem. Wenn man mir Märchen erzählt, mit mir Musik hört oder in die Natur hinausgeht, ist das für mich eine Ermunterung, mir den Zugang zu dieser inneren Welt zu bewahren.

Diese Traumreisen können mir viel Freude vermitteln und mein Leben farbig und froh werden lassen, beinhalten jedoch auch die Gefahr der Realitätsflucht. Da die Erfahrungen, die ich in meiner inneren Welt mache, so unermeßlich schön und reich sein können, fällt es mir oft schwer, einen festen Bezug zum realen Leben herzustellen. Die Eltern werden immer wieder die Rolle des vernünftigen Realisten übernehmen und mich in die Wirklichkeit zurückholen müssen. Ich neige zu übertriebenem Idealismus und Schwärmerei und lebe oft auf »rosaroten Wolken«, wo ich sehr unsanft von der Wirklichkeit eingeholt werden kann. Ich muß lernen, auf den Boden zurückzukommen und die innere und äußere Welt gleichermaßen einzubeziehen.

Um die verträumte und mystische Seite meines Wesens zu leben, brauche ich konkrete Möglichkeiten. Neben Alleinsein, Ruhe und Geborgenheit können Natur, Musik und Religion mir die Tür zu weiteren transzendenten Erfahrungen öffnen.

Jupiter-Aspekte aus der Sicht des Kindes

Jupiter/Sonne ***Der Wunsch nach Größe***

Ich bin in meinem Wesenskern grundsätzlich ein Optimist. Ich strahle ein gesundes Selbstbewußtsein aus und habe – wie man so schön sagt – das Herz am rechten Fleck. Zuversichtlich gehe ich auf meine Ziele los und erreiche diese meist auch. Da mir vieles mühelos gelingt, steigt mir der Erfolg leicht zu Kopf. Um mich vor allzuviel Maßlosigkeit und Idealismus zu bewahren, sollte ich schon früh mit den Konsequenzen meines Tuns konfrontiert werden. Lerne ich, Verantwortung für mich zu tragen, dann kann ich als Erwachsener mein Lebensschiff lenken, ohne auf allzu viele Klippen aufzufahren.

Vor allem mit einem Spannungsaspekt zwischen Sonne und Saturn strebe ich nach Applaus, ohne mich selbst wirklich einzubringen. Ich neige dazu, die Rolle zu spielen, die mir am meisten Beachtung einbringt, ohne zu fragen, ob sie auch wirklich meinem Wesen entspricht. Um die Spannung zwischen dem Wunsch nach Größe und dem eigenen Wesen abzubauen, brauche ich die Unterstützung der Eltern, die mich immer wieder darauf hinweisen, wenn ich Schein zu sehr mit Sein verwechsle.

Ich fühle mich vom Leben angenommen. Mit großer Selbstverständlichkeit fülle ich meinen Platz aus, zeige mich und stehe zu meinem Ego. Frei und stolz, wie ein Cowboy hoch zu Pferd, gehe ich meinen Weg. Ich handle aus dem Glauben, daß mir alles gelingt. Vorbild für diese großzügige und selbstsichere Haltung ist der Vater, den ich restlos bewundere. Er scheint mir der Größte – voller Großzügigkeit, Toleranz und Offenheit, aber auf eine gewisse Weise auch unbeteiligt. So erlebe ich ihn zwar als unterstützend und fördernd, fühle mich selbst jedoch nicht besonders ernst genommen.

Jupiter/Mond ***»Der Weihnachtsmann soll es bringen!«***

Ich kann ganz schön charmant sein und den »Herzensbrecher« spielen. Vor allem wenn der Jupiter-Mond-Aspekt ein Trigon, ein Sextil oder eine Konjunktion ist, weiß ich genau, wie ich meine Mitmenschen um den Finger wickeln kann. Ich strahle sie einfach an. Ein etwaiger Widerstand schmilzt wie Schnee in der Frühlingssonne, und es fällt ihnen schwer, mir etwas abzuschlagen.

Ich setze große Erwartungen in meine Umwelt. Mein Optimismus läßt mich vieles in hellen Farben sehen, doch werde ich immer wieder von der Realität eingeholt und enttäuscht. Dies bekümmert mich wenig; wie ein Stehaufmännchen erhebe ich mich gleich wieder. Vor allem wenn mein Horoskop einen Spannungsaspekt zwischen Mond und Jupiter enthält, gleicht meine Einstellung derjenigen eines Kindes, das immerzu auf den Weihnachtsmann wartet, der nicht kommt. Etwas überspitzt formuliert, habe ich die beiden Möglichkeiten, mich entweder enttäuscht von der Wirklichkeit abzuwenden und weiterhin vom Weihnachtsmann zu träumen oder die Realität so zu nehmen, wie sie ist, und das beste aus einer Situation ohne Weihnachtsmann zu machen. Die zweite Möglichkeit nützt mir in meinem späteren Leben weit mehr. Ich soll akzeptieren, daß manche Wünsche unerfüllbar sind. Das fällt mir leichter, wenn mir die Eltern z. B. von ihren Wünschen erzählen und mir zeigen, daß es für sie in Ordnung ist, Wünsche zu haben und zu wissen, daß sie nie in Erfüllung gehen werden. Erlebe ich gleichzeitig, daß es Wünsche gibt, die ich mir aus eigener Anstrengung verwirklichen kann, so bin ich auf dem besten Weg, aus meiner übersteigerten Erwartungshaltung eine positive Lebensgrundstimmung zu entwickeln.

Ein Spannungsaspekt zwischen Mond und Jupiter verleiht mir die Neigung, meine eigene Person als unwichtig abzuwerten. Ich fühle mich schnell zu einer Art »Ausstellungsobjekt« erniedrigt und in meiner Eigenart nicht wahrgenommen. Es scheint mir, als wäre ich auswechselbar und die Eltern würden allzu großzügig über Dinge hinweggehen, die mir wichtig sind. Da es sich um subtile Gefühlsreaktionen handelt, kann ich sie kaum formulieren. Mein Verhalten mag von einer großzügigen Herzlichkeit oder auch von Großspurigkeit geprägt sein, die andere leicht glauben läßt, ich wolle gar nicht ernster genommen werden. Egal was ich zur Schau trage, ich bin ein sensibles Kind, das die ganze Zuneigung und Liebe der Eltern benötigt.

Rinaldo (Mond Opposition Jupiter in der Achse 4/10) kann unersattlich sein. Wenn die Eltern einen Tag gemeinsam mit den Kindern im Schwimmbad, Kino und Restaurant verbringen und den Abend noch mit einem Spiel beschließen, wird Rinaldo vor dem Zubettgehen mürrisch und unzufrieden und hat das Gefühl, den Tag verpaßt und zuwenig Zeit zum Spielen gehabt zu haben.

Jupiter/Merkur ***Die Tendenz, die Wahrheit ein bißchen auszuschmücken***

Ich erzähle vermutlich viel, frage tausend Dinge und fordere vor allem im Vorschulalter die Bereitschaft der Eltern als Gesprächspartner sehr. Sofern keine zurückhaltenden Anlagen entgegenwirken, plaudere ich munter drauflos und schmücke meine Schilderungen nach Lust und Laune aus. So bin ich ziemlich unkritisch und brauche immer wieder einmal den Hinweis, daß man mich durchschaut und mir dieses und jenes nicht glaubt. Werde ich auf diese Art mit der Realität konfrontiert, lerne ich, meine lebhafte Vorstellungskraft zu zügeln und Phantasie und Wirklichkeit auseinanderzuhalten.

Ich habe nicht nur in meinem verbalen Ausdruck Mühe, Maß zu halten, sondern bin auch in meinem Denken sehr großzügig. Ich überblicke zwar viel, stolpere jedoch über Kleinigkeiten. In der Schule bin ich für Grammatikregeln und anderen »Kleinkram« nur schwer zu begeistern. Wenn es jedoch darum geht, sich in einer Fremdsprache auszudrücken, dann kenne ich kaum Hemmungen und schwatze munter drauflos.

Ich bin ein ausgezeichneter Überredenskünstler, dem die guten Argumente gleich dutzendweise einfallen. Wenn ich lerne, keine leeren Versprechungen abzugeben, sondern auf dem Boden der Tatsachen zu bleiben, kann ich mich zu einem guten Rhetoriker entwickeln, der andere zu überzeugen und zu begeistern weiß.

Jupiter/Venus ***Charmant und herzlich***

Ich strahle viel Charme aus. Ich verfüge über eine natürliche Fähigkeit, unbefangen auf andere Menschen zuzugehen und Freundschaften zu schließen. So sehe ich in anderen stets das Beste. Diese Erwartungshaltung bewirkt, daß viele sich mir von der besten Seite zeigen und ich eine Menge positive Erfahrungen mit Beziehungen zu anderen Menschen machen kann. Ich genieße Gemeinsamkeit, das tägliche Essen, schöne Kleider, ein Bad und Luxus. Ich lasse mich gerne verwöhnen und neige leicht zu einer kostspieligen Konsumhaltung. Es könnte wichtig sein, daß die Eltern mir nicht einfach jeden Wunsch erfüllen, denn ich verliere leicht das Maß.

Ich brauche Anerkennung. Ich setze meinen ganzen Charme ein, um meinen Eltern und anderen Bezugspersonen zu gefallen. Sehe ich eine Gelegenheit, mich in ein besseres Licht zu rücken, so zögere ich kaum. Auch Notlügen sind Mittel zum Zweck. Als kleiner

»Möchte-gern« bringe ich mit einem gewinnenden Lächeln alle Herzen zum Schmelzen.

Vor allem bei einem Spannungsaspekt zwischen Venus und Jupiter ist es wichtig, mir schon früh zu zeigen, daß klare Aufrichtigkeit den Schmeicheleien vorgezogen wird. Wenn ich lerne, daß Charme seine Grenzen hat, und nicht so sehr vom Verlangen beherrscht werde, allen zu gefallen, kann ich mein wahres Gesicht in zwischenmenschliche Kontakte einbringen. Ich kann meine Meinungen und Ansichten mit dem Gegenüber austauschen, was mir letztlich ein Gefühl der Weite und des Verstanden-Werdens vermittelt.

Jupiter/Mars ***Der Wunsch, Großes zu tun***

Ich habe ein Talent mit in die Wiege bekommen, zur richtigen Zeit das Richtige zu tun. Was ich unternehme, packe ich mit der Einstellung an, daß es gelingen wird. Dieses Selbstvertrauen läßt mich sicher vorgehen und ohne Zögern Dinge zustande bringen, von denen andere nicht einmal zu träumen wagen. Weil ich in meinen Handlungen sehr überzeugend wirke, finde ich leicht Unterstützung und stoße nur selten auf Widerstand.

Um etwas zu tun, muß ich motiviert sein. Fehlen Anreiz, Sinn und Begeisterung, so lasse ich es ganz einfach bleiben. Bin ich jedoch »Feuer und Flamme«, dann hält mich kaum etwas auf. Obwohl diese Charaktereigenschaft viel Farbe in mein Leben bringt, ist sie nicht immer ungefährlich. Ich kann in meinem Enthusiasmus jedes Maß vergessen. Geschieht dies etwa beim Ballspiel auf der Straße, so müssen die Eltern einschreiten und klare Grenzen setzen. Andererseits schätze ich es sehr, wenn sie mir Gelegenheit zum Herumtollen und Ausleben meines Temperamentes bieten. Auf diese Art lerne ich, den überschäumenden Tatendrang in sinnvolle Bahnen zu lenken.

Vor allem mit einem Spannungsaspekt zwischen Mars und Jupiter benehme ich mich oft auffällig. Ich habe schnell den Eindruck, übersehen zu werden, und versuche daher, dies durch ein übertriebenes Verhalten auszugleichen. Aus diesem Grund wirke ich vermutlich aggressiver und streitlustiger, als ich eigentlich bin. Zuschauer reizen mich, andere anzugreifen. Auch in dem, was ich tue, läßt sich der aufpeitschende Einfluß von Publikum erkennen. So brause ich vielleicht schneller die Skipiste hinunter, führe auf dem Fahrrad waghalsigere Akrobatenkunststücke vor oder bin grundsätzlich viel tatkräftiger, wenn jemand zuschaut. Ich möchte Beachtung und Anerkennung für mein Tun.

Sparen die Eltern nicht mit Lob und setzen sie gleichzeitig klare Grenzen – etwa im Straßenverkehr –, finde ich mit den Jahren zu einem gesunden Selbstvertrauen. Sie sollen mir zeigen, daß man sich auch selbst einmal auf die Schulter klopfen und Anerkennung zollen kann und nicht nur auf den Beifall der anderen angewiesen ist. Auf diese Art lerne ich, meine risikofreudige und sportliche Haltung und meine zuversichtliche Tatkraft in den Dienst langfristiger Ziele zu stellen und sie nicht für ein bißchen Beachtung zu vergeuden. Aus der anfänglichen Neigung, anderen meine Größe zu beweisen, kann sich eine Stärke entwickeln, im großen Stil etwas anzupacken und zu verwirklichen.

Spezielle Jupiterstellungen

Jupiter am absteigenden Mondknoten — *Ein unstillbares Bedürfnis nach Erweiterung*

Mit Jupiter am absteigenden Mondknoten braucht ein Kind viel Raum. Manchmal scheint es in seinem Verlangen nach mehr Weite oder mehr Spielsachen, mehr Essen oder mehr Geschichten geradezu unersättlich. Als würde es ein Nachholbedürfnis in sein Leben mitbringen, versucht es sich in der einen oder anderen Form breitzumachen. Es muß lernen, wo es dies kann, ohne anderen »ins Gehege zu kommen«, und wo es die Grenzen der anderen anzuerkennen hat. Wenn es beispielsweise den ganzen Sandhaufen für sich beansprucht und die anderen Kinder wegzudrängen sucht, ist dies eine klare Grenzüberschreitung, die ihm nicht zusteht. Hat es jedoch einen Sandstrand von 20 Metern zur Verfügung, spricht nichts gegen eine gigantische Sandburg. So geht es nicht darum, das Kind in einen gesellschaftlich anerkannten Rahmen zu pressen, sondern ihm Möglichkeiten zu zeigen, wo es sich nach Belieben ausdehnen kann.

Im Schulalter oder schon früher zeigt sich immer mehr ein Bedürfnis, sich mit Moral- und Glaubensfragen auseinanderzusetzen. Das Kind neigt dazu, einen Glaubenssatz oder eine Anschauung zu übernehmen und daran wie an einer absoluten Wahrheit festzuhalten. Möglicherweise spielt es den aufsässigen »Besserwisser«, den man wie eine lästige Fliege verscheuchen möchte. Es fordert seine

Mitmenschen so lange mit einseitigen Ansichten heraus, bis es in Frage gestellt wird und so ein Meinungsbildungsprozeß zustande kommt, der ihm letztlich zu mehr Toleranz und Offenheit verhilft.

Das Kind neigt dazu, Musiker, Schauspieler, Sportler oder einen Lehrer zu bewundern oder für eine andere Person zu schwärmen, die ihm Vorbild, Idol oder gar Guru ist. Diese Auseinandersetzung mit den Vorstellungen und Lebensanschauungen anderer dient letztlich der Suche nach den eigenen Idealen.

Unaspektierter Jupiter ***Das Positive sehen lernen***

Alles Positive – die Bereiche, in denen ein Kind mit unaspektiertem Jupiter gelobt und gefördert wird – ist aus seiner Sicht wie weit entfernte Inseln, die kaum eine Verbindung zum gewöhnlichen Alltag haben. Was ihm neue Horizonte erschließt und es spielend lernen und neue Erfahrungen machen läßt, kann es nur schlecht in sein alltägliches Leben integrieren. Es hat Mühe, die erlebte Weite als zu ihm gehörend zu akzeptieren. Wenn man ihm neue Erfahrungen in möglichst vielen verschiedenen, alltäglichen Situationen vermittelt, unterstützt man es darin, die optimistische und erfahrungsfreudige Seite seines Wesens zu integrieren und in sein Leben einzubeziehen.

Saturn
Der Weg zur Eigenverantwortung

Grundsätzliches zur Saturn-Thematik

Saturn verkörpert den wohl stabilsten und auch starrsten Archetypen. Ihm wird Stein, Eisen und Knochen zugeschrieben. Auf der psychischen Ebene geht es um Verantwortung, Ernsthaftigkeit, Pflicht und Realitätssinn. Saturn symbolisiert festen Grund und Boden, das Fundament des Hauses oder den Rückhalt im Leben. Konkret wie im übertragenen Sinne gesehen, ist er die Schwerkraft, welche die Dinge unerbittlich auf den Boden zieht und so Ordnung schafft. Wenn wir uns Bilder von schwebenden Astronauten im Weltall ansehen, erhalten wir eine Vorstellung von einem Dasein ohne zentrierende Schwerkraft. Der verschüttete Orangensaft, das Taschentuch und die Brotkrümel schweben frei im Raum. Die kleinste Unachtsamkeit hat ein chaotisches Durcheinander zur Folge. Das ordnende Prinzip der Schwerkraft bewirkt, daß der Regen zur Erde fällt, Staub sich setzt und Schlüssel und Kreditkarten und was wir sonst noch nicht gerne schwebend im Raum suchen würden bleibt, wo wir es hingelegt haben. Diese Ordnung ist für uns so selbstverständlich, daß wir uns kaum Gedanken darüber machen, geschweige denn Dankbarkeit dafür verspüren. Wir träumen vom Fliegen und sehen in der Schwerkraft vor allem das Hindernis.

Ähnlich ist unsere Einstellung zum Saturn-Prinzip auf der psychischen Ebene. Es braucht oft ein halbes Leben und mehr, um einzusehen, wie wichtig die zurückhaltenden, abgrenzenden und stabilisierenden Tendenzen in uns sind. Saturn hat sein Image als klassischer Bösewicht noch immer nicht ganz verloren. Ein wertendes Bild des Saturn-Prinzips erschwert uns einen vorurteilsfreien Umgang mit dem Thema »Autorität und Erziehung«.

Im großen Ganzen ist man sich einig, daß der autoritäre Erziehungsstil unserer Großeltern und Urgroßeltern nicht kindgerecht war. Man sagte dem Kind, was es zu tun hatte. Dieses gehorchte Eltern und Lehrern nahezu ohne Widerspruch. Eine eigene Meinung oder gar Kritik war unerwünscht. In den vergangenen Jahrhunderten erzog – oder besser *verzog* – man die jungen Menschenkinder zu gut funktionierenden Marionetten, zu Erwachsenen, die gehorchten und arbeiteten. Um überleben zu können, war dies notwendig.

Astrologisch gesehen verbarg sich Saturn in den von der Natur vorgegebenen Bedingungen. Seit der Urzeit brauchte der Mensch Nahrung zum Überleben. Dafür mußte er arbeiten. Er hatte keine Wahl. Saturn setzte den Rahmen. Seine Devise lautete: Arbeite oder verhungere! Im Laufe der letzten zwei Jahrhunderte verbesserten sich die Lebensbedingungen in unseren Breitengraden zusehends. Man fand mit der industriellen Revolution bessere Arbeitsmethoden, und das Leben wurde für viele leichter. Der Saturn-Archetyp verlagerte sich mehr und mehr auf ein gesellschaftliches Parkett. Die Grenzen des einzelnen wurden nun nicht mehr in erster Linie dadurch festgelegt, daß er arbeiten mußte, um seinen Hunger zu stillen. Die Grenzen setzten nun vermehrt Traditionen und Normen des Zusammenlebens. »Man« tut dies oder jenes, auch wenn kein ersichtlicher Grund dafür gegeben ist. Die Kinder wurden zu »strammen« Söhnen und Töchtern erzogen, die wußten, was sich gehört. »Klara, zieh die Strümpfe an, heute kommt der Postbote«, befahl meine Urgroßmutter meiner Großmutter, als diese fünfzehn war. Saturn manifestiert sich in den gesellschaftlichen Normen.

Bis vor wenigen Jahrzehnten gab es eine erdrückende Menge gesellschaftlicher Verpflichtungen. Man wurde in ein soziales Umfeld hineingeboren, wuchs auf, ging zur Schule, lernte einen Beruf, heiratete und hatte Kinder, für die man nach bestem Wissen und Gewissen sorgte. Zumindest entsprach dies der allgemeinen Erwartungshaltung. Die Bahn war vorgegeben. Nur besonders waghalsige Typen brachen aus und gestalteten ihr Leben selbst.

Heute sind diese Regeln in beängstigendem Tempo in Auflösung begriffen. Der äußere Rahmen des Zusammenlebens schmilzt dahin wie Schnee in der Frühlingssonne. Der gesellschaftliche Druck, eine Familie zu gründen, einem Beruf nachzugehen und Geld zu verdienen, ist fast gänzlich verschwunden. Es ist kein Weg mehr vorgegeben. Saturn bietet keine allgemein anerkannten Verhaltensrichtlinien mehr.

Es gibt ihn aber trotzdem noch. Wo er früher genau sagte, was zu tun war, scheint er heute zu warten und uns scheinbar freie Bahn zu lassen, um uns dann zur Rechenschaft zu ziehen. Er stellt uns keine äußere Gehhilfe mehr zur Verfügung. Wir haben die einmalige Chance, selbst gehen zu lernen, die Richtlinien nach unserem persönlichen Muster zu gestalten und unser Leben selbst zu steuern. Diese Möglichkeit hatten frühere Generationen nicht. Sie hatten auch die Verpflichtung und Verantwortung nicht, ihr Dasein so zu gestalten, daß es sie erfüllt und befriedigt. Der saturnische Archetyp verlagert sich mehr und mehr von einem äußeren Rahmen zu einer inneren Instanz. Es ist nicht länger die Gesellschaft, die klare Richtlinien vorgibt, was wir zu tun haben, sondern die innere Stimme. Doch diese ist nicht einfach da! Jeder einzelne muß sie in einem anstrengenden Lern- und Entwicklungsprozeß suchen und wachsen lassen.

Der Weg vom äußeren zum inneren Halt beginnt auf der physischen Ebene bereits in den ersten Lebenswochen und -monaten. Um wachsen zu können, braucht ein Baby den Schutz und die Sicherheit der Mutter. Sein Rücken ist weich und biegsam, und es muß gestützt und gehalten werden. Doch schon bald hebt es den Kopf, sitzt, steht und läuft selbst. Nach wenigen Jahren sind sein Rücken und seine Beine kräftig geworden, und es braucht die körperliche Unterstützung seiner Eltern nicht mehr.

Die psychische Entwicklung eines Kindes verläuft grundsätzlich ähnlich, wenn auch wesentlich langsamer. Ein Kleinkind beginnt sich von der Mutter zu lösen. Es beginnt, eigenen Willen zu entwickeln und einen eigenen Weg zu gehen. Im Laufe der Kindheit übernimmt es immer mehr die Verantwortung für sein Leben. Es setzt Strukturen und Ziele und baut zunehmend auf seine eigenen Fähigkeiten. So braucht es immer weniger den Halt der Eltern und steht schließlich als erwachsener Mensch auch im übertragenen Sinne »auf eigenen Beinen«.

Damit diese Entwicklung ungestört ihren Lauf nehmen kann, braucht ein Kind das Vorbild seiner Eltern, die ihm immer wieder vorleben, wie man sein Leben strukturiert und Verantwortung trägt, und die ihm auch die nötigen Übungsmöglichkeiten bieten.

Vergleicht man die Kinder der neunziger Jahre mit unserer Kindheit, so fällt auf, daß die heutige Generation bedeutend selbständiger ist als es die Kinder der fünfziger, sechziger und auch siebziger Jahre waren. Unter anderem verlagert sich der saturnische Prozeß von der Anpassung an gesellschaftliche Normen zur verantwortungsbewußten Selbststeuerung. Die äußeren Vorgaben sind weniger ausgeprägt, und so werden die inneren rascher entwickelt. Für die Astrologen hat dies zur Konsequenz, daß Saturn in einem aktuellen Kinderhoroskop anders gedeutet wird als in einem Erwachsenenhoroskop, wenn man sich auf dessen vergangene Kindheit bezieht. Die folgenden Ausführungen gelten für Kinder der heutigen Generation.

Die verschiedenen Saturn-Manifestationen

Regeln und Strukturen

Das Kind wird in lebende Strukturen hineingeboren, z. B. in eine Familie, in ein Beziehungsnetz, einen eingespielten Rhythmus von Arbeit und Freizeit, einen geordneten Tagesablauf. Es wird mit mehr oder weniger Druck angehalten, sich in diese Strukturen einzufügen. Im Mutterleib wurde das Baby Tag und Nacht gleichmäßig mit Nahrung versorgt. Nun soll es plötzlich in der Nacht schlafen und nichts zu trinken bekommen. Meist braucht es Monate, bis das Kind sich diesem Rhythmus fügt und nachts nicht mehr nach der Brust verlangt. Früher oder später ordnet es sich dem Wechsel von Tag und Nacht, von Wachen und Schlafen unter. Wie jede Struktur trägt auch diese die Signatur Saturns. Das Kind hat mit dem Durchschlafen ein Stückchen Saturn verinnerlicht.

Die gesamte Entwicklung des Kindes kann unter dem Aspekt der Verinnerlichung des Saturn-Prinzips betrachtet werden. Es lernt gehen, zuerst auf wackligen Beinen, dann entwickelt es inneren Halt und seine Schritte werden sicher. Es sieht das Vorbild der anderen, lernt durch Nachahmung und beherrscht die Bewegung schließlich selbst. Auf der Ebene des Körpers und der motorischen Entwicklung ist dieser Verlauf offensichtlich. Auch auf der psychischen Ebene übernimmt das Kind zumindest teilweise den äußeren Rahmen und macht ihn zu seinem Inneren. Es bildet ein Gewissen nach den äußeren Vorbildern. Es stellt ähnliche Ansprüche an sich selbst, wie Eltern und Lehrer sie an das Kind stellen. Wir finden das hermetische Prinzip in der Form »wie außen, so innen« bestätigt.

Grenzen

Unter äußeren Grenzen im weitesten Sinne sind Gebote und Verbote zu verstehen. Sie geben dem Kind Halt und Sicherheit. Es ist sinnvoll, das Ballspiel auf Straßen oder Experimente mit der Steckdose kategorisch zu verbieten, denn dies gefährdet das Leben des Kindes. Heikler wird die Frage nach den Grenzen, wenn eine Mutter ihrem einjährigen Kind verbietet, die Schubladen auszuräumen, weil sie es müde ist, diese immer wieder einzuräumen. Hier grenzt sich die Mutter ab auf Kosten der Experimentierfreude des Kindes. Wenn sie das allzuoft tut, verinnerlicht das Kind schließlich das Verbot, neues Territorium zu erkunden. Es wächst dann zu einem unsicheren Menschen heran, der sich wenig zutraut und Angst hat, »auf die Finger zu bekommen«, wenn er nach neuen Möglichkeiten Ausschau hält. Das Kind verinnerlicht die Grenzen, die ihm von seiner Umwelt gesetzt werden. Sie sind ein Teil der Ausstattung für sein späteres Leben und geben gleichsam vor, wieviel Spielraum erlaubt ist.

Darf ein Kind frei experimentieren, dann stößt es an die Grenzen seiner eigenen Fähigkeiten. Es erkennt seine Schwächen und kann diese sogar teilweise durch gezieltes Üben beheben. Wenn es auf Stühle, Mauern und Bäume klettern darf, trainiert es seine körperliche Geschicklichkeit und bekommt ein Gefühl, wo es noch herunterspringen kann und wo nicht mehr. Dies stellt die Eltern allerdings vor die schwierige Aufgabe, das Kind gewähren zu lassen, auch wenn es sich beim Herantasten an seine Grenzen ein paar Beulen und Schrammen holt. Jede Grenze, die ihm durch Ausprobieren bewußt geworden ist, stellt eine weitere Verinnerlichung des Saturn-Prinzips dar.

Kritik

Saturn als das grenzsetzende Prinzip symbolisiert auch den »inneren Kritiker«, die Instanz in einem Menschen, die ihm auf eine mehr oder weniger rigide Art sagt, was er leisten muß und was er zu tun und zu lassen hat.

Ein Kind entwickelt erst allmählich eine kritische innere Haltung sich selbst und der Umwelt gegenüber. Dabei übernimmt es weitgehend die Maßstäbe, die ihm die Eltern und engsten Bezugspersonen setzen. Wenn es beispielsweise sehr oft zu hören bekommt, daß es, so wie es ist, nicht genügt und nicht schnell, fleißig, zuverlässig oder nett genug ist, nimmt es die Aufforderung, alles immer noch besser zu machen, als Leitsatz in sein Leben mit und läßt sich davon bis weit ins Erwachsenenalter hinein hemmen und unter Druck setzen. Wenn Eltern in dem Bereich, wo Saturn im Kinderhoroskop steht, das Kind zu größeren Leistungen anspornen, so wird die eigene kritische Haltung des Kindes massiv verstärkt, und die Anforderungen, die das Kind glaubt erfüllen zu müssen, werden unerreichbar hoch.

Positive Unterstützung erhält das Kind, wenn es immer wieder Gelegenheit bekommt, sich zu bewähren, kleine Aufgaben selbst zu erfüllen und zu erleben, daß es den gestellten Anforderungen gewachsen ist. Dabei soll ihm nichts vorgespielt werden. Für eine schlechte Leistung will es nicht gelobt werden. Es braucht jedoch Anerkennung, wenn es sich eingesetzt hat, und aufbauende Kritik, wenn es Fehler macht. Es versucht entweder, diese mit verstärktem Einsatz, Ehrgeiz und Härte gegen sich und gegen andere doch noch zu erreichen, oder verliert jede Motivation und wird passiv und gehemmt. In welchen Bereichen es diesbezüglich besonders ansprechbar ist, aber auch besonders empfindlich reagiert, beschreibt die Saturnstellung im Horoskop, insbesondere die Hausstellung und die Aspekte.

Angst

Wo Saturn im Horoskop steht, ist das Leben schon im Kindesalter kein Kinderspiel. Die Anforderungen, die an das Kind herangetragen werden, scheinen ihm unüberwindbar. Das Kind fühlt sich oft überfordert und reagiert mit Angst. Angst ist die Motivation für Rückzug und läßt ein Kontrollbedürfnis entstehen. Die Angst vor dem Versagen bringt das Kind jedoch auch dazu, mit all seinen Kräften zu lernen, um die gestellten Aufgaben zu meistern.

Angst hat viele Formen. In der Regel läßt sie ein Kind innehalten. Grundsätzlich ist das ein gesunder Schutzmechanismus. Will ein Kind von einer Mauer springen, so sagt ihm sein Angstgefühl, ob es den Absprung noch wagen darf oder nicht. Eine innere Instanz setzt ihm Grenzen, so daß es seinen Körper nicht verletzt.

Eine völlig andere Form ist die hemmende Angst. Diese hat nichts mit Erkennen von realen Grenzen zu tun, sondern entspringt der Phantasie. Ein Beispiel ist Prüfungsangst, die keine reale Gefahr signalisiert. Sie entsteht, wenn das Kind sich den Anforderungen nicht mehr gewachsen fühlt. Bis zu einem gewissen Grad motiviert sie das Kind, sein Bestes zu geben und den gestellten Anforderungen die Stirn zu bieten. Damit bewegt es sich auf dem saturnischen Entwicklungsweg. Ist die Angst zu groß, dann zieht es sich zurück. Es verharrt im Stillstand, beraubt sich der Erfolgserlebnisse und ist dadurch noch frustrierter und gehemmter. Übermäßige Angst führt in einen Teufelskreis von Frustration und Hemmung, aus dem ein Kind oft erst in der Pubertät oder im Erwachsenenalter heraustreten kann. Diese problembehaftete Form der Angst tritt in extremem Ausmaß in Kombination mit Pluto-Themen und im Zusammenhang mit einem lieblosen und rigiden Milieu auf. Ansatzweise finden wir sie fast bei jedem Kind entsprechend der Saturnstellung im Horoskop.

Sicherheit und Verantwortung

Saturn bedeutet in seiner entwickelten Form innere Stabilität und Bereitschaft, das Beste aus den gegebenen Möglichkeiten zu machen. Diese Gelassenheit beruht nicht auf äußeren Normen und Gesetzen, sondern aus der genauen Kenntnis der eigenen Fähigkeiten und Grenzen. Man könnte diese innere Haltung mit folgenden Worten umschreiben: »Das bin ich, das kann ich, das weiß ich. Ich gehe meinen Weg und fülle meinen Platz im Leben aus.« Diese Haltung ist verbunden mit einem Verantwortungsbewußtsein sich selbst und der Umwelt gegenüber. Man will seine Fähigkeiten verfeinern und einsetzen. Das erfordert zwar – wie jede Saturn-Manifestation – einen vollen Einsatz, hat aber nichts mit »man sollte« oder »man müßte« zu tun.

Ein Kind geht den Entwicklungsprozeß in Richtung auf dieses Ziel. Die Hausstellung und Aspekte von Saturn zeigen die Bereiche auf, in denen sich das Ringen um innere Stabilität abspielt.

Saturn im Haus

Saturn im 1. Haus	***Das Bestreben, sicher aufzutreten***
Regeln und Strukturen:	Verhaltensregeln bezüglich Benehmen, Auftreten, Kleidung
Grenzen:	Das darfst du nicht tun. Das kannst du nicht. Das ist zu gefährlich.
Selbstkritik, Angst:	Ich benehme mich falsch.
Innerer Halt:	Starke Persönlichkeit, sicheres Auftreten

Mit Saturn im 1. Haus bemüht sich ein Kind um ein korrektes Verhalten. Es möchte »seinen Mann« oder »seine Frau« stehen und geachtet und respektiert werden. Aus diesem Grund ist es empfänglich für gesellschaftliche Normen und Verhaltensregeln, grüßt Erwachsene, wie es von ihm gefordert wird, benimmt sich bei Tisch anständig oder legt Wert auf saubere und tadellose Kleidung.

Das kleine Kind mit dieser Saturnstellung orientiert sich in seinem Benehmen nach den Richtlinien, die Eltern und Umwelt ihm vorgeben. Es nimmt die Reaktionen, die es durch sein Aktiv-Werden auslöst, sehr ernst. Es beobachtet gut, wie die Eltern ihm nach dem Spiel im Sandkasten den Sand aus den Kleidern klopfen, ihm eine widerspenstige Locke aus der Stirn bürsten oder seinen Teller sauber auswischen. Mit der Einstellung, daß Ordnung und Regeln zum Leben gehören, versucht es schon bald, sich selbst ein entsprechendes Verhalten anzueignen.

Klares und zielgerichtetes Auftreten imponiert ihm. Es bewundert den Vater, Lehrer oder andere Bezugspersonen um ihrer Autorität und Sicherheit willen. Es möchte selbst so werden und unterzieht alles, was es von sich zeigt, einer kritischen Prüfung. Aus Angst, etwas Falsches zu sagen, wird es oft schweigen oder lange überlegen. Wenn es etwas vorzeigen soll, beispielsweise in der Schule, reagiert es zurückhaltend und übt lange und gründlich, bis es seiner Sache ganz sicher ist. Es will sich von einer möglichst perfekten Seite zeigen. Korrektes Auftreten ist ihm wichtiger als spontane Selbstbehauptung. Es improvisiert nicht einfach unbedacht darauf los, sondern braucht ein hohes Maß an Sicherheit, um sich zu exponieren.

Eltern und Lehrer unterstützen das Kind, wenn sie ihm Gelegenheit geben, nach außen zu treten, sei es eine kleine Darbietung an einem Familienfest, ein Auftrag zum Einkaufen oder das Übermitteln oder Einholen einer Information. Dabei ist es wichtig, das Kind nicht zu überfordern. Es braucht den Rückhalt der Eltern und die Gewißheit, daß sie ihm beistehen, wenn es einer Anforderung allein nicht gewachsen ist. Da es Aufträge über sein Alter hinaus pflichtbewußt ausführt und überdurchschnittlich vernünftig wirkt, lassen sich die Eltern leicht dazu verleiten, zuviel von ihm zu fordern und ihm zuviel Verantwortung zu übertragen. Es braucht zwar Gelegenheit, sich zu bewähren, aber eine zu schwere Last kann es ernst, steif und gehemmt werden lassen.

Ein Kind mit Saturn im 1. Haus stellt hohe Ansprüche an sein Erscheinungsbild und seine Umgangsformen. Wenn die Eltern diese Tendenz noch unterstützen und das Kind diesbezüglich kritisieren, besteht die Gefahr, daß es sich unter Druck setzt. Es entwickelt dann eine übertriebene Selbstkontrolle und versteckt sich hinter einer Maske. Es braucht eine aufmunternde Begleitung und die Bestätigung, daß es Fehler machen darf. Zeigen die Erwachsenen, daß auch sie sich nicht immer perfekt verhalten, hilft ihm dies, sich trotz eigener Schwächen zu behaupten.

Im Horoskop von Malex steht Saturn im 1. Haus. Malex hat einen Jungfrau-Aszendenten und keine Planeten im Erdelement. Das Saturn-Prinzip stellt sich als schwer überwindbares Hindernis zwischen ihn und seine Umwelt. Malex nimmt seinen Körper nur beschränkt wahr. Er duscht z. B. heiß, ohne die Grenze zwischen angenehmer und zu hoher Temperatur zu spüren. Wenn er sich einmal in den Finger schneidet oder hinfällt, sagt er: »Mama, es blutet.« Kein Wort, daß es weh tut.

Malex ist ein Einzelgänger. Er hat nur wenige Freunde, die er hin und wieder trifft. Saturn manifestiert sich auch in einem ausgeprägten Sinn für Verhaltensformen. Der Junge kritisiert andere gern. Er ist die Ruhe und Standhaftigkeit in Person. In der Schule wurde er zum Klassensprecher gewählt.

Saturn im 2. Haus	***Klare Verhältnisse stärken das Selbstvertrauen***
Regeln und Strukturen:	Klare Besitzverhältnisse, eigenes »Revier«
Grenzen:	Das darfst du nicht haben. Das können wir uns nicht leisten. Dafür hast du keine Begabung.
Selbstkritik, Angst:	Ich bin nichts wert.
Innerer Halt:	Verantwortungsbewußter Umgang mit Geld, materiellen Werten und eigenen Fähigkeiten.

Eigentum ist für ein Kind mit Saturn im 2. Haus schon in den ersten Lebensjahren von zentraler Bedeutung. Zu einem eigenen Ich gehört seiner Empfindung nach nicht nur der eigene Körper und die innere Welt der Vorstellungen, Gedanken und Emotionen, sondern es bezieht auch seine Spielsachen, sein Bettchen, Kleider und vieles mehr mit ein. Es empfindet seinen Besitz als einen Teil von sich. Wer in sein »Revier« eindringt und ihm etwas streitig macht, greift das Kind persönlich an. Es geht ihm nicht darum, sehr viel sein Eigen zu nennen, sondern es braucht stabile und unantastbare Besitzverhältnisse, wie Spielsachen, die nur ihm gehören, und ein eigenes Zimmer oder zumindest eine eigene Spielecke.

Die Erfahrung, daß Eltern und Geschwister sein Eigentum respektieren, stärkt sein Selbstvertrauen. Umgekehrt fühlt es sich verletzt, wenn die Mutter seine Sachen aufräumt und beispielsweise die liebevoll gesammelten Schneckenhäuschen wegwirft.

Das Kind entwickelt früh ein Verantwortungsbewußtsein für sein Eigentum. Dies mag sich darin zeigen, daß es seine Spielsachen aufräumt, sein Fahrrad pflegt, dafür sorgt, daß es ausgeliehene Bücher wieder zurückerhält, oder sie gar nicht ausleiht. Auch eigenes Taschengeld dürfte es sorgfältig verwahren. Vielleicht sammelt es Dinge, die es ordnen und verwalten kann, wie Briefmarken.

Es braucht Gelegenheit, für das Eigene zu sorgen und sich so mit seiner Verlustangst und etwaigen Tendenzen zum Horten oder zu Geiz auseinanderzusetzen. Seine Befürchtungen, Besitz – und damit ein Stück von sich selbst – zu verlieren, können im Extremfall dazu führen, daß es Dinge, die ihm viel bedeuten, gar nicht haben will. Es möchte von den Eltern, daß sie ihm beratend zur Seite stehen und ihm helfen, eine wirklichkeitsnahe Einstellung zu materiellen Werten zu finden. Indem es einen immer größer werdenden Bereich selbständig verwaltet, wächst sein Selbstwertgefühl.

Das Kind mit Saturn im 2. Haus benötigt nicht nur die Sicherheit, über ein materielles »Revier« verfügen zu können, es braucht für eine gesunde Entwicklung auch einen sicheren Platz im Herzen der Eltern. Die latent vorhandene Verlustangst bezieht sich nicht nur auf materiellen Besitz, sondern auch auf die Liebe der Eltern. Es hat leicht das Gefühl, nicht um seiner selbst willen geliebt zu werden. Bemerkungen der Eltern, daß sie es nur gern haben, wenn es dies oder jenes tut, den Teller leer ißt oder sich anständig benimmt, graben sich tief in die kindliche Seele ein und vermitteln den Eindruck, Liebe verdienen zu müssen. Sie geben seiner Neigung, den eigenen Wert in Frage zu stellen, immer wieder neue Nahrung. Es bemüht sich dann, den Wünschen und Anforderungen der Eltern so gerecht wie möglich zu werden. Die Eltern sollten darauf achten, daß sie Liebe und Zuneigung nicht von seinem Verhalten abhängig machen. Wollen sie es für ein Vergehen bestrafen, sollten sie es in den Arm nehmen und ihm liebevoll erklären, was es falsch gemacht hat und warum es nun diese oder jene Strafe, z. B. eine bestimmte Hausarbeit, auf sich nehmen muß. Es ist wichtig für das Kind, zu hören, daß es trotzdem gemocht wird.

Wenn es immer wieder erfahren kann, daß ein Platz im Herzen der Eltern ihm gehört, egal was es tut, lernt es, sich selbst mit der gleichen liebevollen Haltung zu akzeptieren und zu schätzen. Es erkennt seinen eigenen Wert und gewinnt Vertrauen in die eigenen Qualitäten und Fähigkeiten.

Saturn im 3. Haus ***Der Anspruch, nichts Falsches zu sagen***

Regeln und Strukturen:	Klare Kommunikation, Sammeln und Einordnen von Information
Grenzen:	Das verstehst du nicht. Das geht dich nichts an. Das interessiert niemanden.
Selbstkritik, Angst:	Ich bin dumm. Ich drücke mich unklar aus.
Innerer Halt:	Fundiertes Wissen, gute sprachliche Ausdrucksfähigkeiten

Ein Kind mit Saturn im 3. Haus stellt hohe Anforderungen an seine verbalen und intellektuellen Fähigkeiten. Kaum spricht es die ersten Worte, versucht es mit großer Anstrengung, sich verständlich auszudrücken. Verstehen die Eltern nicht, was es sagen will, reagiert es enttäuscht und zweifelt schnell am eigenen sprachlichen Können. Im verbalen Bereich hat es ein starkes Bedürfnis, ernst genommen zu werden. Es braucht Vater und Mutter als geduldige Zuhörer, die es zum Sprechen ermuntern und ihm Zeit lassen, die richtigen Worte zu finden. Es sprudelt kaum einfach darauf los, sondern überlegt genau, was es sagt. Übernehmen die Eltern seine Babysprache, so erweisen sie ihm damit keinen Dienst, sondern verunsichern es nur unnötig. Es kann die verniedlichten, babyhaften Formulierungen nicht von den korrekten unterscheiden. Dabei ist ihm gerade sprachliche Kompetenz außerordentlich wichtig. Mit Kritik an Aussprache und Wortschatz sollten die Eltern ebenfalls sehr vorsichtig sein, da sie das Kind damit leicht zu einem Rückzug veranlassen.

Das Kind möchte vieles wissen. Auf Äußerungen wie »Dazu bist du noch zu klein!« oder »Das verstehst du nicht!« reagiert es sehr empfindlich. Es will in seinem Denken ernst genommen werden. So ist es wichtig, daß die Eltern auf seine Fragen eingehen und seine Neugierde nach Möglichkeit befriedigen. Es zweifelt leicht an seiner Fähigkeit, die Dinge zu verstehen. Eine entsprechende kritische oder abschätzige Bemerkung festigt seine latent vorhandene Annahme, dumm und unwissend zu sein. Wenn jedoch sein Wissensdurst liebevoll durch ausführliche Erklärungen gestillt wird, gelingt es ihm, Schritt für Schritt Wissen zu sammeln und damit sein Selbstvertrauen zu stärken.

Was ein Kind mit Saturn im 3. Haus sagt, hat »Hand und Fuß«. Durch sein fast altkluges, intellektuelles Verhalten wirkt es als ernstzunehmender Gesprächspartner. Die Eltern könnten leicht in Versuchung kommen, zu früh mit ihm auch schwierigere, persönliche Themen zu besprechen und es so zu überfordern.

Die Schule hat für das Kind eine zentrale Bedeutung. Es fühlt sich nur sicher, wenn es den neuen Stoff vollständig versteht, und lernt deshalb gründlich und gewissenhaft. Auch hier hat es den Anspruch, möglichst wenige Fehler zu machen, und überfordert sich damit selbst. Leidet es unter dem Druck der Schule, so stellt oft das Kind selbst zu hohe Anforderungen an sich. Wenn die Eltern zusätzlich ehrgeizige Erwartungen bezüglich seiner schulischen Leistungen haben, kann es dem Druck nicht mehr standhalten und reagiert mit sprachlichen Hemmungen und Lernschwierigkeiten wie Stottern oder Legasthenie. Eltern und Lehrer wirken dem entgegen, indem sie die Anforderungen dem Wissensstand und den sprachlichen Fähigkeiten des Kindes anpassen und kleine Lernschritte anbieten, so daß das Kind durch Erfolgserlebnisse Vertrauen in seine mentalen Fähigkeiten gewinnen kann. Zeigen sie ihm durch das eigene Beispiel, daß man Falsches sagen darf und nicht alles zu wissen braucht, dann findet es den Mut, sich selbst Fehler zu gestatten.

In einer warmen, lockeren Atmosphäre in Familie und Schule kann ein Kind mit Saturn im 3. Haus seine Anlagen zum klaren Denken schulen und Sprache und Wissen zu wichtigen Grundpfeilern seines Lebens entwickeln, die ihm Halt und Sicherheit vermitteln.

Saturn im 4. Haus ***Sicherheit durch Geborgenheit***

Regeln und Strukturen:	Wie werden meine Bedürfnisse gestillt? Umgang mit Gefühlen und Geborgenheit
Grenzen:	Wir wollen dich nicht. Wir mögen dich nicht.
Selbstkritik, Angst:	Ich bin nicht liebenswert.
Innerer Halt:	Ich kann für mein eigenes Wohlbefinden sorgen.

Ein Kind mit Saturn im 4. Haus braucht ein warmes Familienklima und viel Geborgenheit, um sich sicher zu fühlen. Sein Bettchen ist nicht nur Schlafstätte, sondern ein kuscheliges Nest, in dem es sich wohl und geborgen fühlen möchte. In einem fremden Bett an einem ungewohnten Ort oder zu ungewohnter Zeit schlafen zu müssen, schätzt es gar nicht. Zumindest seine Kuscheltiere oder sein Schmusetuch sollten es überallhin begleiten und ihm auch in einem unbekannten Bett, beispielsweise in den Ferien, ein Stück Geborgenheit vermitteln.

Saturn im 4. Haus kann als Filter verstanden werden, der die kargen und lieblosen Aspekte im Familienleben besonders eindrücklich erscheinen läßt. Das Kind empfindet einen Mangel an Geborgenheit. Möglicherweise provoziert es die Eltern so sehr, bis diese mit ihm streng sind und es so das gesuchte kühle Familienklima erleben lassen. Mehr als andere Kinder braucht es deshalb immer wieder die Bestätigung, bedingungslos geliebt zu werden und auf die Eltern zählen zu können. Ein trautes Heim ist eine wichtige Voraussetzung für seine Entwicklung. Auf eine unstabile Familiensituation reagiert es sehr verletzlich.

Das Kind fühlt sich nie ganz sicher und aufgehoben. Da Nestwärme in seinem Erleben nicht selbstverständlich zur Verfügung steht, beginnt es schon früh, für andere zu sorgen. Sein Teddybär wird z. B. gefüttert und unter die warme Decke gesteckt. Mit zunehmendem Alter hütet es vielleicht jüngere Geschwister oder das Baby der Nachbarin, bringt der kranken Mutter Tee oder füttert und pflegt sein eigenes Haustier. Wenn es für andere sorgen kann, wächst sein Selbstvertrauen.

Ein Kind mit Saturn im 4. Haus kann ausgesprochen fürsorglich sein. Es fordert von sich ein hohes Maß an Zuverlässigkeit. Wird ihm ein kleines Kind oder ein Tier anvertraut, so nimmt es diese Aufgabe sehr ernst. Die Eltern sollten bezüglich Fürsorglichkeit nicht zu hohe Erwartungen stellen, es jedoch ermuntern, seinem Alter entsprechend Verantwortung für jüngere Kinder, ein Tier, Zimmerpflanzen oder ein Stückchen Garten zu übernehmen. Es braucht kleine Aufgaben, in denen es fürsorglich sein und dabei warme Gefühle für andere und für sich entwickeln kann. Das als karg empfundene Familienklima wird im besten Falle zur Motivation, innere Wärme zu finden.

Saturn im 5. Haus	***Spiel mit Regeln***
Regeln und Strukturen:	Wie bringe ich mich zum Ausdruck? Spielregeln
Grenzen:	Das ist nicht möglich. Das ist nicht erwünscht. Das schaffst du nicht.
Selbstkritik, Angst:	Ich bin nicht gut genug.
Innerer Halt:	Selbstsicherheit

Mit Saturn im 5. Haus spielt ein Kind nicht so sehr des Spielens wegen, es versucht vielmehr, seine spielerischen und kreativen Neigungen in eine perfekte Form zu bringen. Bevorzugt werden Spiele mit Regeln. Das Kind schafft sich beim Spielen eigene Strukturen und übt, bis es etwas perfekt beherrscht. Ob es sich sportlich betätigt, ein Musikinstrument spielt, bastelt oder eine Modelleisenbahn aufbaut, es will mit tadellosem Können und einem geordneten Ablauf aufwarten. Es ist durchaus bereit, sich für das ersehnte Lob einzusetzen und stundenlang dafür zu üben. Da es selbst schon hohe Ansprüche an seine »Auftritte« stellt, sollten Eltern und Lehrer den Leistungsdruck nicht durch zusätzliche Forderungen erhöhen. Das Kind reagiert sonst mit Lampenfieber oder verliert ganz den Mut, um sich zu zeigen. Es hat wenig Vertrauen in seine kreative Selbstdarstellung. Die eigenen Schwächen sieht es sehr gut. Dies gibt ihm einerseits die Motivation zum Üben – beispielsweise vor einem Theater- oder Musikauftritt –, weckt aber auch seine Angst, nicht zu genügen. Es braucht von den Eltern liebevollen Zuspruch und die ausdrückliche Erlaubnis, Risiken einzugehen und Fehler zu machen.

Es möchte von den Eltern in seinen Spielen und in seinem schöpferischen Ausdruck ernst genommen werden, ohne unter Leistungsdruck zu geraten. Im Kleinkindalter ist der Sandhaufen eine wichtige »Bühne« für das Kind, und es fühlt sich in seinem Selbstvertrauen gestärkt, wenn man seinen Sandburgen Beachtung schenkt. Auch für Zeichnungen, Rollenspiele oder körperliche Leistungen braucht es das Lob der Eltern und Lehrer, das ihm mit den Jahren die Sicherheit gibt, sich so darstellen zu können und zu dürfen, wie es dies möchte. Die Erfahrung, daß es ernst genommen wird, wenn es sich zeigt, ist ihm wichtig.

Wird es ausgelacht oder übersehen, dann zieht es sich zurück oder versucht, mit zäher Verbissenheit Beachtung zu erzwingen. Grundsätzlich will sich das Kind zeigen. Gelingt es ihm nicht, sich auf eine positive Weise ins Rampenlicht zu stellen, so versucht es, negativ aufzufallen. Zumindest in Form von Tadel bekommt es dann Aufmerksamkeit.

Wie jedes Kind mit Saturn im 5. Haus möchte auch David (Saturn Konjunktion Mond Konjunktion Mars in Skorpion im 5. Haus) sich zeigen und steht gleichzeitig unter dem saturnischen Druck, sich perfekt darzustellen. Er hat für seinen Selbstausdruck das Xylophon gewählt. Bis zum Alter von zwölf Jahren hat er seine Fertigkeit so weit geschult, daß er in einer Musikgruppe spielen und eine zentrale Stellung innehaben kann. Er spielt mit vier Schlegeln gleichzeitig. Die Geschicklichkeit dazu verdankt er der saturnischen Energie, die ihm die Zähigkeit und Ausdauer verleiht, so lange zu üben, bis es klappt.

Saturn im 6. Haus	***Kleine Alltagspflichten stärken das Selbstvertrauen***
Regeln und Strukturen:	Geordneter Alltag, physikalische Gesetze
Grenzen:	Laß die Finger davon! Experimentieren verboten!
Selbstkritik, Angst:	Ich bin nicht perfekt genug. Mich kann man nicht brauchen.
Innerer Halt:	Sicherheit, den täglichen Anforderungen gewachsen zu sein

Der Alltag ist für ein Kind mit Saturn im 6. Haus von zentraler Bedeutung. Es schätzt einen geordneten Tagesablauf. Die einzelnen

Begebenheiten des täglichen Lebens wie Perlen an einer Schnur vor sich aufgereiht zu sehen und stets zu wissen, was als nächstes kommt, gibt ihm Sicherheit. Es möchte selbst am gewohnten Tagesablauf teilhaben und seinen Beitrag leisten. Sich eigenständig anziehen, die Zähne putzen sowie kleine Dienste im Haushalt erledigen, wie den Tisch decken oder Wäsche aufhängen, erfüllen es mit Stolz und Freude. Dabei stellt es den hohen Anspruch, seine Pflichten korrekt zu erfüllen.

Das Kind ist fasziniert von seinem Körper, und es mag Stunden damit verbringen, ihn und seine Bewegungsmöglichkeiten zu erkunden. Auch seine unmittelbare Umgebung erschließt es sich langsam und systematisch. Es ist grundsätzlich vorsichtig und braucht viel Zeit, um sich mit seinem Umfeld gründlich auseinanderzusetzen. Nur zögernd wagt es sich an unbekannte Dinge und verbrennt sich kaum die Finger am Bügeleisen. Durch viele kleine Erfolgserlebnisse wird es langsam zuversichtlicher.

Das Kind mit Saturn im 6. Haus will nicht gedrängt werden. Es möchte in seinem eigenen Tempo voranschreiten. Es fühlt sich minderwertig, wenn die Mutter ihm die Dinge aus der Hand nimmt, um ihm zu zeigen, wie etwas schneller und geschickter gemacht werden könnte. Viel lieber möchte es eigenhändig probieren. Ist es ihm beispielsweise als Zwei- oder Dreijährigem gelungen, den Schlüssel ins Schloß zu stecken und die Tür aufzuschließen, so freut es sich riesig darüber und will das Experiment so oft wiederholen, bis es dieses perfekt beherrscht und die Handlung gewissermaßen zu einem Teil seiner selbst geworden ist.

Da es vieles gründlich macht, können Eltern leicht der Versuchung erliegen, ihm Dinge aufzutragen, für die es noch zu klein ist. Zum eigenen Leistungsanspruch gesellt sich dann noch derjenige von Vater oder Mutter. Das Kind will auch hier alles möglichst perfekt erledigen, überfordert sich und erlebt einen Mißerfolg. Oder es reagiert mit Krankheitssymptomen auf die Überforderung und bekommt z. B. eine Grippe, wenn der Druck in der Schule zu groß wird. Andererseits will es in seinem Pflichtbewußtsein ernst genommen werden und braucht kleine Aufgaben, »Ämtchen« im Haushalt oder Aufgaben in der Schule, die es selbständig ausführen kann. Sind die Anforderungen seinem Alter angepaßt, erledigt es diese gewissenhaft. Die Erfahrung, den unterschiedlichsten Alltagssituationen gewachsen zu sein, stärkt sein Selbstvertrauen.

Wenn die Mutter Alessandro (Saturn im 6. Haus) etwas tun heißt, fragt er stets nach dem Grund. Die Gründlichkeit Saturns verbunden mit dem Thema »Alltag« des 6. Hauses läßt Alessandro keinen Finger rühren, wenn er nicht einsieht, daß sein Einsatz wirklich gebraucht wird und einen konkreten, materiellen Nutzen erbringt.

Saturn im 7. Haus	***Wie muß ich mich verhalten, damit ich geliebt werde?***
Regeln und Strukturen:	Klare Verhältnisse in Beziehungen
Grenzen:	Unzuverlässigkeit, geliebte Menschen brechen die Beziehung ab
Selbstkritik, Angst:	Ich bin nicht liebenswert.
Innerer Halt:	Ich kann Beziehungen eingehen und ihnen Stabilität und Dauer verleihen.

Ein Kind mit Saturn im 7. Haus geht unbewußt davon aus, daß eine Beziehung auch eine Verpflichtung beinhaltet. Es sieht in der Partnerschaft seiner Eltern vor allem die ernsten Aspekte, die gegenseitige Verantwortung und das daraus wachsende Vertrauen. Auch in seiner Beziehung zu ihnen fühlt es sich schnell veranlaßt, sich für die geliebten Eltern einzusetzen oder sich anzupassen und zu gehorchen, um damit ihre Liebe zu verdienen.

Ihm fehlt die Überzeugung, ein liebenswertes Kind zu sein. Um Vertrauen in die Liebe der Eltern und damit letztlich in den eigenen Wert fassen zu können, braucht es ihre uneingeschränkte Zuneigung. Es möchte von ihnen in die Arme genommen werden und immer wieder neu erfahren, daß sie es gern haben, egal was es tut. Die Gewißheit, geliebt zu werden, ermöglicht ihm, sich frei zu entfalten, ohne den anstrengenden Versuch, es ihnen recht zu machen. Grundsätzlich neigt das Kind dazu, sich Wertschätzung und Liebe zu erkaufen, indem es sich unterordnet. Damit es seinen eigenen Weg gehen kann, braucht es immer wieder die liebevolle Bestätigung, daß die Eltern das nicht von ihm erwarten.

Ein Kind mit Saturn im 7. Haus will in seinen zwischenmenschlichen Beziehungen ernst genommen werden. Wenn die Eltern mit ihm sprechen, anstatt einfach über das Kind zu verfügen, fühlt es sich als ebenbürtiger Partner. Gebote und Verbote, die nicht aus einem gemeinsamen Gespräch hervorgehen, empfindet es als erniedrigend.

Erklären die Eltern, warum sie etwas von ihm wollen, und nehmen Rücksicht auf seine Wünsche und Anliegen, dann spürt es die Wertschätzung. Sein Selbstvertrauen wächst.

Über sein Alter hinaus zeigt es Verständnis für die Anliegen der Eltern und anderer Personen, die ihm nahestehen. Vor allem wenn die Beziehung der Eltern schwierig ist, können diese leicht der Versuchung erliegen, das Kind zu früh mit ihren Problemen zu belasten. Hier gilt es, abzuwägen zwischen seinen Bedürfnissen, einerseits teil zu haben am Leben und an den Problemen der Eltern und andererseits ein unbeschwertes Kind zu sein. Es anerkennt die Autorität der Eltern ohne weiteres und ist bemüht, alles zu ihrer Zufriedenheit auszuführen. Es holt sich bei ihnen auch Ratschläge und Unterstützung für seine Schwierigkeiten. Um jedoch zu einem selbständigen Erwachsenen heranzuwachsen, braucht es Bereiche, in denen es selbst Verantwortung tragen darf.

Freundschaften zu anderen Kindern sind für das Kind mit Saturn im 7. Haus sehr wichtig. Dabei bemüht es sich um Fairneß und nimmt Streit und Trennungen ernst. Es möchte Verantwortung für eine Beziehung übernehmen. Aus diesem Grund sucht es sich häufig einen jüngeren Spielkameraden zum Freund aus, für den es eine Art Elternrolle einnehmen kann. Es lehrt ihn vieles, beschützt ihn und bestimmt auch für ihn. Je größer die Zweifel am eigenen Wert und die Verlustangst sind, desto mehr versucht das Kind, sich für den Freund unentbehrlich zu machen. Im Extremfall wagt es nicht, eine nähere Bindung einzugehen, und weicht in zahlreiche oberflächliche Beziehungen aus.

Saturn im 8. Haus — *Auseinandersetzung mit den Schattenseiten des Lebens*

Regeln und Strukturen:	Geheimnisse um Leidenschaft, Tod, Sexualität und Wandlung begreifen
Grenzen:	Das ist tabu. Riskiere nichts! Beherrsche dich! Laß dich nicht von Gefühlen überwältigen.
Selbstkritik, Angst:	Ich habe Angst, mich einzulassen; und die Kontrolle aufzugeben.
Innerer Halt:	Fähigkeit, sich verantwortungsbewußt ins Leben einlassen; seelische Stabilität

Die dunkle Seite des Lebens, das nicht Offensichtliche und Erklärbare faszinieren und ängstigen ein Kind mit Saturn im 8. Haus gleichermaßen. So mag es gebannt zusehen, wie eine Fliege sich im Netz der Spinne verfängt, einen Augenblick zappelt, von der Spinne eingewickelt wird und im nächsten Moment als lebloses Kügelchen im Netz baumelt. Märchen wie »*Baba Jaga und Wassilissa die Wunderschöne*« von Alexander N. Afanasjew oder »*Von einem, der auszog, das Fürchten zu lernen*« von den Gebrüdern Grimm dürften es in ihren Bann ziehen. Krankheit, Tod, Verwesung, aber auch Geburt und Sexualität sind Bereiche, die es trotz großer Furcht unwiderstehlich anziehen.

Wenn das Kind zu diesen Themen Fragen stellt, will es unbedingt ernst genommen werden. Eine ausweichende Antwort, z. B. eine Bemerkung über den Storch, der die Babys bringt, verunsichern es. Es fühlt sich dann mit seinen Fragen und Ängsten alleingelassen und zieht sich zurück. Mit der Wahrheit dagegen kann es sich auseinandersetzen und sie verarbeiten, auch wenn diese – etwa bei Krankheit und Tod – sehr hart ist. Ein offenes Gespräch hilft ihm, seine Eindrücke zu ordnen und Krisen als Bestandteile des Lebens anzunehmen. Kann es den Tod eines Großvaters oder andere aufwühlende Erlebnisse zusätzlich zum Gespräch zeichnen oder im Rollenspiel nochmals durchgehen, dann erlebt es, daß es seinen Gefühlen nicht hilflos ausgeliefert ist.

Es ist wichtig, das Kind an Krisen teilhaben zu lassen – wenn Krankheit, Tod oder Trennung die Eltern bewegt. Es spürt ohnehin, daß etwas nicht stimmt, fragt jedoch kaum mehr als einmal nach. Grundsätzlich geht es ihm um die Erfahrung, die äußere Sicherheit loszulassen und innere Sicherheit zu entwickeln. Es braucht dazu die intensive Auseinandersetzung mit den dunkleren Seiten des Lebens und zeigt eine große Bereitschaft, sich mit Krisensituationen jeder Art zu befassen. Es will in schwierigen Situationen ins Geschehen mit einbezogen werden, mitwirken und sich bewähren.

Da es sich der Unbeständigkeit des Lebens überdurchschnittlich bewußt ist, neigt es zu einer starken Selbstkontrolle. Es braucht das Vorbild und die Ermunterung der Eltern, um sich vertrauensvoll auf das Leben einzulassen. Wenn diese ihm ihre eigene unvollkommene und schwache Seite zeigen, ist es sehr beeindruckt. Es kann auf diese Weise den nötigen Mut finden, zu den eigenen Fehlern zu stehen und den Dingen ihren Lauf zu lassen, ohne diese kontrollieren zu müssen.

Vertrauen geben und Vertrauen empfangen sind für dieses Kind keineswegs selbstverständlich. So reagiert es empfindlich auf Machtansprüche und -mißbräuche. Es möchte Verantwortung tragen und seine Vertrauenswürdigkeit beweisen, indem es z. B. Geld aus einer Gemeinschaftskasse oder einen Schlüssel »verwaltet«. Erlebt es, wie andere ihm vertrauen, so kann es seine Neigung zu Mißtrauen und sein Kontrollbedürfnis langsam überwinden.

Die vierjährige Simona sieht, wie ein gleichaltriges Kind auf die Straße rennt und von einem Auto überfahren wird. Das Kind ist tot. Simona muß sich mit dem Tod auseinandersetzen. Etwa ein Jahr später spielt sie auf einem Platz bei einem Neubau. Plötzlich gibt der Boden nach, und sie sinkt bis zur Taille in eine zähe Masse. Die Bauarbeiter haben eine Grube mit Beton aufgefüllt und Split darüber gestreut. Zum zweiten Mal muß sie erleben, wie gefährlich das Leben ist. Die Neigung zur Selbstkontrolle wächst, und Simona findet nur schwer das Vertrauen, sich auf unbekannte Situationen einzulassen.

Saturn im 9. Haus	***Das Ringen um die eigene Meinung und Weltanschauung***
Regeln und Strukturen:	Anschauungen und Weltbilder
Grenzen:	Deine Meinung interessiert uns nicht. Deine Vorstellungen sind unrealistisch.
Selbstkritik, Angst:	Ich bin ein wirklichkeitsfremder Idealist. Ich weiß nicht, was richtig ist.
Innerer Halt:	Stabiles, gut durchdachtes Weltbild

Das Kind mit Saturn im 9. Haus bemüht sich schon früh um eine klare eigene Meinung. Es bewundert an Vater und Mutter und anderen Bezugspersonen deren sicheres Auftreten. Wenn die Eltern zu einer Angelegenheit Stellung nehmen – sei dies ein Detail aus dem Alltag oder ein weltanschauliches Thema –, ist es sehr beeindruckt. Zu wissen, was richtig und was falsch ist, scheint ihm außerordentlich wichtig.

Was es als kleines Kind bei den Eltern bewundert, versucht es spätestens im Schulalter selbst. So ringt es um Klarheit und um eigene Ansichten. Es möchte, daß Eltern und Lehrer seine Äußerungen ernst nehmen und seinen Überlegungen zu folgen versuchen. Sie sollten seinen Ideen nicht einfach zustimmen oder diese ablehnen, sondern eigene Gedanken denjenigen des Kindes gegenüberstellen, so daß ein Gespräch zustande kommt und es seine Meinung begründen muß. Im Zusammenhang mit persönlichen Anschauungen wirkt das Kind oft wie ein kleiner Erwachsener und möchte in eine Diskussion mit einbezogen werden. Es ist wichtig, daß die Eltern im täglichen Familienleben nicht einfach Regeln und Verbote aufstellen, sondern dem Kind erklären, wie sie die Dinge betrachten, und es fragen, was es dazu meint. So faßt das Kind mit der Zeit Vertrauen in seine eigenen Vorstellungen und lernt, seine eigenen Maßstäbe einzuschätzen.

Wenn das Kind mit Saturn im 9. Haus beginnt, sich über Gott und die Welt Gedanken zu machen und die Eltern mit sehr viel Kritik oder Unverständnis reagieren, kommt es zu dem Schluß, daß seine Meinung nicht gefragt und nur richtig ist, was Autoritätspersonen, beispielsweise der Vater oder Lehrer, sagen. Da es klare Richtlinien und eine Wertung braucht, was richtig und was falsch ist, seine eigene aber nicht erwünscht ist, hält es sich an äußere Strukturen, paßt seine Meinung und sein ganzes Weltbild an und bleibt bis weit ins Erwachsenenalter innerlich von Dogmen und gesellschaftlichen Wertvorstellungen abhängig.

Wenn die Eltern seiner kritischen Grundhaltung mit Verständnis und Liebe begegnen, wird es ihm möglich, selbst in weltanschaulichen und philosophischen Belangen immer wieder Fragen zu stellen. Es möchte nichts zum vornherein einfach übernehmen, sondern ein eigenes, sich immer wieder veränderndes Weltbild schaffen. Letztlich sucht es nach dem Sinn des Lebens, den es nur finden kann, wenn es seine eigenen Maßstäbe darüber entwickelt, was richtig und was falsch ist.

Dieses Vertrauen in die eigenen Vorstellungen können Eltern und Lehrer stärken, indem sie dem Kind Gelegenheit geben, eigene Ideen und Gedanken zu formulieren. Anderen seine Anschauungen darzustellen und sie eventuell sogar davon zu überzeugen ist für ein Kind mit Saturn im 9. Haus jedesmal ein großes Erfolgserlebnis.

Saturn im 10. Haus ***Das Bestreben, eine Autorität zu werden***

Regeln und Strukturen:	Gesellschaftliche Normen und Verpflichtungen
Grenzen:	Das ist den Erwachsenen vorbehalten. Das ist gesellschaftlich nicht anerkannt.
Selbstkritik, Angst:	Ich schaffe es nicht. Ich bin zu schwach.
Innerer Halt:	Kompetenz und Autorität

Mit Saturn im 10. Haus bewundert ein Kind früh schon autoritäre Persönlichkeiten. Es neigt dazu, den Vater als eine Art omnipotenten Halbgott zu verehren. Er verkörpert den starken Beschützer, wenn es im Sandkasten spielt oder an seiner Hand spazierengeht. Die Erfahrung, daß sein Vater oder eine andere Autoritätsperson wirklich zu 100 Prozent zuverlässig ist und absolute Sicherheit bietet, ist für das Kind sehr wichtig, denn nur so kann es sich ein inneres Bild einer positiven Autoritätsfigur schaffen und dieses später in sich selbst verwirklichen.

Im Laufe des Schulalters sind es neben dem Vater auch Lehrer, die einem Kind mit Saturn im 10. Haus als Vorbild dienen. Es versucht nun immer mehr, sich die bewunderten und – falls es schlechte Erfahrungen machen mußte – auch gefürchteten Autoritätsmerkmale zu eigen zu machen. Es möchte ernst genommen werden und Gelegenheit haben, Leistungen zu zeigen. Hier braucht es ein feines Gespür der Eltern, ihm die Möglichkeit dazu zu bieten, ohne es zu überfordern.

Wenn das Kind aufgrund anderer Charaktereigenschaften dazu neigt, dem Ernst des Lebens eher aus dem Weg zu gehen, oder wenn es sehr schlechte Erfahrungen mit starken Persönlichkeiten machen mußte, zeigt es wenig Interesse, Disziplin, Ausdauer und Zielstrebigkeit zu entwickeln. Gegenüber staatlichen Ämtern oder der Polizei, aber auch in der Schule und eventuell sogar im Elternhaus erlebt es sich als unterlegen und minderwertig. Nur mit einer ständigen liebevollen Ermunterung kann es Vertrauen in die eigene Kompetenz und Leistungsfähigkeit aufbauen.

Das Kind interessiert sich für die berufliche und gesellschaftliche Stellung des Vaters. Nach seinem Vorbild versucht es, sich in gesellschaftlichen und öffentlichen Bereichen zu bewähren. Im Vorschulalter eignet sich ein Sprüchlein vor einer Hochzeitsgesellschaft als Herausforderung, im späteren Schulalter sind es eine leitende Tätigkeit in einer Jugendgruppe oder einem Verein oder eine »Stellvertretung« in Familie oder Schule. Immer geht es dem Kind darum, Verantwortung zu tragen, mit Einsatz und Selbstdisziplin eine Leistung zu erbringen und dabei ernst genommen zu werden. Der Erfolg fällt ihm nicht in den Schoß, und es ist auch bereit, hart dafür zu arbeiten.

Es möchte sich in Schule und Gesellschaft profilieren und fordert diesbezüglich viel von sich selbst. Wenn Eltern und Lehrer diese Tendenz noch unterstützen und vom Kind sehr hohe Leistungen erwarten, besteht die Gefahr, daß es sich unter Druck setzt und ehrgeizig und hart gegen sich und andere wird. Es braucht eine liebevolle Begleitung und die Bestätigung, daß es Fehler machen darf. Vor allem braucht es Menschen, die ihm zeigen, daß auch sie nicht perfekt sind. Ist im Elternhaus neben den ernsthaften Versuchen, etwas zu leisten, auch Platz für Freude, Tränen, Spiel und Spaß, kann das Kind zu einem ausgeglichenen Menschen heranwachsen, der von seinen Mitmenschen nicht nur um seiner autoritären Fähigkeiten willen geachtet, sondern auch geliebt wird.

Der siebenjährige Niklaus (Saturn in Steinbock am MC, unaspektierter Merkur in Jungfrau) hat einen »Geologenklub« gegründet, dem die Kinder nur mit Aufnahmeprüfung beitreten dürfen. Niklaus sammelt nicht nur Steine, sondern schreibt mit dem Computer Formulare und Arbeitsblätter für die »Mitglieder des Geologenklubs«. Die Steine werden mit Hammer und Meißel bearbeitet, eingeordnet und »registriert«. Niklaus verliert sich völlig in dieser Tätigkeit und vergißt alles ringsum, wenn er »Geologe« ist.

Saturn im 11. Haus — *Die Suche nach Sicherheit in der Gruppe*

Regeln und Strukturen:	Soziale Netze Was hält die Welt zusammen?
Grenzen:	Deine Ideen sind Hirngespinste. Du bist kein guter Freund.
Selbstkritik, Angst:	Ich gehöre nicht dazu. Mich versteht niemand.

Innerer Halt:	Ich bin ein einmaliges Individuum und auf dem Weg, mich selbst zu erkennen.

Ein Kind mit Saturn im 11. Haus möchte als eigenständiges Wesen seinen Platz in der Gesellschaft einnehmen. Es ist ein kleiner Individualist, der sich sehr darum bemüht, einen Weg zu finden, sich mit seiner Eigenart in ein Kollektiv einzuordnen. Es möchte dazugehören, ohne sich selbst zu verleugnen.

Unbewußt stellt es hohe Anforderungen an sein soziales Verhalten und hält sich deshalb in Gruppen oft ängstlich im Hintergrund. Es braucht als kleines Kind die Unterstützung der Eltern, um sich auf dem Spielplatz, in Spielgruppen und im Kindergarten wohl zu fühlen. Vielleicht muß die Mutter es die ersten paar Male begleiten. Die Gewißheit, daß sie ihm bei Bedarf Rückendeckung geben würde, hilft ihm, seine Hemmungen zu überwinden und sich in die Gruppe zu integrieren.

Die Beschäftigung in der Gruppe ist für das Kind mit Saturn im 11. Haus eine Art sicherer Anker, an dem es sich festhalten kann. Wenn es weiß, was es zu tun hat – z. B. Stühle anordnen, Boden wischen oder den anderen Kindern etwas verteilen –, fühlt es sich sicher. Schwierig wird die Situation, wenn kein bestimmtes Verhalten vorgegeben ist. Das Kind fühlt sich dann leicht überfordert und zieht sich zurück oder fällt negativ auf.

Aus einem Gefühl der Minderwertigkeit heraus meint das Kind, immer etwas für die anderen tun zu müssen, um akzeptiert zu werden. Im Kindergarten möchte es nicht einfach nur Gruppenmitglied sein, ohne etwas Besonderes einzubringen. Der Gruppe einen Beitrag leisten hilft ihm bei der sozialen Eingliederung. An seinem Geburtstag verteilt es gerne jedem ein Stück Kuchen. Auch für Freunde und Kollegen fühlt es Verantwortung. So erklärt es einem kranken Kameraden die Schulaufgaben oder organisiert etwas für einen gemeinsamen Nachmittag mit Freunden. Viele schlechte Erfahrungen mit Freunden und Gruppen können dazu führen, daß das Kind tiefere Bindungen scheut und wahllos zahlreiche oberflächliche Freundschaften eingeht. Grundsätzlich schätzt es Zuverlässigkeit und Treue und möchte wenige, sehr beständige Beziehungen.

Ein Kind mit Saturn im 11. Haus braucht die stetige Auseinandersetzung mit einem Freundeskreis oder der Schulklasse, um zu sich zu finden. Es fühlt sich den anderen verpflichtet und möchte gleichzeitig sich selbst treu bleiben. Jede Gruppenerfahrung bringt es auf diesem Weg ein Stück weiter, so daß die Gruppe mit den Jahren der Ort werden kann, an dem es sich ausgesprochen stark und sicher fühlt. In einer Jugendorganisation etwa ermöglicht ihm seine große Einsatzbereitschaft viele positive Erlebnisse. Wenn es dank seiner Zuverlässigkeit mit speziellen Aufgaben betreut wird, fühlt es sich in seiner Eigenart geschätzt und ermuntert, sich in die Gruppe einzubringen. Da es davon ausgeht, etwas leisten zu müssen, wird es von anderen Gruppenmitgliedern und Freunden auch ausgenutzt. Es muß lernen, sich abzugrenzen und einen Mittelweg zu finden zwischen zu großer Anpassung an die Normen der Gruppe und der Tendenz, sich eigenwillig abseits zu halten.

Saturn im 12. Haus — *Dem Irrationalen eine Form geben*

Regeln und Strukturen:	Im Unerklärlichen, in Träumen, Bildern, Märchen
Grenzen:	Wach endlich auf! Träume sind Schäume. Du kannst nicht jedem helfen.
Selbstkritik, Angst:	Ich bin schuldig.
Innerer Halt:	Ich bin in ein großes Ganzes eingebunden und aufgehoben.

Ein Kind mit Saturn im 12. Haus fürchtet sich oft vor Dingen, die für andere nichts Erschreckendes haben. Beispiele sind Angst vor Dunkelheit oder Märchenfiguren wie Hexen oder Kobolde. Es hat oft ein schwer zu beschreibendes Gefühl, der Boden könnte ihm unter den Füßen weggezogen werden. Träume und andere irrationale Elemente brechen immer wieder in sein Leben ein und verunsichern es stark. Diese Angst sollten die Eltern als Tatsache akzeptieren und ernst nehmen. Eine Bemerkung, dies sei nur Einbildung, gibt dem Kind schnell das Gefühl, mit seinen Ängsten allein dazustehen und von niemandem verstanden zu werden. Die Eltern helfen ihm, wenn sie mit ihm darüber sprechen, eventuell – mit entsprechender Vorsicht – von ihren eigenen Ängsten erzählen und dem Kind vermitteln, daß seine Reaktionen normal und in Ordnung sind. Es braucht Möglichkeiten, dem Gegenstand seiner Angst eine Form zu verleihen. Es kann ihm einen Namen geben, ihn malen, modellieren oder im Rollenspiel ausdrücken. Je konkreter es die Unbehagen auslösenden Gestalten seiner inneren Welt werden läßt, desto eher verliert es die Furcht davor.

Ein Kind mit Saturn im 12. Haus hat eine sehr weiche und sensible Seite, die – offen für Freud und Leid anderer – am liebsten jedem helfen würde. Es braucht viele Gelegenheiten für Dienste am Nächsten, so daß es mit den Jahren lernt, wo seine Hilfe nötig ist und wo es andere nur an sich bindet und sich selbst abhängig macht. Für die Eltern ist es wichtig, seine Hilfsbereitschaft nicht zu überfordern und es nicht zu sehr mit persönlichen Problemen zu belasten. Das Kind fühlt sich schnell schuldig, wenn es nicht helfen kann. Schwäche oder Unvermögen zu zeigen fällt ihm schwer. Es braucht eine warme Familienatmosphäre, um loslassen und hemmungslos weinen zu können, ohne daß es von einem schlechten Gewissen und dem Gefühl, versagt zu haben, geplagt wird.

Das Kind hat eine lebhafte Phantasie. Es benötigt viel Zeit, um eine Verbindung zwischen seinem reichen Innenleben und der äußeren Wirklichkeit zu finden. Es mag immer wieder versuchen, in die Wirklichkeit umzusetzen, was es sich in der Phantasie ausgemalt hat. Viele Luftschlösser lassen sich nicht so einfach verwirklichen, und das Kind lernt dadurch, daß Phantasie und Realität zwei verschiedene Welten mit unterschiedlichen Möglichkeiten und Begrenzungen sind. Diesen Versuchen liegt der Wunsch zugrunde, etwas Grenzenloses in eine Form zu bringen und die damit verbundenen Regeln zu kennen und zu beherrschen. Es kann auf diese Weise die Angst vor dem Formlosen und Irrationalen Schritt für Schritt überwinden.

Saturn-Aspekte

Saturn-Aspekte zu persönlichen Planeten geben diesen Gewicht. Je nach Art des Aspektes, weiteren Horoskop-Komponenten und persönlichem Entwicklungsstand kann »Gewicht« gekonnter, verantwortungsbewußter Umgang mit diesem Planetenprinzip oder eine Einschränkung bis hin zum Totstell-Reflex bedeuten. Saturn kann sowohl als Stabilität vermittelnder, sachkundiger Helfer als auch als Ketten an den Füßen erlebt werden. In der Regel steht der Horoskopeigner nicht an einem der beiden Pole, sondern irgendwo mitten in diesem Spannungsfeld. Er hat die Aufgabe, aus eigener Kraft seinen Charakter mehr und mehr in Richtung des autonomen Poles zu verändern.

Bei einem Kind ist es ähnlich. Wo es seinen Weg zwischen Ketten und Autonomie beginnt, hängt – abgesehen vom Horoskop – von seinen Vorbildern ab, die es in Eltern und anderen Bezugspersonen hat. Je nach Elternhaus und Milieu fällt es einem Kind unterschiedlich schwer, sich den Herausforderungen des Saturn-Prinzips zu stellen. Unabhängig davon ist mit harten Saturn-Aspekten zu persönlichen Planeten ein Ringen um Autonomie und Verantwortung verbunden. Hat das Kind positive Vorbilder, die ihre Grenzen und die Grenzen der Mitmenschen akzeptieren, so kann es das Saturn-Prinzip verinnerlichen. Gilt im Elternhaus dagegen das Recht des Stärkeren und werden die Grenzen des Kindes immer wieder massiv überschritten, indem es z. B. geschlagen wird, strebt es entweder rücksichtslos nach Autonomie gemäß dem Motto »der Stärkere regiert«, oder es lehnt Verantwortung gänzlich ab und verhält sich so klein und unbeweglich wie möglich, um nur nichts falsch zu machen und niemandem Anlaß zum Eindringen in sein Territorium zu geben.

Aspekte zwischen Saturn und persönlichen Planeten fordern vom Kind eine langwierige Entwicklung zu innerer Stabilität und Selbstvertrauen. Das Schwierige dabei ist, weder in einem passiven »Das kann ich ja eh nicht!« noch in einer Überkompensation in Form von rücksichtsloser Pseudoautorität, Kälte und Strenge steckenzubleiben. Je härter der Aspekt, desto zwingender ist das Thema.

Saturn/Sonne ***Anlagen zu einer starken Persönlichkeit***

Ein Kind erlebt in seinen frühen Lebensjahren das Sonnen-Prinzip vor allem durch seinen Vater. Steht die Sonne im Aspekt zu Saturn, so hat der Vater in den Augen des Kindes saturnische Qualitäten. Er erscheint ihm ernst, prinzipientreu und autoritär, fast könnte man ihn als »genormt« bezeichnen. Je nach Aspektart überwiegen mehr die beschützenden oder die einschränkenden Eigenschaften. Ein harmonischer Aspekt kann symbolisch auf einen Vater deuten, der seinem Kind über viele Schwierigkeiten hinweg als treuer Begleiter zur Seite steht. So, wie er das einjährige Kind an der Hand nimmt und die ersten Schritte mit ihm übt, führt er es im übertragenen

Sinn Schritt für Schritt ins Leben hinein, läßt es selbständig werden und bietet Rückendeckung, wenn das Kind diese braucht.

Der Vater stärkt nicht nur das Selbstvertrauen des Kindes, er schränkt es auch ein. Er gibt die Normen vor, in denen das Kind sich bewegen darf. Aus der Sicht des Kindes verlangt er zuviel Gehorsam oder übt zuviel Kritik. Vor allem mit einer Konjunktion oder einem Spannungsaspekt zwischen Saturn und der Sonne sieht das Kind im Vater vorwiegend die dominante und einschränkende Seite.

Je mehr das Kind sein Sonnen-Ich entwickelt, desto mehr übernimmt es auch die saturnischen Forderungen des Vaters nach Perfektion, Leistung und Anpassung an gesellschaftliche Normen. Unabhängig davon, wieweit der Vater sich für die Rolle Saturns eignet, ist er ein äußerer Spiegel für die Saturn-Sonne-Thematik des Kindes. Es projiziert diese in den ersten Lebensjahren auf den Vater und übernimmt sie mit zunehmendem Alter schrittweise selbst.

Im Laufe des Schulalters beginnt das Kind, sich zu beobachten und über sich nachzudenken. Dabei nimmt es eine sehr kritische Haltung ein. Im Vergleich mit anderen beurteilt es sich streng und hat wenig Vertrauen in die eigenen Fähigkeiten. Gleichzeitig ist es bereit, die erkannten Schwächen durch ausdauerndes Üben zu kompensieren. Je nach Aspektart steht es unter einer mehr oder weniger starken Spannung, durch Fleiß und gezielten Einsatz die selbst gesetzten Leistungsanforderungen zu erfüllen.

Ein Beispiel hierfür ist die Schule. Unterstützen Eltern und Lehrer das Kind, indem sie nur kleine Schritte von ihm fordern und auch geringe Fortschritte anerkennen, dann wächst seine Zuversicht, und es kann in seinem Lernprozeß eine Stufe nach der anderen erklimmen. Die Erfahrung »Wenn ich mich einsetze, kann ich mein Ziel erreichen« wird mit der Zeit zur festen Gewißheit. Das Kind entwickelt sich zu einem durchsetzungsfähigen und zielstrebigen Jugendlichen.

Der Saturn-Sonne-Aspekt beinhaltet eine starke Tendenz zur Selbstkritik. Mißerfolge werden sehr ernst genommen. Wird das Kind von den Eltern zu Höchstleistungen angespornt und weisen weitere Horoskop-Faktoren in eine leistungsorientierte Richtung, so kann es sehr ehrgeizig und diszipliniert werden. Es hat nur noch sein Ziel im Auge, auf das es mit Verbissenheit hinarbeitet.

Ein Kind mit einer passiveren Veranlagung reagiert auf starken elterlichen Leistungsdruck mit Resignation. »Das schaffe ich nicht!«

wird zum Leitmotiv. Aus Angst vor Fehlern und vor Kritik zieht sich das Kind zurück und wagt es z. B. nicht, ein Musikinstrument oder eine neue Sportart zu lernen.

Grundsätzlich erlebt das Kind Saturn als Prinzip, das seine schöpferischen Impulse diszipliniert. Es macht wiederholt die Erfahrung, daß Disziplin und Ausdauer einen kreativen Akt zur Entfaltung bringen können – Saturn unterstützt die Sonne. Daneben sammeln sich die frustrierenden Saturn-Erlebnisse an, das Kind stößt auf so viele Widerstände, daß die Freude am Selbstausdruck zu erlöschen droht. Es pendelt zwischen der Motivation, sich ein Ziel zu verwirklichen, und der Angst, nichts Rechtes zustande zu bringen.

Da es hohe Ansprüche an sich stellt, muß es sich und anderen immer wieder beweisen, daß es zu etwas taugt. Je nach Hausstellung kann ein sportlicher Wettkampf oder ein gestalterischer oder sprachlicher Wettbewerb ein guter Kanal dafür sein. Jede Gelegenheit zu einer selbständigen Handlung stärkt sein Selbstvertrauen. Wenn man ihm im Vorschulalter kleine Aufgaben wie Einkaufen oder Tischabräumen überträgt, wird sein Verantwortungsbewußtsein angeregt, und es fühlt sich nützlich und ernst genommen. Geschieht ihm ein Mißgeschick und läßt es vielleicht einen Teller fallen, dann nimmt es die Angelegenheit sehr persönlich und fühlt sich schuldig. Wenn die Mutter zusätzlich schimpft, festigt sich seine Überzeugung, versagt zu haben. Für sein Selbstbewußtsein braucht es viele Erfolgserlebnisse. Deshalb ist es wichtig, daß die Eltern ihm immer wieder Aufgaben übergeben, die es selbständig erledigen kann, ohne dabei überfordert zu werden.

Wenn das Kind mit seinem Sonnen-Wesen »Ich« sagt, fügt Saturn gleichsam »muß« hinzu. Aus diesem Grund hält sich das Kind an Regeln und Normen in Familie und Gesellschaft. Man muß ihm nur einmal sagen, was es zu tun hat. Es neigt dazu, den gegebenen Rahmen als unverrückbar hinzunehmen und sich und anderen in ihrem Verhalten wenig Spielraum zu lassen. Um seine etwas starre Haltung zu lockern, muß es immer wieder zu Spontaneität, Spiel und Spaß ermuntert werden. Ein warmes Familienklima trägt dazu bei, daß das Kind neben seinen Anlagen zu harter Arbeit und Zielstrebigkeit auch Herzenswärme entwickeln kann und weder zu einem harten »Karrieremenschen« heranwächst noch in seinen Hemmungen und Minderwertigkeitskomplexen steckenbleibt.

Saturn/Mond ***Sich um Geborgenheit bemühen***

Ein Kind mit einer Saturn-Mond-Verbindung kann Liebe und Zuneigung nicht einfach hinnehmen und genießen. Es neigt vielmehr zu einer kritischen Haltung, als wollte es prüfen, ob die Streicheleinheiten wirklich ernst gemeint sind. So braucht es ein warmes Familienklima und sehr viel Zuwendung, um seine Zweifel, ob es wert sei, geliebt zu werden, zu überwinden. Wenn die geliebten Eltern es schelten oder strafen und dabei eine Bemerkung fallen lassen wie »Wenn du das tust, habe ich dich nicht mehr gern!«, kann dies das Kind zutiefst verletzen und in seinem Gefühl, nicht liebenswert genug zu sein, bestätigen. Es braucht Eltern, die ihm Grenzen setzen – und dazu gehören auch Strafen –, die ihm jedoch immer wieder zeigen, daß sie es bedingungslos lieben. Konkret kann das heißen, daß die Mutter es in die Arme nimmt, ihm die Strafe, die es absitzen muß, erklärt und ihm sagt, daß sie es trotzdem gern hat.

Der Mond ist Symbol für die Mutter. Das Kind erlebt die Beziehung zur Mutter seiner Mondstellung im Horoskop entsprechend. Ein Aspekt zu Saturn weist darauf hin, daß es von der Mutter mehr Wärme und Streicheleinheiten möchte, als es erhält. Durch die Brille Saturns hat das Mutterbild wenig Herzliches, scheint jedoch zuverlässig und treu. Die Mutter wirkt auf das Kind kühl und distanziert. Dieser Mangel an Wärme und Geborgenheit entspricht dem Erleben das Kindes und läßt nur ansatzweise auf das tatsächliche Familienklima schließen. Für das Kind ist dieser Mangel jedoch eine subjektive Realität. Es schließt daraus, nicht liebenswert zu sein.

Je härter der Saturn-Mond-Aspekt, desto mehr neigt das Kind zu der Einstellung, Liebe, Wärme und Geborgenheit müßten verdient werden. Diese Grundhaltung wird zusätzlich verstärkt, wenn die Eltern ähnliche Bedingungen stellen und z. B. oft sagen, sie hätten es nur gern, wenn es dieses oder jenes tun würde. Um ihre Liebe nicht zu verlieren, bemüht sich das Kind dann sehr, sich so zu verhalten, wie sie es verlangen – ihnen zu helfen oder Partei für sie zu ergreifen. Dabei geht viel von seiner Spontaneität verloren, und es reagiert distanziert. Vor allem bei Konjunktionen ist das Kind grundsätzlich zurückhaltend mit Gefühlen. Auf eine stille, unscheinbare Art bemüht es sich um die Zuneigung der Eltern. Es überschüttet diese kaum spontan mit einem Gefühlsausbruch, sondern wartet, bis sie zu ihm kommen.

Erfährt es jedoch in seiner Kindheit bedingungslose Liebe, Nähe und Zärtlichkeit, dann kann es seine innere, von der Saturn-Mond-Thematik vorgegebene Kargheit überwinden und warme Gefühle der Zuneigung und Fürsorglichkeit für sich und andere entwickeln. Da Geborgenheit und Wärme ihm nicht selbstverständlich sind, ist es bereit, etwas dafür zu tun. Schon als Kleinkind versucht es mit Schmusetüchern und Stofftierchen für mehr Nestwärme zu sorgen. Später hütet es vielleicht jüngere Geschwister oder Nachbarkinder oder betreut ein eigenes Haustier. Indem das Kind anderen Geborgenheit vermittelt, findet es einen Weg zu seiner eigenen Gefühlswelt. Wo auch immer es sich fürsorglich zeigt, sein Pflichtbewußtsein darf nicht ausgenutzt und ihm darf nicht zuviel Verantwortung übergeben werden. Es würde sich sonst unter Druck setzen, denn es will ja ein guter Betreuer sein. Es kann so zu einem warmherzigen und fähigen Menschen heranwachsen, der im späteren Berufsleben andere in einer verantwortungsvollen Elternposition leitet, etwa in der Erziehung, Personalbetreuung, einer therapeutischen Tätigkeit oder ganz einfach als Mutter oder Vater.

Saturn/Merkur ***Der Anspruch auf Wissen***

Ein Kind mit einer Saturn-Merkur-Verbindung möchte – ähnlich wie ein Kind mit Saturn im 3. Haus – nichts Falsches sagen. Sowohl inhaltlich wie in der Formulierung stellt es enorme Anforderungen an sich. So äußert es sich oft erst, wenn es seiner Sache sicher ist. Es braucht eine liebevolle Ermunterung, um spontan und ungehemmt zu sprechen. Wenn Vater und Mutter sich die Zeit nehmen und ihm geduldig zuhören, stärkt dies sein Selbstvertrauen. Wird es allzuoft korrigiert oder gar kritisiert oder beschäftigt sich niemand mit ihm, zieht es sich zurück im Glauben, zu dumm und zu wenig interessant für die anderen zu sein.

Vor allem wenn Saturn und Merkur in Spannung oder in Konjunktion zueinander stehen, stellt das Kind auch in der Schule einen außergewöhnlichen Perfektionsanspruch an sich. Falls Eltern und Lehrer mit zusätzlichen Erwartungen den Leistungsdruck erhöhen und es wegen mangelnder schulischer Leistungen tadeln, gelangt es zu der Überzeugung, versagt zu haben. Es traut sich immer weniger zu und gerät dadurch in noch größere Lernschwierigkeiten. Der Teufelskreis von der Angst vor dem Versagen und tatsächlichem Mißerfolg ist nur mit einer liebevollen Unterstützung von Elternhaus und Schule zu durchbrechen. Eine positive Wirkung auf sein

Selbstvertrauen und damit auch auf seine schulischen Leistungen erzielen Eltern und Lehrer, wenn sie ihm immer wieder zeigen, daß sie auch nicht unfehlbar und allwissend sind. Durch Fehler lernen wir. Wenn das Kind begreift, daß es Fehler machen darf, lockert sich seine Haltung. Es kann dann mit außerordentlicher Beharrlichkeit und Exaktheit lernen und sich ein fundiertes Wissen aneignen.

Das Saturn-Merkur-Kind erzählt nicht einfach etwas ins Blaue hinein, sondern überlegt, was es sagt. Dasselbe erwartet es von anderen. Es denkt ernsthaft über vieles nach. Auch wenn es eher zurückhaltend ist, sollte man seine Fragen gründlich beantworten. Schon im Vorschulalter interessiert es sich für Fachwissen. Bücher über das Leben von Tieren, über Länder, Berufe oder andere »konkrete« Dinge dürften es sehr faszinieren. Es möchte in dem einen oder anderen Gebiet eine fachliche Autorität sein und fühlt sich stolz und glücklich, wenn es Gelegenheit dazu erhält und anderen Kindern bei den Schulaufgaben helfen oder den Eltern etwas erklären kann. Dabei möchte es ernst genommen werden. Vielleicht erscheint es manchmal etwas altklug und benimmt sich wie ein kleiner Erwachsener. Grundsätzlich ist es bestrebt, seine mentalen Fähigkeiten zu einem erstklassigen Werkzeug zu entwickeln.

Saturn/Venus — *Ist Liebe an Bedingungen geknüpft?*

Saturn kann als Spielverderber verstanden werden, der Ernst, Disziplin und Arbeit in den Vordergrund rückt und auf diese Weise Entwicklung bewirkt. In Verbindung mit Venus, vor allem in einem Spannungsaspekt, kann das Kind nicht einfach wählen, wer und was ihm am besten bekommt, und dies nach Herzenslust genießen. Alles Schöne und Gute von der Schokolade über Kleider und Kinderzimmereinrichtung steht nicht einfach zur Verfügung, sondern muß verdient werden. Vielleicht muß es zuerst den verhaßten Spinat aufessen, bevor es den leckeren Pudding bekommt. Auch in Beziehungen ist die Signatur Saturns deutlich spürbar. Das Kind hat ein starkes Bedürfnis nach Liebe und Zuwendung und gleichzeitig den Eindruck, etwas dafür tun zu müssen. Es lebt in dem Glauben, nur liebenswert zu sein, wenn es besonders artig, geschickt oder hübsch ist. So verliert es relativ früh die kindliche Anhänglichkeit und zieht sich in eine abwartende Distanz zurück.

In der Gemeinschaft mit anderen Menschen wirkt es eher zurückhaltend. Schon der kleinste Anlaß bestätigt es in seiner Einstellung, sich Liebe und Zuwendung verdienen zu müssen. Wird es von den Eltern getadelt, dann steigen sehr schnell Zweifel an seinem eigenen Wert auf. Machen die Eltern ihre Zuneigung von seinem Verhalten abhängig und sagen beispielsweise, sie hätten es erst wieder gern, wenn es den Teller leer gegessen oder die Spielsachen aufgeräumt hat, nimmt es dies als Bestätigung dafür, daß Liebe grundsätzlich an Bedingungen geknüpft ist. Es versucht, sich die Wertschätzung seiner Umwelt zu verdienen, indem es dieses oder jenes für andere tut, und strengt sich oft sehr an, um Zuwendung zu erhalten. Nach dem Motto »Zuerst die Arbeit, dann das Vergnügen« fällt es ihm schwer, das Leben einfach zu genießen.

Vor allem bei einem Spannungsaspekt erlegt es sich einen enormen Leistungsdruck auf, der sich sogar in guten Schulleistungen auswirken mag. Dies ist zwar für Eltern und Kind in der Regel erfreulich – doch die Motivation dazu ist eine Zerrform von Saturn, die dem Kind viel von seiner Lebensfreude nimmt. Die Einstellung, die Wünsche oder Forderungen der geliebten Eltern mit großer Anstrengung gerade noch zu erfüllen und sich dafür ein Minimum an Liebe zu verdienen, sitzt mit einer Saturn-Venus-Verbindung oft tief. Damit sich die Grundhaltung, nichts im Leben geschenkt zu bekommen, nicht verfestigt und ins Erwachsenenalter mitgenommen wird, braucht das Kind viel Liebe.

Es ist jedoch kein Schmusekind, das sich die gewünschte Zuwendung selbst holen würde. Es bedrängt die Eltern kaum mit stürmischen Liebkosungen, sondern zieht sich still zurück, wenn es den Eindruck hat, zu stören. Diese unauffälligen Reaktionen lassen die Eltern leicht in dem Glauben, alles sei in bester Ordnung. Doch gerade in solchen Momenten ist es wichtig, daß sie das Kind in die Arme nehmen und ihm ihre Liebe zeigen, damit das Kind sich nicht in eine ablehnende Grundstimmung zurückzieht, sondern es immer wieder wagt, Nähe zuzulassen. Wenn es das schafft, können sich die positiven Formen der Saturn-Venus-Kombination entfalten. Das Kind lernt, sich und andere ernst zu nehmen und Beziehungen auf einer Basis von gegenseitiger Achtung, Zuverlässigkeit und Treue aufzubauen.

Kinderfreundschaften sind ein Übungsfeld dafür. Es dürfte zwar jedesmal traurig sein, und die Ursache bei sich suchen, wenn eine Beziehung auseinanderfällt, kann aber mit der Zeit erkennen, daß es selbst durchaus zu einer stabilen Freundschaft fähig ist. Kreativ tätig zu sein oder schöne Spielsachen oder Kleider zu besitzen vermittelt ihm ein Wertgefühl. Vielleicht liebt es prachtvolle Puppenkleider, sammelt Ansichtskarten oder malt und bastelt sehr viel. Natürlich ist dies kein Ersatz für Liebe, aber es kann ihm helfen, seinen eigenen Wert anzuerkennen.

Saturn/Mars ***Ein ausgeprägter Leistungswille***

In einem Saturn-Mars-Aspekt verbinden sich ein ordnendes, grenzsetzendes Prinzip und ein vorstoßendes, nach Entscheidung und Tat drängendes Prinzip. Konzentration und Beharrlichkeit soll mit Bewegungsfreude und Angriffslust auf einen gemeinsamen Nenner gebracht werden. Vor allem bei Spannungsaspekten ist es dem Kind nicht möglich, diesen entgegengesetzten Kräften Ausdruck zu verleihen. Es identifiziert sich mit dem Mars-Prinzip, das seinem kindlichen Wesen näherliegt, und gibt den ernsten, strengen Saturn als Projektion an seine Eltern und später Lehrer ab. Damit werden Autoritätspersonen für das Kind zur Herausforderung. Es bewundert die männliche Kraft und Autorität des Vaters und versucht, diesen nachzuahmen und ebenfalls »Rückgrat« zu entwickeln. Dabei agiert es vorwiegend aus der Mars-Rolle, zeigt einen ausgeprägten Willen und fordert Eltern und Erzieher in hartnäckigem Kräftemessen heraus. Sie haben die nicht unbedingt dankbare Aufgabe, sich dem Kampf zu stellen und dem Kind Grenzen zu setzen. Es braucht Eltern, die ihm die Stirn bieten, so daß es den Widerstand spürt und dagegen ankämpfen kann. Sein Ziel ist Durchsetzung, egal um welchen Preis. Durch das Vorbild der Eltern kann es lernen, den Kampf mit fairen Mitteln zu führen und nicht auf Biegen und Brechen mit dem Kopf durch die Wand zu gehen.

Wenn der Vater und andere Autoritätspersonen ihre Überlegenheit nicht ausspielen, kann das Kind durch diese Vorbilder faire und offene Durchsetzungsstrategien entwickeln. Schlechte Erlebnisse, beispielsweise mit einem strengen, leistungsorientierten und dogmatischen Vater oder Lehrer, können seine latent vorhandenen Unterlegenheitsgefühle verstärken. Es ist frustriert, wenn es zu blindem Gehorsam gezwungen wird. Im Extremfall reagiert es dann ängstlich und zaghaft und traut sich nur sehr wenig zu. Es bremst seine Mars-Energie.

Das Kind braucht immer wieder Gelegenheit, seine Kraft zu beweisen. Eine sportliche Betätigung mit Wettkampfcharakter, die harten Einsatz verlangt, gibt ihm die Möglichkeit, seine herausfordernden Kräfte in sinnvolle Kanäle zu lenken. Streit mit Geschwistern oder ein trotziges oder aggressives Verhalten in der Familie sind zwar für die Eltern unangenehm, bedeuten für das Kind jedoch Übungsmöglichkeiten. Es braucht Aufträge, die es eigenhändig ausführen kann und die ein dem Alter entsprechendes Maß an Verantwortung beinhalten. Aufgaben, in denen es sich bewähren kann, geben ihm das Vertrauen, selbst eine Autorität werden zu können.

Das Kind will anspruchsvolle Leistungen vollbringen. Wenn auch die Eltern ehrgeizige Ziele verfolgen und es zusätzlich zu besseren Ergebnissen anspornen und unter Druck setzen, dann arbeitet es verbissen für seine Ziele. Ehrgeiz und Härte gegen sich und andere lassen es einsam und verschlossen werden. Das Kind hat selbst soviel Pflichtbewußtsein und »Arbeitswut«, daß es von Eltern und Lehrer eher eine Ermunterung zu Spiel, Spaß und Genuß braucht. Läßt man es Kind sein und seine weiche Seite zum Ausdruck bringen, so lebt es seinen Tatendrang mit Einfühlungsvermögen und Fairneß aus. Seine Anlage zu zielgerichteter Arbeit und hohen Leistungen kann sich entfalten. Wenn es lernt, Herz und Verstand mit einzubeziehen, steht ihm als Erwachsener die Tür zu einer führenden beruflichen Stellung mit viel Verantwortung offen.

Saturn/Jupiter — *Von der Vorstellungskraft zur Verwirklichung*

Das Kind mit einer Saturn-Jupiter-Verbindung erlebt sich in einem Spannungsfeld zwischen Vision und Realität. Einerseits möchte es die ihm gesetzten Grenzen sprengen und seine Ideen verwirklichen, andererseits erlebt es immer wieder, daß die Gesetze der Realität nicht zu umgehen sind. Nur der kleinste Teil der eigenen Ideen läßt sich verwirklichen. Dieser Tatsache ins Auge zu sehen ist schwierig und unangenehm. Das Kind neigt dazu, sich unbewußt für das eine und gegen das andere zu entscheiden. So läßt es einerseits seine Ideale mehr und mehr fallen und tut, was Gesellschaft und Elternhaus von ihm fordern, andererseits mag es Bereiche geben, in denen es keine Grenzen kennt und allzusehr »über die Stränge schlägt«.

Das Saturn-Jupiter-Kind ringt darum, Vision und Realität auf einen gemeinsamen Nenner zu bringen. Es neigt zu tollen Ideen, die kaum realisierbar sind, und muß lernen, diese den realen Tatsachen soweit anzupassen, daß es sie Schritt um Schritt verwirklichen kann. Wenn es dabei nicht die Geduld verliert und auf die konkrete Umsetzung verzichtet, entwickelt sich aus der anfänglichen Schwierigkeit eine außerordentliche Fähigkeit, Ideen realisieren zu können.

Spezielle Saturnstellungen

Saturn am absteigenden Mondknoten ***Ein steifer Umgang mit Struktur und Autorität***

Für ein Kind mit Saturn am absteigenden Mondknoten ist Autorität ein zentrales Thema. Es bewundert seine Eltern, Lehrer und andere autoritäre Vorbilder und spürt fast Ehrfurcht oder zumindest Respekt vor ihrer Macht. Sein tiefstes Bedürfnis ist es jedoch, selbst zu einer starken Persönlichkeit zu werden. Regeln und eine gewisse Strenge oder sogar Härte sind ihm vertraut, auch wenn sie mehr seiner Wesensart als konkreten Erlebnissen zugrunde liegen. Bildlich dargestellt ist sein Rücken eher zu steif, als daß es ihm an Rückgrat mangeln würde. Was es lernen muß, ist, den Rücken bei Bedarf zu biegen. Die Hausstellung von Saturn gibt Hinweise, in welchem Lebensbereich das Kind zu einem starren, dogmatischen Verhalten neigt und eventuell auch gegen Autoritäten zu Felde zieht.

Das Kind neigt dazu, sich in allzu vielen Strukturen und Regeln zu verlieren. So kann eine lockere Bemerkung der Eltern, ein Spaß oder eine liebevolle Geste im richtigen Augenblick ihm helfen, aus seinem dunklen Wald von Richtlinien und Vorsätzen herauszufinden und Strukturen nur dort zu setzen, wo sie auch sinnvoll und nötig sind.

Unaspektierter Saturn ***Verantwortung tragen will gelernt sein***

Wenn Saturn keine Aspekte zu persönlichen Planeten bildet, steht das disziplinierende und strukturierende Prinzip abseits. Es ist nicht einbezogen in das Spiel der Planeten auf der Lebensbühne und staut seine Energie. Eines Tages ist das Maß voll, es fegt die anderen Planetenprinzipien von der Bühne und gibt einen Soloauftritt. Das Kind hat Mühe mit dem richtigen Maß an Strukturen und pendelt zwischen zu geringem und zu starkem saturnischem Ausdruck. So gibt es einzelne Bereiche, in denen es nicht genug Regeln haben kann. Grundsätzlich jedoch steht es eher auf der Seite des Chaoten.

Da ihm als Kind naturgemäß viele Normen von Eltern und Schule gesetzt werden, mag diese Tendenz wenig auffallen. Doch sobald es auf sich allein angewiesen ist, fehlt ihm ein ordnendes und Halt bietendes Prinzip. Konkrete Beispiele sind der Umgang mit Zeit, Ordnung oder die Erfüllung kleiner, alltäglicher Pflichten.

Entsprechend hilfreich ist es, wenn es schon als Kind zu Verantwortung angehalten wird. Auf diese Art kann es in kleinen Dingen langsam lernen, zu entscheiden, was getan werden muß, und die nötigen Schritte in die Wege zu leiten. Greifen die Eltern allzu schnell korrigierend ein, wenn das Kind seine Pflicht vernachlässigt, übernehmen sie die Rolle von Saturn. Damit das Kind sich selbst auf diese einlassen kann, muß es über längere Zeit seine Aufgabe ohne elterliche Kontrolle erfüllen bzw. die Konsequenzen für seine Nachlässigkeit tragen. Eine geeignete Übungsmöglichkeit bieten Zimmerpflanzen, sie gehen ein, wenn das Kind sie vergißt. Es begreift, daß Pflichten zum Leben gehören. Saturn, der im Aspektgefüge abseits steht, kann durch Erfahrung langsam integriert werden.

Planeten am MC

Ähnlich wie Saturn selbst, aber in einem weniger fordernden Ausmaße repräsentieren die Planeten am MC saturnische Themen. Das 10. Haus ist Saturn zugeordnet und steht symbolisch für die Stellung in der Öffentlichkeit, für den späteren Beruf und den Bereich, in dem das Kind eine Autorität werden möchte. Hat es in seinem Horoskop Planeten am MC, so fühlt es sich veranlaßt, diese Archetypen in einem öffentlich-gesellschaftlichen Rahmen zum Ausdruck zu bringen. Implizit ist damit immer Arbeit, Leistung und Disziplin verbunden.

Sonne am MC ***Ein klarer Weg in die Außenwelt***

Im Laufe des Schulalters und der Pubertät wird dem Kind mit Sonne am MC die Stellung in der Gesellschaft immer wichtiger. Mehr als andere Kinder erkennt es, daß sein zukünftiges Leben weitgehend von seiner Berufswahl geprägt wird. Es versucht, klare Vorstellungen über seine weitere Ausbildung und berufliche Laufbahn zu entwickeln. Auch wenn Hindernisse auftreten, setzt es sich mit seiner ganzen Persönlichkeit für ein Ziel ein. Die Sonne als Symbol für das bewußte Ich steht an der höchsten Stelle am Himmel. Der junge Mensch hat – vergleichbar mit der Sonne zur Mittagszeit – eine außergewöhnlich starke Strahlkraft.

Schon im Schulalter dürfte sich das Kind für die berufliche und gesellschaftliche Stellung seines Vaters interessieren und sich diese zum Vorbild nehmen. In Gesellschaft und unter Menschen fühlt es sich zu Hause. Muß – oder vielmehr darf es in der Schule oder gar an einem öffentlichen Anlaß auftreten und eine Aufgabe übernehmen, so erfüllt dies das Kind mit Freude und Stolz.

Mond am MC ***Mit kindlicher Herzlichkeit die Welt erobern***

Die Liebe und Nähe, die das Kind mit Mond am MC von seiner Mutter und seiner Familie erfährt, erwartet es mit großer Selbstverständlichkeit auch von einem größeren Kreis, etwa von seiner Schulklasse, der Dorfgemeinschaft oder den Berufskollegen des Vaters. Da es diesen Menschen voll kindlichem Vertrauen entgegentritt, löst es entsprechende Reaktionen aus; und selbst fremde Menschen begegnen ihm mit Herzlichkeit und Wärme. Es hat eine Fähigkeit, alles, was ihm begegnet, als »zur Familie gehörend« oder als »Mutter Welt« zu betrachten. Mit einem Lächeln oder ein paar herzlichen Worten bringt es fast jedes Eis zum Schmelzen.

Es ist überall gleichermaßen daheim. Bei gesellschaftlichen Anlässen fühlt es sich ausgesprochen wohl. Schule, Jugendorganisationen und im späteren Leben auch der Beruf können ihm zu einem zweiten Zuhause werden.

Andererseits ist das Kind mit Mond am MC gerade durch diese Offenheit sehr verletzlich, vertraut allzu schnell einem Fremden oder richtet sich zu sehr nach gesellschaftlichen Normen, selbst wenn es sich dabei nicht unbedingt wohl fühlt. Es neigt dazu, Anerkennung und Liebe in der äußeren Welt zu suchen. Damit es sich nicht zu sehr nach äußeren Regeln richtet, braucht es die Aufforderung der Eltern, auf das eigene Gefühl zu vertrauen.

Merkur am MC ***Ein kleiner »Wortführer«***

Ein Kind mit Merkur am MC möchte zeigen, was es weiß. So erzählt es schon im Kindergarten gerne von seinen Erlebnissen und genießt es, wenn die ganze Gruppe ihm zuhört. In der einen oder anderen Form sein Wissen in die Gesellschaft einzubringen bereitet ihm Freude. Möglicherweise wird es später zum Klassensprecher gewählt oder ergreift jede Gelegenheit, vor einem versammelten Publikum etwas vorzutragen oder Informationen weiterzuleiten. Immer geht es ihm darum, die mentalen Fähigkeiten in einen öffentlichen Rahmen zu stellen. Auch bei seiner späteren Berufswahl werden Kommunikation und Wissensvermittlung auf die eine oder andere Art eine zentrale Rolle spielen.

Venus am MC ***Harmonie im gesellschaftlichen Leben***

Außerhalb des engeren Familienkreises, in der Schule oder bei öffentlichen Anlässen zeigt ein Kind mit Venus am MC seine liebenswürdigste Seite. Voller Charme betont es das Verbindende, knüpft Kontakte und pflegt Beziehungen zu groß und klein. Hat es eine ältere Schwester oder Tante, die im Berufsleben steht oder öffentlich tätig ist, so ist es beeindruckt von ihr und ernennt sie vielleicht sogar zu seinem Idol. Dies darum, weil es von den weiblichen, sanften Umgangsformen fasziniert ist und sich selbst auch von einer kultivierten und liebenswürdigen Seite zeigen möchte.

Schönheit und Harmonie im weitesten Sinne sind für dieses Kind wichtige Bestandteile der Welt außerhalb des Elternhauses. Es möchte daran teilhaben. Spätestens bei der Berufswahl dürfte sich sein Wunsch nach Ästhetik und Harmonie Ausdruck verschaffen. Doch schon als kleines Kind vermittelt es ihm große Befriedigung, sich diesbezüglich einzubringen und z. B. beim Verkauf von Blumen, der Dekoration eines Festsaales oder dem Verteilen von Einladungen für ein Fest im Wohnviertel mitzuhelfen. Immer geht es ihm darum, in Öffentlichkeit und Gesellschaft an etwas Schönem und Verbindendem beteiligt zu sein.

Mars am MC ***Sich tatkräftig durchsetzen und etwas bewirken***

Mit Mars am MC ist ein Kind fasziniert von körperlichen Leistungen und Tatkraft. Es bewundert Spitzensportler oder andere sehr »männliche« Typen. Von kräftigen und durchsetzungsfähigen Spielkameraden fühlt es sich stark angezogen, wobei sowohl Freundschaft als auch ausgeprägte Reibereien möglich sind. Früh schon versucht es selbst, seiner Kraft und Energie Ausdruck zu verleihen und diese möglichst »öffentlich« vorzuzeigen. Es genügt ihm nicht, einfach für sich stark und aktiv zu sein, sondern es möchte damit in der Gesellschaft einen Beitrag leisten. Spätestens bei der Berufswahl kommt dieses Bestreben zum Ausdruck. Als Schulkind mögen Sportwettkämpfe ein willkommenes Ventil für dieses Bedürfnis sein. Denkbar ist auch eine Aktivität in einer Jugendorganisation. Immer geht es darum, daß das Kind mit Mars am MC Herausforderungen braucht und unter Menschen aktiv sein will. Auf diese Weise eignet es sich einen gekonnten Umgang mit seiner Kraft und Energie an. Wenn es zu sehr »in Watte gepackt« wird, staut sich die marsische Energie und entlädt sich in den ungeeignetsten Situationen in Form von Trotz, Wut und Aggression.

Jupiter am MC — *Geschick und Charme in der Gesellschaft*

Das Kind mit Jupiter am MC geht voller Optimismus, Großzügigkeit und Offenheit auf die Welt zu. Es will hinaus und unter Menschen, um Erfahrungen zu sammeln. In Gesellschaft vieler fühlt es sich wohl und erlebt immer wieder, wie andere mit derselben Offenheit und Toleranz auf es zukommen. Es lernt, sich mit Charme und Geschick in der Gesellschaft zu bewegen und seine Vorteile zu nutzen. Ohne oder mit nur geringen Hemmungen tritt es der Welt entgegen. Sowohl in der Schule wie im späteren Berufsleben verfügt dieses Kind über eine strahlende Selbstsicherheit und einen ungebrochenen Optimismus, der sich zeigt, sobald es aus dem engeren Familienkreis heraustritt.

Da es sich im gesellschaftlichen Umfeld ohne Hemmungen bewegt, kann es vor allem hier Erfahrungen sammeln. Neben der Schule können ihm in Jugendgruppen oder Vereinen weitere Möglichkeiten dazu geboten werden. Trotzdem oder gerade weil das Kind mit Jupiter am MC im gesellschaftlichen Bereich grundsätzlich viele positive Erfahrungen macht, neigt es zu Übertreibungen. Es möchte mehr, und dieser unersättliche Erlebnishunger kann es ihm erschweren, Grenzen zu sehen, sei dies, indem es sich zuviel aufbürdet, zu sehr nach Anerkennung lechzt oder die eigene Meinung als absolute Wahrheit betrachtet. Immer braucht es den mäßigenden Einfluß von Schule und Elternhaus.

Saturn am MC — *Autoritäten sind wichtig*

Autoritäten spielen im Leben eines Kindes mit Saturn am MC eine große Rolle. Früh schon versucht es, mit eigenen Leistungen aufzuwarten. Ein Teil seiner Persönlichkeit ist zu harter Arbeit und Selbstdisziplin fähig, verlangt größtmöglichen Einsatz und neigt zu Überforderung. Autoritätskonflikte oder übermäßiger Ehrgeiz und Härte gegen sich selbst sind die Klippen, an denen es auf seinem Kurs nach einer festen Stellung in der Gesellschaft scheitern kann. Dieses Kind will zu einer Autorität werden und hat das Potential dazu. Was es braucht, sind Gelegenheiten, seinem Alter entsprechend immer wieder Leistungen zu zeigen, und die liebevolle Bestätigung, dabei Fehler machen zu dürfen.

Uranus am MC ***Eine Aufforderung, die Welt zu verändern***

Uranus am MC verleiht einem Kind einen ausgeprägten Individualismus. Es widersetzt sich jeder Autorität. Eltern und Lehrer sollten strikten Gehorsam nur verlangen, wo es unbedingt notwendig ist, wie etwa auf der Straße. Das Kind braucht eine Erklärung, warum man seine Freiheit einschränkt. Um seine eigenwilligen Wege gehen zu können, fordert es viel persönlichen Spielraum. Es kann sich nur mit Mühe einem Lehrer oder einer anderen Autoritätsperson unterordnen und reagiert auf Druck mit Rebellion.

Dieses Kind ist voller ausgefallener Ideen und braucht unbedingt Möglichkeiten, seine kreativen Einfälle zu kanalisieren. Für seine »Erfindungen« möchte es »öffentliche Beachtung«. Es sucht Gelegenheit, die originelle Seite seines Wesens zu zeigen, sei dies durch ein auffallendes Auftreten oder eine ungewöhnliche Beschäftigung.

Ein Teil seines Wesens sträubt sich gegen gesellschaftliche Normen und betrachtet die Welt als eine Art Rummelplatz, auf dem alles erlaubt ist, was Spaß macht. Auf ein solches Verhalten reagiert die Umwelt mit Einschränkungen. Es geht also letztlich um die Suche nach Ausdrucksmöglichkeiten für Uranus, mit denen das Kind den Spielkameraden und anderen Mitmenschen mit konservativeren Spielregeln nicht auf die Füße tritt. Seine Veranlagung, die Welt verändern zu wollen, muß es so nicht als unrealistische Illusion in seinem Innern vergraben, sondern es lernt, Möglichkeiten zur Verwirklichung seiner Ideen zu finden, so daß es als Erwachsener tatsächlich vieles in Bewegung setzen kann.

Neptun am MC — *Der Wunsch nach Hingabe in Gesellschaft und Öffentlichkeit*

Mit Neptun am MC ist ein Kind erfüllt von einer enormen Hingabefähigkeit und sucht eine Ausdrucksmöglichkeit dafür in der äußeren Welt. Es möchte sich voller Liebe und Faszination an etwas Größeres verlieren. Musik, Malen, Tanzen oder ein Wassersport könnten ihm eine Form für diese Sehnsucht nach dem Grenzenlosen bieten, ebenso die Beschäftigung mit Märchen oder Religion. Es braucht einen Rahmen, innerhalb dessen es seine überfließenden Gefühle in etwas Konkretes und nach außen Sichtbares umsetzen kann.

Es zeigt große Hilfsbereitschaft und glaubt, für alle Hilfsbedürftigen und Schwachen einstehen zu müssen. Aus diesem Gefühl des Schuldigseins am Elend in dieser Welt entwickelt es einen enormen Einsatz, dem es letztlich nur mit Mühe gewachsen ist. Wenn die Umwelt seinem Mitgefühl mit Unverständnis begegnet oder es sogar ausgelacht wird, verdrängt er seine weiche Seite und zeigt nach außen eine Härte und Unberührbarkeit, die ihm gar nicht entspricht.

Das Kind mit Neptun am MC braucht Unterstützung, um seine Sensibilität akzeptieren zu können, so daß es sich weder zu sehr abgrenzen muß noch von den Eindrücken völlig überschwemmt wird. Erst wenn es seine eigenen Grenzen und Möglichkeiten kennt, kann es sich aus voller Kraft für eine Idee, ein Hilfsprojekt oder ein anderes ihm am Herzen liegendes Thema hingeben, ohne dabei »unter die Räder« zu geraten. Aus diesem Grund ist es wichtig, es immer wieder zu Klarheit und Realitätssinn zu ermuntern, ohne ihm jedoch seine Faszination für das Mystische und seinen Zugang zu inneren Welten zu nehmen. Bildlich gesprochen geht es darum, ihm zu zeigen, wie es sich Möglichkeiten schaffen kann, in den Wolken zu schweben, ohne unerwartet herunterzufallen. Neptun am MC braucht »Wolken«, und das Kind muß lernen, gezielt und bewußt damit umzugehen.

Pluto am MC — *Macht und Autorität als unbewußtes Ziel*

Pluto am MC verleiht einem Kind die Faszination für Macht und Autorität. Der Vater, Lehrer, Polizisten oder andere »Hüter von Recht und Ordnung« beeindrucken es. Da es selbst noch klein und schwach ist, erlebt es mit einiger Wahrscheinlichkeit auch die dunkle Seite von Macht und Stärke: Es gerät in Situationen, in denen es hilflos und unterlegen ist und sich als Opfer fühlt. Wenn die Eltern es strafen, sollten sie ihm deshalb genau erklären, warum sie so reagieren, damit es den Zusammenhang zwischen seinem Tun und der Strafe begreift. Treten sie oder auch andere Erwachsene ihm im Affekt zu nahe, empfindet das Kind sie als ungeheuer machtvoll und sich selbst als schwach und hilflos.

Auf Mißbrauch jeder Art reagiert es extrem empfindlich. Es kann daraus leicht den Schluß ziehen, daß Macht und Mißbrauch zusammengehören, und aus diesem Grund vor der eigenen Stärke zurückschrecken. Unbewußt entscheidet es sich, lieber schwach zu sein, als zur eigenen Macht zu stehen und das Risiko einzugehen, andere zu mißbrauchen. Es identifiziert sich mit seiner Hilflosigkeit und setzt sich, auch wenn es älter wird, nur ungenügend zur Wehr. Oder, falls es ein gutes Durchsetzungsvermögen hat, nutzt es seine Macht und Stärke, um andere in Schach zu halten. Da es selbst das Thema »Macht« als angeborene Anlage in sich trägt und ein Ausweichen nicht möglich ist, können sich die negativen Erlebnisse wie ein roter Faden durch sein Leben ziehen.

Doch wenn sich diese Erfahrungen in einem einigermaßen gesunden Rahmen halten, versucht das Kind mit dieser dominanten Plutostellung immer wieder, selbst »die Fäden in die Hand zu nehmen« und z. B. auf jüngere Kinder oder Tiere Macht auszuüben. Eine Möglichkeit, den Umgang mit Befehlsgewalt auf positive Weise zu üben, bietet ein Hund. Unbewußt setzt sich das Kind zum Ziel, zu einer Autoritätsperson oder »grauen Eminenz« zu werden, was sich später vor allem in der Berufswahl zeigt. Es hat eine ausgeprägte Anlage zu einer starken Persönlichkeit. Um diese zu entwickeln, braucht es immer wieder Gelegenheit, seine Energie auszuleben und dabei zu lernen, Menschen nicht zu beherrschen und zu manipulieren, sondern mit Achtung und Liebe zu lenken.

Die Eltern haben die nicht einfache Aufgabe, ihm ein Vorbild zu sein. Dies können sie vor allem, indem sie zulassen, daß das Kind seine Kräfte mit ihnen mißt, ohne den Vorsprung, den sie als Erwachsene haben, geltend zu machen. Ein Beispiel: Wenn das Kind den Vater auf eine Schwäche aufmerksam macht, sollte dieser zu seinem Fehler stehen und nicht versuchen, mit einer wegwerfenden Bemerkung darüber hinwegzugehen.

Uranus
Sei etwas Besonderes!

Grundsätzliches zu den geistigen Planeten

Wir treten nun über die Schwelle von Saturn in den Bereich der geistigen Planeten.

Der mittlere Abstand von Sonne und Erde beträgt 150 Millionen Kilometer, der mittlere Abstand von Uranus zur Erde 2,8 Milliarden Kilometer. Neptun ist im Mittel 4,5 und Pluto 5,9 Milliarden Kilometer von der Erde entfernt. Der Planet Pluto ist also 40mal weiter von der Erde entfernt als die Sonne. Dieses Entfernungsverhältnis, analog auf die Astrologie übertragen, würde bedeuten, daß das Sonnen-Prinzip uns 40mal näher steht als das Pluto-Prinzip. Kein Wunder also, wenn wir uns mit den Pluto-Energien eher schwer tun.

Auch Kindern fällt der Umgang mit Uranus, Neptun und Pluto nicht leicht. Zu einem großen Teil werden diese Energien in den ersten Lebensjahren auf die Umwelt projiziert. Das Kind fordert die Eltern durch sein Verhalten heraus, diese Energien auszudrücken. Am vorgelebten Beispiel sammelt es seine ersten Erfahrungen, speichert die Eindrücke und macht sich so langsam ein Bild und entwickelt ein Gefühl für die entsprechenden archetypischen Kräfte. Je nach Horoskop und Erfahrung wächst langsam ein Bedürfnis, selbst mit diesen machtvollen Energien zu experimentieren.

Dieser Entwicklungsprozeß produziert Schwierigkeiten und deckt Schwächen auf. Diese sind gerade durch ihr Stören Anreiz zu Veränderungen. Wir stolpern so oft darüber, daß wir – vielleicht – unsere ganze Energie einsetzen, um die Schwäche in eine Stärke zu wandeln, die dann oft wirkungsvoller eingesetzt werden kann als ein angeborenes Talent, weil sie viel mehr »von Herzen kommt«.

So, wie im Laufe der Kindheit Fähigkeiten und Talente immer mehr zutage treten, kristallisieren sich auch schwierigere Charaktereigenschaften heraus. Je nachdem, wie die Umwelt und insbesondere die Eltern darauf reagieren, lernt das Kind, seine Schwierigkeiten zu akzeptieren und daran zu wachsen oder aber sie zu verdrängen.

Massive Probleme im Leben eines Kindes zeigen sich meist im Horoskop in Form von geistigen Planeten an Aszendent, MC oder Mondknotenachse oder im Aspekt zu persönlichen Planeten. Umgekehrt müssen solche Horoskop-Faktoren nicht in jedem Fall zu Problemen führen. Sie geben nur Hinweise auf mögliche Schwierigkeiten.

Da viele Erwachsene ebenfalls die Ausdruckskräfte der geistigen Planeten verdrängen oder nur in Zerrformen zum Ausdruck bringen, liegt dieses Energiepotential in vielen Familien gleichsam aufgestaut in der Luft. Aspekte der betreffenden geistigen Planeten zu persönlichen Planeten im Kinderhoroskop wirken wie Kanäle, mit denen das Kind die aufgestauten Planetenkräfte der Eltern aufnimmt und auf übermäßig heftige Weise abreagiert. Sogenannte Problemkinder sind oft Kinder, welche die nicht gelebten PlanetenPrinzipien der Eltern zum Ausdruck bringen. Die Schwierigkeiten können nur behoben werden, wenn die Eltern ihr Leben verändern.

Jeder der drei Planeten steht für ein unterschiedliches Verhaltensmuster.

Grundsätzliches zur Uranus-Thematik

Das Prinzip von Uranus findet in folgender Szene aus der griechischen Mythologie auf eine schöne, bildhafte Weise seinen Ausdruck:

Am Anfang herrschte Chaos. Aus diesem entstand Gaia, die Mutter Erde. Ihr Sohn Uranos war der erste Himmelsgott, Herrscher über den Sternenhimmel und die Unendlichkeit des Kosmos. Er war ein Symbol für Visionen, Vorstellungen, Ideen und Ideale. Die praktischen und weltlichen Dinge des täglichen Lebens dagegen lagen ihm nicht. Obwohl er der Sohn Gaias war, wurde er ihr Geliebter und Lebensgefährte. Jede Nacht legte sich Uranos als Sternenhimmel auf Gaia und zeugte mit ihr eine außergewöhnliche Schar Kinder. Erst waren es die Titanen, dann die Kyklopen und verschiedene andere Ungeheuer, manche mit hundert Armen und fünfzig Köpfen. Uranos gefielen seine eigenen Kinder nicht. Sie waren überhaupt nicht so beschaffen, wie er es sich vorgestellt hatte. Er hielt sie für häßliche Mißgeburten. Deshalb wollte er sie nicht am Leben lassen und stopfte sie kurzerhand wieder zurück in Gaias Leib.

Uranos hatte Vorstellungen, wie seine Kinder aussehen sollten. Doch kaum waren sie auf der Welt, bemerkte er, daß sie nicht seinem Idealbild entsprachen, und wollte sie nicht mehr haben. Menschen mit einem dominanten Uranus im Horoskop können ganz ähnlich reagieren. Sie versuchen, eine Idee in der Realität zu verwirklichen, und geben vorschnell auf, weil das Ergebnis nicht ihren Erwartungen entspricht. So stehen sie schließlich vor einer Reihe halbfertiger Projekte, die sie in innerer Unruhe begonnen und wieder verworfen haben. Uranus ist ein geistiges Prinzip, das stets Neues kreiert, jedoch wenig Ausdauer und Realitätssinn aufbringt.

Die Mythologie geht – fast zwingend – weiter, indem nun der Gegenpol von Uranus eingreift: Kronos-Saturn. Mutter Erde sann auf Rache und verleitete die Titanen, Söhne des Uranos, die er in die Unterwelt geworfen hatte, den Vater anzugreifen. Geführt von Kronos, den die Mutter mit einer Sichel bewaffnet hatte, überraschten sie Uranos im Schlafe. Der erbarmungslose Kronos entmannte Uranos und warf des Vaters Genitalien zusammen mit der Sichel ins Meer. Aus dem Blut entstanden die Furien, die Vatermord und Meineid rächen. Kronos war nun – zumindest vorerst – im Besitz der Macht.

Kronos-Saturn tötet Uranos. Das Saturn-Prinzip von Zeit und Raum bringt mit der Realität auch Einschränkung und Ernüchterung. Die meisten tollen Ideen werden von der Wirklichkeit »getötet«. Dieser Mythos von Uranos und Kronos will uns die uralte Wahrheit vor Augen führen.

Uranus spielt ein Versteckspiel. Da ist etwas, aber kaum will man es fassen, ist es verschwunden. Es ist etwas da, aber es sträubt sich dagegen, beim Namen genannt, gemessen, registriert und katalogisiert zu werden. Es läßt sich nicht auf den Boden der Realität holen. Uranus ist ein Windgeist, ein ewiger Jüngling oder ein Feuerwerk von Ideen und Inspiration. Er ist Freiheit und Individualität. Ist er im menschlichen Körper gebunden, so rüttelt er an den Fesseln und manifestiert sich durch Unruhe und Nervosität, bis der Mensch gelernt hat, ihm durch immer wieder neue, individuelle Gestaltung des Lebens Ausdruck zu verleihen. »Die Geschichte vom Zappel-Philipp« aus dem Buch *Der Struwwelpeter* (von Dr. Heinrich Hoffmann) ist ein Beispiel für die unerlöste Form von Uranus.

Doch was geht in einem Kind mit starker uranischer Prägung vor? Das archetypische Bild von einer großartigen Idee, die viel zu außergewöhnlich ist, als daß sie aus der Welt des Geistes in die Welt der Materie gebracht werden könnte, liegt wie ein Filter über der Wahrnehmung des Kindes. Wenn der Vater am Abend manchmal da ist und Geschichten erzählt und manchmal nicht, so erlebt das Kind diese Tatsache durch einen uranisch gefärbten Filter. Seine unbewußte Reaktion und Einordnung dieses Geschehens dürfte ungefähr so aussehen: Die Idee, daß ich für meinen Vater etwas Besonderes bin und er sich mit mir abgibt, ist zwar wunderschön, aber die Realität sieht anders aus. Da läßt er mich im Stich, ist untreu und unzuverlässig. Man weiß nie, woran man mit ihm ist!

Uranus wird dem fixen Zeichen Wassermann zugeordnet. Uranus provoziert alles andere als ein fixes Verhalten. Doch seine Vorstellungen, wie etwas sein sollte, sind ganz eindeutig fix.

Ein anderes Beispiel, wie sich die uranischen Muster zum Thema »Instabilität und Unzuverlässigkeit« einprägen, ist folgendes: Ein Kind hat etwas Verbotenes getan und wird dafür gerügt. Kurze Zeit später hört es, wie der Vater mit sichtlichem Stolz und Vergnügen die Missetat seines Kindes im Kollegenkreis erzählt. Ist das, was es getan hat, nun erwünscht oder verboten? Das Kind erlebt, daß es sich nicht auf das verlassen kann, was Eltern und Erwachsene ihm vorgeben.

In seiner schwierigen und negativen Manifestation ist Uranus ein unruhiger, unsteter Spielverderber, der in jeder friedlichen Stimmung seine Bombe platzen läßt. Uranisch geprägte Kinder sind meist sehr unruhig. Ihre Erlebnisse sind – egal mit wieviel Berechtigung – mit dem Etikett »Verlaß dich nicht darauf!« versehen. Das Kind bewertet seine Erfahrungen unter diesem Gesichtspunkt und findet dauernd neue Bestätigungen dafür. Wenn wir unser Augenmerk auf Rot ausrichten, winken uns von überall her rote Dinge, die uns sonst gar nicht besonders auffallen würden. Ähnlich erlebt das uranisch geprägte Kind sehr vieles als unbeständig, weil es danach Ausschau hält. Oftmals wird dieser Effekt dadurch verstärkt, daß ein Elternteil tatsächlich ein sehr uranisches Leben führt. Das Kind zieht unbewußt die Schlußfolgerung: »Ich kann mich auf nichts und niemanden verlassen.« Seine äußere Unruhe ist Ausdruck der inneren Verunsicherung. Es leidet an Schlafstörungen oder Konzentrationsschwierigkeiten. In weniger ausgeprägten Fällen hat es Mühe, sich auf eine Beschäftigung einzulassen und eine gewisse Zeit dabei zu verweilen.

Die Kehrseite von »Nichts ist stabil« lautet: »Alles kann frei gestaltet werden.« Vor allem wenn die Uranus-Aspekte Trigone oder Sextile sind und das Elternhaus viel persönlichen Spielraum bietet, kann das Kind schon in seinen ersten Lebensjahren diese Seite der uranischen Energie entdecken. Es experimentiert und spielt Erfinder. Es sucht sich immer wieder neue Situationen, in denen es auf ungewohnte Weise reagieren muß und kann. Die Geschichte von Martina als Dirigentin ist ein gutes Beispiel dafür (siehe Seite 60).

Uranus-betonte Kinder brauchen ein Experimentierfeld. Damit sie nicht wie der oben genannte Zappel-Philipp aus der Struwwelpeter-Geschichte am falschen Ort aktiv werden, benötigen sie viel Spielraum, wo sie frei erfinden, improvisieren und gestalten können. Zappel-Philipp schaukelte mit dem Stuhl, kippte nach hinten, suchte Halt an der Tischdecke und fiel mitsamt dem ganzen Mittagessen zu Boden. Richten uranische Kinder dauernd ähnlichen Unfug an, so stellt sich die Frage, ob diese Kinder genügend geeigneten Spielraum für ihren Uranus haben. Kann es sich am richtigen Ort austoben, gelingt es dem Kind auch, sich zeitweise den Interessen der Mehrheit anzupassen und sich in Familie und Gruppe einzufügen.

Uranus verleiht die Überzeugung, einmalig zu sein. Jedes Kind ist ein einmaliges Individuum. Uranische Kinder lassen sich leicht von ihrer eigenen Einmaligkeit überzeugen. Schwierig wird es für sie, zu erkennen, daß jeder andere ebenso einmalig ist. Wenn Eltern ein Kind durch die ersten Lebensjahre begleiten und den enormen Entwicklungsprozeß und das geistige Erwachen des Kindes miterleben, kann dies so beeindruckend sein, daß sie überzeugt sind, sie hätten ein ganz besonderes Kind. Ein uranisches Kind ist hellhörig für Bemerkungen wie: »Du bist ein geniales Wunderkind!« Das Kind entwickelt die fixe Idee, ein verkanntes Genie oder ein verkleideter Prinz zu sein. Mit dieser Einstellung sondert es sich von der Gruppe Gleichaltriger ab. Die soziale Integration wird erschwert. Es zögert, seine Ideen umzusetzen, weil es Angst hat, daß sein Status der Besonderheit in nichts zusammenfällt, wenn sich seine Luftschlösser in der Realität bewähren sollen. Also sieht es von jeder realen Verwirklichung ab und verkriecht sich im Elfenbeinturm seiner kreativen Einfälle. Die Tendenz, mit einer etwas snobistischen Haltung abseits zu stehen und das Leben an sich vorbeiziehen zu lassen, ist vor allem dann vorzufinden, wenn gleichzeitig zu Uranus-Betonung auch noch starke Sonne- und Jupiter- bzw. Löwe- und Schütze-Themen vorliegen.

Je weniger Verhaltensregeln, Verbote und Gebote, aber auch Erwartungen dem Kind einen Rahmen vorgeben, desto mehr kommt seine eigene Individualität zum Ausdruck. Es kann sich selbst entdecken.

Uranus ist ein geistiges Prinzip. Das Kind hat Ideen, die sein Denken beflügeln. Vor allem bei Merkur-Aspekten steht der mentale Bereich geradezu unter Hochspannung. Die emotionale und die körperliche Wahrnehmung werden entsprechend in den Hintergrund gedrängt. Das Kind braucht Zuneigung und Wärme, um die Tendenz zu einer einseitigen Kopflastigkeit zu kompensieren. Anreize zu Sinneserfahrungen wie Massage oder Spiele mit Sinneswahrnehmung – Schmecken, Riechen oder Gegenstände mit verbundenen Augen abtasten – verhelfen ihm ebenfalls zu einer ganzheitlichen Entfaltung.

Uranus steht jenseits von Saturn und symbolisiert damit eine Energie, die mit unserem »gewöhnlichen« Verstand nicht faßbar ist. Er hat eine übernatürliche und spirituelle Komponente, die sich vor allem in Aha-Erlebnissen, einem blitzartigen Erfassen von Zusammenhängen und in Zukunftsvisionen manifestiert. Da Kinder noch wenig von einem fixen Weltbild geprägt sind, begegnen sie solchen Erkenntnissen sehr offen und vorurteilslos. Sie erzählen davon und müssen oft erleben, daß man sie für verrückt hält. Mit einem starken Uranus ist die Wahrscheinlichkeit groß, über nicht rational erworbenes Wissen zu verfügen. Das Kind braucht offene und vorurteilslose Zuhörer, so daß es seine Erlebnisse nicht als abnormal verschweigen und verdrängen muß, auch wenn diese für den Zuhörer wie Science-fiction-Romane klingen. Indem es über seine Vorstellungen spricht und diese gewissermaßen an der Realität schleift, lernt es, verantwortungsvoll mit den uranischen Kräften umzugehen und diese sinnvoll einzusetzen.

Das uranische Kind hat ein feines Gespür für verdrängte uranische Energien bei anderen Menschen. Nehmen wir an, ein Elternteil, z. B. die Mutter, hat Mühe mit dem Uranus-Prinzip. Sie möchte nicht auffallen, und sie hat auch keine Zeit und Lust, ihren individuellen Neigungen nachzugehen. Unbewußt vermittelt sie der Familie: Lebt Uranus für mich! Tut etwas Besonderes! Oder mit anderen Worten: Sie projiziert ihn auf die Umwelt und speziell auf ihr

Kind, das sich mit seinen Uranus-Themen ganz besonders dazu eignet. Das Kind steht unter einem gewaltigen psychischen Druck, aufzufallen – einmal aus seinem eigenen Bedürfnis heraus und zusätzlich noch für die Mutter. In diesem Beispiel kann der beratende Astrologe der gestreßten Mutter sogar ein Rezept mitgeben: Sie soll jeden Tag etwas Kleines tun, das sie noch nie getan hat. Je mehr sie die Uranus-Projektion zurücknimmt und ihre individuelle und besondere Seite selbst zum Ausdruck bringt, desto unbelasteter kann das Kind seine eigene Individualität entwickeln.

Uranus-Aspekte

Uranus/Sonne ***Ein Lebensweg mit Richtungswechseln***

Das Kind mit Uranus-Sonne-Verbindung sieht im Vater vor allem dessen unabhängige und individualistische Seite. Es fällt ihm auf, wenn der Vater oder andere männliche Vorbilder ihren eigenen Weg gehen, etwas Besonderes tun oder eine spezielle Stellung innehaben. Es beobachtet in ihnen vor allem die Züge, die an einen wechselhaften und unabhängigen Jüngling voller Überraschungen erinnern, der nur schwer zu halten ist.

Im Laufe des Schulalters übernimmt das Kind mehr und mehr von diesem Bild selbst. Sein Bedürfnis nach Unabhängigkeit wächst und läßt es gegen verhärtete Strukturen rebellieren. Wie ein übermütiges, junges Pferd ausschlägt, wenn man ihm erstmals Sattel und Zaumzeug auflegen will, so scheut das Kind vor jeder festen Verpflichtung zurück. Sein Freiheitsdrang erschwert es ihm, sich für etwas wirklich zu engagieren. Länger dauernde Verpflichtungen empfindet es als Freiheitsverlust und lehnt sie aus diesem Grund ab. So mag es an »Hans im Glück« aus dem Märchenbuch der Gebrüder Grimm erinnern, der alles gleich wieder umtauscht, sobald die ersten Schwierigkeiten auftauchen. Er macht sich mit einem Klumpen Gold auf den Weg. Das Gold wird ihm zu schwer, und so tauscht er es gegen ein Pferd. Da er nicht reiten kann, wirft ihn das Pferd ab. Daraufhin tauscht er es gegen eine Kuh. Vom Melken versteht er nichts, und so gibt er die Kuh gegen ein Schwein weiter. Dieses Spiel treibt er so lange, bis er nichts mehr hat. Mit Uranus-Sonne-Themen bestehen Ansätze zu ähnlichem Verhalten.

Das Kind muß lernen, ein Vorhaben durchzuführen. Freiheit darf nicht mit Unstetigkeit verwechselt werden. Eltern und Lehrer unterstützen es, wenn sie es zu mehr Ausdauer anhalten, ihm gleichzeitig den gewünschten Freiraum gewähren und es in kleinen Dingen immer wieder die Vor- und Nachteile von Freiheit und Unabhängigkeit erleben lassen. So lernt es, seinen Weg zu finden – einen Weg mit vielen Richtungswechseln und wenigen geraden Streckenabschnitten.

Uranus/Mond ***Das Bedürfnis, sich »abzunabeln«***

Das Kind mit Uranus-Mond-Themen ist ein ausgelassenes und spontanes Kind, das viel Freiraum braucht. Es entwickelt schon in den ersten Lebensjahren einen ausgesprochenen Individualismus und neigt dazu, sich oder seine Familie für etwas ganz Besonderes zu halten. Wird es in dieser Einstellung von Eltern und Umwelt gestärkt, so beansprucht es auch in der Schule eine Sonderposition, was es schließlich in die Rolle eines Unruhestifters oder Außenseiters drängen kann. Um sich in Gemeinschaft wohl zu fühlen, ohne auffallen zu müssen, ist es wichtig, daß es viel Kontakt mit anderen Kindern hat. So lernt es, sich in Gruppen einzugliedern, gemeinsam etwas zu unternehmen und die Freiheit, die es für sich beansprucht, anderen ebenfalls zuzugestehen.

Das Uranus-Mond-Kind gehört zu den Kindern, die früh ein eigenständiges Ich ausbilden, sich »abnabeln« und unabhängig sein wollen. Mütterliches Umsorgtwerden wird ihm schnell zu eng, und es reagiert ablehnend auf zu viele Umarmungen. Andererseits braucht es wie jedes Kind Zuwendung und Zärtlichkeit. Es fällt ihm nicht ganz leicht, ein Mittelmaß zwischen seinen Bedürfnissen nach Nähe und Freiraum zu finden. Die Eltern helfen ihm dabei, wenn sie ihm zeigen, daß es unabhängig und auch einmal rebellisch sein darf und trotzdem ihre Zuneigung nicht aufs Spiel setzt.

Ideal ist, wenn man dem Kind erlaubt, selbständig zu werden. Es braucht schon früh Bereiche, wo es selbst entscheiden darf. Beispiele im Vorschulalter sind die Wahl der Kleider, was und mit wem es spielen will oder wie die Möbel in seinem Zimmer stehen sollen.

Seinem Alter entsprechend soll es die Konsequenzen seines Tuns tragen müssen. Bestimmt es selbst, was es anzieht, und hat es seine Lieblingshose schmutzig gemacht, dann muß es eben warten, bis sie wieder gewaschen wird. So lernt es, daß es in seinem individualistischen Drang nicht einfach tun und lassen kann, was es will, sondern daß jede Handlung Folgen hat, die auf es zurückfallen. Um beim Beispiel mit der schmutzigen Lieblingshose zu bleiben, sollte die Mutter ihm diese nicht extra für den nächsten Sonntagsausflug waschen: Das Kind bekommt sie erst wieder, wenn sowieso gewaschen wird. Erhält es die Hose nach Wunsch, so wird es in der Annahme bestärkt, etwas Besonderes zu sein und sich jede Freiheit auf Kosten der anderen erlauben zu dürfen. Andernfalls kann es lernen, äußere Bedingungen und Grenzen in sein Tun einzubeziehen, und findet auf diese Art zu seiner Individualität, ohne allzusehr in der Außenwelt anzustoßen.

Uranus/Merkur ***Nervosität und eine schnelle Auffassungsgabe***

Das Kind mit einer Uranus-Merkur-Verbindung ist aufgeweckt und vielseitig interessiert. Wenn irgendwo etwas läuft, wenn es etwas zu sehen und zu hören gibt, muß es unbedingt dabeisein. Für seine Entwicklung braucht es viel geistige Anregung. Es mag so von etwas angetan sein, daß es vor lauter Nervosität kaum mehr ruhig sitzen kann. Seine Interessen sind vielseitig – voller Ideen und Elan wirft sich das Kind darauf, um sich schon kurze Zeit später wieder etwas Neuem zuzuwenden.

Geduldiges Zuhören ist nicht seine Stärke. Bevor Sie die Hälfte dessen, was Sie erklären wollen, geäußert haben, denkt das Merkur-Uranus-Kind zu wissen, was Sie sagen wollen. So kann es manchmal fast leichtfertig und ohne großes Einfühlungsvermögen vorwärtsstürmen.

Grundsätzlich dürfte ihm das Lernen wie alles Neue Spaß machen. Seine schnelle Auffassungsgabe hilft ihm über viele Anfangsschwierigkeiten in der Schule und im späteren Leben hinweg. Wenn es seine Unstetigkeit und Nervosität meistert, dann entfaltet sich eine Fähigkeit, blitzschnell zu kombinieren und sich fast intuitiv einen Überblick zu verschaffen. Das Kind braucht soviel Gelegenheiten als möglich, um seine ausgefallenen Ideen zu äußern und sein »Erfindertalent« auszuleben. Nur so kann es die Gabe des schnellen und kombinatorischen Denkens in einen Bezug zur Realität bringen.

Uranus/Venus ***Beziehung ohne Verpflichtung***

Das Kind mit einer Uranus-Venus-Verbindung kann nicht in Ruhe genießen, sondern scheint sich stets in Situationen harmonischer Gemeinsamkeit nach Spannung zu sehnen. Es meidet intensive Nähe. Grundsätzlich geht es davon aus, daß alle Menschen unberechenbar sind. Wenn die Eltern einmal überraschend fort sind, ist es tief beeindruckt, und es fühlt sich in seiner Annahme, sich auf niemanden verlassen zu können, bestätigt. Damit soll nicht gesagt werden, daß sie immer zu Hause bleiben sollen. Es ist jedoch wichtig, daß sie dem Kind sagen, wohin sie gehen, und allzu großen Überraschungen vorbeugen.

Andererseits braucht das Kind eine Beziehung zumindest zu einem Eltern- oder Großelternteil, die ihm viel Abwechslung bietet. Dauerhafte Nähe erträgt es schlecht und durchbricht diese im Extremfall, indem es wegläuft oder sich selbst von einer unzuverlässigen Seite zeigt. Es braucht immer wieder neue Anregung innerhalb einer Beziehung sowie viel persönlichen Freiraum. Wenn es sich eingeengt fühlt, wird es rebellisch und unberechenbar.

Der Umgang mit vielen verschiedenen und auch unkonventionellen Menschen hilft ihm, Beziehung immer wieder anders zu erleben. Umgekehrt kann es eine allzu enge Eltern-Kind-Bindung in die Rebellion treiben und zu dem verhängnisvollen Schluß bringen, daß Beziehungen grundsätzlich jeden Freiraum ersticken. Das würde es ihm sehr erschweren, sich in eine spätere Partnerschaft einzubringen.

Auch in einer Kinderfreundschaft dürfte das Kind Wert auf eine gewisse Unabhängigkeit legen und sich zurückziehen, sobald es gefühlsmäßig oder konkret sehr »eingespannt« wird. Wenn Eltern oder Lehrer solche Situationen beobachten, sollten sie das Kind darauf aufmerksam machen und ihm helfen, sich einzubringen, ohne daß es sich dabei aufgeben muß. In der Kindheit und auch im späteren Erwachsenenleben schafft sich das Kind immer wieder Situationen, die es auffordern, zwischen seinen Bedürfnissen nach Individualität einerseits und nach Nähe und Beziehung andererseits eine Brücke zu schlagen.

Uranus/Mars ***Alles soll schnell gehen***

Das Kind mit einem Uranus-Mars-Aspekt fällt durch eine große Vorliebe für Geschwindigkeit auf. So kann es ihm auf der Rutschbahn oder dem Schlitten kaum schnell genug gehen. Auch Schaukeln, Trampolin oder jedes andere Gerät, das ihm das Gefühl vermittelt, sich schnell zu bewegen, mag es faszinieren, ebenso Eisenbahnen, Autos und Flugzeuge.

Es braucht einen Bereich in seinem Leben, in dem sich die Dinge überstürzen und schnelle Reaktionen gefordert sind. Wenn es dieses Bedürfnis nicht auf dem Sportplatz ausleben kann, dürfte es große Mühe haben, in der Schule stillzusitzen und sich zu konzentrieren.

Spielt es und fühlt sich frei und unbeschwert, zeigt es ein großes Improvisationstalent. Ihm fällt in jeder Situation etwas ein, und es findet stets Mittel und Wege, um seine Ideen durchzusetzen und ein Ziel zu erreichen. Diese Fähigkeit, spontan und kreativ zu handeln, kann ihm in seinem späteren Leben sehr von Nutzen sein, vorausgesetzt, es darf als Kind damit experimentieren.

Das Grundbedürfnis ist ein Impuls nach schnellen Handlungen. Ob es diese nun im sportlichen Bereich, im Erfinden von immer neuen Spielmöglichkeiten oder im schnellen Reagieren in den verschiedensten Situationen erlebt, immer geht es darum, daß es an die Grenzen des Möglichen vorstößt und diese beachten lernt. Weder bei der Mutprobe auf der Skipiste noch im täglichen Zusammenleben in Schule und Familie ist alles erlaubt. Das Kind muß lernen, seine Spontaneität zu leben, ohne »über die Stränge zu schlagen«. Um seine Anlage nicht zu unterdrücken, braucht es sehr viel Freiraum und gleichzeitig auch klare Hinweise, wo der Freiraum aufhört und mehr Geduld und Rücksicht angebracht ist.

Daß Lia (Mars-Uranus-Konjunktion im 6. Haus) für Hausarbeiten nur spontan und wenn es ihr paßt, zu haben ist, erstaunt wohl wenig. Lias Unberechenbarkeit bekommt jedoch auch ihr geliebtes Kätzchen zu spüren. Lia füttert ihren Liebling nur sporadisch.

Uranus/Jupiter — ***Die Vorstellung grenzenloser Möglichkeiten***

Da sowohl Uranus wie Jupiter längere Umlaufzeiten haben, beträgt die Dauer, in der sie einen Aspekt zueinander bilden, einige Wochen bis Monate. Kinder, die ungefähr gleich alt sind, haben diesen Generationsaspekt gemeinsam.

Uranus-Jupiter-Aspekte weisen auf ein Kind hin, das alle Grenzen sprengen und am liebsten buchstäblich davonfliegen möchte. So faszinieren es Geschichten, in denen die Helden jede Begrenzung hinter sich lassen können, oder auch Vögel, Fliegerei oder Weltraumforschung. Denkbar ist ebenfalls, daß es sich von ungebundenen, idealistischen und originellen Menschen angezogen fühlt. Es möchte ganz einfach den gegebenen Rahmen wie ein einengendes Kleidungsstück abstreifen. Um diesem Bedürfnis zumindest teilweise gerecht zu werden, braucht es viel Freiraum und Möglichkeiten, seine kreativen Einfälle umzusetzen.

Uranus/Saturn — *Die Suche nach dem Mittelweg zwischen Alt und Neu*

Aspekte zwischen Uranus und Saturn dauern in der Regel mehrere Monate. Kinder gleichen Alters haben diesen Generationsaspekt gemeinsam.

Alt und Neu, Bewährtes und Unkonventionelles erlebt das Kind mit einem Uranus-Saturn-Aspekt als ausgeprägte Gegensätze. So identifiziert es sich schnell mit dem verändernden Pol und rebelliert gegen bestehende Formen in Elternhaus und Schule, einfach nur um der Rebellion willen. Oder, falls die Eltern ausgesprochen unkonventionell sind, übernimmt es die Rolle des Bremsers und Bewahrers. Immer geht es um einen Lernprozeß, neuzeitliche Ideen und altbewährte Gewohnheiten und Strukturen in ein Gleichgewicht zu bringen und weder am Alten haften zu bleiben noch alles aus einem »Generationenkonflikt« heraus verändern zu wollen.

Uranus am absteigenden Mondknoten — *Von innerer Unruhe getrieben*

Da die Umlaufzeit der Mondknotenachse 18 Jahre beträgt, wird die Konjunktion des absteigenden Mondknotens mit dem Langsamläufer Uranus zu einem Generationsaspekt, der gleichaltrigen Kindern – z. B. den zwischen Ende 1983 und Anfang 1984 geborenen – gemeinsam ist.

Das Kind mit Uranus am absteigenden Mondknoten mag oft sehr lebhaft und sogar unruhig sein. Vermutlich verweilt es nur kurze Zeit mit demselben Spielzeug und hat auch in der Schule einige Mühe, sich einzuordnen, stillzusitzen und sich zu konzentrieren. Immer in Bewegung zu sein, Neues auszuprobieren oder durch auffälliges Verhalten die Aufmerksamkeit auf sich zu lenken liegt seinem Wesen näher. Der absteigende Mondknoten gibt Uranus nicht nur Gewicht, sondern bewirkt auch, daß sich dieser in extremen Zerrformen manifestiert. Ein Kind mit dieser Stellung im Horoskop ist kein »einfaches« Kind. Es vor Gefahren zu bewahren dürfte ziemlich anstrengend sein. Vielleicht braucht es außergewöhnlich wenig Schlaf, hat Einschlafschwierigkeiten oder neigt ganz allgemein zu einem nervösen Verhalten. Auch ein Streben nach einer Sonderstellung oder -behandlung ist denkbar. All dem liegt ein enormes Bedürfnis nach Anregung und Freiraum sowie die ständige Befürchtung, etwas zu verpassen, zugrunde.

Wenn man auf die eine oder andere Art versucht, es zu beruhigen, erreicht man langfristig kaum etwas. Das Kind braucht viel Spielraum. Darf es selbst experimentieren, dann fühlt es sich in seinem Element, egal ob dies nun Basteln, Kochversuche, eine außergewöhnliche Kleidung, eine neue »Erfindung« oder noch weitaus verrücktere Ideen sind. Das Kind hat viele außergewöhnliche Einfälle. Indem es diese umsetzen darf, legt sich seine innere Unruhe. Durch ständiges Improvisieren und die Entdeckung neuer Zusammenhänge stillt es seinen Durst nach Anregung und lernt immer besser, die Grenzen der Realität anzuerkennen, indem es etwa die Eigenschaften von Bastelmaterialien geschickt einsetzt oder im Umgang mit den Mitmenschen rücksichtsvoller wird.

Das Kind mag es nicht, mit anderen verglichen zu werden, denn es will ein einmaliges Individuum sein und legt Wert auf die Betonung seiner Eigenart. Gesetze und Normen sind ihm ein Dorn im Auge und aus seiner Sicht nur dazu da, gebrochen zu werden. Es will nicht in Watte verpackt werden, sondern bei vielen kleinen Dingen die Grenze immer wieder überschreiten und sich die Finger verbrennen. Auch wenn es hart klingt: Es lernt doch nur durch eigene Erfahrung, den Sinn von Regeln und Verboten anzuerkennen. So kann es zu einem unabhängigen und experimentierfreudigen jungen Erwachsenen heranwachsen, der als kleines Kind fast alles ausprobieren durfte, und nicht mit einem Nachholbedürfnis, sondern mit viel Erfahrung ins Erwachsenenalter eintritt.

David (Uranus Konjunktion absteigender Mondknoten im 6. Haus), zwölfjährig, experimentiert gern mit Feuer und Elektrizität. Sein Erfindergeist läßt ihn nicht nur harmlose Dinge ausprobieren. Die Mutter findet hin und wieder schwarzgebrannte Überbleibsel von seinen Versuchen. Davids Uranus manifestiert sich neben lautem Knall und

Stichflamme auch in einem manchmal hektischen Verhalten. Mit »da-da-da-da-da« und ähnlichem »Lärm« gibt er seiner inneren Unrast Ausdruck und strapaziert die Nerven der Mutter empfindlich. Auch das klassische Unfallthema von Uranus findet sich in Davids Leben mit einem Hand- und einem Schlüsselbeinbruch.

Neptun
Wir sind alle eins

Grundsätzliches zur Neptun-Thematik

Wenn Eltern Kinder als liebe kleine Mädchen bzw. liebe kleine Jungen beschreiben, die kein Wässerchen trüben, stets hilfsbereit und aufmerksam sind und – falls sie sich überhaupt bemerkbar machen – durch Pflegeleichtigkeit auffallen, so liegt die Vermutung nahe, daß wir uns in Neptuns Reich bewegen. Im Unterschied zu Uranus, der wie ein frischer Wirbelwind durch die Seele tobt und innen und außen eine Menge Spuren hinterläßt, muß man Neptun suchen. Wollen Sie ihn fassen und mit dem Verstand begreifen, so können Sie fast ebensogut versuchen, aus Nebel eine Skulptur zu modellieren. Neptun unterliegt nicht den Gesetzen dieser Welt. Wenn wir die Hände im Schoß ruhen lassen, die Gedanken nicht mehr steuern und still und offen werden, geht die Tür zu Neptuns Reich einen Spalt weit auf und wir dürfen einen Blick in die Welt der Mysterien und Träume werfen.

Kindern steht diese Türe noch weit offen. Vielleicht blicken sie nicht nur in diese Welt jenseits der Realität, sondern gehen dort ein und aus wie in einem vertrauten Haus. Im Mutterleib waren sie während neun Monaten in einer neptunischen Welt eins mit der Mutter. Wo sie vorher waren, darüber können wir nur Vermutungen aufstellen. Das Reich, wo wir alle herkommen, dürfte wohl weit eher Neptun entsprechen als irgendeinem anderen Planeten. Kindern mag dieses Reich wie eine alte Heimat anmuten. Denken wir doch nur an ihren Glauben an Engel und das Christkind und an die Leichtigkeit und Selbstverständlichkeit, mit der sie dem Tod ins Auge sehen. Ich stelle mir vor, daß sie aus einer neptunischen Welt kommen und langsam, Schritt für Schritt, in unsere materielle Wirklichkeit hineinwachsen. Jeder Schritt auf diesem Weg entspricht der Entfaltung und Entwicklung der persönlichen Planeten.

Wir werden nie genau wissen, wie Kinder Neptun erleben. (Wissen wir denn überhaupt, wie wir selbst ihn erleben?) Wenn ein Kind alt genug ist, daß wir es fragen können, beschreibt es allenfalls die Auswirkungen. Vom Thema »Kind und Neptun« handeln Geschichten wie *Die drei Lichter der kleinen Veronika* von Manfred Kyber und *Die unendliche Geschichte* von Michael Ende. Hier bekommen wir eine Ahnung, was Kinder brauchen, um ihrem Neptun gerecht zu werden: Zeit und Gelegenheit zum Träumen und Phantasieren. Geschichten, Musik und Tiere können unterstützend wirken. Leider versuchen wir Erwachsenen nur allzuoft, ein Kind aus seiner Traumwelt herauszuholen und möglichst früh mit der sogenannten realen Welt vertraut zu machen. Ich glaube, das ist falsch.

Ein Kind braucht Vorbilder für seine persönliche Entwicklung. Es projiziert die Sonne auf den Vater. Es ahmt die Laute und Wörter nach, die es hört, und entwickelt so seinen Merkur. Es sucht Saturn in Form von Rahmenbedingungen und Rückendeckung ebenfalls in der Außenwelt. Für Neptun scheint es keine äußeren Projektionsflächen zu brauchen, im Gegenteil scheinen Kinder die besten Neptun-Experten zu sein. Wir können diesbezüglich viel von ihnen lernen.

Vor allem Kinder mit einer starken Neptun-Prägung im Horoskop leben in einer großen Verbundenheit mit allem Sein. Sie entwickeln nur zögernd ein eigenes Ich und zeigen gar keine Lust, das Ego gegen die Umwelt abzugrenzen. Im Gegenteil empfinden sie die Trennung der Nabelschnur und ihre eigene Entwicklung als einen sich wiederholenden und verstärkenden Bruch mit dem Gefühl des All-eins-Seins. Sie werden immer wieder neu aus dem Paradies geworfen. Daß sie nicht selbst dazu beitragen und so schnell wie möglich ein selbständiges Individuum werden, ist ihnen im Grunde genommen nicht zu verübeln.

Doch auch sie leben in einer Welt der Polarität und müssen lernen, »ich hier drinnen« und »du da draußen« zu unterscheiden. Ist die Familie einigermaßen gesund und intakt, so wird das Kind das auch tun.

Unterstützung können wir ihm auf zwei Arten zukommen lassen. Wir können ihm Gelegenheit geben, in eine Neptun-Welt einzutauchen, indem wir Geschichten erzählen und seine Phantasien und Träume ernst nehmen, es zum Malen oder Musizieren anregen oder mit ihm in die Natur hinausgehen. Vor allem das Wasserelement in Form von Meer, Fluß, Nebel oder Schnee dürfte es immer wieder neu beeindrucken.

Die zweite Unterstützung ist völlig anderer Natur. Das Kind muß ein Ich ausbilden. Es muß lernen, »Ich will« zu sagen. Und genau das fällt ihm schwer. Auf die Frage, was es essen, trinken oder spielen will, antwortet es oft mit »Ich weiß nicht« oder »Was meinst du?«. Es spürt seine eigenen Wünsche und Bedürfnisse nur unklar, hat aber ein außerordentlich feines Gespür für die Anliegen der anderen. So verschwinden seine persönlichen Bedürfnisse hinter denjenigen der Umwelt. Das Kind versucht herauszufinden, was die Mutter meint und fühlt, und übernimmt dies. Es kommt damit den Eltern oft sehr entgegen. Diese finden es dann besonders nett und liebenswürdig. Jedoch wäre es weitaus besser, man beharrte im Umgang mit einem neptunischen Kindern darauf, daß es sich für ein Getränk, ein Spiel oder eine Meinung entscheidet. So hilft man ihm, mit der Zeit seinen eigenen Willen und seine Bedürfnisse zu spüren und zu formulieren.

Auf einer tieferen Ebene symbolisiert Neptun das Bedürfnis, mit allem eins zu sein. Dies hat zur Folge, daß das von Neptun geprägte Kind keine Grenzen setzen will. Es fühlt sich eins mit der Mutter und leidet mit, wenn diese Probleme hat. Es ist wie ein Schwamm für alle guten und schlechten Gefühle, Wünsche und Bedürfnisse der Familie. Das Fatale daran ist die Tatsache, daß es für eine Mutter wohl kaum etwas Schöneres gibt als ein so liebes, verständnisvolles und anhängliches Kind. Die Mutter entscheidet, was für ihr Kind gut ist, und das Kind nimmt es dankbar an. Die beiden sind ein Herz und eine Seele. Niemand ist böse, niemand hat Probleme. Die Familienidylle scheint nicht nur nach außen perfekt, die Eltern und das Kind glauben sogar, auf dem besten Weg zu sein.

Doch Neptun ist trügerisch! Die Harmonie geht auf Kosten des Kindes. Man ist einer Meinung, weil nur die Meinung der Mutter gilt. Das Kind weiß gar nicht, daß es selbst auch eine hat. Verfügt die Mutter über genügend persönliche Reife, so erkennt sie das und fordert das Kind auf, selbst Stellung zu beziehen. Hier kann die astrologische Beratung einsetzen und der Mutter wichtige Hinweise geben.

Findet die Vermischung von Ich und Du auf der Gefühlsebene statt, wenn Mond oder Venus mit Neptun Aspekte bilden, so kann das Kind nur gelassen und glücklich sein, wenn es alle anderen sind. Es bemüht sich, die Mutter zufriedenzustellen, dem Vater gerecht zu werden und den Geschwistern entgegenzukommen. Seine eigenen Wünsche und Bedürfnisse kommen an letzter Stelle. Sie werden so oft übergangen und ignoriert, daß das Kind sie bald gar nicht mehr spürt. Vor allem wenn zusätzlich zu Neptun auch Saturn einigermaßen stark gestellt ist, übernimmt das Kind leicht eine Helferrolle. Es opfert sich für andere auf, anstatt sein eigenes Ego aufzubauen.

Weltflucht ist eine weitere Möglichkeit, wie sich der Mangel an Ich-Substanz im Extremfall manifestieren kann. Das Kind zieht sich in eine innere Traumwelt zurück und verweigert den Alltag und die Auseinandersetzung mit der Realität.

In der Regel sind die Spuren von Neptun nicht so offensichtlich, aber trotzdem nicht zu unterschätzen. Ein Kind mit Neptun-Themen im Horoskop braucht in jedem Fall viele Aufforderungen, es selbst zu sein. Wird es immer wieder nach seinem Willen gefragt, so erkennt es mit der Zeit, daß es nicht verstoßen wird, weil es »Ich« und »Nein« sagt und eine Privatsphäre besitzt.

Neptun-Themen im Geburtsbild eines Kindes zeigen eine große Sensibilität und Beeindruckbarkeit an. Die Abgrenzung zwischen Ich und Umwelt ist schwach, und das Kind identifiziert sich weitgehend mit seiner Umgebung. Das Kind hört die Aufforderung »Sei kein Egoist!« fast schon, bevor sie ausgesprochen wird, und wagt es kaum, eigene Bedürfnisse ernst zu nehmen und offen anzumelden. Die Eltern haben die nicht ganz einfache Aufgabe, ihm bei der Bildung eines stabilen Ich-Gefühles zu helfen, indem sie es immer wieder nach seinen Bedürfnissen fragen und sich nicht damit zufriedengeben, wenn es die Antwort gibt, die – wie es denkt – sie gerade hören wollen. Wenn es lernt, sich nicht von Fremdeinflüssen hinwegschwemmen zu lassen, wächst es zu einem feinfühligen und hilfsbereiten Menschen heran.

Neptun-Aspekte

Neptun/Sonne ***Ein sensibler Wesenskern***

Im Kern seines Wesens ist das Kind mit Neptun-Sonne-Aspekt weich und sensibel. Wie ein feiner Seismograph registriert es die Stimmung in der Familie. Haben die Eltern ernsthafte Probleme, so spürt es dies auf einer unbewußten Ebene, leidet mit oder fühlt sich sogar schuldig. Deshalb ist Offenheit sehr wichtig. Je klarer die Eltern Schwierigkeiten beim Namen nennen, desto besser kann das Kind seine Stimmungen einordnen und weiß, warum es traurig ist oder sich einsam fühlt.

Das Neptun-Sonne-Kind neigt dazu, den Vater zu idealisieren, und erlebt ihn als schwer faßbar. Da vor allem der Vater als Vorbild für die Entwicklung der eigenen Identität dient, ist es verunsichert, wer es eigentlich ist. Es gelingt ihm nicht ohne weiteres, ein stabiles Ichgefühl zu entwickeln und sich nach außen abzugrenzen. So ist es relativ beeinflußbar und hat Mühe, zu wissen, was es will. Haben die Eltern etwa eine bestimmte Vorstellung von seiner beruflichen Ausbildung, neigt das Kind dazu, ihre Wünsche als seine eigenen zu nehmen und den entsprechenden Berufsweg einzuschlagen, auch wenn ihm dieser überhaupt nicht entspricht. Hier ist es wichtig, daß die Eltern ihre Vorstellungen klar aussprechen und das Kind ermuntern, seine eigenen zu entwickeln.

Neben der Aufforderung, sich selbst in kleinen, alltäglichen Dingen abzugrenzen und die eigenen Wünsche und Bedürfnisse wahrzunehmen, gilt es, Gelegenheit zu schaffen, damit das Kind seine weiche Seite leben kann, beispielsweise mit Musik, Malen oder einer anderen kreativen Beschäftigung, durch Naturverbundenheit oder Wassersport.

Neptun/Mond ***Ein Gefühl der Verbundenheit mit allem***

Das Kind mit Neptun-Mond-Themen ist sehr offen für die Gefühle und das Leiden anderer. Es übernimmt leicht die Stimmung der anderen und kann äußere Einflüsse nur schwer von den eigenen Wünschen und Bedürfnissen unterscheiden. Wenn die Eltern aus irgendeinem Grund traurig sind, überträgt sich die bedrückte Atmosphäre auf das Kind, selbst wenn es damit nichts zu tun hat. Es ist so offen für das emotionale Klima seiner Umgebung, daß die eigenen Anliegen darin untergehen. Diese Beeinflußbarkeit erschwert es ihm, sich als eigenständiges Ich zu spüren. Es stellt wenig Forderungen, und die Versuchung ist groß, daß die Eltern weiterhin über es bestimmen, auch wenn es zu alt dafür ist. Das Kind paßt sich ihnen an und wiederholt somit immer wieder die Erfahrung, daß die Mutter ja schon weiß, was es braucht. Seine Grundhaltung könnte etwas übertrieben so formuliert werden: Alle sind füreinander da, jeder weiß, was für den anderen gut ist, und das eigene Wohlbefinden kommt erst nach demjenigen des anderen. Da es diese Haltung nach außen ausstrahlt, wird es oft von anderen übergangen oder ausgenützt, was es wiederum in seiner Grundhaltung bestärkt.

Damit das Neptun-Mond-Kind zu einem unabhängigen erwachsenen Menschen heranwachsen kann, braucht es immer wieder die Ermunterung, zu den eigenen Gefühlen zu stehen und zu sagen, wie es ihm zumute ist oder was es gerade möchte. Nehmen Eltern und andere Bezugspersonen seine spontanen Wünsche nach Nähe oder Alleinsein, Geborgenheit oder Bewegung ernst, lernt es, sich zu spüren und auch ernst zu nehmen. Wenn die Eltern eigene Gefühle und Wünsche klar aussprechen, hilft das dem Kind, zwischen sich und ihnen zu unterscheiden.

Das Kind lebt in einer reichen Traum- und Phantasiewelt. Wird ihm die Realität zu unangenehm, dann zieht es sich in sein inneres Paradies zurück. In solchen Momenten ist es nur noch körperlich anwesend. Damit dieses Eintauchen in die innere Welt nicht zu einer Flucht wird, ist es wichtig, daß das Kind eine Verbindung zwischen dem Realen und dem Irrealen findet, beispielsweise indem es seine Phantasien durch Malen, Musizieren oder Rollenspiele ausdrückt. Es soll jedoch auch träumen dürfen; und es braucht viel Zeit für sich allein, um sich immer wieder neu zu spüren und ein inneres Gleichgewicht herzustellen.

Neptun/Merkur — *Ein reiches Bilderdenken*

Das Kind mit Neptun-Merkur-Aspekt hat eine ausgeprägte Phantasie und einen guten Zugang zur Märchen- und Bilderwelt. Es hört gern Geschichten und läßt diese sowie seine eigenen Erlebnisse wie einen Film immer wieder vor seinem inneren Auge vorbeiziehen. Innere Bilder liegen ihm viel näher als logische Gedankenabläufe. Es denkt eher in Bildern als in Worten. Wenn es etwas erzählen will, weiß es oft gar nicht, wo bei seinem inneren Bild es beginnen soll, und seine Schilderungen können reichlich verwirrend ausfallen. Da es im sprachlichen Bereich überaus sensibel reagiert, braucht es aufmerksame Zuhörer, die es immer wieder zum Erzählen ermuntern und ihm helfen, seine inneren Bilder in Worte umzusetzen. Das Neptun-Merkur-Kind könnte sonst den Eindruck bekommen, daß niemand so richtig versteht, was es eigentlich meint, und seine Gedanken dann für sich behalten. Lernt es, seiner Phantasie Ausdruck zu verleihen, so kann sie sich erst so richtig entfalten.

Das Kind läßt sich leicht über Worte beeinflussen. So braucht es keine große Überredenskunst, um ihm ein Versprechen zu entlocken, das es eigentlich gar nicht geben will. Im Gespräch identifiziert es sich schnell mit dem Gegenüber. Es muß lernen, sich abzugrenzen und seine eigene Meinung zu formulieren. Man unterstützt es darin, wenn man immer wieder nachfragt, ob das, was es sagt, wirklich seinem Willen entspricht. Wenn es lernt, trotz seiner Beeinflußbarkeit bei sich zu bleiben, kann es seine Sensibilität dafür einsetzen, nicht nur das Gesagte zu hören, sondern aus Tonfall und Mimik das Unausgesprochene aufzunehmen.

Nicole (Merkur in Fische, Sextil Neptun, Trigon Pluto) liest nicht nur viel, sondern schreibt bereits im Grundschulalter Tagebuch, Geschichten und Gedichte. Sie träumt von einem Pop-Idol und bringt ihre Phantasien in konkrete Formen, indem sie ihm die Rolle des Helden in ihren Science-fiction-Geschichten gibt. Wie tief die Gedanken, Träume und Sehnsüchte der Zwölfjährigen sind, mag folgendes Gedicht zeigen:

Again
I know that you love me
With you I am happy
And I can live a happy life
Till a beautiful death
And always again.

Nicoles Englischkenntnisse stammen aus dem Schulunterricht und dem Wörterbuch.

Neptun/Venus ***Ein offenes Herz für die anderen***

Das Kind mit Neptun-Venus-Kontakt hat eine ausgeprägte romantische Ader. Es ist offen für Phantasiegestalten, malt sich vielleicht eine persönliche Begegnung mit dem Christkind, mit einem Märchenprinzen oder Menschen, Fabelwesen und Tieren aus seiner Geschichtensammlung aus. Es lebt in einer Traumwelt, in der alle schön und lieb sind, und es erwartet das auch von den realen Menschen. Seine Beziehung zur Mutter soll ebenso harmonisch sein wie seine Phantasiebeziehungen zu den Märchenhelden. Es trägt ein Bild der »idealen Beziehung« und »totalen Harmonie« in sich. Wenn die Mutter mit ihm schimpft, ärgerlich oder unglücklich ist, so bemüht sich das Kind sehr, sie zufriedenzustellen oder zu trösten.

Daß es sich mit der Mutter oder mit anderen geliebten Bezugspersonen eins fühlen kann, ist ihm wichtiger als die eigenen Bedürfnisse. So paßt es sich bis zur Selbstverleugnung an. Jede Beziehungskrise der Eltern, jeder Streit, fast schon jedes laute Wort bringen das Neptun-Venus-Kind in Bedrängnis. Es sieht sich als Egoist, wenn es eigene Wünsche anbringt, und glaubt, alles geben zu müssen, damit der Familiensegen nicht schief hängt. Um aus diesem Dilemma heraus sein eigenes Ich zu finden, braucht es Eltern, die ihm dies ausdrücklich erlauben. Es neigt dazu, sein enormes Hingabepotential mit Aufopferung zu verwechseln. Für die Eltern kann das sehr bequem sein. Das Kind ist brav und angepaßt und verführt dazu, seine Hilfe und sein Mitgefühl in Anspruch zu nehmen. Trotzdem sollten die Eltern das Kind immer wieder darauf aufmerksam machen, daß Liebe nichts mit Mitleiden zu tun hat und es nicht niedergeschlagen zu sein braucht, wenn jemand Kopfschmerzen oder Probleme hat.

Wenn dem Neptun-Venus-Kind die Realität zu unbequem wird, neigt es dazu, sich in eine innere Traum- und Phantasiewelt zurückzuziehen. Damit es seine weiche, verträumte und romantische Seite nicht als Weltflucht mißbraucht, benötigt es Gelegenheit, diese auf eine kreative und konstruktive Art auszudrücken, etwa durch Musik, Malen oder Erlebnisse in der Natur. Die Verbundenheit mit etwas jenseits der nüchternen Wirklichkeit kann eine Quelle inneren Friedens für das Kind sein, die ihm immer wieder sein seelisches Gleichgewicht zurückgibt, ohne daß es sich vor der Realität zu verschließen braucht.

David (Neptun am DC) läßt sich sehr von Mitschülern beeindrucken. Er sieht nur, was glänzt, und fällt jedem Bluff zum Opfer. Bekommt er das wahre Gesicht des anderen zu spüren, so ist er enttäuscht, erkennt jedoch auch seine eigenen überhöhten Erwartungen.

Neptun/Mars ***Stimmungen beeinflussen das Handeln***

Das Kind mit Neptun-Mars-Aspekt ist ein sensibles Kind, daß sein Tun stets von der Umgebung abhängig macht. Da es sich bei einem Konflikt leicht mit dem Gegenüber identifiziert, fällt es ihm oft schwer, sich durchzusetzen. Gewissermaßen tut es ihm selbst weh, wenn es jemandem auf die Füße tritt. Umgekehrt fühlt es sich gut, wenn es anderen helfen kann. Aus diesem Grund unterstützt es möglicherweise Schwächere, hilft der Mutter, wenn sie krank ist, oder pflegt Tiere.

Das Kind ist in seinen Aktivitäten sehr beeinflußbar und läßt sich leicht verführen, sei dies durch Kameraden zu Lausbubenstreichen oder durch die Familie zu einem bestimmten Rollenverhalten. Es verfügt über eine Art Stimmungsbarometer, mit dem es sehr genau wahrnimmt, wenn Ärger in der Luft liegt. Sind die Eltern wütend oder traurig und zeigen sie es nicht, so gehen diese Gefühle auf das Kind über. Es drückt sie lautstark aus, indem es aus scheinbar unerklärlichen Gründen aggressiv oder trotzig wird.

Es ist deshalb wichtig, daß die Eltern ihrem Ärger Ausdruck verleihen. Das Kind kann gut mit Wut und Ärger von anderen umgehen, solange beides offen ausgelebt wird. Wenn die Eltern jedoch aus dem falschen Anspruch, perfekt sein zu wollen, ihre Gefühle möglichst für sich behalten, nimmt das Kind sie auf einer unbewußten Ebene auf und tobt und trotzt für sie.

Lernt es, mit seiner Beeinflußbarkeit umzugehen, dann kann sich die positive Seite dieses Charakterzuges entfalten, und das Kind kann sein Handeln außerordentlich feinfühlig auf die Umwelt abstimmen.

Neptun/Jupiter — *Ein starker Glaube*

Neptun-Jupiter-Aspekte sind aufgrund der langen Umlaufzeiten beider Planeten Generationsaspekte und gleichaltrigen Kindern gemeinsam.

Diese Planetenkombination läßt auf starke religiöse und mystische Themen schließen. Das Übersinnliche gehört für dieses Kind genauso zum Leben wie das Konkrete und Sichtbare. So braucht es einerseits die Sicherheit, daß man seiner inneren Welt mit Verständnis begegnet, andererseits die Ermunterung, im realen Alltagsleben Fuß zu fassen. Es neigt dazu, sich das Leben so auszumalen, wie es dieses gerne möchte. Stimmt die Realität nicht mit seiner Vorstellung überein, dann verschließt es gerne die Augen.

Neptun/Saturn — *Zwischen Traum und Wirklichkeit*

Aspekte zwischen Neptun und Saturn dauern in der Regel mehrere Monate. Kinder gleichen Alters haben diesen Generationsaspekt gemeinsam.

Wenn das Neptun-Saturn-Kind sich von Traumgestalten oder anderen irrealen Dingen fürchtet, sollte man nicht versuchen, ihm dies auszureden, denn seinem Empfinden nach ist die irreale Welt der Träume und Phantasien ebenso wirklich wie die sogenannte Realität. Es fühlt sich oft zwischen diesen beiden Welten hin- und hergezogen und hat Mühe, sie zu unterscheiden. Sagt jemand, was es erzähle, sei verrückt, beginnt es schnell, an sich zu zweifeln. Es braucht eine liebevolle Unterstützung, um die Spannung zwischen der äußeren Wirklichkeit und seinen inneren Phantasien zu überwinden.

Beispielsweise spürt das Kind, wenn es der Mutter schlecht geht. Wenn sie es nicht mit ihren Sorgen belasten will und ihm beteuert, es fehle ihr nichts, stimmt die äußere Realität, d. h. ihre Beteuerung, nicht mit dem überein, was das Kind in seinem Innern gefühlsmäßig wahrnimmt und was als ungewisse Phantasie in seinem Kopf herumgeistert. Um diesem Widerspruch auszuweichen, neigt es dazu, sich mit dem einen oder anderen Pol zu identifizieren und entweder seine innere Stimme zum Schweigen zu bringen oder sich ganz in die innere Welt zurückzuziehen. Seine Aufgabe besteht jedoch darin, sowohl die Realität wie die Traum- und Gefühlswelt zu akzeptieren und eine Brücke zwischen den beiden Welten zu bauen. Es braucht Unterstützung, um ganz in die Realität einzutauchen und diese zu meistern, ohne daß es dabei seine Phantasie und seine inneren Bilder verleugnen muß. Im oben aufgeführten Beispiel würde dies bedeuten, daß die Mutter dem Kind bestätigt, daß es ihre Stimmung richtig wahrgenommen hat, auch wenn sie nicht darüber sprechen will.

Das Kind muß im Laufe seiner Kindheit lernen, in welchen Situationen die Realität gefragt ist und wann es sich seiner inneren Welt hingeben kann. Eine Beziehung zu Musik oder zur Natur können ihm helfen, seine verträumte Seite zu leben und Sinn und Kraft daraus zu schöpfen.

Neptun am absteigenden Mondknoten — *In einer Traumwelt zu Hause*

Dieser Generationsaspekt fand zum letzten Mal 1983 statt und prägte die in diesem Jahr geborenen Kinder.

Das Kind mit Neptun am absteigenden Mondknoten lebt in einer wunderschönen Traum- und Phantasiewelt. Märchen und Geschichten, die man ihm erzählt, werden in seinem Innern zu einem schillernden Kaleidoskop. Auch in alltäglichen Dingen sieht es gleich den verzauberten Prinzen, hört die Tiere sprechen oder malt sich aus, wie sich ein Besen fühlen könnte, wenn man ihn gebraucht.

Gleichzeitig ist es so in sich vertieft, daß man es vielleicht dreimal dasselbe fragen muß, bis es antwortet. Vielleicht ist es vergeßlich oder sehr langsam. Grundsätzlich ist die innere Welt seine eigentliche Heimat und um vieles vertrauter als die oft hart anmutende Wirklichkeit. So flüchtet es immer wieder in seine Traumwelt und ist dann gewissermaßen nur noch körperlich anwesend.

Es ist wichtig, ihm den Bezug zu seinem Innern nicht abzusprechen und ihm nicht das Gefühl zu geben, träumen sei nicht in Ordnung. Doch sollte es lernen zu unterscheiden, wo es träumen darf und wo es ganz im Hier und Jetzt verweilen sollte. Musik, Malen oder eine tiefe Beziehung zur Natur können neben Märchen und Geschichten Inseln sein, wo es in Gedanken weggleiten kann. Auch religiöse Rituale, Meditation oder Yoga können es schon als Kind ansprechen.

Das Kind ist äußerst sensibel und kann sich sehr gut in andere einfühlen. Sein feines Stimmungsbarometer registriert die leisesten Unstimmigkeiten. Deshalb sollte man ihm nichts vormachen, sondern ihm klar sagen, wenn man ärgerlich oder traurig ist, denn dann kann es sein Gefühl einordnen.

Wenn das Kind nicht über starke willens- und egobetonte Anlagen verfügt, hat es Mühe, ein stabiles Ich auszubilden. Es läßt sich beeinflussen und von Mitgefühl geradezu überschwemmen und kann leicht ausgenutzt werden. Damit es sich als eigenständiges Ich spüren und sich besser abgrenzen lernt, muß es immer wieder aufgefordert werden, zu sagen, was es will.

Da ihm das Abgleiten in eine andere Welt sehr vertraut ist, liegt die Hemmschwelle für Drogen entsprechend tief. Das Kind bedarf einer gründlichen Suchtaufklärung, die ihm die Konsequenzen in aller Härte aufzeigt, so daß es die Gefahren klar erkennt und nicht aus Unwissenheit und mangelnder Abgrenzung in etwas hineingleitet, das es eigentlich gar nicht will.

Pluto
Wer ist oben?

Grundsätzliches zur Pluto-Thematik

Zwei kleine Mädchen schreiben eine Geschichte. Sie schneiden Bilder aus Blumenkatalogen und anderen Zeitschriften aus, kleben sie in ein Heft und formulieren mit noch ungelenken Buchstaben ihre Phantasien. Sie haben im Bücherregal einen Bildband über Astronomie entdeckt und blättern zwischendurch darin herum. Nach mehrstündigem Einsatz präsentieren sie stolz ihr kreatives Werk: Eine Geschichte voller Blumenbilder, so farbig und fröhlich, wie sie nur Kinder zustande bringen. Der Titel lautet: »Hinter Pluto ist der Blumenplanet.«

Wenn wir »Pluto« hören, denken wir sofort an Machtmißbrauch, Verlust und Tod. Wir geben ihm eine dunkle Farbe und bringen ihn weit mehr in Verbindung mit dem Teufel als jedes andere Planetenprinzip. Ein Planet ist jedoch weder gut noch böse. Er symbolisiert einen Archetypen, der jenseits jeder Wertung von positiv oder negativ steht. Der Archetyp manifestiert sich in der materiellen Welt in Tausenden von Formen. Diese Formen empfinden wir als »gut«, wenn sie in unser bewußtes Denken und Fühlen hineinpassen, und als »schlecht«, wenn sie das nicht tun.

Pluto ist der am weitesten von der Erde entfernte Planet. Seine Energien sind unserem bewußten Denken und Fühlen entsprechend wenig vertraut. Deshalb sehen wir ihn als »dunkle Macht«. Wir nennen ihn den »Gott der Unterwelt«, weil wir in unserem Tagesbewußtsein noch keinen Raum für ihn geschaffen haben.

Vielleicht ist es etwas weit hergeholt, wenn ich die Kindergeschichte als Aufforderung verstehe, nach der lichten »Blumenseite« Plutos zu suchen. Doch um Pluto nur einigermaßen zu verstehen, müssen wir aufhören, ihn zu verteufeln, und vermehrt nach den Blumen und Perlen in seinen harten Lektionen suchen. Wir müssen uns der plutonischen Energie stellen, damit wir den Diamanten finden wie Herkules im griechischen Mythos von Herkules und der Hydra.

Herkules wurde aufgetragen, verschiedene Aufgaben zu erfüllen. Ein Auftrag lautete, die Hydra, eine neunköpfige Wasserschlange, zu töten und das Land so von einer schlimmen Plage zu befreien. Also machte sich Herkules auf den Weg und fand nach langer Suche das Monster in einer Höhle nahe eines Sumpfes, im Dunkeln verborgen. Er hatte seine liebe Mühe, das Biest aus der Höhle zu locken. Erst als er brennende Pfeile einsetzte, schoß das Ungetüm in wildem Zorn und Rachedurst hervor. Herkules hieb mit seinem Schwert auf die Schlange los. Doch für jeden Kopf, den er abschlug, wuchsen sogleich drei neue nach.

Als seine Kräfte schon fast erschöpft sind, erinnert er sich an den Rat eines Weisen, steigt selbst in den Sumpf hinein, packt die Schlange mit bloßen Händen und hebt sie aus dem Morast heraus, so daß das Sonnenlicht auf sie fällt. Da verliert sie sogleich ihre zerstörerische Kraft. Herkules kann sie besiegen und entdeckt in ihr ein Juwel.

Ähnlich wie die neunköpfige Hydra verstecken sich auch unsere verdrängten Seelenanteile, unsere unerwünschten Triebe und Emotionen im dunkelsten Sumpf unseres Unbewußten. Pluto kommt der Aufforderung gleich, das Monster aufzustöbern und Pfeile ins dunkle Versteck zu schießen, d. h., bewußt oder unbewußt Situationen zu provozieren, in denen die dunkelsten Gefühle von Haß, Verzweiflung, Ohnmacht, Wut und Schmerz zum Vorschein kommen. Solange wir versuchen, der Hydra auf dem Trockenen beizukommen, indem wir dieses innere Aufgewühlt-Werden mit Wille und Verstand bezwingen wollen, so lange wachsen die Köpfe der Hydra nach, und wir werden nur noch heftiger geschüttelt. Erst wenn wir in den Sumpf hinuntersteigen, das Biest mit Händen packen und ans Licht heben, können wir siegen. Wir müssen uns also den dunkelsten Seiten unserer Seele stellen, uns gefühlsmäßig damit identifizieren und uns aufwühlen und ergreifen lassen. Gleichzeitig sollen wir jedoch unser ganzes Bewußtseinslicht darauf werfen und den dunklen Regungen ins Gesicht schauen. Wenn wir unliebsame Teile aus dem Unbewußten ins Licht des Bewußtseins heben – so, wie Herkules die Hydra ans Licht hob –, verliert sich der Schrecken, und wir finden das Juwel in Form von innerer Kraft und Reife.

Ich habe oft beobachtet, wie kleine Kinder einen erstaunlich guten Zugang zur plutonischen Energie haben. Bei der Geburt wird ein Kind gedrückt und gepreßt und gewaltsam in eine völlig unbekannte Welt hinausgestoßen. Dies ist ein plutonischer Wandlungsprozeß höchsten Grades. Viele Kinder weinen nicht, wenn sie schließlich ihre ersten Atemzüge machen, sondern liegen friedlich auf dem Bauch der Mutter, schauen ins Licht oder suchen nach der Nahrungsquelle. Hand aufs Herz – können Sie so gelassen mit einem plutonischen Erlebnis umgehen?

Pluto-betonte Babys stehen zu ihrer Macht und Intensität. Sie schreien oder verweigern die Nahrung und provozieren damit die Mutter so lange, bis diese ihre wahren Gefühle zeigt. Jede Mutter möchte eine liebe und fürsorgliche Mutter sein. Auch wenn sie das zehnte Mal in der Nacht aufsteht, um ihr Baby zu beruhigen, bemüht sie sich, liebevoll und zärtlich zu sein. Hilflosigkeit und Wut über die gestörte Nachtruhe lauern unter der Oberfläche. Die Mutter gestattet es sich nicht, diese dem kleinen Kind zu zeigen. Ein pluto-betontes Baby spürt die steigende Frustration der Mutter und provoziert sie so lange, bis diese schreit und weint und ihre wahren Gefühle zeigt. Nun hat das Kind gesiegt. Es kann die Mutter manipulieren. Es braucht nur zu schreien, und dann kommt sie – wie eine Marionette, wenn der Marionettenspieler an den Fäden zieht.

Mit großer Wahrscheinlichkeit läßt die Mutter das Kind einmal schreien, entweder weil sie am Ende ihrer Geduld und Kraft ist oder weil sie einmal nicht da ist. Das Kind spielt seine Macht aus und schreit, doch der Zauber wirkt nicht. Niemand kommt. Ein solches Erlebnis kann im plutonischen Kind – vor allem bei Pluto-Mond-Aspekten – zu dem Schluß führen, daß seine Macht nicht ausreicht. Es wird zum Opfer und verzichtet in Zukunft auf den Einsatz seiner Macht. Im Extremfall wächst es zu einem energielosen Kind heran, das die Pluto-Energien als von außen kommend erlebt.

Mit Pluto ist der Machtkampf nicht zu umgehen. Die Mutter eines solchen Kindes hat die schwierige Aufgabe, dieses Kräftemessen mit ihrem Baby so zu führen, daß weder sie noch das Kind zum Opfer werden. Wenn sie beim ersten Laut des Kindes aus dem Bett springt und sich völlig erschöpft fühlt von schlaflosen Nächten, hat das Baby gesiegt. Läßt sie es schreien, bis es schließlich aufgibt, hat sie es zum Opfer gemacht. Das Kind geht davon aus, daß es einen Stärkeren und einen Schwächeren gibt. Unzählige Situationen bestätigen es in dieser Annahme. Im Idealfall gelingt es der Mutter, diese Erlebnisse nicht zu extrem ausfallen zu lassen. Je mehr das Kind sich sowohl in der starken wie in der schwachen Position erlebt, desto besser kann es die Gratwanderung zwischen den beiden Polen »Macht« und »Ohnmacht« bestehen.

Auch wenn die plutonischen Energien so stark sind, daß ein kleines Kind diese vorwiegend als von außen kommend erlebt, findet es doch schon selbst einige Ausdrucksmöglichkeiten, wie folgendes Beispiel sehr schön zeigt:

> *Patrick (Pluto am MC) ist 15 Monate alt. Er will auf das Sofa gehoben werden. Ist er oben, so müssen Mutter und Vater auf den Teppich herunter. Er gibt keine Ruhe, bis er das Sofa für sich allein hat und die Eltern buchstäblich »unter« ihm sind. Es macht ihm Spaß, in seiner majestätischen Haltung auf ein Spielzeug nach dem anderen am Boden zu weisen und sich diese heraufreichen zu lassen. Einen Augenblick später wirft er sie wieder hinunter. Auf eine spielerische und doch aus der Sicht der Mutter provozierende Art experimentiert er mit der plutonischen Macht.*

Wichtige Aspekte der Pluto-Energie sind Intensität und Echtheit. Das Kind will die wahren Gefühle der Mutter und versteht es auch, diese hervorzulocken. Mitunter ist ein solches Kind recht schwierig. Es hält sich an keine vorgegebenen Normen, sondern provoziert so lange, bis die Reaktion der Eltern »aus dem Bauch« kommt. Vor allem wenn es einem Elternteil schwerfällt, Ärger oder Trauer zu zeigen, empfindet er das Verhalten des Kindes als sehr unangenehm. Andererseits können diese Kinder ihren Eltern sehr viel geben, gerade weil sie ihnen die Maske des angepaßten Verhaltens abreißen und sie zwingen, Farbe zu bekennen. Eltern können von ihren Kindern lernen, echt zu sein.

Leider fühlen sich Eltern manchmal durch die Aufforderung nach Echtheit so bedroht, daß sie brutal werden, das Kind mißbrauchen oder sich noch tiefer hinter der Maske verbergen und dem Kind keine Möglichkeit zur Auseinandersetzung bieten. Wenn Kinder Intensität fordern, gibt es leider immer wieder Väter – und in geringerem Ausmaß auch Mütter –, die mit der charismatischen Ausstrahlung des Kindes nicht umgehen können und mit Gewalt oder sexuellen Übergriffen reagieren. Als Folge finden wir dann die typisch plutonischen Mißbrauchsgeschichten. Die »Ursache« für den

Mißbrauch ist nicht Pluto im Kinderhoroskop, sondern es sind Eltern, die plutonische Energien nur auf eine destruktive Weise ausdrücken können.

Pluto symbolisiert den radikalsten, energiereichsten und leidenschaftlichsten Teil einer Persönlichkeit, der, gerade weil er so aufs Ganze aus ist, auch Angst auslöst. So erlebt ein Kind diese Seite bei anderen Menschen oft als dunkel und bedrohlich und lehnt es ab, diesen Teil in sich zu akzeptieren. Es unterdrückt ihn dann mit etwa dem gleichen Effekt, als würde es den Deckel auf eine Pfanne mit kochendem Wasser drücken: Es verbrennt sich die Finger. Nur wenn das Kind diesen kompromißlosen und intensiven Teil in sich annehmen und mit ihm umgehen lernt, findet es Zugang zu seiner Kraft und Lebendigkeit. Dann kann gerade dieser Teil ein enormes Energiepotential entfalten und es zu einer starken Persönlichkeit heranwachsen lassen. Dazu braucht ein Kind Eltern, die ihre eigene »dunkle« Seite akzeptieren, mit ihren Energien umgehen können und dem Kind als Vorbild helfen, sein gewaltiges Energiepotential in konstruktive Bahnen zu lenken.

Pluto-Aspekte

Pluto/Sonne ***Macht ist etwas Faszinierendes***

Das Kind mit Pluto-Sonne-Aspekt geht davon aus, daß es immer Stärkere und Schwächere gibt. Es erlebt Erwachsene und besonders den Vater als machtvoll und sich als entsprechend schwach. Sehr genau beobachtet es das Verhalten dieser »Starken«. Je nachdem, ob es mehrheitlich die Erfahrung macht, daß der starke Vater es beschützt und unterstützt oder ob es als schwaches Kind von den Erwachsenen manipuliert und eingeschüchtert wird, entwickelt es eine positive Grundhaltung zu Macht oder verbindet in seiner Vorstellung Macht untrennbar mit Mißbrauch.

Im ersten Fall sind die Voraussetzungen dafür gegeben, daß das Kind den Wunsch verspürt, so stark und mächtig wie sein Vater zu werden. Da es auch die Anlagen dazu hat, kann es sich früh schon zu einer starken und leistungsfähigen Persönlichkeit entwickeln, die mit Ausdauer, Ehrgeiz und Hartnäckigkeit auf ein Ziel zustrebt.

Es ist wichtig, daß der Vater seinem Pluto-Sonne-Kind die Stirn bietet und Grenzen setzt, ohne jedoch seinen Willen zu brechen.

Viele faire Machtkämpfe sind das beste, was er ihm bieten kann, damit es lernt, seine Kraft und Energie zu messen und zu lenken. So kann es im späteren Leben auch in einer höheren beruflichen Stellung die Fäden in der Hand halten, ohne weniger starke Untergebene zu manipulieren oder befürchten zu müssen, daß ihm die Macht wieder entgleitet.

Fleur (Sonne Konjunktion Pluto in Skorpion im 8. Haus) will einmal ihren Papi heiraten. Sie konkurriert immer wieder mit der Mutter und provoziert ein Dreiecksverhältnis.

Pluto/Mond ***Tiefe und leidenschaftliche Gefühle***

Zutiefst in der Seele des Pluto-Mond-Kindes lebt das Bild einer sehr starken und fast unwiderstehlichen Mutterfigur. So sind die Gefühle der wirklichen Mutter gegenüber zwiespältig. Einerseits fühlt sich das Kind stark mit ihr verbunden, gleichzeitig erlebt es die enge Bindung auch als ein Ausgeliefertsein. Bereits relativ harmlose Erlebnisse wie ein paar Minuten in der Wiege schreien, weil die Mutter nicht gleich zur Stelle ist, bestätigen das Kind in der Grundhaltung, daß es in der Rolle des Schwächeren ist und immer wieder verlassen oder mißbraucht wird.

Oft erlebt ein Kind mit einem Pluto-Mond-Thema im Geburtsbild auch tatsächlich Trennungen von der Mutter, z. B. durch einen Krankenhausaufenthalt oder durch fremde Betreuung als Baby, was in ihm das Gefühl erweckt, im Stich gelassen zu werden.

Dem Pluto-Mond-Kind dürfte es nicht leicht fallen, sich von der Mutter zu lösen. Einerseits versucht es mit fast leidenschaftlichen Gefühlsausbrüchen, die Mutter an sich zu binden, andererseits zeigt es in ähnlich heftigen Reaktionen, daß es sich aus der emotionalen Verstrickung losreißen will.

Es hat ein starkes Bedürfnis nach Nähe und gefühlsmäßig intensiven Beziehungen und gleichzeitig Angst vor dem Verlust des geliebten Menschen. So fällt es ihm schwer, seine wahren Gefühle zu zeigen. Um die Aufmerksamkeit und Zuwendung der Mutter zu erhalten, kann es manchmal recht provokativ sein, denn Strafe ist ihm immer noch lieber als Nichtbeachtung.

Im Laufe der Jahre muß das Kind das innere Bild einer gefühlsmäßig starken »Übermutter« relativieren und die enorme emotionale Kraft, Tiefe und Leidenschaft, die es als kleines Kind durch die

Mutter erlebt, als eigene Gefühle erkennen und akzeptieren. So kann es langsam aus der Haltung des schwachen und abhängigen Kindes zu seiner inneren Kraft und Stärke finden. Die Eltern können ihm dabei helfen, indem sie ihre Gefühle zeigen und klar aussprechen. Ungereimtheiten sollten beim Namen genannt und Tabus vermieden werden, denn die unausgesprochenen Dinge können in seinem Gemüt riesige Formen annehmen. Wenn die Eltern ausgehen wollen, sollten sie sich nicht vom Kind im Hause festhalten lassen, ihm aber genau erklären, warum und wohin sie gehen. Das Kind würde ein Nachgeben schnell als Schwäche auslegen und ausnutzen, denn es geht instinktiv davon aus, daß Gefühle als Machtmittel eingesetzt werden können.

Wenn es lernt, daß emotionale Intensität nicht mit Abhängigkeit und Manipulation verknüpft sein muß, findet es in seinen tiefen und aufwühlenden Gefühlen eine Quelle der Kraft und inneren Stärke.

Pluto/Merkur ***Wissen ist Macht***

Das Kind mit Pluto-Merkur-Themen im Horoskop geht davon aus, daß Sprache und Wissen Macht bedeutet. So reagiert es empfindlich auf Äußerungen wie: »Du bist noch zu klein, um das zu verstehen!« Auch Situationen, in denen es ausgelacht oder bloßgestellt wird, bestärken es in der Einstellung, daß Sprache und Wissen Maßstäbe für die eigene Stärke sind. Wird es von klein auf immer wieder zum Sprechen ermuntert, so bemüht es sich, seine Kommunikations- und Denkfähigkeiten zu einem ausgezeichneten Werkzeug zu verfeinern.

Da es sozusagen jedes von Erwachsenen geäußerte Wort auf eine Goldwaage legt und »stark« und »schwach« gegeneinander abwägt, macht es immer wieder die Erfahrung des Unterlegen-Seins. In einem guten Familienklima führt dies letztlich zu einer verstärkten Anstrengung, den Spieß umzudrehen und selbst in die stärkere Position zu gelangen. So mag es anderen Kindern bei den Schulaufgaben helfen oder ihnen Dinge erklären, sie zu etwas überreden oder nur die halbe Wahrheit erzählen. Immer ist es ein Versuch, die Macht von Wissen und Sprache zu erproben.

Das Pluto-Merkur-Kind braucht Gelegenheiten, seine Stärke im Denken und in der Kommunikation zu messen und damit zu experimentieren. Frage- und Antwortspiele oder Denksportaufgaben – später auch eine Möglichkeit, das erworbene Wissen in der Schule oder einer Jugendorganisation weiterzugeben – unterstützen es in seinem Entwicklungsprozeß. Da es vor keinen Grenzen Halt macht, ist es wichtig, ihm zu zeigen, wann es in seinen Äußerungen verletzend und manipulierend wird oder sich zu übermäßigem Ehrgeiz oder Besserwisserei hinreißen läßt.

Es braucht das Vorbild von Eltern und Lehrern, um Wissen, Denken und Kommunikation nicht nur als Machtmittel einzusetzen, sondern als Werkzeuge für ein intensives und erfülltes Leben.

Der neunjährige Rinaldo (Merkur Konjunktion Pluto) kann es nicht leiden, wenn Erwachsene ihn in Gesprächen nicht ernst nehmen. »Wir Kinder werden immer als dumm hingestellt, als wenn wir nichts verstehen würden«, sagt er oft. Er fragt nach jedem Wort, das er nicht kennt, und bemüht sich, die neuen Wörter aktiv zu gebrauchen. Er will genau wissen, wie der Tagesablauf geplant ist. Ändern die Eltern kurzfristig das Ziel des Sonntagsausfluges oder ähnliches, so reagiert er ziemlich unflexibel. Er scheint sich ein Bild zu machen, wie die Dinge laufen sollen. Änderungen bringen ihn aus dem Konzept, ausgenommen die Vorschläge stammen von ihm selbst. Sein Bestreben, den Dingen auf den Grund zu kommen und sich genügend Information zu verschaffen, um eine Situation zu kontrollieren, zeigt sich auch in seiner Vorliebe für Detektivspiele und in seinen vielen bohrenden Fragen.

Pluto/Venus — *Liebe ist ein Machtspiel*

Das Kind mit Pluto-Venus-Aspekt braucht viel Liebe und Zuneigung, denn es neigt dazu, sich schnell übergangen und ungeliebt zu fühlen. Es kann abwechselnd sehr fordernd und wieder zurückweisend sein und seine Umwelt auf die eine oder andere Weise stark herausfordern. Wenn die Eltern dann mit Liebesentzug als Strafe reagieren, trifft dies das Kind empfindlich, und es findet seine Einstellung, daß der Stärkere das Sagen hat, bestätigt. Indem Mutter und Vater ihre Gefühle offen zeigen, ohne diese als Druckmittel zu gebrauchen, helfen sie ihm, sich als liebenswert zu empfinden. Es provoziert die Eltern jedoch immer wieder, Zuneigung an Bedingungen zu knüpfen. Aussagen wie: »Ich habe dich nur gern, wenn du dieses oder jenes tust« können kaum vermieden werden.

Das Kind benötigt viel Zuwendung und intensive Beziehungen, um seinem Bedürfnis nach Aufgewühlt-Sein gerecht zu werden. Es braucht Eltern, die es dabei nicht im Stich lassen, sich der Intensität stellen und ihm mit Liebe und Offenheit zur Seite stehen. So kann es lernen, mit seinen oft leidenschaftlichen Gefühlen umzugehen und Nähe zuzulassen ohne Angst, unterliegen zu müssen.

Pluto/Mars ***Außergewöhnlich viel Energie***

Das Kind mit einem Pluto-Mars-Thema braucht eine gewisse Dramatik und holt sie sich auch, indem es die Eltern so lange herausfordert, bis diese »ausrasten«, ihm eine Ohrfeige geben oder sonst etwas tun, das sie eigentlich gar nicht wollen. Es weiß oder spürt genau, was es tun muß, um sie im Nu zur Weißglut zu bringen.

Unbewußt sucht es immer wieder Erfahrungen im Zusammenhang mit Macht und Aggression. Es hat selbst ein enormes Energiepotential mit in die Wiege bekommen und muß im Laufe der Kindheit lernen, konstruktiv damit umzugehen. Dazu braucht es Vorbilder, und so provoziert es seine Umwelt dahingehend, ihm Erlebnisse in diesem Zusammenhang zu bescheren. Es ist deshalb notwendig, daß die Eltern sich klare Grenzen setzen, wie weit sie sich provozieren lassen, damit das Kind seine Erfahrungen ohne physische oder psychische Mißhandlungen machen kann.

Sexualität dürfte ebenfalls ein Bereich sein, in dem das Pluto-Mars-Kind seine Umwelt sehr herausfordern kann und die Eltern zwingt, sich damit auseinanderzusetzen, Tabus abzubauen sowie eine klare Grenze zwischen körperlicher Nähe und Mißbrauch zu ziehen. Wenn seine Fragen und Anspielungen offen und ehrlich beantwortet werden, begreift es Sexualität und die Unterschiede zwischen Mann und Frau als etwas Natürliches und das Leben Bereicherndes.

Auch die Trotzphase kann recht stürmisch verlaufen, denn das Kind neigt grundsätzlich zu heftigen Wutanfällen. Es braucht unbedingt ein Ventil für seine Aggressionen und sollte deshalb trotzen dürfen. Ebenso notwendig braucht es Grenzen, so daß es seine Wut nicht an Schwächeren ausläßt oder Dinge zerstört. Stampfen und schreien, Zeitungen zerknüllen oder auf Kissen einschlagen bringen die Energie in Fluß, ohne Schaden anzurichten. Dadurch sowie durch Sport, vor allem im Wettkampf, lernt das Kind, seine Tatkraft, die wie ein Vulkan in ihm schlummert, in Bahnen zu lenken, die keine Zerstörung anrichten. Dies ist der erste Schritt zu einem positiven Umgang mit seiner Energie, woraus sich letztlich enorme Tatkraft, Leistungsfähigkeit und Durchhaltevermögen entwickeln können.

Pluto/Jupiter — ***Der Wunsch, den Sinn des Lebens zu erfahren***

Pluto-Jupiter-Aspekte sind als Generationsaspekte gleichaltrigen Kindern gemeinsam.

Schon im Schulalter oder früher dürfte das Pluto-Jupiter-Kind mit der Sinnfrage konfrontiert werden. Vielleicht wächst es in einer anderen religiösen Gemeinschaft auf als seine Kameraden, Vater und Mutter haben eine unterschiedliche Auffassung, gehören verschiedenen Glaubensrichtungen an oder ihre Weltanschauung und Lebenshaltung weicht von der der Umwelt ab.

Auch wenn es keine offensichtlichen weltanschaulichen Spannungen in seinem näheren Umfeld gibt, fällt dem Kind doch die leiseste Ungereimtheit auf. Niemand kann ihm einen Rückhalt in einer religiösen oder weltanschaulichen Lebensphilosophie vermitteln, denn es ist nicht bereit, diesen anzunehmen. Vielmehr erlebt es die Fragen und Spannungen in diesem Bereich wie durch ein Vergrößerungsglas und beginnt früh, alles selbst zu hinterfragen und sich eine eigene »Wahrheit« aufzubauen.

Dieser kritischen Haltung liegt der Wunsch zugrunde, das Leben bis aufs letzte auszukosten. Vor allem im Verlaufe der Pubertät kennt das Kind manchmal kaum mehr Grenzen. Wie eine Kerze, die an zwei Enden brennt, packt es das Leben mit einem fast übermenschlichen Schwung an.

Pluto/Saturn — ***Auseinandersetzung mit der dunklen Seite des Lebens***

Pluto-Saturn-Aspekte prägen als Generationsaspekte kollektive Gruppen gleichaltriger Kinder.

Alles Machtvolle übt auf das Kind mit dieser Planetenkombination eine seltsame Faszination und gleichzeitig Angst aus. Es reagiert empfindlich auf Gesetze und Strukturen in der Familie und fühlt sich diesen schnell ausgeliefert. Autoritätspersonen lehnt es ab, vor allem dann, wenn der Betreffende seine Autorität nur aus seiner Stellung bezieht. Dies kann zu unliebsamen Erlebnissen mit Lehrern, Ärzten oder Polizei führen sowie zu Konflikten mit dem autoritäreren Elternteil. Auch in Gruppen mag sich das Kind manchmal ablehnend oder verschlossen verhalten und zu verstehen geben, daß es nicht einfach als dazugehörend gelten will.

Letztlich geht es dem Kind um die Erfahrung, daß Sicherheit nur im eigenen Inneren zu finden ist. Auch wenn es sich in den Augen der Eltern und Erwachsenen das Leben oft unnötig erschwert, versucht es dadurch, seinem Bedürfnis nach mehr Tiefe gerecht zu werden. Dieses Verlangen kann sich ebenfalls in einem Interesse für Bereiche unter der Oberfläche im konkreten und übertragenen Sinn, für Höhlen, Bergbau, Kriminalistik, Sexualität oder Tod äußern. Das Kind braucht Unterstützung, um in die Tiefe vorzudringen. Es mit Oberflächlichkeiten abzulenken ist falsch.

Pluto am absteigenden Mondknoten *Die Polarität von Stärke und Schwäche*

Pluto in Konjunktion zum absteigenden Mondknoten ist ein Generationsaspekt. Er findet sich z. B. in allen Horoskopen von Kindern, die zwischen Ende 1985 und Anfang 1986 geboren sind.

Mit Pluto am absteigenden Mondknoten neigt ein Kind dazu, die Welt in Stärkere und Schwächere einzuteilen. Auch sich selbst erlebt es im einen oder anderen Pol. Da Vater und Mutter ihm naturgemäß überlegen sind, braucht es sehr wenig, bis es sich in einer schwachen Opferrolle sieht. Unbewußt sucht es den Gegensatz zwischen machtvoll und machtlos immer wieder; und so tut es vermutlich einiges, um Eltern und andere Bezugspersonen so zu provozieren, daß sie ihm dieses Erleben bieten. In irgendeiner Form trifft das Kind genau einen »wunden Punkt« bei den Eltern, so daß sie entweder sehr wütend werden oder auf der emotionalen Ebene dem Kind durch Liebesentzug oder andere manipulative Reaktionen das Erlebnis bescheren, völlig machtlos und ausgeliefert zu sein.

Wenn das Kind immer wieder solche Szenen erlebt, ohne daß es zu Extremsituationen wie beispielsweise körperlicher Gewalt oder sexuellen Übergriffen kommt, dann lernt es mit der Zeit, daß Macht nicht unbedingt mit Mißbrauch gekoppelt ist. Es kann durch das Vorbild der Eltern immer wieder erleben, daß stärker oder schwächer zu sein nicht negative Folgen haben muß. Dadurch wird es ihm möglich, immer mehr zu seiner eigenen Macht zu stehen und diese in positive Bahnen zu lenken. Je mehr gute Erfahrungen es in der Kindheit im Zusammenhang mit Macht sammeln kann, desto eher findet es Zugang zu seiner eigenen inneren Stärke und kann zu einer außerordentlich starken Persönlichkeit heranwachsen.

Lia (Pluto am absteigenden Mondknoten im 4. Haus) wollte auf den Schoß genommen werden, als die Mutter die jüngere Schwester stillte. Die Mutter sagte nein, und Lia verließ den Raum. Eineinhalb Jahre später erinnerte Lia die Mutter an jene Situation und sagte: »Mami, du hast mich nicht mehr lieb. Du hättest am liebsten nur noch meine Schwester und mich nicht mehr.«
Die Rivalität mit der jüngeren Schwester bleibt. Lia ist jetzt zehnjährig und fühlt sich als »Sandwichkind« zwischen der Schwester und einem älteren Bruder. Sie erzählt z. B., daß die Schwester ihr droht, ein Spielzeug kaputt zu machen.

Der absteigende Mondknoten
Ein vertrautes Thema

Grundsätzliches zum absteigenden Mondknoten

Die Erde kreist um die Sonne und beschreibt damit eine Ebene, die Ekliptik. Die Umlaufbahn des Mondes um die Erde liegt in einer anderen Ebene. Beide Ebenen schneiden sich und bilden eine gemeinsame Schnittgerade, die sowohl auf der Ekliptik wie auf der Erde-Mond-Ebene liegt. Diese Schnittgerade ist die Mondknotenachse. Sie steht in unmittelbarem Zusammenhang zu den beiden großen Lichtern Sonne und Mond.

In den verschiedenen astrologischen Schulrichtungen wird der Mondknotenachse sehr unterschiedliche Bedeutung gegeben. Am weitesten verbreitet dürften wohl die Theorien von vergangenen Leben sein. Der absteigende Mondknoten (Südknoten oder Ketu) zeigt auf, mit welchen Qualitäten sich der Horoskopeigner sehr gut zu identifizieren vermag, da er sie aus früheren Leben kennt. Meines Wissens fand man dieses Modell jedoch in Rückführungen nicht bestätigt. Die Bilder früherer Leben spiegeln vielmehr das gesamte Horoskop. Obwohl mir dies logischer erscheint als die Mondknotentheorie, sprechen Kinder und ihre Horoskope eine andere Sprache.

Kleine Kinder zeigen das Thema des absteigenden Mondknotens in Zeichen und Haus sehr deutlich. Sie benehmen sich, als wären die entsprechenden Eigenheiten für sie die allergrößte Selbstverständlichkeit. Oft hat ihr Verhalten etwas Überspitztes an sich. Sie ecken in der Umwelt an und holen sich eine Menge Enttäuschungen und Frustrationen. Beobachtet man sie, könnte man gerne glauben, sie hätten ein Leben lang eine bestimmte Rolle gespielt, die sie nun einfach weiterspielen, obwohl kein äußerer Anlaß dazu besteht und sie damit nur negativ auffallen. Sie erinnern mich an eine Aufziehpuppe, deren Uhrwerk noch nicht abgelaufen ist. Ob es sich dabei um eine Erinnerung an andere Dimensionen handelt, sei dahingestellt.

Reto ist ein sensibler und eher scheuer Junge mit einer starken Wasserbetonung im Horoskop. Sein absteigender Mondknoten steht in Schütze im 5. Haus. Obwohl er ein liebes, anhängliches Schmusekind ist, würde es ihm nie einfallen, der Mutter etwas aufzuheben, das ihr auf den Boden gefallen ist. Wenn sie die Arme voll Wäsche hat und ihn bittet, ihr doch die Türe zu öffnen, tut er es vielleicht und vielleicht auch nicht. Er denkt überhaupt nicht daran, jemandem einen Dienst zu erweisen, nimmt jedoch die Dienste der anderen mit großer Selbstverständlichkeit in Anspruch. Schon ein Dankeschön scheint ihm unter seiner Würde. Seine Mimik und Gestik lassen erraten, daß er sich für eine freundliche Geste zu erhaben fühlt.
Da er jedoch nicht über die majestätische Ausstrahlung eines löwe-betonten Kindes verfügt, wirkt er nicht überzeugend. Man findet sein Verhalten fehl am Platz, rügt ihn, lacht ihn aus oder läßt ihn einfach stehen. Sein Verhalten wirkt wie eine völlig unpassende Gewohnheit, die er von irgendwoher mitgebracht hat und nun nicht ablegen kann.

Nicht bei jedem Kind ist das Thema des absteigenden Mondknotens in Zeichen und Haus so deutlich sichtbar. Es fällt jedoch oft durch verzerrte Ausdrucksformen auf, die schlecht zum Wesen des Kindes passen oder die einen Charakterzug negativ überbetonen.

Im Laufe des Schulalters verlieren sich die bizarren Ausdrucksformen des absteigenden Mondknotens. Das Kind hat erkannt, daß es mit diesem Verhalten nur auf Ablehnung stößt und hat seinen Charakter bereits so geschliffen, daß die Eigenschaften des absteigenden Mondknotens nur noch subtil zum Ausdruck kommen. Ein Beispiel, wie ein Kind sich Situationen schafft, um von der Überbetonung des absteigenden Mondknotens langsam zu den Qualitäten des aufsteigenden hinzufinden, ist folgendes:

Schon mit drei Jahren begleitet Fleur (absteigender Mondknoten im 7 Haus) ihre Geschwister auf dem Schulweg. Sie möchte ihre Nähe und Gesellschaft nicht missen und nimmt in Kauf, daß sie allein nach Hause zurückkehren muß. Sie sucht die vertraute Gemeinsamkeit des absteigenden Mondknotens im 7. Haus und schafft sich gleichzeitig die ersten Herausforderungen des aufsteigenden Mondknotens im 1. Haus: selbständig und allein nimmt sie den Rückweg auf sich.

Der absteigende Mondknoten in Zeichen und Haus

Absteigender Mondknoten in Widder oder im 1. Haus *Von Ichbezogenheit zu Gemeinschaftssinn*

Das Kind mit absteigendem Mondknoten im 1. Haus oder in Widder verhält sich in seinen ersten Lebensjahren ausgesprochen ichbezogen. Kaum hat es den eigenen Willen entdeckt, scheint es ihm selbstverständlich, daß dieser unbegrenzte Gültigkeit hat. Es fordert fast grenzenlos und kennt wenig Rücksicht. Es weiß stets, was es will, und versucht, sich mit allen Mitteln freie Bahn zu verschaffen. So mag es etwa im Sandkasten stets das tun, was ihm gerade einfällt. Sollte ein anderes Kind mit der benötigten Schaufel, dem Sieb oder Eimer beschäftigt sein, so wird ihm dies kurzerhand aus der Hand genommen.

Das Kind setzt sich durch. Doch ist es mit seinem recht einseitigen Verhalten nie ganz glücklich. Es sollte sich vermehrt mit den Themen des polaren Gegenzeichens Waage bzw. des Gegenhauses auseinandersetzen, d.h. auf andere eingehen, Beziehung schaffen, sich einfühlen und gemeinsam einen Weg finden. Wenn es bereits in der Kindheit zu mehr Gemeinsamkeit ermuntert wird, erscheint ihm als Erwachsener die Forderung nach dem Verbindenden, die das Leben immer wieder stellt, weniger schwierig, und es findet einen Mittelweg dazwischen, seinen Willen durchzusetzen, nachzugeben und Kompromisse zu schließen.

Absteigender Mondknoten in Stier oder im 2. Haus *Vom Haben zum Loslassen*

Vor allem in den ersten Lebensjahren sucht das Kind mit absteigendem Mondknoten in Stier bzw. im 2. Haus Sicherheit im materiellen Bereich. Sein Eigentum ist ihm wichtig. Wenn jemand ungefragt sein Revier betritt, dürfte es ziemlich heftig reagieren. Es ist ein stiller Genießer, der pflegt und bewahrt, was er hat, vielleicht viele Dinge sammelt und Mühe hat, sich von etwas zu trennen.

Dabei muß es immer wieder erfahren, daß das Haften letztlich mehr Unzufriedenheit kreiert als ein Loslassen. Beispielsweise ist es so mit dem Bewachen der eigenen Spielsachen beschäftigt, daß es nicht am Spiel der anderen Kinder teilnehmen kann. In einem jahrelangen Prozeß muß das Kind lernen, seine »konservierende« Haltung und Sicherheit im Bestehenden aufzugeben zugunsten von mehr Tiefe, Engagement und Leidenschaft. Mit dem aufsteigenden Mondknoten in Skorpion bzw. im 8. Haus heißt eine zentrale Aufforderung in seinem Leben Loslassen, der es nur zögernd und schwer folgen kann.

Absteigender Mondknoten in Zwillinge oder im 3. Haus ***Vom neutralen Wissen zur persönlichen Meinung***

Mit dem absteigenden Mondknoten in Zwillinge oder im 3. Haus meint das Kind, alles wissen zu müssen. Neugierig fragt es nach diesem und jenem, liest im Schulalter viel und glaubt, Wissen sei der Maßstab aller Dinge. Es möchte zu vielen Menschen Kontakt pflegen und überall gern gesehen werden.

Dieses Verhalten ist ihm vertraut, als würde es seit Jahrzehnten so leben. Es stößt jedoch mit seiner vernunftorientierten und altklugen Art an vielen Orten an und erlebt immer wieder, daß sein Wissen letztlich gar nicht gefragt ist. Mit dem aufsteigenden Mondknoten in Schütze bzw. im 9. Haus ist eine lebenslange Aufgabe symbolisch dargestellt, die von ihm fordert, eigene Gedanken zu zeigen, nicht ein Buch zu zitieren, sondern seine eigenen Anschauungen zu äußern. Dies fällt ihm außerordentlich schwer. Man kann das Kind bereits im frühen Kindesalter unterstützen, wenn man es immer wieder nach seiner Meinung fragt. Nicht was der Soundso dazu gesagt hat, ist wichtig, sondern die persönliche Stellungnahme des Kindes.

Bereits als Fünfjähriger verfügt Rinaldo (absteigender Mondknoten in Jungfrau im 3. Haus) über einen überdurchschnittlichen Wortschatz und kann ganze Theaterszenen nach einmaligem Hören auswendig wiedergeben. Er weiß stets aufs Wort, was Vater oder Mutter gesagt haben. Sein Anspruch auf eine exakte Formulierung ist so groß, daß er einen Satz so lange immer wieder von vorne beginnt, bis er sitzt. Damit stößt er vor allem bei Kindern auf Ungeduld und Ablehnung. Sein Gedächtnis für Erlebnisse in früher Kindheit ist ebenfalls erstaunlich. Einmal kam er beispielsweise zu einem Haus, wo er als Einjähriger gestürzt war. Er erkannte die verhängnisvolle Treppe wieder und sagte, daß er sich da einmal sehr weh getan hatte.

Absteigender Mondknoten in Krebs oder im 4. Haus ***Von der Geborgenheit des trauten Heimes in die Welt hinaus***

Das traute Heim ist für das Kind mit absteigendem Mondknoten in Krebs oder im 4. Haus sehr wichtig. Nur da fühlt es sich ganz wohl. Auch wenn es älter wird, löst es sich nur schwer von der Rolle des Nesthäkchens. Immer noch möchte es wie ein kleines Kind umsorgt werden. Vor allem in häuslichen Belangen scheint es sich zu weigern, erwachsen zu werden und für sich selbst Verantwortung zu übernehmen. Jede Loslösung von seinem Zuhause kann eine Heimwehwelle auslösen.

Doch obwohl ihm sein Heim und die familiären Wurzeln sehr viel bedeuten, findet es wirkliche Befriedigung erst, wenn es sich der Außenwelt stellt. Trotz der immer enger werdenden Kleinkindrolle fällt es ihm schwer, das vertraute Umsorgtwerden aufzugeben. Der aufsteigende Mondknoten in Steinbock bzw. im 10. Haus fordert unerbittlich, daß es aus der Geborgenheit des eigenen Heimes heraustritt, erwachsen wird und sich in Beruf und Gesellschaft verwirklicht.

Lia (absteigender Mondknoten im 4. Haus) sagt als Vierjährige: »Ich möchte Mutter sein und ein Kind haben.«

Absteigender Mondknoten in Löwe oder im 5. Haus ***Vom stolzen Einzelgänger zum Gruppenmitglied***

Vor allem im Vorschulalter mag sich das Kind mit absteigendem Mondknoten in Löwe oder im 5. Haus wie ein verkannter Ritter, Prinz oder Edelmann fühlen. Obwohl kein äußerer Grund vorliegt, scheint es zu erwarten, daß man ihm huldigt, ihm die Türen öffnet und es gewissermaßen mit »Majestät« anspricht. Man könnte meinen, es hätte Jahrzehnte lang das Zepter geführt. Es muß sich erst langsam damit abfinden, daß es nun nicht mehr das Sagen hat und seine Starallüren wenig gefragt sind.

In seinem Geburtsbild ist mit dem aufsteigenden Mondknoten in Wassermann bzw. im 11. Haus eine Aufgabe symbolisch dargestellt, die von ihm fordert, sich im Kollektiv einzuordnen. Diese Aufforderung nach Eingliederung in ein soziales Gefüge beginnt in der Spielgruppe und zieht sich wie ein roter Faden durch die ganze Schul- und Ausbildungszeit, ja durch sein ganzes Leben. Wenn man es bereits in der Kindheit zur Gemeinschaft mit anderen Kindern motivieren kann, so ist dies der erste Schritt auf einem langen Eingliederungsprozeß in die menschliche Gesellschaft, die ihm letztlich viel Befriedigung bringt.

Absteigender Mondknoten in Jungfrau oder im 6. Haus ***Von der Alltagswirklichkeit in transpersonale Bereiche***

Das Kind mit dieser Mondknotenstellung beschäftigt sich gerne und ausgiebig mit seinem Körper, mit Nahrung und anderen alltäglichen Dingen. Tägliche Gewohnheiten haben Ritualcharakter. Die alltägliche Arbeit der Mutter, Aufstehen, Körperpflege, Essen, Spielen und andere Handlungen, die immer wieder gleich ablaufen, erwecken im Kind den Eindruck des Altvertrauten und geben ihm Sicherheit. Es hält daran fest. Es besteht auf eine ständige Wiederholung des Gewohnten. Beispielsweise will es die Winterstiefel auch im Sommer anziehen, weil es sich nun einmal an sie gewöhnt hat. Es kann sehr umständlich mit den täglichen Dingen umgehen. Eine andersfarbige Zahnbürste oder Ferien an einem ungewohnten Ort können es gleichermaßen stressen.

Um diese Einseitigkeit auszugleichen, muß es sich von Gewohnheiten und dem Halt bietenden Alltagslauf lösen und sich auf eine innere Welt ohne Überblick und klare Ordnung einlassen. Bereits in der Kindheit zeigen sich erste Hinweise auf das Bedürfnis, Strukturen zurückzulassen, doch dürfte das dem Kind recht schwerfallen. Wenn man ihm eine tiefe Naturverbundenheit, Liebe zur Musik oder Rückhalt in der Religion zu vermitteln vermag und ihm so die Türen zum aufsteigenden Mondknoten in Fische bzw. im 12. Haus öffnet, unterstützt man es auf diesem Weg.

Rinaldo (absteigender Mondknoten in Jungfrau, keine Planeten im Erdelement) liebt Lego über alles. Im Alter von fünf Jahren baut er Flugzeuge, Autos, Ritterburgen und vieles andere aus Lego nach Vorlage. Die Altersangaben auf den Packungen liegen zwei und mehr Jahre über seinem Alter. Ist ein Baustein falsch gesetzt, so wird das ganze nochmals auseinandergenommen und korrekt wieder zusammengebaut.

Absteigender Mondknoten in Waage oder im 7. Haus ***Von der trauten Zweisamkeit zum mutigen Einzeldarsteller***

Mit dem absteigenden Mondknoten im Beziehungszeichen oder -haus ist das Kind auf ein harmonisches Umfeld angewiesen. Streit in der Familie erträgt es schlecht. So tut es einiges, um den Frieden zu wahren, und paßt sich weitgehend Eltern und anderen Menschen, die es sehr liebt, an, denn es will ja keinen Konflikt aufkommen lassen. Dabei muß es immer wieder erfahren, daß es sich den anderen gerade durch die übermäßige Anpassung gar nicht zeigt, und so kaum eine echte Beziehung zustande kommen kann. Es will zwar stets das beste für die anderen, hat aber wenig Gespür, was dieses »Beste« nun konkret sein könnte. Es möchte z. B. mithelfen, aber es reicht der Mutter stets die falschen Dinge hin. So provoziert es gerade durch seine überangepaßte Haltung Ablehnung.

In einem jahrelangen Prozeß muß das Kind lernen, aus seiner Scheinharmonie herauszutreten und sich zu zeigen und abzugrenzen. Der aufsteigende Mondknoten in Widder bzw. im 1. Haus fordert Selbstbehauptung. Konfrontationen gehören genauso zum Leben wie Gemeinsamkeit. Dies anzuerkennen fällt ihm nicht leicht.

Absteigender Mondknoten in Skorpion oder im 8. Haus — *Von einer wegwerfenden Haltung zur Wertschätzung des Eigenen*

Die dunklen Seiten des Lebens sind dem Kind mit absteigendem Mondknoten in Skorpion oder im 8. Haus vertraut. Tod und Geburt gehören genauso zum Leben wie das tägliche Zähneputzen. Wo andere Kinder ängstlich wegschauen, geht es noch einen Schritt näher. Triebhaftigkeit, Gewalt und Krieg scheinen ihm auf seltsame Art bekannt. Es schaut sich entsprechende Bilder im Fernsehen vielleicht fasziniert an, oder es zeigt wenig Scheu, beim Töten eines Tieres zuzusehen. Es identifiziert sich geradezu mit der dunklen Seite des Lebens.

Entsprechend hat es große Mühe, zu genießen, sich als wertvoller Mensch zu akzeptieren und zu lieben und das Eigene zu schätzen und zu pflegen. Vielleicht verschenkt es leichtfertig sein Spielzeug, spielt Todesrituale mit seinen Kuscheltieren und läßt diese sterben oder nimmt gegenüber Menschen oder Dingen, die es sehr mag, eine abschätzige, wegwerfende Haltung ein. Es muß lernen, für Menschen und für Dinge eine größere Wertschätzung zu entwickeln.

Absteigender Mondknoten in Schütze oder im 9. Haus — *Von ausgeprägten eigenen Meinungen zu mehr Objektivität*

Vor allem im Vorschulalter zeichnet sich das Kind mit absteigendem Mondknoten in Schütze bzw. im 9. Haus durch ein fast altkluges Verhalten auf. Es weiß auf alles eine Antwort, vertritt eine ausgeprägte eigene Meinung und erweckt den Anschein, eine Botschaft verkünden zu wollen. Es läßt sich kaum belehren und wertet das Wissen anderer Kinder ab. Fragen stellt es wenig, denn dies erachtet es als unter seiner Würde. Es scheint in die Fußstapfen eines Besserwissers geraten zu sein, auch wenn es von der Umwelt darin nicht bestätigt wird.

Gemäß dem aufsteigenden Mondknoten in Zwillinge oder im 3. Haus muß es lernen, auch andere Ansichten gelten zu lassen und objektiver und vorurteilsloser zu werden. Hinweise auf mehr Sachlichkeit können ihm schon als Kind den Weg in die richtige Richtung zeigen.

David (absteigender Mondknoten in Schütze) liebt biblische Geschichten. Vor allem das Leben Jesu und seine heilenden Fähigkeiten faszinieren ihn. Auch Parzival mit seiner Suche nach dem Gral gehört zu den auserwählten Figuren.

Absteigender Mondknoten in Steinbock oder im 10. Haus ***Von der Außenwelt zum innersten Kern***

Das Kind mit absteigendem Mondknoten in Steinbock oder im 10. Haus ist sehr nach außen orientiert. Es fühlt sich erstaunlich sicher unter vielen Menschen, etwa bei gesellschaftlichen Anlässen. Der Beruf des Vaters sowie die gesellschaftliche Stellung der Familie sind ihm wichtig; und es erzählt vielleicht schon früh, was es einmal werden will. Im Rollen- und Theaterspiel übernimmt es gerne führende, gesellschaftlich anerkannte Rollen wie König, Polizist oder Lehrer. Es akzeptiert gesellschaftliche Normen und Regeln, bringt Autoritäten die ihnen gebührende Achtung entgegen und verhält sich manchmal wie ein kleiner, altkluger Erwachsener. Doch wirkt es nicht überzeugend. Das altkluge Verhalten paßt nicht zu ihm. Es erntet nicht die Anerkennung, die es gerne hätte.

Es scheint ihm schwerzufallen, ganz Kind zu sein, sich seinen Gefühlen und seiner inneren Welt hinzugeben. Doch ist in seinem Geburtsbild das Thema Geborgenheit mit dem aufsteigenden Mondknoten in Krebs bzw. im 4. Haus als zentrale Lebensaufgabe ersichtlich. Nicht nur in der Kindheit, sondern in seinem ganzen späteren Leben wird es immer wieder aufgefordert, etwas weniger leistungsorientiert zu sein und dafür Wärme und Geborgenheit in sich zu suchen, zu finden und an andere weiterzugeben.

Camilla (absteigender Mondknoten am MC) erklärt schon als kleines Mädchen, daß sie sich für die Umwelt einsetzen will.

Absteigender Mondknoten in Wassermann oder im 11. Haus — ***Vom Gruppenmitglied zum Einzeldarsteller***

Kaum ist die Fähigkeit zu sozialen Kontakten im Kind mit dem absteigenden Mondknoten in Wassermann bzw. im 11. Haus erwacht, fühlt es sich in Gruppen ausgesprochen wohl. Freundschaften sind wichtig, und es ist in einem Kreis von »Gleichgesinnten« fast ebenso zu Hause wie in der eigenen Familie. Dieses Gruppenumfeld ist ihm auf eine seltsame Art vertraut, auch wenn es dort keine ausgesprochen positiven Erfahrungen machen kann. Im Gegenteil erlebt es immer wieder Enttäuschungen in Kollegenkreisen.

In einem jahrelangen Prozeß schafft es sich immer wieder Situationen, die es aufzufordern scheinen, nun endlich aus der einengenden Interessengemeinschaft herauszutreten und seinen eigenen Weg zu gehen. Gemäß dem aufsteigenden Mondknoten in Löwe bzw. im 5. Haus lernt es, nicht so sehr Teil eines Kollektives zu sein, sondern sich als eigenständiges Individuum auf der Lebensbühne darzustellen.

Alessandro (absteigender Mondknoten in Krebs im 11. Haus) hat schon mit fünf Jahren einen großen Freundeskreis. Die Kinder kommen zu ihm. Nur selten geht er zu anderen nach Hause.

Absteigender Mondknoten in Fische oder im 12. Haus — ***Von der Traumwelt in die Alltagsrealität***

Mit absteigendem Mondknoten in Fische oder im 12. Haus dürfte das Kind mehr als andere Kinder in einer Phantasie- und Traumwelt leben. Geschichten und Märchen sind ebenso wirklich wie die Realität. Das Reich der Feen, Elfen und Kobolde oder Vorstellungen von Paradies und Einheit scheinen ihm vertraut wie eine verlassene Heimat.

Die Sehnsucht nach einer heilen Welt erschwert es ihm, im wenig prosaischen Alltag Fuß zu fassen. So braucht es viel Zeit, um seinen Tagträumen nachzuhängen. Alltägliche Kleinigkeiten wie Schuhe ordentlich hinstellen oder Zimmer aufräumen helfen ihm, Boden zu gewinnen. Der aufsteigende Mondknoten in Jungfrau bzw. im 6. Haus fordert, daß das Kind sich Schritt für Schritt mit der materiellen Wirklichkeit auseinandersetzt, auch wenn es ihm manchmal schwerfällt, sich damit anzufreunden, und es sich viel lieber in seine innere Traumwelt zurückziehen möchte.

Die Sonne
Wer bin ich denn?

Grundsätzliches zur Sonne-Thematik

Die Sonne ist das zentrale Gestirn unseres Sonnensystems. Im Horoskop messen wir ihr die größte Bedeutung zu. Sie verkörpert das bewußte Ich. Das Sonnenzeichen beschreibt die Art und Weise, wie wir unser Leben gestalten. In jedem Menschen steckt die kreative Sonnenkraft, die dauernd Neues schafft. Die Sonne ist ein schöpferisches Prinzip, das die in der Zukunft liegenden Möglichkeiten aufnimmt und damit gemäß seiner Eigenart die Gegenwart formt. Eine Jungfrau-Sonne z.B. wägt Nutzen und Aufwand gegeneinander ab, eine Waage-Sonne orientiert sich nach ästhetischen Kriterien. Aber immer webt das Sonne-Prinzip aktiv am Lebensmuster. Der Mensch sagt »Ich« und identifiziert sich weitgehend mit seinem Sonnenteil.

Im Gegensatz dazu ist der Mond ein vor allem in der ersten Lebenshälfte unbewußtes Prinzip, das in vorgegebener Weise auf eine Situation reagiert. Der Mond schafft nichts Neues, sondern er bringt die Erinnerung an bereits Erlebtes zum Ausdruck. So, wie die Sonne mehrheitlich auf die Zukunft ausgerichtet ist, orientiert sich der Mond an der Vergangenheit. Die Sonne ist das helle, klare Licht des Bewußtseins, der Mond die dunkle Nacht des Unbewußten. Die Sonne agiert aus sich heraus, der Mond reagiert auf die Umwelt aus der Tiefe der Gefühle

Wenn man sich diese Gegensätze von Sonne und Mond vor Augen hält, wird klar, daß ein kleines Kind für seine Sonne-Energien kaum Ausdrucksmöglichkeiten hat. Es lebt noch ganz in der Mondsphäre und reagiert aus seinen Gefühlen heraus. Das bewußte Ich muß sich erst langsam entwickeln. Die Sonne im Horoskop eines Säuglings zu deuten macht also wenig Sinn. Erst mit den ersten gezielten und bewußten Aktivitäten beginnt das Kind, seine Sonne-Energien auszudrücken. Wenn es zu sprechen lernt, nennt es sich selbst beim Vornamen. Es dauert relativ lange, bis es das erste Mal

»Ich« sagt. Mit diesem »Ich« zeigt es, daß es sich selbst als ein von der Mutter und von der Umwelt getrenntes, individuelles Wesen begreift. Aus dem planlosen Aufeinandertürmen von Würfeln wird ein gezieltes Turmbauen. Ein Wille beginnt sich abzuzeichnen. Das Kind beginnt, mit Sand, Farben, Knetmasse oder Bauklötzen »kreative Werke« zu erschaffen.

Im Alter von drei bis vier Jahren finden wir die ersten Ausdrucksformen des Sonnezeichens. Das allgemeine Verhalten des Kindes ist immer noch vorwiegend vom Mond geprägt, vermischt mit dem Einfluß von Aszendent, Merkur, Venus, Mars und absteigendem Mondknoten. Die Signatur des Sonnezeichens wird vor allem im Spiel sichtbar. Wenn dem Kind das Material für die Erschaffung eines kreativen Werkes in Form von Sand oder Spielzeug zur Verfügung steht, kommt dies einer Einladung an seine Sonne gleich, sich doch auf einen kreativen Schöpfungsakt einzulassen. Je mehr Gestaltungsmöglichkeiten das Spielzeug zuläßt, desto mehr ist das Kind motiviert, sich in seiner Schöpferkraft zu üben. Erde, Steine, Wasser, Papier und Farbstifte leisten dem Kind bessere Dienste als teure Modepuppen und Modelleisenbahnen.

Das Kind lernt unter anderem durch Nachahmung. Die Eltern sind Vorbilder. Die Sonne als männliches Yang-Prinzip sucht das Kind vorwiegend beim Vater. Vor allem Hausstellung und Aspekte der Sonne geben an, wie das Kind den Vater erlebt, welche Eigenschaften es bei ihm sucht und aufgrund seiner selektiven Wahrnehmung auch findet.

Kann es zum Vater oder zu einem anderen Mann eine stabile Beziehung aufbauen, ihn bewundern und unter seiner Anregung immer mehr auch die eigene Kraft und Selbständigkeit entdecken, so wächst es zu einem selbstbewußten jungen Menschen heran. Im Verlaufe des Schulalters und vor allem in der Pubertät wird das Kind wacher und beginnt zu erkennen, daß es sein Leben selbst gestalten kann. Der Pubertierende braucht immer weniger Halt und Vorbild von seinen Eltern. Er sucht sich seinen eigenen Weg. Das Sonne-Prinzip beginnt zu strahlen. Der Ablösungsprozeß vom Elternhaus ist in vollem Gange.

Fehlt das väterliche Vorbild, so hat das Kind größte Schwierigkeiten, ein eigenständiges Ich aufzubauen. Es braucht nicht unbedingt ohne Vater aufzuwachsen. Aspekte der Sonne zu transsaturnischen Planeten, insbesondere zu Neptun, bewirken, daß das Kind seinen Vater durch eine verzerrte Brille wahrnimmt. Mit Neptun erlebt es ihn als schwach und nicht faßbar. Oftmals ist er das auch wirklich. Unabhängig davon, wie offensichtlich und konkret ein Vater die Aspekte zur Sonne im Horoskop seines Kindes tatsächlich lebt, sind diese Sonne-Themen für das Kind eine subjektive Wirklichkeit. Mit einer von persönlichen Planeten und Jupiter harmonisch aspektierten Sonne findet ein Kind seinen Weg ohne große Probleme. Spannungsaspekte der Sonne zu Saturn, Uranus, Neptun oder Pluto erschweren die Ablösung und Selbstfindung, lassen sie jedoch auch zu einem tiefgreifenden Entwicklungsprozeß werden.

Die Sonne in den Zeichen

Sonne in Widder

Dieses Kind hat Anlagen zum Pionier. Spielen bereitet ihm dann Spaß, wenn es neue Wege beschreiten kann. In seinem Spiel will es selbst entscheiden, was getan wird. Regeln schränken es ein und dämpfen die Freude und den Spieltrieb. Es hat wenig Interesse, ein Legoflugzeug nach Vorlage zu bauen. Anleitung von Eltern, Geschwistern oder Kameraden schätzt es ebenfalls nicht besonders. Seine Devise heißt Ausprobieren. Rücksicht kennt es kaum. Wenn die anderen sich ihm nicht anpassen, spielt es eben alleine. Dann stellt sich ihm zumindest niemand in den Weg.

Das pionierhafte Wesen, das im Kleinkindalter ansatzweise im Spiel durchschimmert, zeigt sich mit den Jahren immer deutlicher. So richtig zum Durchbruch kommt die Widder-Sonne in der Pubertät. Das Kind wächst zu einem entscheidungsfreudigen, kreativen Jugendlichen heran, der sich in mehr oder weniger hitzigen Pubertätswellen die Hörner abstoßen muß.

Alessandros bevorzugtes Spielzeug ist ein Piratenschiff (Sonne in Widder). Er erfindet eine Fülle dramatischer Geschichten und setzt diese in Szene. Der Kampf ist ein bevorzugtes Element in seinen Spielen. Auf einem Sonntagsausflug sammelt Alessandro Kieselsteine und legt die weißen in eine Reihe und die dunklen in eine gegenüberliegende Reihe. Zwei Stunden ist er damit beschäftigt, die beiden Parteien gegeneinander kämpfen zu lassen, und vergißt dabei seine Umwelt.

Sonne in Stier

Die Stier-Sonne zeigt sich ansatzweise im Spiel des Kindes durch eine bedächtige Vorgehensweise. Das Kind legt vielleicht stundenlang Steinchen von einer Schale in eine andere. Es läßt sich nur schwer von seiner Beschäftigung ablenken. Seine Haltung ist konzentriert und ruhig und erinnert fast an ein Zen-Ritual. Manchmal spielt es so lange und so vertieft, bis ihm schließlich die Augen zufallen und es einschläft.

Die Gelassenheit, Ruhe und Trägheit, die im Spiel durchschimmern, entwickeln sich in der Pubertät zu wichtigen Charakterzügen. Der junge Mensch geht mehr und mehr eigene Wege und zeigt in der Art und Weise, wie er diese wählt, die stoische Ruhe, Beharrlichkeit und Gleichförmigkeit der Stier-Sonne.

Sonne in Zwillinge

Leben ist Wissen, mag die Devise der Zwillinge-Sonne lauten. Das Kind steuert sein Leben noch nicht selbst. Die Flexibilität, mit der die Zwillinge-Sonne die Tatsachen zur Kenntnis nimmt und ihre Richtung dauernd neu einstellt, fehlt dem Kind noch. Im Spiel und in kleinen Situationen schimmern der Informationshunger und die Kontaktfreude durch. Gesellschaftsspiele entsprechen z. B. mehr dem Flair der Zwillinge-Sonne als eine Beschäftigung für sich allein.

Die Offenheit der Zwillinge-Sonne dürfte sich schon zu Beginn des Schulalters zeigen. Nicht daß eine Sonne in Zwillinge sich früher entwickelt als eine Sonne in anderen Zeichen. Doch der Schulbeginn ist ein Lebensabschnitt mit ausgeprägtem Zwillinge-Charakter. Der Schulbetrieb mit dem ständig neuen Lernstoff und den Kontaktmöglichkeiten zu vielen anderen Kindern kommt den Interessen der Zwillinge-Sonne entgegen. Die Fähigkeit, über den eigenen Lebensweg zu reflektieren und Einfluß auf ihn zu nehmen, erwacht auch beim Zwillinge-Sonne-Kind erst im Verlaufe der Pubertät.

Sonne in Krebs

Das Kind mit Sonne in Krebs zeigt die Krebs-Thematik als Kind in seinem gesamten Verhalten, denn Krebs- bzw. Mond-Qualitäten würden auch ohne Krebs-Sonne zu seinen zentralen Ausdrucksformen gehören. Sonne in Krebs kommt einer Verbindung oder Vermischung des Sonne- und des Mond-Prinzips gleich. Wir können also nicht einfach nach Eigenschaften des Krebs-Archetyps im Spiel des

Kindes Ausschau halten. Das einzig Offensichtliche, das wir der Krebs-Sonne zuschreiben können, ist eine gewisse Scheu vor Risiken und das Bedürfnis, Spiele in vertrautem Rahmen durchzuführen.

In der Pubertät, wenn bei anderen Kindern ein starker Wille erwacht, melden sich beim Jugendlichen mit Krebs-Sonne einmal mehr Gefühle. Er dürfte am Kindsein haften und kein besonderes Interesse daran zeigen, erwachsen zu werden. Krebs enthält in seiner Symbolik das Nesthäkchen, und genauso können Kinder mit Krebs-Sonne in der Pubertät wirken. Sie brauchen ein »warmes Nest« mit viel Zuneigung und Liebe und mehr Zeit als andere, um ihren Weg ins Leben zu finden.

Sonne in Löwe

In ihrem eigenen Zeichen steht die Sonne stark. Trotzdem ist sie beim Kleinkind kaum sichtbar. Wenn kreative Spiele das Kind auffordern, seine Schöpferkraft zu mobilisieren, zeigt sich in seiner Ausstrahlung der Löwe. Es stellt sich in den Mittelpunkt, fordert Beachtung und besticht durch sein großzügiges, selbstsicheres, ja fast majestätisches Gebaren.

Das Kind will groß und erwachsen werden, damit es nicht mehr im Schatten der Erwachsenen steht. Je älter es wird und je mehr es sein Leben selbst gestaltet, desto offensichtlicher wird die Löwe-Sonne. Im Schulalter verbringt es seine Freizeit so, daß sein Licht voll zur Geltung kommt. Oder zumindest versucht es das und muß auch gleich erfahren, daß man nur Anerkennung bekommt, wenn man auch etwas dafür leistet.

In Pubertät und Berufswahl tritt das Bedürfnis, fast selbstherrlich seinen Weg zu gehen, in noch schärferen Kontrast zur Realität, welche Arbeit im kleinen verlangt, wenn man groß werden will.

Sonne in Jungfrau

Im Spiel des Kleinkindes mag sich die Jungfrau-Sonne durch Genügsamkeit und das Bestreben, nichts zu verschwenden, offenbaren. Je älter das Kind wird, desto mehr wird aus der leisen Andeutung von Vernunft und Realitätssinn ein bodenständiger Wesenskern. Das Kind sieht den Nutzen einer guten Schulbildung ein. Es bemüht sich, mit Taschengeld und Freizeit sinnvoll umzugehen. Es zeigt jedoch auch mehr und mehr die Neigung, Gefühle auszuschließen und nur nach Vernunftgründen zu handeln. So kommt es beispielsweise zur fragwürdigen Schlußfolgerung, daß Weinen sich nicht lohnt.

Das Kind und vor allem der junge Jugendliche versteift sich auf Tatsachen und Details und vergißt in seinem Bestreben nach einem optimalen Einsatz-Nutzen-Verhältnis, daß auch Freude eine Energie ist, die eine positive Wirkung erbringen kann.

Sonne in Waage

Man kann miteinander spielen oder gegeneinander. Man kann in harmonischem Einvernehmen miteinander etwas Schönes tun. Dann ist die Welt für die Waage-Sonne in Ordnung. Liegen Meinungsverschiedenheiten, Ärger und Aggression in der Luft, bemüht sich die Waage-Sonne, Harmonie zu schaffen.

Die Waage-Sonne zeigt sich kaum in einem direkten Verhalten. Wenn das Klima stimmt, blüht sie auf, und das Kind wird schöpferisch aktiv. Herrscht Mißstimmung, so sollte man besser keine Erwartungen an das Waage-Sonne-Kind stellen.

Das bewußte Ich als Verkörperung der Sonne soll sich kreativ zum Ausdruck bringen. Mit Waage-Qulitäten muß sie sich jedoch als erstes um die anderen bemühen. Ist es allen recht, daß sie kreativ wird, so vermag sie aus sich heraus aktiv zu werden, sonst nicht. Das Kind ist stark von seinem Umfeld abhängig.

In der Pubertät soll es einen eigenen Weg finden, muß sich jedoch durch die verstärkte Ich-Suche und Ich-Findung vermehrt mit dem Waage-Prinzip auseinandersetzen. Es steht in einem starken Spannungsfeld zwischen eigenem Willen und Anpassung an die Mitmenschen.

Sonne in Skorpion

Skorpion ist das Zeichen im Tierkreis, das am meisten in die Tiefe zieht. Beginnt das Kind, »Ich« zu sagen und kreativ nach Lösungen zu suchen – und sei dies auch nur im Spiel –, streckt es seine Fühler in die Tiefe. Es läßt sich nicht von einer glänzenden Oberfläche blenden, sondern bohrt beharrlich so lange, bis es auch weiß, was unter dem Glanz im Schatten und im Dunkeln wartet. Mit jeder schöpferischen Tätigkeit und im Verlaufe der Pubertät in seiner gesamten Selbstfindung neigt es dazu, eher die Schatten als das Licht zu sehen.

Die Skorpion-Sonne verleiht dem Kind und dem Jugendlichen eine besondere Gabe, in Krisen kreativ zu werden. Damit verbunden ist auch die Tendenz, sich Krisen zu suchen, weil nur so das schöpferische Potential voll zur Verfügung steht.

Rinaldo (Sonne in Skorpion) liebt Gesellschaftsspiele. Wie fast jedem Kind fällt auch ihm das Verlieren nicht leicht. Spiele, bei denen es keine Gewinner und Verlierer gibt, mag er trotzdem nicht. Er liebt das Seilziehen und beißt sich bis zuletzt durch. Wenn ein erwachsener Mitspieler mogelt, um ihn gewinnen zu lassen, merkt er dies sehr schnell und reagiert mit Ablehnung. Detektivspiele und Computerspiele, in denen es um Schatzsuche und ähnliche Themen geht, spielt er leidenschaftlich gerne. Dabei wählt er stets die Rolle des Guten, der das Böse bekämpft.

Sonne in Schütze

Wenn das Kind mit einer Schütze-Sonne beginnt, sich kreativ auszudrücken, baut es gleich die höchsten Sandberge und die größten Legoschlösser. Das Streben nach etwas Höherem, Göttlichen, das für die Schütze-Sonne typisch ist, zeigt sich beim Kind in der Tendenz, alles, was es schöpferisch hervorbringt, mit Superlativen zu versehen. Seine Zeichnung ist die schönste. Es gewinnt das Spiel. Sein Optimismus hilft ihm oft, auch zu erreichen, was es sich mit großer Selbstverständlichkeit vorgenommen hat. Ebensooft will es zu hoch hinaus und muß feststellen, daß die Realität nicht seinen Vorstellungen entspricht. Die Neigung, sich stets nach dem Größten auszurichten, wächst vom spielerischen Verhalten beim Kleinkind bis zum zentralen Leitmotiv beim Jugendlichen.

Sonne in Steinbock

Eine Steinbock-Sonne setzt sich klare Ziele im Leben, berücksichtigt bestehende Normen und arbeitet sich langsam die hierarchische Treppe hinauf. Mit dem Erwachen der Ich-Identität möchte ein Kind mit Steinbock-Sonne erwachsen sein. Je mehr sich sein Ichbewußtsein herauskristallisiert, um so mehr ist das Kind bemüht, so vernünftig und zuverlässig wie seine erwachsenen Vorbilder zu sein und ebenso ernst genommen zu werden. Seine kreativen Ausdrucksformen fallen mehr durch Ausdauer als durch Spontaneität und Originalität auf. Die Steinbock-Sonne zeigt sich im vernünftigen und zweckorientierten Spiel.

Kommt das Kind in die Pubertät und sieht sich vor die Aufgabe gestellt, sein Lebensschiff selbst zu steuern, so entfalten sich die Steinbock-Sonne-Qualitäten in voller Stärke. Das Kind sucht nach einem »geraden Weg«. Zielstrebigkeit und Prinzipientreue bis hin zu Sturheit geben seinem bisher mehr vom Mond und Aszendenten geprägten Charakter eine neue Färbung.

Sonne in Wassermann

Das Wassermannzeichen verleiht der Sonne Originalität, trägt sie aber auch vom lebendigen, spontanen Sein weg in eine abstrakte Welt der Vorstellungen. Wenn das kleine Kind versucht, sein Ich im kreativen Spiel auszudrücken, hat es zwar unzählige Ideen. Verwirklicht es die eine oder andere, baut z. B. eine Sandburg, die es sich in Gedanken ausgemalt hat, so ist es leicht enttäuscht, weil die Realität nie so perfekt ist wie seine Vorstellung. Sein Entwicklungsprozeß der Ich-Findung ist geprägt vom Versuch, eigenen Ideen eine Form zu geben. Der Anspruch auf Originalität ist hoch, und damit die Möglichkeit, eine befriedigende Lösung zu finden, eher schwierig. Es ist wichtig, daß das Kind nicht den Mut verliert, sich trotzdem kreativ zu betätigen. Was im Vorschul- und Schulalter schöpferisches Spiel ist, wächst in der Pubertät, wenn das Ich zu einem umfassenderen Bewußtsein erwacht, zur kreativen Gestaltung des eigenen Lebens.

»Ich bin kein Wassermann, sondern eine Wasserfrau!« sagt Camilla (Sonne in Wassermann).

Sonne in Fische

Die Sonne im Fischezeichen plant den Lebenslauf nicht von A bis Z durch, sondern läßt sich den richtigen Weg treiben. Beim Kind ist sie kaum sichtbar, da sie nicht durch schöpferische Hochleistungen auffällt oder sich sonst in Spiel und Verhalten bemerkbar macht. Wenn sich das Kind als eigenständiges Wesen wahrzunehmen beginnt, droht dem jungen, noch wenig stabilen Sonnen-Ich vom Fischezeichen gleich wieder die Auflösung. Das Kind steht vor der schwierigen Aufgabe, sich innerlich und äußerlich abzugrenzen und sein Ich im Nebel des von Neptun beherrschten Zeichens zu finden.

Es mag manchmal ein bißchen verträumt wirken und wenig persönlichen Stil zeigen. In der Pubertät kommen die Sonne und damit auch die Fische-Qualitäten voll zum Durchbruch. Es braucht viel

Zeit, um sich zu finden, seinem Leben eine eigene Richtung zu geben und einen Beruf zu wählen, der ihm zutiefst entspricht.

Spezielle Stellungen der Sonne

Sonne am absteigenden Mondknoten — *Um jeden Preis den eigenen Weg gehen*

Mit der Sonne am absteigenden Mondknoten will das Kind seinen eigenen Weg gehen. Vor allem im Schulalter und in der Pubertät dürfte es ziemlich eigenwillige Züge entwickeln. Auf Vorschriften und Einschränkungen, ja selbst auf gut gemeinte Ratschläge reagiert es empfindlich, rebelliert oder zieht sich zurück und fühlt sich unverstanden. Auch wenn sein Verhalten oft unvernünftig und irrational anmutet, muß es doch diese Phase der Ablösung durchlaufen. Dabei erscheint es ihm auf eine fast zwanghafte Weise als selbstverständlich, daß es sein Leben selbst in die Hände nimmt.

Auch wenn es immer wieder anstößt und in Sackgassen gerät, gehört gerade dies zu seinem Entwicklungsprozeß und läßt es lebenstüchtig werden. Für die Eltern mag es schwer sein, zu akzeptieren, daß sie es nicht vor Mißerfolgen bewahren können. Es muß eigene Wege ausprobieren können. Wie ein kantiger Stein in einem Bergbach mit der Zeit rund geschliffen wird, so verliert auch die Eigenwilligkeit des Kindes mit Sonne am absteigenden Mondknoten durch eine beständige Auseinandersetzung mit der Umwelt ihre Spitzen und Kanten.

Für Niklaus (Sonne am absteigenden Mondknoten in Löwe im 5. Haus) sind »Herrscherallüren« nichts ungewöhnliches. Wenn er am Tisch ein Stück Brot möchte, so kann er laut und fordernd Befehle brüllen. Er sagt: »Ich will ...!« Verlangt man mit Nachdruck ein Bitte, schreit er auch dieses in einem so fordernden Ton in die Runde, daß man es unmöglich akzeptieren kann. Er lebt ganz in der Überzeugung, daß ihm das Recht zum Herrschen zusteht, und provoziert durch sein Verhalten viele negative Reaktionen, die ihn frustrieren, ihm aber auch helfen, seine fordernde Haltung aufzugeben.

Unaspektierte Sonne ***Eigenständigkeit muß geübt werden***

Dem Kind mit unaspektierter Sonne fällt es nicht immer leicht, zu wissen, was es will. Wie ein steuerloses Boot auf dem offenen Meer treibt, beschäftigt es sich ein bißchen mit diesem und etwas mit jenem, fast wie der Zufall und die Menschen es von ihm wollen. Sein Problem ist kein zu schwacher Wille, vielmehr hat es Mühe, seinen Willen gezielt einzubringen. Die innere Instanz, die wir mit »Ich« bezeichnen, entwickelt sich zögernd und steht oft ein bißchen abseits. Vor allem im Schulalter und in der Pubertät erweisen Eltern und Lehrer dem Kind mit unaspektierter Sonne einen großen Dienst, wenn sie sein Ich und seinen Willen immer wieder hervorholen, indem sie es nach seiner persönlichen Meinung fragen und es in vielen kleinen Dingen zum Entscheiden und selbständigen Handeln ermuntern. Beispiele sind die Wahl der Kleider, Gestaltung der Ferien, Zimmereinrichtung oder Taschengeld. Das Kind soll sanft, aber bestimmt auf seinen Weg gestoßen werden, so daß es mit den Jahren immer besser das verwirklichen kann, was seinem innersten Kern entspricht.

Chiron
Ein wunder Punkt

Chiron ist ein kleiner, unscheinbarer Gesteinsbrocken zwischen Saturn und Uranus. Seine Bahn ist so exzentrisch, daß er sich zeitweise auch innerhalb der Umlaufbahn von Jupiter befindet. Sein Einzug in die Astrologie ist – in Anbetracht seiner bescheidenen Größe – mehr als erstaunlich. Ich sehe dieses Phänomen als Anstoß für die Menschheit, den Sprung von den gesellschaftlichen Planeten zu den geistigen zu wagen und zu schaffen. Chiron kann in einem gewissen Sinne als Sprungbrett verstanden werden, um von der materiellen Existenz Saturns zum geistigen Prinzip von Uranus zu gelangen.

In der griechischen Mythologie ist Chiron ein Kentaur mit einem menschlichen Oberkörper und einem Pferdeleib. Das durch das Pferd verkörperte, irdische Prinzip ist mit dem mehrheitlich geistigen Prinzip im Menschen verbunden, eine Analogie also zur astronomischen Position Chirons als Verbindungsglied zwischen Saturn und Uranus. Der Kentaur Chiron leidet an einer unheilbaren Wunde. Obwohl er sich intensiv mit Heilkräutern auseinandersetzt, gelingt es ihm nicht, die eigene Verletzung zu heilen. Er lernt, sie in Demut anzunehmen, und kann seine umfassenden Kenntnisse nun einsetzen und für Menschen und Götter zu einem wunderbaren Heiler und Lehrer werden.

Diese Geschichte beschreibt die Symbolik des astrologischen Planeten Chiron, der einer äußerst verletzlichen Seite der Persönlichkeit entspricht. Diese kann gerade durch ihr »Wundsein« anderen sehr viel geben, sobald sie in Demut angenommen wird.

So, wie man eine leibliche Wunde vor Überbeanspruchung schützt, sie pflegt und ihr Zeit für die Heilung einräumt, gilt es, uns des psychischen Chiron-Anteils in uns anzunehmen und ihn zu schützen und zu pflegen, damit sich seine Heilerqualitäten im Laufe des Lebens entfalten können.

Meine Erfahrungen mit Chiron in Kinderhoroskopen reichen noch nicht aus, um detaillierte Angaben über Zeichen-, Haus- und

Aspektstellungen machen zu können. Trotzdem scheint er mir ein wichtiger Faktor im Kinderhoroskop zu sein. Ich möchte ein paar Gedanken dazu weitergeben:

Ich habe immer wieder beobachtet, daß Chiron einen wunden Punkt im Leben des Kindes beschreibt. Das Kind meidet den durch die Hausstellung symbolisierten Lebensbereich, oder es verhält sich gehemmt.

Olivias Chiron steht in Stier im 2. Haus (Horoskop s. Seite 367). Obwohl das Thema des »eigenen Reviers« mit Sonne und Mars in Stier im 2. Haus recht ausgeprägt ist, wehrt sich Olivia nicht, wenn der jüngere Bruder in ihrem Zimmer spielt, Gäste hin und wieder ihr Bett benutzen und jeder nach Belieben ein und aus geht. Auf die Frage, ob sie das mag, antwortet sie entschieden mit Nein.
Ein anderes Beispiel ist Ramona mit Chiron im 11. Haus im Quadrat zu Merkur. Im Alter zwischen fünf und acht Jahren ist Ramona mit ihren Eltern dreimal umgezogen, jedesmal an einen anderen Ort in der Schweiz mit unterschiedlichem schweizerdeutschen Dialekt. Im Kindergarten und in der Schule wurde Ramona von den anderen Kindern ausgelacht. Kaum sprach sie einen Satz, äffte sie ein vorwitziges Kind nach, und die ganze Klasse brach in schallendes Gelächter aus. Ramona hat große Hemmungen in der Schule und in Gruppen mit gleichaltrigen Kindern.

Die äußeren Situationen der Chiron-Thematik sind entfernt vergleichbar mit unscheinbar verlaufenden Saturn- oder Pluto-Erlebnissen. Jedoch zeigt das Kind keine Motivation, das Problem anzupacken, sondern erduldet es einfach. Es nimmt die Tatsachen als gegeben hin, was ja auch der Symbolik des Chiron entspricht. Chiron vollzieht sein Werk in aller Stille. Unmerklich schlägt er tiefe Kerben in die Kind-Persönlichkeit. Das Kind fällt mit seiner Chiron-Thematik nicht auf. Es beklagt sich kaum und gibt auch niemandem Anlaß zu Klage. Dramatische Vorfälle gibt es selten. Eine Mutter, die in die Beratung kommt, erzählt kaum Chiron-Geschichten. Man muß ein Kind sehr gut kennen und beobachten, um die Spuren Chirons zu sehen.

Hat man sie einmal gefunden und das Thema in seiner Tiefe erkannt, dann stellt sich die Frage: Was nun? Bei Pluto-Themen fordert der Astrologe den Klienten auf, souverän zu seiner Macht zu stehen.

Saturnische Probleme lassen sich durch Üben überwinden. Chiron gegenüber bleibt nur das Akzeptieren. Den Kindern fällt dies offensichtlich leichter als den Erwachsenen. Es ist erstaunlich, mit wieviel Demut sie ihre Chiron-Schwierigkeiten annehmen.

Wenn das Elternhaus versagt

Lange nicht alle Kinder wachsen in sogenannten »normalen Verhältnissen« auf. Kinder werden vernachlässigt, seelisch mißhandelt, manipuliert, geschlagen und sexuell mißbraucht. Ich habe diese Themen bisher weitgehend ausgeklammert. Das hat zwei Gründe.

Einmal setzt es eine gewisse Reife voraus, um als Mutter oder Vater den Rat des Astrologen zu suchen. Die Eltern, die ihre Kinder massiv seelisch oder körperlich mißhandeln, sind selbst dem Leben nicht gewachsen und nur selten bereit, einer außenstehenden Person Einblick in ihre wenig erfreulichen Familienverhältnisse zu gewähren und Hilfe anzunehmen. Sie kommen selten zum Astrologen.

Ein weiterer Grund, weshalb ich die dunkleren Entsprechungen im Kinderhoroskop von den üblichen Manifestationen getrennt aufführe, ist die Tatsache, daß der Astrologe auf vehemente Ablehnung von seiten der Eltern stößt, wenn er die Aspekte der transsaturnischen Planeten im Kinderhoroskop in ihren extremen negativen Manifestationen beschreibt. Die Eltern fühlen sich auf die Anklagebank gesetzt, und dies um so mehr, je mehr der Astrologe ins Schwarze getroffen hat. Die Überzeugung oder auch nur der Gedanke, als Eltern versagt und sich am Kind schuldig gemacht zu haben, ist eine äußerst bittere Pille. Der Astrologe muß die Dosis vorsichtig abwägen und den Eltern gleichzeitig vermitteln, daß sich das Schuldigsein aus einer höheren Warte relativiert. Von einem esoterischen Standpunkt betrachtet, hat sich das Kind die Eltern und die Erfahrungen mit ihnen gewählt.

Der Mensch scheint vom Dunkeln mit ähnlicher Faszination angezogen zu werden wie die Motten und Nachtfalter vom Licht. Mit Spannung und Interesse und – wenn wir ganz ehrlich zu uns selbst sind – mit einer Art wohligem Entsetzen verfolgen wir die blutigen Auseinandersetzungen an den Krisenherden der Welt auf dem Fernsehbildschirm. Vor allem mit den destruktiven plutonischen Geschichten gehen Astrologen ähnlich um. Das Bedürfnis nach makabren und entsetzlichen Szenerien mag ein Versuch sein, die dunklen Themen zu verarbeiten. Doch sollte dies der Astrologe nicht auf Kosten des Kindes tun. Aufgrund einer Pluto-Mars-Venus-Konstellation im Kinderhoroskop auf Inzest zu schließen mag in extremen Fällen seine Berechtigung haben, gehört jedoch in der Regel nicht in eine Beratungssituation.

Das Horoskop allein sagt nichts aus über die Qualität des Elternhauses. Das Horoskop beschreibt, was das Kind aus dem vielfältigen Angebot der Umwelt aufnimmt. In seiner Kindheit ist es Millionen von Eindrücken ausgesetzt. Einen kleinen Teil davon nimmt es auf und verinnerlicht sie. Sie sind ihm »Futter« für die Entwicklung seiner Persönlichkeit. Das Horoskop beschreibt den Filter, mit dem das Kind aus der großen Auswahl diejenigen Eindrücke in sich hereinläßt, die seinem inneren Muster entsprechen.

Ist das familiäre Umfeld intakt, so steht dem Kind »gutes Futter« zur Verfügung. In einer seelisch kranken Familie, die von Lieblosigkeit, Gewalt und Manipulation geprägt ist, sind die Eindrücke, die dem Kind zur Auswahl stehen, gesamtheitlich von minderer Qualität. Mit demselben Horoskop hat es schlechtere Startbedingungen als ein Kind aus einer gesunden Familie. Es muß mit dem »schlechteren Futter« vorlieb nehmen, um seine planetarischen Konstellationen zu erleben.

Mit einem Horoskop voller Spannungsaspekte von Saturn, Uranus, Neptun und Pluto zu den persönlichen Planeten sucht sich ein Kind die »happigen Brocken« aus. Ein »sanfteres« Horoskop und damit eine sanftere Veranlagung läßt ein Kind dasselbe Umfeld etwas weniger dramatisch und selbstzerstörerisch erleben. Es provoziert weniger, und es ist den Angriffen eines kranken Umfeldes durch seine unbeteiligtere innere Haltung etwas weniger ausgeliefert.

Die deutsche Astrologin Jessie Adler Gral hat dies am Thema »Sucht« sehr eindrücklich herausgearbeitet. In ihrem Buch *Die verzauberte Seele. Sucht und Spiritualität im Horoskop* beschreibt sie ein Suchtstrukturmuster, das sie in den Horoskopen von nahezu 150 Alkoholabhängigen gefunden hat. Dieses Muster – es beinhaltet unter anderem Spannungsaspekte von Saturn zu persönlichen Planeten in Kombination mit schwierigen Uranus-, Neptun- oder Pluto-Aspekten ebenfalls zu persönlichen Planeten – tritt in auffallender Häufigkeit in Horoskopen süchtiger Menschen auf. Jedoch sind lange nicht alle süchtig, die diese Themenkombination von einem gespannten Saturn und einem oder mehreren transsaturnischen Planeten in Verbindung zu persönlichen Planeten im Horoskop aufweisen. Aber die Süchtigen wuchsen durchwegs in kranken Familien auf und erlebten eine unerfreuliche, wenn nicht traumatische Kindheit.

Wenn wir schwierige Themen in einem Horoskop finden, können wir davon ausgehen, daß sie auch im Leben des Kindes Spuren hinterlassen. Wir können jedoch nicht Pluto mit Geschlagenwerden und sexuellem Mißbrauch gleichsetzen. Dies ist nur eine von vielen Manifestationsmöglichkeiten, die zusammen mit einem kranken Milieu traurige Wahrheit werden kann.

Im folgenden beschreibe ich die extremen Manifestationen von Pluto, Neptun, Uranus und Saturn in einem zerstörerischen und kranken sozialen Umfeld. Eine ausführlichere Darstellung der Kindheitsbedingungen in destruktiven Familien finden Sie in dem oben genannten Buch von Jessie Adler Gral.

Pluto – Sei nicht!

Pluto-Aspekte zu persönlichen Planeten, zu Hauptachsen und zur Mondknotenachse weisen auf eine Macht-Ohnmacht-Thematik hin. In einer gesunden Familie versucht das Kind schon früh, seine Macht auszuspielen. Man denke an das Beispiel von Patrick im Kapitel »Pluto« (s. Seite 273). Haben die Eltern jedoch nicht gelernt, mit ihren Pluto-Kräften einigermaßen verantwortungsvoll umzugehen, so erlebt sich das Kind nur in der Ohnmachtssituation. Die plutonische Botschaft, daß es Stärkere und Schwächere gibt, wird für das Kind zum nackten Überlebenskampf, entweder weil es körperlich geschlagen wird oder weil es sexuell mißbraucht oder seelisch mißhandelt wird. Pluto zeigt sich dem Kind nur in der Tarnkappe. Es weiß nie, wann es geschlagen wird und warum. Der Vater – oder in selteneren Fällen die Mutter – ist jähzornig und aggressiv, steht unter Alkohol und ist völlig unberechenbar. Das Kind sucht der Gewalt zu entkommen, indem es den Vater gut beobachtet und bei gewissen Anzeichen verschwindet. Anstatt von seiner Liebe getragen aufwachsen zu können, wird es als Blitzableiter für Aggression und sexuelles Verlangen benutzt und dann weggeworfen. Es erfährt, daß es nichts wert ist, daß Leben nur aus Schmerz besteht und es keine wirkliche Daseinsberechtigung hat.

Dieses abgrundtiefe Defizit an Lebensfreude entsteht nicht nur durch physische Schläge, sondern auch durch psychischen Terror. Wenn die Mutter z. B. oft genug sagt oder auch nur denkt: »Warum habe ich dich bloß damals nicht abgetrieben?«, so brennt sich das Verbot, leben zu dürfen, ebenso tief in die Kinderseele ein.

Nach außen hin fällt die Familie nicht unbedingt auf. Pluto hütet seine Geheimnisse. Das Kind wird mit Drohungen angehalten, sich den Eltern gegenüber loyal zu verhalten und nach außen zu schweigen. So kann die Fassade der »intakten Familie« oft über Jahre aufrechterhalten bleiben.

Für das Kind sind die Folgen im späteren Leben verheerend. Der junge Mensch hat in seiner Kindheit so oft erlebt, wie man seine Persönlichkeit zerstört, daß er in derselben destruktiven Weise mit sich selbst umgeht. Nur eine intensive Therapie kann ihm helfen, den Glauben an seine Daseinsberechtigung zu finden und seine selbstzerstörerischen Verhaltensweisen langsam abzubauen.

Neptun – Opfere dich auf!

Ein Kind mit starken Neptun-Themen im Horoskop ist offen für sein Umfeld. Es identifiziert sich mit allem ringsum, nimmt die äußere Atmosphäre auf und läßt sich beeinflussen. Ist das Umfeld »vergiftet«, so nimmt das Kind auch das Gift in sich hinein gleich einem Schwamm, den man in schmutziges Wasser legt. Neptun erschwert es dem Kind, sich der eigenen Wahrnehmung bewußt zu werden. Es hört und sieht und fühlt soviel, daß es davon buchstäblich überschwemmt wird und Eltern braucht, die ihm helfen, Ordnung in dieses Chaos zu bringen, ein Ich-Bewußtsein zu entwickeln und äußere Einflüsse von eigenen Bedürfnissen, Wünschen und Impulsen zu unterscheiden.

Fehlt ihm dieser Rückhalt oder wird ihm von ebenfalls neptunisch kranken Eltern die Orientierung in seiner Wahrnehmung zusätzlich erschwert, dann versinkt es immer tiefer in einen neptunischen Nebel. Typische neptunische Szenen haben mit Lügen und Illusionen zu tun. Das Kind sieht oder hört etwas, z. B., daß sich die Eltern heftig streiten. Es spricht die Eltern darauf an, und diese bezeichnen die Beobachtung des Kindes als Tagtraum oder gar als Lüge. Die Persönlichkeit eines neptunischen Kindes ist wie weiche, geschmeidige Modelliermasse. Wenn der Vater oder die Mutter ihm oft genug sagt, daß es sich in seiner Wahrnehmung täuscht, traut es bald den eigenen Augen und Ohren nicht mehr. Es gilt nur noch, was ihm gesagt wird. Eigene Impulse werden als falsch abgewertet und bald gar nicht mehr wahrgenommen. Damit ist das Kind in höchstem Maße fremdbestimmt. Wie eine Marionette an unsichtbaren Fäden »tanzt« es nach dem Willen seiner Umwelt. Es wirkt unauffällig und angepaßt. In seinem Innern jedoch ist eine erschreckende Leere, es hat kein »Ich« und keinen Willen, den es der Umwelt entgegenstellen könnte. So opfert es sich auf für die anderen. Sein Leben bleibt unerfüllt.

Hat es später selbst Kinder, wiederholt sich die Lebenslüge, und es gibt die zerstörerische Botschaft, der eigenen Wahrnehmung nicht zu trauen, weiter. Mit Unterstützung und therapeutischen Maßnahmen kann das neptunisch kranke Kind sein Ich-Bewußtsein aufbauen und langsam aus dem Kreis der neptunischen Abhängigkeit und Selbstaufgabe heraustreten.

Uranus – Laß dich nicht ein!

Neben Pluto und Neptun erscheinen die uranischen Kräfte vergleichsweise harmlos. Mit einem starken Uranus im Horoskop und einem nicht intakten familiären Umfeld erlebt ein Kind, daß es jedesmal eines auf die Finger bekommt, wenn es sich einläßt. Es sucht die Liebe der Eltern und bekommt sie manchmal. Läßt es sich vertrauensvoll darauf ein, so wendet sich die Mutter oder der Vater ab. Anstelle von Streicheleinheiten bekommt es plötzlich Spott oder Ablehnung, oder die Eltern verschwinden einfach. Die Erfahrung, daß man nicht auf Liebe bauen kann und auch sonst keine Verläßlichkeit zu erwarten ist, gräbt sich tief ein. In seinem Liebesbedürfnis immer wieder unerwartet verletzt und zurückgestoßen zu werden ist so schmerzhaft, daß das Kind mit der Zeit niemanden mehr so nahe an sich heranläßt, daß er es verletzen könnte. Es zieht sich in den uranischen Elfenbeinturm zurück und vereinsamt innerlich. Dabei mag es im oberflächlichen Kontakt spontan und offen wirken. Doch sobald ein Mensch Gefühle zeigt und signalisiert, daß er mehr Nähe möchte, reagiert der »uranus-geschädigte« junge Mensch mit einem abrupten Rückzug.

Saturn – Leiste mehr!

Saturn ist der gestrenge Lehrmeister, der zum Arbeiten auffordert und Verantwortung auferlegt. In einem gesunden Umfeld ist er der Antrieb, Verantwortung für das eigene Leben zu übernehmen. In einem krankhaft leistungsorientierten familiären Umfeld wird ein Kind mit schwieriger Saturnstellung im Horoskop buchstäblich zur Maschine umfunktioniert. Die Eltern fordern perfekte Leistung. Egal wie sehr sich das Kind bemüht, sie setzen den Maßstab so hoch an, daß ihn das Kind nicht erreichen kann. Es erlaubt sich immer weniger, Kind zu sein, sich einmal gehenzulassen und seine Gefühle zu zeigen, denn damit erntet es nur Mißbilligung und Kritik. Je älter es wird, desto mehr verinnerlicht es die Leistungsanforderungen der Eltern und setzt seine ganze Kraft und Energie in den von vornherein zum Scheitern verurteilten Versuch, 100prozentige Perfektion zu erlangen.

3. Teil

Horoskopvergleich bei Familienmitgliedern

Einbeziehen des Horoskops der Mutter und weiterer Familienmitglieder

Die Persönlichkeit des Kindes entwickelt sich gemäß dem im Radixhoroskop angelegten »Plan«. Umweltfaktoren sind ein weiterer Aspekt, der die Entwicklung des Kindes tiefgreifend mitbestimmt. Je nach Horoskop ist das Kind mehr oder weniger beeinflußbar. Auf ein Kind mit zentralen Neptun- oder Mondstellungen färbt das Milieu mehr ab als auf ein Kind mit einer starken Mars- oder Sonne-Betonung.

Der Einfluß der Eltern auf die frühkindliche Entwicklung ist unumstritten. Aus Untersuchungen läßt sich z. B. sehr präzise feststellen, daß Kinder von Eltern mit guter Schulbildung bei ihrem Schuleintritt über einen größeren Wortschatz verfügen als Kinder von weniger gebildeten Eltern. Dies ist nur eines von vielen Beispielen. Eltern formen und prägen Kinder.

Vergleicht man die Horoskope von Eltern und Kind, so erhält man Hinweise, wie die Planetenenergien zwischen Eltern und Kind fließen. Es wird ersichtlich, in welche Richtung ein Kind von den Eltern beeinflußt wird und welche Reaktionen es bei den Eltern auslöst.

Die Entwicklungsstufe des Kindes ist relativ klar definierbar. Sie entspricht mehr oder weniger dem Alter des Kindes. Wo die Mutter bzw. der Vater auf dem eigenen Entwicklungsweg stehen, ist aus dem Horoskop nicht ersichtlich. Die folgenden Ausführungen sind daher als Tendenzen und Durchschnittswerte zu betrachten. Es gibt Mütter mit großer persönlicher Reife, die ihnen fremde Wesenszüge im Kind als Herausforderung für die eigene Persönlichkeitsentwicklung verstehen und das Kind entsprechend gewähren lassen. Auf andere Mütter wirkt dasselbe Verhalten des Kindes als Bedrohung und persönliche Kampfansage. Anstelle von Anerkennung und Unterstützung erfährt das Kind starken psychischen Druck von seiten der Mutter. Werden die Horoskope von Mutter und Kind verglichen, so findet man die Themen zwischen den beiden, aber nicht die Ebene, auf der sie ausgetragen werden.

Elementebetonung im Vergleich

Elemente können als Energieformen verstanden werden. Die vier verschiedenen Energieformen Feuer, Erde, Luft und Wasser sind in unterschiedlicher Aufteilung im Horoskop der einzelnen Familienmitglieder vorhanden. Die Planeten erwecken die Elemente zum Leben und sind Träger und Kanal für sie. Die Verteilung der einzelnen Planeten auf die Elemente bestimmt, welche Energien bei dem Betreffenden fließen. Trifft er nun auf einen Menschen mit ähnlicher Verteilung, so entsteht ein Energiefluß vom einen zum anderen. Die beiden haben eine »gemeinsame Wellenlänge«. Sind die Energien bzw. die Elemente sehr unterschiedlich, dann sind die Vorlieben, Bedürfnisse und Verhaltensmuster der beiden ebenfalls entsprechend verschieden. Sie bringen nicht ohne weiteres Verständnis füreinander auf.

Die Elementeverteilung im Kinderhoroskop und im Horoskop der Mutter bzw. des Vaters kann in manchen Fällen wichtige Schlüsse zulassen. Hat ein Kind eine ähnliche Elementeverteilung wie seine Eltern, so dürfte es sich ohne größere Probleme in die Familie einfügen. Fehlt jedoch ein Element weitgehend in der Familie, und nun kommt ein Kind zur Welt mit einer starken Ausprägung dieses Elementes, dann fühlt es sich verständlicherweise in dieser Familie nicht gerade »in seinem Element«. Die Situation erinnert an ein Entenküken, das im Hühnerhof aus dem Ei schlüpft. Kein Huhn begreift dessen Hang zum Wasser.

Ein Kind mit starker Wasserbetonung mag in einem intellektuellen Familienverband ähnliche Sehnsucht nach einem ungehemmten Gefühlsfluß haben wie das Entenküken nach dem See. Eine Mutter mit Luftbetonung im Horoskop erzählt ihrem Kind Geschichten, spricht mit ihm und antwortet ihm auf all seine tausend Fragen. Wenn das Wasser-Kind jedoch Kummer oder Angst hat und einfach nur weinen möchte, hat die Luft-Mutter dafür wenig Verständnis. Sie möchte wissen, was denn genau der Grund der Traurigkeit ist. Sie sucht den Kontakt über den verbalen Kanal und tröstet das Kind mit Worten. Das Kind möchte jedoch viel lieber einfach nur im Arm gehalten werden. Das Wasser-Kind bekommt von der Luft-Mutter Zuwendung auf der falschen Ebene, d. h., es bekommt letztlich zu wenig. Hat auch der Vater keinen direkten »Wasser-Draht« zum Kind, so verfestigt sich im Kind das Gefühl, aufs Trockene gesetzt worden zu sein. Wenn zusätzlich Spannungsaspekte von Saturn oder Pluto zum Mond im Kinderhoroskop für ein eher karges Erleben sorgen, kann das Kind schon einmal vom mulmigen Gefühl befallen werden, vielleicht im Krankenhaus verwechselt worden zu sein und gar nicht in diese Familie zu gehören.

Ein Luft-Kind in einer Wasser-Familie dürfte sich diese Frage ebenfalls stellen. Es hat den Eindruck, in einem klebrigen, gefühlsschwangeren Familienklima fast zu ersticken. Auf seine vielen Fragen bekommt es nur spärlich Antwort. Es sucht einen Gesprächspartner und findet eine Mutter, die gerne mit ihm kuschelt und mit glänzenden Augen von den Zeiten erzählt, als es noch ein Baby war.

Auch Erde und Feuer sind polare Gegensätze. Wenn sie in der Mutter-Kind-Beziehung zum Ausdruck kommen, wird die Ungeduld zum Thema. Eine Feuer-Mutter kann nicht anders, als ihr Erd-Kind dauernd anzutreiben. Wenn das Erd-Kind mit umständlicher Langsamkeit ein Steinchen nach dem anderen vom Wegrand in sein Eimerchen füllt und die Mutter schon längst hätte weitergehen wollen, kostet es sie einige Überwindung, das Kind nicht einfach an der Hand zu packen und mit sich zu ziehen.

Umgekehrt wird das Temperament des Feuer-Kindes von einer Mutter mit starker Erdbetonung gewaltig gedrosselt. Das Kind ist ihr zu laut, zu unruhig oder zu risikofreudig. Sie versucht, es unter dem Vorwand der Sicherheit und mit anderen Vernunftgründen gleichsam am Ort festzunageln. Das Kind fühlt sich eingeengt und in seiner Entfaltung behindert.

Das Feuer- und das Luftelement vertragen sich recht gut, ebenso das Erd- und das Wasserelement. Ihre Kombinationen bilden keine ausgeprägten Gegensätze und manifestieren sich entsprechend eher als Bereicherung für Mutter und Kind.

Auch in der Kombination von Erde und Luft gibt es trotz Unterschieden einen starken gemeinsamen Nenner: die objektive Sachlichkeit, die sowohl dem Luftelement wie dem Erdelement zu eigen ist. Wasser- und Feuertypen finden sich im subjektiven Erleben. Ein solcher gemeinsamer Nenner gibt dem Kind das Gefühl des Verstanden-Werdens, so daß es die Unterschiede als bereichernd erleben kann.

Zeichenkombination des Mondes

Der Mond ist der wichtigste Planet im Horoskop eines Kleinkindes. Die Art und Weise, wie das Kind seine Bedürfnisse anmeldet und befriedigt haben möchte, findet eine Entsprechung in der Elemente- und Zeichenqualität des Mondes. Babys mit Feuer- oder Luftmond können tendenziell eher überall gestillt werden als Kinder mit Erd- oder Wassermond. Ersteren genügt es, daß die Wärme und Nahrung spendende Mutterbrust da ist. Erd- und Wassermond-Kinder brauchen einen ruhigen, vertrauten Ort, wo sie mit der Mutter allein sind und in Ruhe und Frieden trinken können.

Die Mutter ist in ihrer Funktion als Mutter ebenfalls stark auf das Mond-Prinzip eingestimmt. Der Mond ist Symbol sowohl für die Mutter wie für das Kind. Die Mutter lebt im Zusammensein mit ihrem kleinen Kind vor allem das Mond-Prinzip und bringt die Elemente- und Zeichenqualität ihres Mondes ein. Mit dem Mond in einem yang-betonten Feuer- oder Luftzeichen wird sie ihr Baby leichter überallhin mitnehmen und ihm die Brust geben, wenn es hungrig ist. Erd- oder Wassermond veranlassen sie, sich zum Stillen nach Möglichkeit einen ruhigen, vertrauten Ort aufzusuchen.

Haben Mutter und Kind ähnliche Vorlieben und stimmt die Yin- oder Yang-Polarität beider Mondzeichen überein, so harmonisieren sie wie ein gut eingespieltes Team. Ein Wassermond-Baby mit einer Luftmond-Mutter hat jedoch Mühe zu trinken, wenn die Mutter gleichzeitig telefoniert, mit dem Besuch plaudert oder gar irgendwo unterwegs ist.

Die Bindung zwischen Mutter und Kind ist in den ersten Lebensjahren des Kindes sehr tief und prägend. Sie läßt sich beschreiben, indem man die Mondstellung, insbesondere den Mond in den Zeichen beider Horoskope vergleicht.

Es gibt 144 mögliche Zeichenkombinationen. Diese alle zu beschreiben würde zu weit führen. Im Folgenden sind 16 Kombinationen aufgeführt und so gewählt, daß jede mögliche Elementekombination einmal vertreten ist. Da die Mutter in der Regel die erste Bezugsperson des Kindes ist, wird die Mondstellung der Mutter mit derjenigen des Kindes verglichen. Auf gleiche Weise kann auch die Mondstellung des Vaters, der Großeltern oder anderer Bezugspersonen mit derjenigen des Kindes verglichen werden.

Widder-Mond-Mutter mit Widder-Mond-Kind

Eine Feuer-Feuer-Kombination

Mutter und Kind sind beide von demselben lebhaften Temperament und verstehen sich entsprechend gut. Das Kind bekommt die Art von emotionaler Zuwendung, die es braucht. Die Mutter hat Verständnis für den Bewegungsdrang und die Kreativität des Kindes und setzt ihm tendenziell wenig Grenzen. Der Mond in Widder weist auf Pionier- und Einzelgängernaturen. Die Mutter motiviert das Kind durch ihr Sosein, selbst Dinge auszuprobieren. Stundenlang gemeinsam spielen liegt beiden nicht besonders, aber wenn es um eine gezielte Aktion geht, beispielsweise den Vater mit einem Kuchen zu überraschen, können Mutter und Kind »Hand in Hand vorwärtsstürmen«. Die Mutter wie das Kind sind eher unruhige Naturelle und brauchen viel Abwechslung. Falls die Mutter den lebhaften und draufgängerischen Aspekt ihrer Mond-Natur zuwenig lebt, übernimmt ihn das Kind. Es ist dann in einem gewissen Sinne Ausdruckskanal für die doppelte Menge an Widder-Energie und ist entsprechend laut, unruhig, egoistisch oder aggressiv.

Widder-Mond-Mutter mit Stier-Mond-Kind

Eine Feuer-Erde-Kombination

Die Mutter ist von lebhaftem Temperament, das Kind eher bedächtig und ruhig. Beispielsweise möchte es das Trinken an der Mutterbrust genießen. Eile kennt es nicht. Die Mutter mag Stillen zwar ganz schön finden, aber stundenlang ruhig zu sitzen ist ihr dann doch etwas zuviel. Sie reagiert mit Ungeduld. »Beeil dich!« dürfte auch später eine der häufigsten Aufforderungen an das Kind sein. Sich anziehen, frühstücken, Zähne putzen – alles erledigt das Stier-Mond-Kind langsam und bedächtig. Die Widder-Mond-Mutter mag das Gefühl haben, beim Zusehen im nächsten Augenblick aus der Haut zu fahren. Sie kann gar nicht anders, als ihr »Trödelkind« anzutreiben. Doch für das Kind ist Trödeln wichtig. Indem es die Dinge hundertmal in die Hand nimmt und wieder weglegt, *be*greift es deren Bedeutung im wahrsten Sinne des Wortes. Es braucht viel Zeit für die Auseinandersetzung mit der materiellen Welt. Es möchte die Mutter körperlich spüren, gestreichelt werden, sich anlehnen und kuscheln. Der Mutter wird zuviel »Geschmuse« leicht zu eng. Sie zieht es vor, mit dem Kind etwas zu unternehmen, vielleicht auch herumzubalgen oder Sport zu treiben.

Löwe-Mond-Mutter mit Waage-Mond-Kind

Eine Feuer-Luft-Kombination

Das Waage-Mond-Kind richtet sein Verhalten nach den Reaktionen der Mutter. Es braucht ihre Bestätigung und Wertschätzung. Wenn die Mutter nein sagt, hält es sich weitgehend an das Verbot. Die Löwe-Mond-Mutter pflegt mit ihrem Kind einen herzlichen und großzügigen Umgang. Wenn nicht starke Spannungsaspekte den Energiefluß hemmen, locken sich Mutter und Kind gegenseitig die heiteren und sonnigen Züge hervor. Das Feuer- und das Luftelement motivieren sich gegenseitig. Allerdings umkreist tendenziell das Waagezeichen das Löwezeichen, das Kind also die Mutter. Es fällt dem Waage-Mond-Kind schwer, seine eigenen Gefühle ebenso wichtig zu nehmen wie diejenigen der anderen. Die Löwe-Mond-Mutter ist ihm diesbezüglich zwar ein geeignetes Vorbild, neigt jedoch auch dazu, den Raum, den das Kind für seine Entfaltung brauchen würde, mit großer Löwe-Selbstverständlichkeit selbst in Anspruch zu nehmen. Die Mutter mag z.B. Beachtung finden, und nicht das Kind. Umgekehrt kann das Waage-Mond-Kind mit seinem umgänglichen Wesen die Mutter dahingehend beeinflussen, sich selbst weniger in den Mittelpunkt zu stellen.

Schütze-Mond-Mutter mit Fische-Mond-Kind

Eine Feuer-Wasser-Kombination

Das Fische-Mond-Kind ist sensibel, offen für Stimmungen und anpassungsfähig. Die Schütze-Mond-Mutter ist vergleichsweise temperamentvoll und spritzig. Sie weiß, was sie will, und zeigt ihre Gefühle vielleicht sogar mit einem Hauch Dramatik. Das Kind übernimmt wahllos alles und »schwimmt« in der Begeisterung oder im Tief der Mutter mit. Die Grundhaltung der Mutter dürfte zwar eher optimistisch sein, doch ist sie überdurchschnittlichen Schwankungen unterworfen. Etwas überspitzt formuliert, pendelt die Mutter zwischen himmelhoch jauchzend und zu Tode betrübt. Das Kind pendelt mit. Wenn die Mutter guter Laune ist, kann auch das Kind fröhlich sein, sonst nicht. Das Kind muß lernen, sich von diesem Gefühlsfluß abzugrenzen, damit es seine eigenen Gefühle wahrnehmen kann. Der Schütze-Mond der Mutter frohlockt über jeden, den er begeistern und mit seiner Stimmung anstecken kann. Das Kind mag sich dabei fühlen wie ein Stück Treibholz in einem reißenden Fluß. Es fällt ihm schwer, aus der – oft sehr fröhlichen und optimistischen

– Gefühlssphäre der Mutter herauszufinden und seine eigenen Bedürfnisse zu spüren. Eigentlich hätte es nichts lieber als die totale Symbiose mit der Mutter, aber der Schütze-Mond der Mutter ist viel zu lebendig und unruhig, um dem Hingabebedürfnis des Fische-Mondes auch nur einigermaßen gerecht zu werden.

Stier-Mond-Mutter mit Jungfrau-Mond-Kind

Eine Erde-Erde-Kombination

Sowohl für den Stier-Mond wie für den Jungfrau-Mond ist ein vertrautes Umfeld wichtig. Beide brauchen Zeit, um neue Eindrücke aufzunehmen und zu verarbeiten. Beide sind eher zurückhaltend, der Stier-Mond, weil er gerne da bleibt, wo er ist, und der Jungfrau-Mond, weil er die Dinge zuerst auf ihren Wert prüfen will. Das Jungfrau-Mond-Kind findet bei der Stier-Mond-Mutter volles Verständnis für seine bedächtige und gründliche Vorgehensweise. Die Mutter ist geduldig und läßt es gewähren, wenn es zum soundsovielten Mal die Küchenschublade aus- und einräumt. Für sie ist es auch selbstverständlich, daß das Kinderzimmer so bleibt, wie es ist, und daß all die Plüschtiere und anderen Spielsachen wie auch die gesamte Wohnung und der Tagesablauf ihrem Jungfrau-Mond-Kind die Sicherheit geben, die es für sein Wohlbefinden braucht.

Stier-Mond-Mutter mit Zwillinge-Mond-Kind

Eine Erde-Luft-Kombination

Das Zwillinge-Mond-Kind ist grundsätzlich neugierig, fragt den lieben langen Tag und beginnt mit jedem Fremden ein Gespräch. Der Stier-Mond-Mutter wird dies oft zuviel. Sie ist vergleichsweise introvertiert und würde z. B. lieber die Ruhe in ihrer Wohnung genießen, als mit dem Kind auf den Spielplatz zu gehen. Wenn die Wohnung zur Durchgangsstation wird und sich ein Dutzend Kinder im Spielzimmer des Zwillinge-Mond-Kindes tummeln, hat die Stier-Mond-Mutter leicht das Gefühl, man komme ihr ins Gehege. Sie ist der ruhende Pol. Sie bremst die Lebendigkeit, Neugier und Unruhe des Zwillinge-Mond-Kindes. »Frag nicht so viel! Sei endlich einmal ruhig! Lauf nicht weg!« – Solche und ähnliche Einschränkungen erlegt sie dem Kind vermutlich öfters auf, als ihr lieb ist. Im Laufe der Entwicklung des Kindes vom Baby bis zur Pubertät kommt die Mutter immer wieder an den Punkt, an dem sie sich von dem quirligen Zwillinge-Mond mehr oder weniger überfordert fühlt.

Jungfrau-Mond-Mutter mit Skorpion-Mond-Kind
Eine Erde-Wasser-Kombination

Das Skorpion-Mond-Kind zeichnet sich durch seine tiefe Bindungsfähigkeit zur Mutter aus. Es hängt sehr an ihr und möchte sie mit Leib und Seele besitzen. Der Jungfrau-Mond der Mutter kommt diesem Bedürfnis insofern entgegen, als er ruhig, zuverlässig und treu den skorpionischen Besitzansprüchen standhält. Wenn das Kind etwa eifersüchtig auf ein Geschwister reagiert, kann die Mutter mit dem Jungfrau-Mond das Kind wie eine treue und gestrenge Gouvernante in die Schranken weisen, ohne sich von ihm abzuwenden oder seine Gefühle auf andere Weise zu sehr zu verletzen. Umgekehrt lockt der Skorpion-Mond des Kindes in der Mutter immer wieder Gefühle und Reaktionen hervor, die der Jungfrau-Mond lieber in Gedanken analysiert und dann zur Seite gelegt hätte.

Steinbock-Mond-Mutter mit Widder-Mond-Kind
Eine Erde-Feuer-Kombination

Das Widder-Mond-Kind zeigt seine Gefühle spontan und direkt. Es will sich bewegen und laut und aktiv sein dürfen. Wie ein Stehaufmännchen läßt es sich von einem Mißerfolg nicht einschüchtern und macht sich von neuem ans Werk. Der Steinbock-Mond-Mutter ist es oft zu lebendig und zu unruhig. Sie schätzt eine gewisse Ordnung und fühlt sich herausgefordert, wenn das Kind dauernd den vorgegebenen Rahmen sprengt. Die Mutter hat genaue Vorstellungen, was das Kind darf und was nicht. Das Kind mit seinem Pioniernaturell hält sich kaum daran. Wenn den Widder-Mond die Lust zu etwas packt, geht er mit dem Kopf durch die Wand. Der Steinbock-Mond der Mutter wird nicht so schnell weich, und so dürfte die Atmosphäre zwischen den beiden zeitweise ziemlich konfliktgeladen sein. Der Steinbock-Mond setzt dem Widder-Mond die Grenzen so eng, daß dieser sich nicht mehr frei entfalten kann. Aber er bietet ihm auch den nötigen Widerstand, gegen den der Widder-Mond ankämpfen kann. Die Mutter bevormundet das Kind eher zuviel als zuwenig. Die Kombination von Steinbock-Mond und Widder-Mond kann mit einem Bild von der »gestrengen Frau Mama und dem Lausebengel« verglichen werden.

Zwillinge-Mond-Mutter mit Wassermann-Mond-Kind

Eine Luft-Luft-Kombination

Mit einem Wassermann-Mond braucht das Kind Abwechslung und geistige Nahrung. Beides kann ihm die Mutter mit Zwillinge-Mond bieten. Dem Kind gefällt es, wenn es von seiner kontaktfreudigen Mutter hierhin und dorthin mitgenommen wird. Schon bald sucht es sich selbst Freunde. Die Mutter zeigt viel Verständnis dafür, organisiert z. B. gemeinsame Ausflüge ins Freibad oder eine Geburtstagsparty für ihr Kind oder ebnet ihm auf andere Weise viele Wege im Freundeskreis. Mutter und Kind dürften ein leichtes, freundschaftliches Verhältnis zueinander haben, sofern nicht andere Horoskop-Faktoren Tiefe und Leidenschaft in die Mutter-Kind-Beziehung bringen.

Zwillinge-Mond-Mutter mit Krebs-Mond-Kind

Eine Luft-Wasser-Kombination

Das Krebs-Mond-Kind ist beeindruckbar und anhänglich. Es braucht viel Zuwendung und Nestwärme, um sich wohl zu fühlen. Die Zwillinge-Mond-Mutter hält kaum lange genug still, als daß das Krebs-Mond-Kind seinen Hunger nach Streicheleinheiten wirklich stillen könnte. Die Mutter pflegt beispielsweise viele Kontakte, so daß die Wohnung in den Augen des Kindes mehr einer Durchgangsstation gleicht als einem warmen Nest. Der Krebs-Mond möchte Kind bleiben. Der Zwillinge-Mond der Mutter sucht eher einen Gesprächspartner als ein Kuschelbaby in ihrem Kind. Die Beziehung zwischen Mutter und Kind ist vom Wunsch des Kindes geprägt, mehr Zuwendung auf der emotionalen und körperlichen Ebene zu bekommen, als ihm die Mutter mit ihrem extravertierten und lebendigen Zwillinge Naturell geben kann.

Waage-Mond-Mutter mit Schütze-Mond-Kind

Eine Luft-Feuer-Kombination

Eine Waage-Schütze-Kombination ergibt etwas Sonniges, Liebliches und Leichtes, birgt aber auch die Gefahr der Oberflächlichkeit und Eitelkeit in sich. Das Schütze-Mond-Kind ist aufgeweckt und stets guter Dinge. Die Waage-Mond-Mutter will nur das Beste für ihr Kind und läßt ihm einen großen persönlichen Spielraum. Ihre typische waage-artigen Umgangsformen mit dem Kind sind mehr freundschaftlicher als mütterlicher Natur. Die Waage-Mond-Mutter neigt dazu, ihr Kind zu verwöhnen. Nein sagen fällt ihr schwer. Das Schütze-Mond-Kind nimmt mit der dem Schützezeichen eigenen Selbstverständlichkeit alles entgegen, was sich ihm bietet. Es gibt unzählige konkrete Manifestationen für Maßlosigkeit. Eine beachtliche Auswahl dürfte in dieser Mutter-Kind-Beziehung zu finden sein. Grundsätzlich ist die Stimmung zwischen Waage-Mond-Mutter und Schütze-Mond-Kind von gegenseitiger Zuvorkommenheit und Toleranz geprägt. Die Mutter gibt viel, und das Kind nimmt viel.

Wassermann-Mond-Mutter mit Stier-Mond-Kind
Eine Luft-Erde-Kombination

Das Stier-Mond-Kind braucht ein vertrautes Territorium, um sich entfalten zu können. Dies bezieht sich sowohl auf das konkrete Umfeld wie auf Tagesablauf, Beziehungen und jeden anderen Bereich in seinem Leben. Es braucht eine Umgebung – nach Möglichkeit ein eigenes Zimmer –, die über längere Zeit unverändert bleibt. Und es benötigt viel Zeit, um sich mit seiner Umwelt – Spielsachen, Inhalt von Küchenschubladen, Zahnbürste und vielem mehr – und seinem Körper auseinanderzusetzen. Die Wassermann-Mond-Mutter kann nicht ohne weiteres Verständnis dafür aufbringen. Sie braucht Abwechslung und einen Alltag mit Überraschungen, um sich wohl zu fühlen. Für sie kann es äußerst wohltuend sein, die Möbel umzustellen und der Wohnung immer wieder ein anderes Gesicht zu verleihen. Das Stier-Mond-Kind leidet darunter. Es kann nur Wurzeln schlagen, wenn die Dinge Bestand haben. Dies wiederum gibt der Wassermann-Mond-Mutter das Gefühl, zu ersticken. Die Mutter steht vor der schwierigen Aufgabe, ihren Mond-Bedürfnissen nach Abwechslung so nachzukommen, daß sie die Reviergrenzen des Kindes nicht zu sehr tangiert. Nicht ganz einfach für die Mutter dürfte es auch sein, das Bedürfnis des Stier-Mond-Kindes nach Körperkontakt zu befriedigen. Der Wassermann-Mond fühlt sich in hautnahem Kontakt oft eingeengt und veranlaßt, sich den vergleichsweise »klebrigen« Stier-Mond vom Leibe zu halten.

Krebs-Mond-Mutter mit Krebs-Mond-Kind
Eine Wasser-Wasser-Kombination

Mutter und Kind mit zwei Wassermonden, speziell mit den beiden Krebs-Monden, stehen dem archetypischen Bild einer Mutter-

Kind-Beziehung am nächsten. In Krebs ist der Mond in seinem Zeichen. Der Wunsch, umsorgt zu werden und andere zu umsorgen, kann sich hier in seiner ganzen Stärke entfalten. Die Mutter fühlt sich von dem hilflosen, kleinen Wesen in ihrer Mutterrolle zutiefst angesprochen. Das Kind braucht ihre Fürsorge und gibt ihr damit die Möglichkeit, ihre mondhafte Seite in der Pflege und im Umgang mit dem Kind zu entfalten. Das Krebs-Mond-Kind braucht viel Zuwendung, bekommt sie von seiner Krebs-Mond-Mutter und dankt es ihr durch eine rührende Anhänglichkeit. Schwierig kann eine solche Bindung dann werden, wenn das Kind selbständig und schließlich erwachsen werden und sich von der Mutter lösen soll, jedoch sowohl Mutter wie Kind das gemeinsame Krebs-Mond-Erleben so schön finden und so tief darin verhaftet sind, daß sie es nicht aufgeben wollen.

Krebs-Mond-Mutter mit Löwe-Mond-Kind

Eine Wasser-Feuer-Kombination

Mit dieser Mondkombination steht das Kind im Mittelpunkt, und die Mutter geht in ihrer Rolle der Fürsorglichkeit und Unterstützung für das Kind auf. Die Beziehung erinnert an das Bild der Königinmutter und der kleinen Majestät. Mit großer Selbstverständlichkeit und Herzlichkeit nimmt das Löwe-Mond-Kind die Zuwendung und die Dienste seiner Mutter in Anspruch. Schwierigkeiten gibt es dann, wenn sich das Kind in seinem Bedürfnis nach Eigenständigkeit von der Mutter lösen will, diese sich jedoch in ihrer bemutternden Rolle sehr wohl fühlt. Ihr Krebs-Mond möchte ein Baby zum Kuscheln. Sie sieht es nicht gerne, daß das Löwe-Mond-Kind ihren Armen so schnell entwächst. Eine Krebs-Mond-Mutter kann in der Mutterrolle die Erfüllung ihres Lebens finden, neigt jedoch gleichzeitig dazu, wie eine überbeschützende Glucke das Kind am Erwachsenwerden zu hindern.

Skorpion-Mond-Mutter mit Steinbock-Mond-Kind

Eine Wasser-Erde Kombination

Das Steinbock-Mond-Kind braucht ein großes Maß an Strukturen im Alltag, um sich sicher zu fühlen. Der Tagesablauf soll geregelt sein. Seine Kuscheltiere werden in einer bestimmten Reihenfolge auf dem Regal aufgestellt. Es gibt bestimmte Verhaltensregeln, auf die es Wert legt und die auch Mutter, Vater und Geschwister einhalten müssen, damit es sich sicher und wohl fühlt. Seine Skorpion-Mond-Mutter hat insofern Verständnis dafür, als sie selbst ebenfalls eher ein introvertiertes Naturell ist und die Wohnung kaum zur Durchgangsstation für Fremde oder anderweitig zum dauernd sich verändernden Rummelplatz wird. Das Kind erhält die ruhige und zuverlässige Zuwendung, die es braucht. Allerdings dürfte die Skorpion-Mond-Mutter immer wieder versuchen, die kühle Zurückhaltung ihres Steinbock-Mond-Kindes zu durchbrechen. Durch ihr Verhalten fordert sie es auf, seine wahren Gefühle nicht hinter einer starren Maske von Regeln und Rollenverhalten zu verbergen, sondern diese auch dann zu zeigen, wenn sie nicht den Regeln entsprechen.

Fische-Mond-Mutter mit Zwillinge-Mond-Kind
Eine Wasser-Luft-Kombination

Die Fische-Mond-Mutter möchte ganz für ihr Kind dasein und sich mit ihm eins fühlen. Dem Zwillinge-Mond-Kind ist dies schon im frühen Kindesalter zu symbiotisch. Mit jedem Jahr sucht es mehr ein offenes und kameradschaftliches Verhältnis zur Mutter. Es möchte seine tausend Fragen beantwortet haben. Der Fische-Mond-Mutter fällt es schwer, dem verbalen Ausdruck mit ihrem Kind genügend Bedeutung beizumessen. Sie nimmt auf, was in der Mimik und im Verhalten des Kindes zu lesen ist, und reagiert darauf. Worte sind für sie zweitrangig. Das Zwillinge-Mond-Kind fühlt sich unverstanden und alleine, wenn es die Verbindung zur Mutter über das Gespräch nicht findet. Es knüpft zu vielen Menschen Kontakte und begegnet der Welt mit Neugier und Offenheit. Wenn es beispielsweise täglich sein halbes Dutzend Spielkameraden nach Hause bringt, kann sich die sensible Fische-Mond-Mutter stark herausgefordert fühlen. Sie braucht für das eigene Wohlbefinden Ruhe und Rückzugsmöglichkeiten, möchte ihrem Kind aber auch den Kontakt mit seinen Kameraden nicht einschränken.

Synastrieaspekte

Synastrieaspekte beschreiben den Energiefluß verschiedener Planetenprinzipien zwischen zwei Menschen. Im Eltern-Kind-Vergleich sind vor allem die Aspekte zum Mond und zum Aszendenten des

Kindes sehr wichtig. Im Verlaufe der Entwicklung findet das Kind Zugang zu Merkur, Venus, Mars und den anderen Planetenprinzipien. Damit ist die Voraussetzung für das Wirken der Synastrieaspekte zu diesen Planeten ebenfalls gegeben. Sobald das Kind etwa zu sprechen beginnt, reagiert es auf Menschen, die Pluto oder Saturn auf seinen Merkur setzen, mit Zurückhaltung.

Eine ausgeprägte Wirkung auf das Kind haben grundsätzlich Saturn und transsaturnische Planeten von einem Elternteil, die im Synastriehoroskop in einem Spannungsaspekt oder in Konjunktion auf persönliche Planeten oder auf den Aszendenten des Kindes fallen. Speziell wichtig sind die Aspekte, die den Mond des Kindes betreffen.

Saturn im Synastrieaspekt zu persönlichen Planeten

Ein Synastrieaspekt von Saturn eines Elternteils zum Mond oder zu einem anderen persönlichen Planeten des Kindes verstärkt das Eltern-Kind-Ungleichgewicht. Saturn übernimmt mit Vorliebe eine Elternrolle und stärkt so die autoritäre Position der Mutter oder des Vaters. Die Mutter bzw. der Vater ist Richtlinie, Führer und Lehrer. Das Kind macht mit ihrer/seiner Hilfe seine ersten Gehversuche. Es braucht Anerkennung und liebevolles Zureden. Oft – vor allem bei Spannungsaspekten – erfährt es Kritik, Einschränkung und Abweisung.

Der Saturn der Mutter kann je nach Stellung im Horoskop und je nach den Lebensumständen und dem persönlichen Entwicklungsniveau der Mutter alles sein vom liebevollen Führer bis zum vernichtenden Kritiker. Wenn die Mutter im Leben festen Fuß gefaßt hat, mit ihrer Existenz zufrieden ist und gelernt hat, an ihren Hemmungen und Ängsten zu arbeiten, d.h. diese zu akzeptieren und Schritt für Schritt abzubauen, kann sie auch dem Kind dazu verhelfen. Übt sie jedoch mit Saturn an sich selbst vehemente Kritik, dann überschüttet sie auch das Kind reichlich mit abwertenden Bemerkungen. Auf dieser Ebene, auf der Saturn sich in Ängsten und Minderwertigkeitsgefühlen manifestiert, erlebt die Mutter die Seite ihres Kindes, die dem von Saturn aspektierten Planeten entspricht, als besondere Herausforderung. Ist es der Mond, so fühlt sich die Mutter durch die spontane Herzlichkeit des Kindes, durch seine emotionale Wärme und sein kindlich-unbelastetes Gemüt besonders an ihre eigene Bedürftigkeit, Kälte und Unfähigkeit, Gefühle auszudrücken, erinnert. Sie versucht, dies zu verhindern, indem sie mit Ablehnung reagiert und dem Kind die Zuwendung, die es so dringend braucht, verweigert.

Eine Mutter, die Saturn auf einer autonomen Ebene lebt, spürt den Schmerz und die eigene Unzulänglichkeit auf ähnliche Weise. Das Kind ist jedoch keine Bedrohung für sie, der sie mit Kritik und Ablehnung begegnen muß, sondern eine Einladung, die eigenen engen und starren Verhaltensmuster zu lockern.

Im besten Fall lernen beide voneinander. Das Kind profitiert vom Halt und der Stabilität der Mutter, und die Mutter von der Ungezwungenheit und Spontaneität des Kindes.

Nun gibt es auch die umgekehrte Situation, in welcher der Saturn des Kindes auf den Aszendenten oder auf persönliche Planeten eines Elternteils fällt. Dieses Kind wird von der Mutter bzw. vom Vater als sehr vernünftig und selbständig erlebt. Schwierigkeiten entstehen dann, wenn die Mutter lieber ein kleines, anhängliches und abhängiges Kind hätte und mit Kritik und Einschränkung auf das tendenziell altkluge Verhalten des Kindes reagiert. Wenn sie ihm zuviel Verantwortung überträgt und im Kind das saturnische Prinzip auf Kosten des Kindseins übermäßig fördert, erlebt das Kind Saturn in der Überkompensation. Für eine optimale Entwicklung von Saturn muß die Mutter ein geschicktes Mittelmaß finden zwischen zu hohen Anforderungen und abwertender Kritik, wenn das Kind um eigene Strukturen ringt.

Uranus im Synastrieaspekt zu persönlichen Planeten

Ein Synastrieaspekt von Uranus von einem Elternteil auf den Mond oder einen anderen persönlichen Planeten im Kinderhoroskop bringt frischen Wind in die Eltern-Kind-Beziehung. Wenn die Mutter bzw. der Vater mit den Uranus-Qualitäten auf gutem Fuß steht und das uranische Unabhängigkeitsbedürfnis nicht ungefiltert über die elterliche Verantwortung triumphieren läßt, erhält das Kind Anregung und Aufmunterung, seine eigene Individualität zu entwickeln. Es fühlt sich akzeptiert, so, wie es ist, und es kann in diesem Klima der Freiheit so richtig aufblühen. Andererseits erlebt es den betreffenden Elternteil als kühl und distanziert, vielleicht sogar als unzuverlässig. Im Extremfall hat es zwar alle Freiheiten, fühlt sich aber letztlich allein gelassen. Die Mutter oder der Vater vertritt keine klare Elternfunktion, sondern pflegt eher einen kameradschaftlichen bis unverbindlichen Umgang mit dem Kind. Eltern, deren Uranus einen persönlichen Planeten des Kindes aspektiert, stehen vor der schwierigen Aufgabe, dem Kind mit ihrem Bedürfnis nach uranischer Freiheit und Gleichheit nicht den sicheren Boden eines stabilen Elternhauses zu entziehen. Sie empfinden das Kind relativ schnell als zu anhänglich und die elterliche Verantwortung als drückend. Finden sie das richtige Maß von Nähe und Distanz, dann kommt dies einer unausgesprochenen Aufforderung an das Kind gleich, ganz es selbst zu sein.

Uranus-Aspekte im Beziehungsmuster zwischen Kind und Eltern finden Ausdruck durch die eine oder andere Form von Unzuverlässigkeit und Unsicherheit. Auf der physischen Ebene ist die Mutter oft abwesend, vielleicht berufstätig. Auf der psychischen Ebene verunsichert sie das Kind mit Doppelbotschaften. Sie verbietet ihm beispielsweise etwas und gibt durch ihr Verhalten, durch Mimik oder Bemerkungen – anderen Familienmitgliedern oder Nachbarn gegenüber – dem Kind zu verstehen, daß sie es eigentlich ganz gern hätte, wenn das Kind sich nicht an das Verbot halten würde. Das Kind weiß nun nicht, was die Mutter wirklich von ihm erwartet, und erlebt die Instabilität von Uranus dadurch, daß die Reaktionen der Mutter in keiner Weise vorhersehbar sind.

Setzt das Kind Uranus einem Elternteil auf einen persönlichen Planeten, so mag sich dieser von der uranischen Ruhelosigkeit und Unstetigkeit des Kindes gestreßt fühlen. Das Kind wird als unruhig erlebt. Im unpassendsten Augenblick sorgt es für Abwechslung, fällt auf, stellt die Eltern bloß – bzw. diese erleben die Situation als Bloßstellung –, rebelliert und hält sich an keine gesellschaftlichen oder familiären Verhaltensnormen. Vor allem wenn der betreffende Elternteil tendenziell in einer konservativen Einstellung verhaftet ist und den eigenen Uranus an kurzer Leine hält, erlebt er das Kind als Provokation.

Schwierig wird es auch, wenn die Mutter sich ein Kuschelkind wünscht und den Uranus des Kindes als abweisend erlebt, so daß das Kind in der mütterlichen Fürsorge fast erstickt und sich mit der Uranus eigenen Rücksichtslosigkeit losstrampeln muß.

Neptun im Synastrieaspekt zu persönlichen Planeten

Eltern, deren Neptun einen persönlichen Planeten im Kinderhoroskop aspektiert, haben diesem Kind gegenüber ein hohes Elternideal, dem sie nicht oder nur ungenügend entsprechen können. Aus der Vorstellung heraus, die perfekte Mutter sein zu müssen, opfert sich die Mutter ganz für ihr Kind auf. Ihre eigenen Wünsche stellt sie weitgehend zurück, denn diese erscheinen ihr in hohem Maße egoistisch. Die Angst, als Mutter zu versagen, und die daraus erwachsenden Schuldgefühle belasten die Mutter-Kind-Beziehung. Die Mutter fühlt sich eins mit dem Kind, ist ihm in totaler Hingabe ergeben und erkennt oft nicht, daß sie ihm damit gewaltige Hindernisse auf den Weg in die Autonomie legt.

Das Kind nützt entweder die Opferbereitschaft der Mutter schamlos aus oder fühlt sich ihr gegenüber ebenfalls verpflichtet und schuldig. In beiden Fällen ist es dem Kind nicht möglich, eine gesunde Beziehung zur Mutter zu finden. Die Mutter verbirgt sich im Nebel der Selbstlosigkeit und stellt dem Kind ihr eigenes Ich nicht als Orientierungshilfe und Reibungsfläche zur Verfügung. Das Kind tappt im Leeren.

Wenn die Mutter gelernt hat, ihre neptunischen Ideale zu durchschauen und das Kind nicht in einer symbiotischen Verknüpfung festzuhalten, gibt es wohl keine schönere und klarere Mutterliebe als mit Neptun. Das Kind kann dann in ihrer Liebe aufwachsen, ohne sich selbst dafür aufopfern zu müssen.

Steht der Neptun des Kindes im Synastrieaspekt zu persönlichen Planeten der Mutter bzw. des Vaters, so neigt das Kind dazu, Gefühle, Stimmungen und Wünsche des entsprechenden Elternteils aufzunehmen und sich diesen anzupassen. Besteht die Aspektverbindung mit der Mutter, dann fühlt es sich verpflichtet, zu tun, was diese möchte, da sie ja auch soviel für das Kind tut. Schuldgefühle, nicht brav genug zu sein und der Mutter Kummer zu bereiten, lauern unter der Oberfläche des Bewußtseins und überwältigen das Kind bei kleinstem Versagen. Es braucht die liebevolle Ermunterung der Mutter, um auf die eigenen Bedürfnisse zu hören, diesen Ausdruck zu verschaffen und sich genügend abzugrenzen.

Pluto im Synastrieaspekt zu persönlichen Planeten

Eine Mutter, deren Pluto einen Aspekt zum Mond des Kindes eingeht, ist für das Kind eine übermächtige Mutter. Sie hat in seinen Augen alle Macht. Je nach Entwicklungsniveau der Mutter erlebt das Kind sich als mehr oder weniger hilflos und abhängig.

Wenn die transformierende plutonische Energie für die Mutter schwierig ist und sie vor tiefgreifenden Veränderungen zurückschreckt, vermag das Kind mit seinem ungefilterten, spontanen Ausdruck diese Angst bei der Mutter hervorzulocken. Die starken Gefühle des Kindes sind für die Mutter eine Bedrohung, denn sie könnten ja ihre Kontrollmechanismen ins Wanken bringen. Das Kind bringt etwas in ihr in Schwingung, das sie nicht kennt, nicht will und entsprechend mit Nachdruck zu verhindern sucht. Da sie es bei sich selbst nur schlecht kontrollieren kann, unterdrückt sie den spontanen Ausdruck des Kindes. Sie sagt beispielsweise, daß es »böse« sei, wenn es sich nicht so oder so verhalten würde. Oder – die wohl destruktivste Variante – sie gibt ihm zu verstehen, daß es eigentlich gar nicht erwünscht ist.

Ein Aspekt zwischen dem Pluto der Mutter und einem persönlichen Planeten des Kindes ist nicht grundsätzlich »schwierig«. Aber er provoziert die Mutter zu verletzenden Handlungen und läßt das Kind sehr hellhörig auf solche Verletzungen reagieren.

Wenn die Mutter ihre Macht und Intensität spürt und gelernt hat, damit umzugehen, läßt sie diese nicht ungefiltert am Kind aus. Eine im guten Sinne machtvolle Mutter nimmt ihr Kind an der Hand und führt es ins Leben hinein. Pluto verleiht der Beziehung Tiefe. Im besten Fall verhilft die Mutter dem Kind zu vielen heilenden und bereichernden Erfahrungen.

Pluto-Aspekte verstärken die Bindung zwischen Mutter und Kind. Es fällt der Mutter schwer, das Kind Schritt für Schritt in die Selbständigkeit zu entlassen. Solange es abhängig ist, hat sie die Kontrolle. Diese aufzugeben ist mit einer Pluto-Mond-Konstellation schwierig.

Aber auch wenn der Pluto der Mutter andere persönliche Planeten oder den Aszendenten im Horoskop des Kindes aspektiert, hinterläßt die Mutter-Kind-Beziehung Spuren. Sie kann sich in ähnlichem Ausmaße heilend oder zerstörerisch für die Beteiligten auswirken. Gibt es Pluto-Aspekte zwischen Vater und Kind, sind die Themen ähnlich. Das Kind erkennt im männlichen, väterlichen Vorbild eher die physische Macht, in der Mutter eher die psychische Dominanz und Kontrolle.

Setzt das Kind der Mutter Pluto auf einen persönlichen Planeten, so erlebt sie das Kind als große Herausforderung. Das Kind hat ein außerordentlich feines Gespür für die wunden Punkte der Mutter. Vor allem Schwachstellen, die mit dem von Pluto aspektierten persönlichen Planeten im Horoskop der Mutter in Zusammenhang stehen, werden vom Kind schonungslos ans Licht gezogen. Für die Mutter kann diese Herausforderung zu einer harten Lebensschule werden. Das Kind mit Pluto ist nicht wahllos »schwierig«, sondern provoziert die Mutter mit untrügerischem Instinkt dort, wo diese mit sich selbst im Unreinen ist, Emotionen verdrängt oder etwas zu verbergen hat. Das Kind kann der Mutter bzw. dem Vater helfen, alte Verhaltensmuster zu erkennen und abzulegen. Gleichzeitig erlebt es, daß es mit der eigenen Stärke etwas bewirken kann, und gewinnt Vertrauen.

Falls die Mutter oder der Vater sich von den plutonischen Energien des Kindes bedroht fühlt und die eigene Überlegenheit auf massive Weise zur Geltung bringt, das Kind etwa schlägt oder unter psychischen Druck setzt, erlebt das Kind seine eigene Macht als wie ein Bumerang auf es zurückschlagend und entscheidet sich unbewußt, möglichst keinen Gebrauch davon zu machen. Es wird angepaßt und energielos und gibt seine eigene plutonische Kraft nach außen ab.

Projektionen – Wer übernimmt welche Rolle?

Unsere Welt ist polar und besteht aus Gegensätzen. Das Horoskop als Abbild eines kleinen Stückchens »Welt« zeigt entsprechend widersprüchliche Themen auf. Schon die Planeten – vor allem Sonne und Mond sowie Mars und Venus – sind polare Gegensatzpaare. Die gegenüberliegenden Zeichen des Tierkreises beschreiben menschliche Qualitäten, wie sie unterschiedlicher kaum sein könnten. Der Mensch ist voller Widersprüche. Zum Teil lebt und erlebt er seine bunte Palette von Charaktereigenschaften. Was sich nicht miteinander verträgt, wird im zeitlichen Nacheinander zum Ausdruck gebracht. Beispielsweise läßt sich das Durchsetzungs- und Handlungsbedürfnis von Mars im Beruf ausleben. Die Belange von Mond und Venus – Zuwendung, Harmonie und Gemeinsamkeit – finden eher im Privatleben Raum.

Einzelne Unterschiede der Anlagen sind so groß, daß sich der Betreffende mit der einen Seite seiner Persönlichkeit identifiziert und von der anderen nichts wissen will. Diese wird ins Unbewußte verdrängt und führt dort ein Schattendasein. Da sie keine direkten Ausdrucksmöglichkeiten hat, veranlaßt sie den Menschen, sich diese Qualitäten in der Umwelt zu suchen. Das Erleben des Betreffenden ist letztlich ganzheitlich. Mit den einen Qualitäten identifiziert sich das bewußte Ich, die anderen kommen von außen als Umweltsituationen und Menschen auf den Betreffenden zu. Da die Qualitäten wie Bilder auf eine Leinwand vom Unbewußten in die Außenwelt projiziert werden, spricht man von Projektionen.

Es hat den Anschein, als ob wir bestimmte Menschen und Situationen anziehen würden. Unser Unbewußtes wirkt als Magnet für die Qualitäten, von denen wir uns bewußt distanzieren. Die Außenwelt wird zum Spiegel und zur Ergänzung.

Das kleine Kind kann nur seinem Mond Ausdruck verschaffen. Die anderen Planetenprinzipien treten erst nach und nach ins Rampenlicht. Das Kind braucht menschliche Vorbilder, um sich entwickeln zu können. Um sprechen zu lernen, muß es immer wieder Menschen sprechen hören. Seine Beziehungsfähigkeit entwickelt sich in der Bindung zur Mutter. Das archetypische Muster »schläft« im Kind und wird durch die Reize der Außenwelt aufgeweckt. In diesem Sinne läuft die gesamte kindliche Entwicklung über Projektionen.

In vielen Bereichen ist das Erleben durch die Außenwelt für das Kind nur ein vorübergehendes Stadium. Es nimmt den Reiz auf und schreitet zur Nachahmung. Als Beispiel denke man an den Spracherwerb. Das Kind bleibt nicht in der Projektion stecken, sondern hört zu und beginnt selbst zu sprechen.

Wenn man die Jahre der Kindheit vor dem Hintergrund des »Projektionsmodells« betrachtet, erkennt man, daß das Kind in dieser Zeit eine unermeßliche Menge an Projektionen zurücknimmt und die Themen in seine Persönlichkeit integriert. Die Offenheit, mit der es der Umwelt begegnet und diese nachahmt, ist geradezu beneidenswert.

Trotzdem bleiben Projektionen zum Teil über Jahre, bis weit ins Erwachsenenalter oder gar ein Leben lang bestehen. Diese länger anhaltenden Projektionen bestimmen das Beziehungsmuster zwischen den einzelnen Familienmitgliedern. Es gibt Projektionen, die für das Kind typisch sind. Die wohl bekanntesten sind das innere Vater- und Mutterbild. Die Sonne wird auf den Vater projiziert, der Mond auf die Mutter. Die Stellung der Sonne im Horoskop, insbesondere Haus und Aspekte, beschreibt, wie das Kind den Vater erlebt und welche Art von Ich-Identität es sich schließlich aufgrund dieses Vorbildes aufbaut.

Andere Projektionsmuster sind mehr individueller Natur und ergeben sich aus den Charakteren der einzelnen Familienmitglieder. Sie entstehen vor allem dann, wenn zwei Familienmitglieder ähnliche Charakterzüge haben, der eine Beteiligte sich jedoch weigert, diese Eigenschaften als zu sich gehörend zu akzeptieren und ihnen Ausdruck zu verleihen. Dies kann sowohl ein Elternteil wie das Kind sein.

Projektionen des Kindes auf die Eltern

Das Kind ist noch zu klein, um der Sonne, Saturn und anderen Prinzipien selbst eine Form zu verleihen, und erlebt sie durch den Vater und andere Bezugspersonen. Diese Projektionen nimmt es in der Pubertät weitgehend zurück. Jedes Kind durchläuft diesen Prozeß in vielschichtiger Weise. Individuell verschieden sind die Qualitäten der Planetenenergien. Doch immer helfen die Eltern dem Kind durch ihre Vorbild-Funktion, mit den betreffenden Eigenschaften vertraut zu werden und diese schließlich als zu sich gehörend in die eigene Persönlichkeit zu integrieren.

Nun gibt es in vielen Kinderhoroskopen Themen, die in den ersten Kinderjahren auf die Eltern projiziert werden, die aber nicht oder nur schwer zurückgenommen werden können, weil das elterliche Vorbild so abschreckend ist, daß das Kind sich weigert, »auch so zu werden«. Das wohl offensichtlichste Beispiel sind Pluto-Themen. Hat ein Kind diesen Planeten in seinem Horoskop stark gestellt, so erlebt es den Anspruch auf Macht und Kontrolle hautnah mit dem Elternteil, dessen Horoskop ähnliche Themen aufweist. Kann die Mutter bzw. der Vater auf positive Weise mit der eigenen Intensität, mit Macht und Sexualität und all den weiteren Pluto-Themen umgehen, so entwickelt das Kind Vertrauen und versucht, das positive Vorbild nachzuahmen. Wird es geschlagen und seelisch mißhandelt, so faßt es unbewußt den Entschluß, daß Macht schlecht ist und es nichts damit zu tun haben will. Die plutonische Thematik schleicht sich auf dem Weg über die Umwelt in sein Leben. Es wird auch als Erwachsener mit Intensität, Macht und Manipulation konfrontiert. Die innere Abwehrhaltung drückt es in die Opferrolle.

Nicht immer muß ein brutaler Vater oder eine manipulierende Mutter Ursache für die Verdrängung von Pluto-Themen sein. Das

Kind bringt selbst die Disposition zur Verdrängung mit. Stehen z. B. Pluto und Mond am aufsteigenden Mondknoten und ist das Kind zusätzlich luftbetont, so mag das archaische, dem Instinktiven und rational nicht Faßbaren der Pluto-Energie dem Kind so fremd erscheinen, daß es von sich aus beschließt, diese Energie ins Unbewußte zurückzustoßen. Das einzige »Negative«, was es dem Vorbild der Eltern entnimmt, ist, daß diese mit Pluto ebenfalls nicht auf freundschaftlichem Fuße stehen. Das Ausmaß der Tendenz zur Verdrängung kann also als Summe aus der persönlichen Disposition und aus negativen Erfahrungen betrachtet werden. Ersatz für den verhinderten Selbstausdruck sind Projektionen. Das Kind erlebt die verdrängte Planetenenergie durch die Außenwelt. Je ausgeprägter ein Elternteil diese Energie zum Ausdruck bringt, desto besser eignet er sich als Projektionsfläche. Die Mutter wird z. B. als um so verschlingender und dunkler erlebt, je stärker sie der vom Kind abgelehnten Pluto-Energie Ausdruck verleiht.

Auch ein schwach gestellter Pluto im Kinderhoroskop kann dazu führen, daß das Kind die Energie in sich zu wenig spürt und sie als dem Vater oder der Mutter zugehörig empfindet. Die Auswirkungen sind weniger gravierend, da Pluto-Themen insgesamt für das Kind weniger von Bedeutung sind.

Grundsätzlich kann das Kind jeden Planeten auf einen Elternteil projizieren. Mit Merkur könnte die Einstellung heißen: »Vater weiß alles, und ich bin dumm«, mit Jupiter: »Vater ist der Größte, ich bin klein und unbedeutend«, mit Venus und Mond: »Mutter ist so lieb und schön; ich bin nur das häßliche kleine Entlein.«

Ein Kind projiziert einen Planeten dann auf ungesunde Weise auf einen Elternteil, wenn

1. dieser Planet entweder unter Spannung oder am aufsteigenden Mondknoten steht oder schwach gestellt ist und
2. dieser Planet für einen Elternteil ein zentrales und schwieriges Thema darstellt und
3. der betreffende Elternteil diesem Planeten Ausdruck gibt und dem Kind ein eher abschreckendes Vorbild bietet.

Punkt 1 ist aus dem Horoskop des Kindes und Punkt 2 aus dem Elternhoroskop ersichtlich. Punkt 3 kann nur aufgrund persönlicher Gespräche ermittelt werden.

Projektionen der Eltern auf das Kind

Projektionen in der Eltern-Kind-Beziehung kann kaum genug Beachtung geschenkt werden. Eltern haben bestimmte Vorstellungen von ihren Kindern. In ihrem Verhalten wie in leicht dahingesagten Bemerkungen geben sie diese Botschaften an das Kind weiter. Wenn eine Mutter beispielsweise über Jahre durch ihre Kinder ans Haus gebunden ist und die Kinder ihr gleichzeitig als Rechtfertigung zum Verharren in der Mutterrolle dienen – wenn diese das Schulalter erreicht haben und Raum für die Mutter für etwas Neues vorhanden wäre, sie ihn aber nicht nutzt –, dann vernachlässigt sie unter anderem ihren Uranus. Sie hat keine Zeit und Lust, ihren individuellen Neigungen nachzugehen. Vielleicht möchte sie auch nicht auffallen. Sie spürt zwar die innere Unruhe, aber sie vermag ihr keinen Ausdruck zu geben. Hat ein Kind einen stark gestellten oder im Synastriehoroskop von Planeten der Mutter aspektierten Uranus, so nimmt es die Botschaft nach Abwechslung auf und lebt sie auf seine Weise aus. Zwischen ihm und der Mutter fließt die uranische Energie. Unbewußt vermittelt die Mutter dem Kind: »Leb Uranus für mich! Tu etwas Besonderes!« oder mit anderen Worten: Sie projiziert ihn auf ihr Kind. Sie könnte sich dann beklagen über einen Lausebengel, den man keine zwei Minuten unbeaufsichtigt lassen kann, der überall unangenehm auffällt und ihre Nerven zum Zerreißen bringt. Die Situation wird schwierig, weil das Kind zum eigenen Uranus noch denjenigen der Mutter auszuleben hat. Es steht unter einem gewaltigen Druck, aufzufallen. Das »Rezept« heißt denn auch, die Mutter soll selbst für frischen Wind sorgen, damit es das Kind nicht für sie tun muß.

In manchen sehr strukturierten und intellektuellen Familien wird Neptun vor die Tür gestellt. Ein oder mehrere Familienmitglieder lehnen das auflösende und hingebungsvolle, mit Ego-Ansprüchen nicht zu vereinbarende Prinzip ab. Hat ein Kind die entsprechende Disposition im Horoskop, so wird es von dieser angestauten Neptun-Energie überschwemmt. Unbegreiflich für die anderen wird es zum schlampigen Chaoten, vielleicht zum Süchtigen, denn für konstruktive Ausdrucksmöglichkeiten für die neptunische Energie hatte es in der neptunfeindlichen Familie keine Vorbilder.

Die meisten Muster der Projektionen von Eltern auf das Kind verlaufen wenig offensichtlich und dramatisch. Da gibt es die Mutter, die möchte, daß ihre Tochter Geige spielt oder ins Ballett geht, weil sie es selbst in ihrer Kindheit nicht durfte. Oder den Vater, der voller Stolz seinen Jungen zu sportlichen oder schulischen Höchstleistungen anspornt, weil er sich selbst nie gut genug war und ist und nun mit den Leistungen seines Kindes geradezu aufblüht. »Mein Kind soll es besser haben«, lautet in der Regel die bewußte Aussage. Unbewußt steckt dahinter oft das Defizit einer Planetenenergie, das mit der Aufforderung an das Kind weitergegeben wird: »Lebe es für mich!«

Projektionen sind nicht grundsätzlich etwas Negatives. Ohne Projektionen wären Beziehungen gar nicht möglich. Projektionen sind Spiegel in der Außenwelt, die uns helfen, uns selbst zu erkennen. Ein Kind aufzuziehen und durch seine Kindheit hindurch zu begleiten löst in den Eltern einen tiefgreifenden Prozeß aus. Kinder wecken Projektionen in den Eltern, halten ihnen den Spiegel vor und helfen ihnen auf diese Weise, unbewußte Persönlichkeitsteile zu erkennen und zu integrieren. So gesehen sind Kinder ausgezeichnete Therapeuten für ihre Eltern.

Problematisch werden Projektionen dann, wenn sie ein gesundes Maß überschreiten. Die Tendenz dazu ist in den Horoskopen ersichtlich. Die beteiligten Planetenprinzipien geben Hinweise, welcher Art die Projektionen sind. Wie belastend die Situation tatsächlich für Kind und Eltern ist, läßt sich dagegen nur aus dem persönlichen Gespräch ermitteln.

4. Teil

Beratungspraxis

Ein Beispielhoroskop

Benjamin und seine Familie

Das Radixhoroskop von Benjamin

Benjamin wurde 1991 als erstes Kind von Anna und Matthias geboren. Seine Mutter schreibt über ihn:

Benjamin ist ein lebhafter, fröhlicher Junge, der stets zu einem Späßchen bereit ist. Seine Antennen nehmen viel von der Außenwelt auf, so daß er auf jeglichen Reiz reagiert. Er hat ein intensives Innenleben voller Bilder, Gedankenblitze, Eingebungen, Fragen, Melodien und Einsichten. Sehr bereichernd ist seine intellektuelle Fähigkeit, welche sich in spannenden und originellen Gesprächen zeigt. Mit seinem trockenen Humor kann er Situationen oder Menschen schnell erfassen und durch eine kurze Bemerkung »den Nagel auf den Kopf treffen«. Er ist für viele Ideen zu begeistern, je ausgefallener um so lieber. Öfters trägt er den nötigen Funken Mut in meine Ideen, so daß ich sie in die Realität umsetzen kann.

Den Teil seines Wesens, den ich als Herausforderung für ihn und für mich betrachte, ist seine Tendenz, Strukturen und Grenzen abzulehnen. Oft erlebe ich ihn sehr fordernd, ungeduldig und chaotisch. Einfachste Regeln des Zusammenlebens müssen immer wieder geübt werden: Kleider sollen nicht irgendwo im Haus herumgeworfen und Dinge an ihren Platz zurückgelegt werden, Abfall gehört in den Eimer und Kaugummis nicht auf den Fußboden.

Seit seiner Geburt erträgt er Trennungen schlecht. Er möchte ständig in Kontakt mit seiner Bezugsperson sein, in irgendeiner Form auch im Mittelpunkt stehen. Das ist für mich als Mutter sehr anstrengend und Kräfte fordernd. Türen dürfen nicht geschlossen werden. Manchmal darf ich nicht einmal den Müll hinaustragen, ohne daß er Angst bekommt. Bis heute hat er Mühe mit dem Ein- und Durchschlafen. Dies löst bei mir immer wieder das Gefühl aus, völlig vereinnahmt zu werden.

Die Herausforderung und Kunst liegt darin, seinen Reichtum nicht zu unterdrücken, sondern erblühen zu lassen, und andererseits mit dem Thema »Grenzen« zu arbeiten: Nähe und Liebe geben, ihm mit Geduld begegnen, Regeln aufstellen und das Einhalten überwachen, meine Grenzen spüren und klar aufzeigen, seinen inneren Boden nähren und stärken. Das klingt sehr theoretisch. Es ist ein innerer roter Faden, den ich zur Zeit habe. Im Alltag spüre ich oft viel Überforderung, Wut und Ratlosigkeit – andererseits aber auch unendlich viel Liebe und Freude. Mein größter Wunsch ist, daß er sich auf unserem gemeinsamen Weg geliebt und verstanden fühlt.

Das Horoskop von Benjamin (s. Seite 368) zeigt folgende Schwerpunkte:

Zu berücksichtigende Konstellationen im Horoskop von Benjamin:

- Elementeverteilung: Feuerbetonung, wenig Wasser
- Aszendent in Element/Zeichen: Aszendent in Feuer, in Widder
- Mond in Element/Zeichen: Mond in Feuer, in Löwe
- Merkur in Element/Zeichen: Merkur in Erde, in Steinbock
- Absteigender Mondknoten in Zeichen und Haus: Absteigender Mondknoten in Krebs, im 4. Haus
- Saturn in Haus und Aspekten: Saturn im 10. Haus in Konjunktion zum aufsteigenden Mondknoten
- Jupiter in Haus und Aspekten: Jupiter im 5. Haus in Konjunktion zum Mond, in Opposition zu Sonne
- Uranus, Neptun und Pluto an Hauptachsen und im Aspekt zu persönlichen Planeten: Uranus und Neptun am MC, Neptun in Konjunktion zu Merkur, Pluto im Sextil zu Merkur

In einem zweiten Durchgang zu berücksichtigende Themen im Horoskop von Benjamin:

- Venus und Mars in Element/Zeichen: Venus im Wasser, in Fische; Mars in Luft, in Zwillinge
- Sonne in Element/Zeichen: Sonne in Luft, in Wassermann
- Unbesetztes Element: keines
- Planeten (von Sonne bis Saturn) an Aszendent oder MC: keine
- Rückläufige oder eingeschlossene persönliche Planeten: keine

Mond und Aszendent sind die stärksten Faktoren im Kinderhoroskop. Bei Benjamin sind sie stark vom Feuerelement geprägt. Dies zusammen mit Uranus am MC läßt auf einen außerordentlich lebhaften kleinen Jungen schließen. Schauen wir uns das Horoskop im Detail an:

Deutung des Horoskops von Benjamin

Wichtige Charakterzüge

Aszendent in Widder/Feuerbetonung: Frisch drauflos!
Mit Aszendent in Widder ist Benjamin schon als Kleinkind ein draufgängerischer kleiner Junge. Kaum daß er die ersten Schritte machen kann, geht er spontan auf die Umwelt zu und erweckt den Eindruck, sie im Sturm erobern zu wollen. Angst kennt er kaum.

Benjamin ist ein eher »unbequemes« Kind, dem man dauernd nachlaufen muß, um zu sehen, was es gerade wieder anstellt. Er fühlt sich dann in seinem Element, wenn etwas los ist. So tobt er lieber im Freien herum, als sich mit Bauklötzen oder Bilderbüchern zu verweilen. Grundsätzlich erlebt er alles aus der Sicht eines Pioniers und Eroberers. Paßt ihm etwas nicht, wird er schnell wütend und macht kein Hehl daraus. Wenn er »Dampf abgelassen« hat, ist seine Welt ebenso schnell wieder in Ordnung, wie der Sturm aufgekommen ist.

Benjamin will seine Kräfte messen und liebt Kampf und Konfrontation. Er fordert seine Umwelt stets aufs neue heraus, denn er braucht klare Grenzen, gegen die er ankämpfen kann. Da er über eine fast unerschöpfliche Energie verfügt, dürfte es nicht immer leicht sein, Benjamin die Stirn zu bieten. Um seinen Kampfgeist zu erproben, braucht der Junge Eltern, die seinen Herausforderungen nicht nachgeben, ihn jedoch auch nicht mit allzu vielen Verboten und Regeln einschränken und so sein Feuer ersticken, sondern die sich immer wieder auf ein Kräftemessen einlassen.

Benjamin zeigt früh einen ausgeprägten Willen. Grundsätzlich geht er davon aus, alles erreichen zu können, was er sich vorgenommen hat, und steuert voll dynamischem Elan und Vertrauen auf die eigene Kraft einem Ziel entgegen. Einschränkungen in seinem Freiheitsdrang verträgt er schlecht, und er reagiert darauf mit Trotz und Aggression. Geht etwas nicht nach seinem Kopf, so kann er zwar im

Moment sehr wütend werden, doch schon kurze Zeit später ist er wie ein Stehaufmännchen wieder guter Dinge und hinter dem nächsten Vorhaben her.

Benjamin hat ein gesundes Selbstwertgefühl und kann sich mit großer Selbstverständlichkeit annehmen. Seine Fähigkeiten liegen in seiner Spontaneität und Kreativität, weniger im praktischen Bereich. Werden Geduld und Gründlichkeit von ihm verlangt, geht ihm das ziemlich gegen den Strich.

Stark gestellter Uranus am MC: eine Aufforderung, die Welt zu verändern

Dieser dominante Uranus, unterstützt von einer Wassermann-Sonne und einem Zwillinge-Mars, ist wie Benzin auf sein Feuer. Früh zeigt Benjamin eine ausgeprägte individualistische Seite seines Wesens. Er braucht viel persönlichen Spielraum, um seine eigenwilligen Wege gehen zu können.

Benjamin ist voller ausgefallener Ideen und braucht unzählige Möglichkeiten, seine kreativen Einfälle zu kanalisieren. Indem die Eltern seinen »Erfindungen« Beachtung schenken, geben sie ihm immer wieder Gelegenheit, die originelle Seite seines Wesens zu zeigen, sei dies durch ein auffallendes Auftreten oder eine ungewöhnliche Beschäftigung. Manchmal strapaziert er die Eltern bis aufs äußerste, wie folgendes Beispiel zeigt:

Benjamin hat Frisör gespielt. In seinen wunderschönen Blondschopf hat er ein paar scheußliche Lücken geschnitten. Dies vollbrachte er unmittelbar vor den Ferien, so daß die Familie mit einem Benjamin verreiste, der alle Augen auf sich zog.

Ein Teil seines Wesens sträubt sich gegen gesellschaftliche Normen und betrachtet die Welt als eine Art Rummelplatz, auf dem alles erlaubt ist, was Spaß macht. Auf ein solches Verhalten reagiert die Umwelt mit Einschränkungen. Es geht also letztlich um die Suche nach Ausdrucksmöglichkeiten für Benjamin, so daß er Spielkameraden und anderen Mitmenschen mit konservativeren Spielregeln nicht auf die Füße tritt.

Benjamin hat im Fernsehen gesehen, wie nach alter Zürcher Tradition zum Winterende ein Schneemann aus Pappe verbrannt wird. Nun bastelt er eine Art Vogelscheuche. Damit das Ding auf dem Scheiterhaufen nach dem traditionellen Vorbild so richtig knallt, stopft er neben Papier und Lumpen noch Munition von

Kapselpistolen hinein. Das ganze Wohnviertel nimmt an dem Winter-Vertreib-Ritual teil, daß die Familie mit Feuer und eindrücklichen Knalleffekten im Garten vollzieht. Benjamin steht einmal mehr im Mittelpunkt, worüber nicht nur Uranus am MC, sondern auch dem Löwe-Mond im 5. Haus das Herz im Leibe vor Wonne hüpft.

Die innere Welt der Gefühle

An der Mondstellung lesen wir ab, was Benjamin braucht, um sich wohl zu fühlen, und wie er spontan »aus dem Bauch« auf die Umwelt reagiert. Vor allem als Kleinkind bringt er die Mondeigenschaften stark zum Ausdruck. Im Laufe des Schulalters werden diese langsam von anderen Planetenprinzipien, vor allem von der Sonne, überlagert, wobei sie im spontanen und gefühlsmäßigen Bereich immer einen Teil seiner Persönlichkeit ausmachen werden.

Die Mondstellung von Benjamin:
- in Löwe
- im 5. Haus
- in Konjunktion zu Jupiter
- in Opposition zur Sonne

Feuriger könnte dieser Mond kaum sein. Er ist der dritte im Bunde, der zusammen mit dem Widder-Aszendenten und Uranus am MC die Eltern auf Trab hält. Der Mond – grundsätzlich ein kindliches und sanftes Prinzip – nimmt der feurigen Durchsetzungsenergie die Schärfe. Benjamin ist wohl ein wilder Junge, aber mit einem unwiderstehlichen Charme. Er hat ein sonniges Gemüt. Offen, spontan und voller Herzlichkeit möchte er auf die Welt zugehen, spielen und Spaß am Leben haben. Mit Mut und innerem Feuer packt er neues an und gibt seiner Kreativität Ausdruck.

Er liebt es, wenn er beachtet und bewundert wird, und tut auch viel, um auf sich aufmerksam zu machen. Das Publikum braucht er wie seine tägliche Nahrung. Er will zeigen, wie groß er schon ist und was er schon alles kann. Verniedlicht man ihn als kleines Kind, so fühlt er sich leicht in seinem Stolz verletzt. Auch auf Bloßstellungen reagiert er äußerst empfindlich. Erhält er zuwenig Beachtung, dann neigt er dazu, Eltern, Lehrer und andere Bezugspersonen so lange herauszufordern, bis diese mit ihm schimpfen oder ihn bestrafen und ihm so auf eine negative Weise Aufmerksamkeit schenken.

Benjamin will nicht mithelfen, sondern selbständig etwas anpacken. Er braucht Möglichkeiten in Schule und Elternhaus, »seinen Mann zu stehen« und eigenhändig etwas in Angriff nehmen zu dürfen. Er würde kaum unter der Anleitung der Mutter einen Kuchen backen, sondern will allein in der Küche wirken. Auch wenn nicht alles auf Anhieb gelingt, befriedigt ihn das mehr, als wenn der Kuchen gerettet und dabei sein Stolz empfindlich getroffen wird. Benjamin will selbst kreativ sein. Grundsätzlich geht es darum, daß er Anerkennung für sein Tun erhält. Dann fühlt er sich so richtig wohl und strahlt seine ganze Herzlichkeit und Wärme aus.

Benjamin kann seine Bedürfnisse nach Nähe und Zärtlichkeit gut ausdrücken. Er ist kein Schmusekind, sondern kommt bei Bedarf schnell auf die Mutter zugerannt, um sie zu umarmen und im nächsten Moment schon wieder zu einer ihn fesselnden Beschäftigung zurückzukehren. Es genügt ihm, zu wissen, daß sie für ihn da ist. Wenn sie mit Benjamin kuscheln will, wird ihm dies schnell zu eng. Er möchte selbst bestimmen, wann und wieviel Nähe er zulassen will.

Jupiter – die Bereitschaft für neue Erfahrungen

Die Jupiterstellung von Benjamin:

- in Löwe
- im 5. Haus
- in Konjunktion zum Mond
- in Opposition zur Sonne

Diese von der Sonne beeinflußte Stellung von Jupiter verstärkt die zuvor beschriebenen Feuerthemen.

In seinem Selbstausdruck fühlt sich Benjamin von Eltern und Umwelt unterstützt und entwickelt so ein gesundes Selbstbewußtsein. Da er sich selbst kaum Grenzen setzt, müssen die Eltern wohl oder übel die undankbare Rolle des »Bremsers« übernehmen. Benjamin neigt dazu, Spiel und Risiko zu übertreiben. Er muß über Jahre lernen, ein tragbares Maß zu finden, beispielsweise die Grenzen seines Körpers im Sport zu akzeptieren, Risiken abzuschätzen und seine verspielte Seite an geeigneten Orten auszuleben.

Jupiter/Sonne in Spannung: der Wunsch nach Größe

Benjamin bewundert seinen Vater. Er scheint ihm der Größte, voller Großzügigkeit, Toleranz und Offenheit, aber auf eine gewisse Weise auch unbeteiligt. So erlebt ihn Benjamin zwar als unterstützend und fördernd, fühlt sich selbst jedoch schnell nicht ernst genommen.

Benjamin strebt nach Applaus, ohne sich wirklich einzubringen. Übertrieben formuliert neigt er dazu, die Rolle zu spielen, die ihm am meisten Beachtung einbringt, ohne zu fragen, ob diese auch wirklich seinem Wesen entspricht. Wenn die Eltern ihn immer wieder darauf hinweisen, Schein nicht mit Sein zu verwechseln und sich ernst zu nehmen, helfen sie ihm, die Spannung zwischen dem Wunsch nach Größe und dem eigenen Wesen abzubauen.

Jupiter/Mond in Konjunktion: ein kleiner »Herzensbrecher«

Benjamin strahlt viel Charme und Herzlichkeit aus. Mit seinem Lachen und seiner spontanen Offenheit erobert er jedes Herz im Sturm. Es fällt den Eltern nicht leicht, dem kleinen Liebling etwas abzuschlagen, und so versucht Benjamin immer wieder, sie um den Finger zu wickeln. Da ihm durch sein strahlendes Wesen vieles von allein zufällt, ist es um so wichtiger, daß die Eltern eine klare Linie einhalten und ihm konsequent Grenzen setzen. Benjamin könnte sonst in seiner Erwartungshaltung bestätigt werden, daß das Leben ihm ohne jede Anstrengung alles zukommen läßt. Der Junge muß lernen, daß ihm sein Charme zwar vieles erleichtert, er aber trotzdem noch etwas für seine Ziele tun muß.

Kommunikation – Denken – Lernen

Merkur symbolisiert den Bereich der Persönlichkeit eines Kindes, der mit Denken, Sprechen und Lernen in Zusammenhang steht. Die Stellung von Merkur in einem Geburtsbild gibt Aufschluß über die Denkweise des Betreffenden, über bevorzugte Interessen und Lernmethoden sowie über sprachliche und rhetorische Fähigkeiten.

Merkur in Steinbock im 10. Haus: gründlich im Denken und Lernen

Merkur bringt erdige Qualitäten in das von Feuer dominierte Horoskop. Benjamin ist ein gründlicher und sachlicher Denker. Kaum daß er sprechen kann, will er gewisse Dinge ganz genau wissen. So fragt er hartnäckig immer wieder dasselbe, bis er es begreift. Für ihn ist »Begreifen« auch wörtlich zu nehmen; er *be*greift und versteht die Dinge, wenn er sie anfassen kann.

Neues lernt er am besten durch Beobachten und Probieren. Benjamin braucht ein Ziel, um lernen zu können. Scheint ihm etwas vernünftig und erstrebenswert, so ist dies für ihn die beste Motivation, es zu tun. Die Frage nach dem Warum hat für ihn zentrale Bedeutung.

Wie fast jedes Kind zeichnet Benjamin gerne und oft. Einmal bekam er eine Zeichnung zum Ausmalen, die man einsenden und so an einem Wettbewerb teilnehmen konnte. Mit dem Ziel, den ersten Preis zu gewinnen, malte Benjamin stundenlang an der Zeichnung und gestaltete diese mit unzähligen Details zu einem kreativen Kunstwerk.

Die Steinbock-Qualitäten zeigen sich auch in seinen sprachlichen Äußerungen. Benjamin ist kein spontaner Erzähler, sondern beschränkt sich auf das Notwendige und überlegt, bevor er etwas sagt. Es ist ihm wichtig, daß die Eltern ihm zuhören und ihn ernst nehmen. Er übertreibt kaum oder phantasiert das Blaue vom Himmel herunter. Eher wirkt er mit seinen sachlichen Äußerungen fast altklug.

Merkur/Neptun: ein reiches Bilderdenken

Benjamin hat eine ausgeprägte Phantasie und einen guten Zugang zu einer Märchen- und Bilderwelt. Er hört gern Geschichten und läßt diese und seine eigenen Erlebnisse wie einen Film immer wieder vor seinem inneren Auge vorbeiziehen. Innere Bilder liegen ihm viel näher als logische Gedankenabläufe; und so denkt er vermutlich viel in Bildern und nicht in Worten.

Merkur/Pluto: Wissen ist Macht

Benjamin geht davon aus, daß Sprache und Wissen Macht bedeuten. So reagiert er empfindlich auf Äußerungen wie: »Du bist noch zu klein, um das zu verstehen!« Auch Situationen, in denen er ausgelacht oder bloßgestellt wird, bestärken ihn in der Einstellung, daß Sprache und Wissen Maßstäbe für die eigene Stärke sind. Seine Eltern ermuntern ihn immer wieder zum Sprechen und hören ihm geduldig zu. Damit hat er die besten Voraussetzungen, seine Kommunikations- und Denkfähigkeiten zu einem ausgezeichneten Werkzeug zu verfeinern.

Da er sozusagen jedes Wort auf eine Goldwaage legt und Stark und Schwach gegeneinander abwägt, macht er immer wieder die Erfahrung des Unterlegen-Seins. In einem guten Familienklima führt dies letztlich zu einer verstärkten Anstrengung, den Spieß umzudrehen und selbst in die stärkere Position zu gelangen.

Saturn – der Weg zur Eigenverantwortung

Saturn ist die Instanz, die dem Leben einen soliden Rahmen verleiht. In den ersten Lebensjahren übernehmen Vater und Mutter diese Funktion. Doch schon bald beginnt das Kind, selbst Verantwortung zu übernehmen.

Die Saturnstellung von Benjamin:

- in Steinbock
- im 10. Haus
- am aufsteigenden Mondknoten

Der Wunsch und die Schwierigkeit, Verantwortung zu übernehmen

Saturn setzt zusammen mit Merkur und zwei weiteren Planeten im 10. Haus und dem MC in Steinbock ein Gegengewicht zu den lebhaften und keine Grenzen respektierenden Tendenzen. Vor allem in der Außenwelt und weniger im Familienkreis kann sich Benjamin außerordentlich höflich und vernünftig benehmen. Die Steinbock-Besetzung am MC zeigt sich in Form eines aufgeweckten, verständigen und sensiblen Jungen.

Daß trotz Ernst und strammer Miene Uranus am MC immer wieder durchblitzt, dafür sei folgende paradoxe Situation ein Beispiel: Da die Eltern mit dem lebhaften Benjamin bis an ihre Grenzen gefordert sind, nehmen sie eine Familienberatung in Anspruch. Sie erzählen von ihren Schwierigkeiten, dem Jungen Grenzen zu setzen, während dieser in größtem Frieden neben den Erwachsenen spielt und die Schilderungen der Eltern Lügen straft.

Mit Saturn im 10. Haus bewundert Benjamin schon früh Autoritäten. Er neigt dazu, den Vater als eine Art omnipotenten Halbgott zu verehren. Dieser verkörpert den starken Beschützer, wenn Benjamin im Sandkasten spielt oder an seiner Hand spazierengeht. Die Erfahrung, daß sein Vater oder eine andere Autoritätsperson wirklich zu 100 Prozent zuverlässig ist und absolute Sicherheit bietet, ist für Benjamin sehr wichtig, denn nur so kann er sich ein inneres Bild einer positiven Autoritätsfigur schaffen und dieses später in sich selbst verwirklichen.

Im Laufe des Schulalters werden es neben dem Vater auch Lehrer sein, die Benjamin als Vorbild dienen. Er wird mehr und mehr versuchen, sich die bewunderten Autoritätsmerkmale selbst anzueignen. So möchte er für voll genommen werden und Gelegenheit haben, Leistungen zu vollbringen. Hier wird es ein feines Gespür der Eltern brauchen, Benjamin die Möglichkeit dazu zu bieten, ohne ihn zu überfordern.

Die berufliche und gesellschaftliche Stellung seines Vaters ist Benjamin nicht gleichgültig, und er will sich auch selbst in gesellschaftlichen und öffentlichen Bereichen bewähren. Der Erfolg fällt ihm nicht in den Schoß, denn die Bereitschaft, sich mit den ernsten Dingen des Lebens auseinanderzusetzen und hart für ein Ziel zu arbeiten, ist mit Saturn am aufsteigenden Mondknoten nicht selbstverständlich. Benjamin mag keine Verantwortung tragen, und wenn es nur darum geht, seine Schuhe anständig hinzustellen und die Jacke aufzuhängen. Verantwortung, Leistung, Einschränkungen – den ganzen Ernst des Lebens überläßt Benjamin gerne den anderen. So läßt er sich die Grenzen lieber von seinen Eltern setzen, als daß er sie von sich aus einhalten würde.

Saturn ist schon als astrologisches Prinzip kein Freund seines feurigen Temperamentes. Mit einer Stellung am aufsteigenden Mondknoten und ohne weitere Aspekte sind Grenzen und Strukturen dem Bewußtsein nur schwer zugänglich. Benjamin überläßt es seiner Umwelt und insbesondere seinen Eltern, Richtlinien aufzustellen und für deren Einhaltung zu sorgen.

Nichtsdestotrotz stellt er an sich sehr hohe Ansprüche. Wenn die Eltern diese Tendenz noch unterstützen und Benjamin zu noch besseren Leistungen auffordern, besteht die Gefahr, daß er sich unter Druck setzt, ehrgeizig und hart gegen sich und andere wird. Er braucht eine liebevolle Begleitung und die Bestätigung, daß er Fehler machen darf. Wenn im Elternhaus neben den ernsthaften Versuchen, etwas zu leisten, auch Platz ist für Freude, Tränen, Spiel und Spaß, findet Benjamin leichter das richtige Maß an Selbstdisziplin und Leistungswillen.

Ein altvertrautes Thema

Absteigender Mondknoten in Krebs im 4. Haus: von der Geborgenheit des trauten Heimes in die Welt hinaus

Vor allem in den ersten sieben Lebensjahren fühlt sich Benjamin in einem trauten Zuhause sehr wohl. Doch auch wenn er älter wird, löst er sich nur schwer von der Rolle des Nesthäkchens. Immer noch möchte er wie ein kleines Kind umsorgt werden. Vor allem in häuslichen Belangen scheint er sich zu weigern, erwachsen zu werden und für sich Verantwortung zu übernehmen. Jede Loslösung von seinem Zuhause kann eine Heimwehwelle auslösen.

Gleichzeitig ist etwas in ihm, das nach außen drängt. Da er sehr mit seinem Heim und den familiären Wurzeln verwachsen ist, fällt es ihm schwer, sich der Außenwelt zu stellen und die immer enger werdende Kleinkindrolle und das vertraute Umsorgtwerden aufzugeben. Sein ganzes Feuer, seine Lebhaftigkeit, Herzlichkeit und Spontaneität zeigt er vor allem im vertrauten Familienkreis. Im Kindergarten oder in anderen »öffentlichen« Situationen ist er außergewöhnlich still und zurückhaltend. Ausgeprägter als andere Kinder erlebt er die Familiensituation als vertraut und die Öffentlichkeit als unbekannt und bedrohlich. Der aufsteigende Mondknoten in Steinbock im 10. Haus symbolisiert einen Weg für Benjamin, der aus dem »warmen Nest« in die Welt hinaus drängt, ihm aber besonders in früher Kindheit nicht besonders mundet.

Chiron steht nahe am absteigenden Mondknoten in Krebs im 4. Haus. Dies läßt auf einen »wunden Punkt« in der emotionalen Verwurzelung und im Urvertrauen schließen. Benjamin hat Angst vor dem Einschlafen. Tagsüber folgt er der Mutter oder dem Vater auf Schritt und Tritt. Er befürchtet, daß sie plötzlich weg sein könnten. Diese Angst, die Wurzeln zu verlieren, mag – gemäß der Symbolik Chirons im 4. Haus – in einem tiefen Wissen gründen, daß der emotionale Rückhalt trügt.

Wenn Benjamin größer wird ...

Sonne in Wassermann: Ich bin ich, und du bist du!

Mit zunehmendem Alter wird Benjamin als sogenannter »Wassermann« immer mehr die Eigenschaften dieses Zeichens entwickeln. So dürfte er im Laufe seiner Schulzeit und vor allem während der

Pubertät zu einer inneren Distanziertheit und Freiheit gelangen. Anstatt sich mit allem gleich zu identifizieren und sich gefühlsmäßig einzugeben, strebt er mehr nach einer leidenschaftslosen und objektiven Haltung, die ihm den Weg zu größtmöglicher Übersicht und Erkenntnis freigibt. An die Seite des feurigen Löwe-Mondes stellt sich eine kühl interessierte, intellektuelle Wassermann-Sonne.

Seine persönliche Freiheit wird ihm wichtiger denn je. Er wird vermehrt Kontakte zu Gleichgesinnten suchen; Freunde nehmen einen zentralen Stellenwert ein, wobei er allzuviel Nähe oder gar emotionale Verstrickungen sorgfältig vermeidet. Kreativität und Besonderheit, die sich im kleinen Benjamin wie explosive Purzelbäume äußerten, werden mit zunehmendem Alter mehr und mehr von einem kühlen und klaren Willen gelenkt.

Zusammenfassend stellen wir fest, daß die Schilderung der Mutter vom Horoskop des Kindes bestätigt wird. Diese Übereinstimmung mag für jeden Astrologen eine Freude und Wohltat sein. Verändert hat sich damit jedoch noch gar nichts. Weder das Horoskop noch der Astrologe können den Jungen beeinflussen, denn das Horoskop ist nur ein symbolisches Abbild, das im Grunde genommen weit weg vom wirklichen Leben – buchstäblich in den Sternen – steht.

Das Horoskop gibt uns eine Menge Informationen über Benjamin. Die Eltern bestätigen die Einzelheiten und fügen Beispiele an – Erlebnisse, die sie mit Benjamin hatten. Wir stehen nun vor der Frage nach dem Sinn und Nutzen des Horoskopes. Anna und Matthias sind Eltern, die sich eingehend Gedanken über ihre Kinder machen und die bereit sind, eigene Anteile an den Schwierigkeiten mit einem Kind für möglich zu halten. Die Tatsache, daß ein Astrologe allein aufgrund von Benjamins Horoskop zu dem Schluß kommt, daß er ein außerordentlich lebhaftes und anspruchsvolles Kind ist, entlastet die Eltern vom Gedanken, in ihrer Aufgabe zu versagen. Als Mutter und Vater ist man Teil der Beziehung zwischen Kind und Eltern und nur schwer in der Lage, sich ein objektives Bild zu machen. Das Horoskop und das Gespräch mit dem Astrologen verhelfen zu mehr Distanz und Überblick.

Die Beziehung von Anna und Benjamin

Weitere Informationen gewinnen wir, wenn wir das Horoskop der Mutter (s. Seite 369) einbeziehen und Vergleiche zwischen den beiden Horoskopen anstellen:

Vergleich beider Radixhoroskope:

Benjamin	*Anna*
Sonne in Wassermann	Sonne in Waage
Mond in Löwe	Mond in Jungfrau
Aszendent in Widder	Aszendent in Schütze

Synastrieaspekte (Partnerhoroskop s. Seite 372):

Benjamin	*Anna*	
Sonne	Quadrat	Neptun
Mond	Quadrat	Neptun
Merkur	Trigon	Mond
Merkur	Quadrat	Merkur
Merkur	Opposition	Mars
Venus	Konjunktion	Jupiter
Venus	Opposition	Uranus
Mars	Trigon	Sonne
Mars	Quadrat	Jupiter
Mars	Trigon	Saturn
Mars	Quadrat	Uranus
Jupiter	Konjunktion	aufsteigender Mondknoten
Neptun	Sextil	Venus
Pluto	Sextil	Mond
Pluto	Trigon	Mars

Zur Ergänzung:

Lilith	Quadrat	Mond
Chiron	Quadrat	Merkur
Chiron	Konjunktion	Mars

Gemeinsam: Feuer und Luft

Mutter:	Sonne in Waage, Aszendent in Schütze
Sohn:	Sonne in Wassermann, Aszendent in Widder

Wie Benjamin hat auch Anna eine Luftsonne und einen Feueraszendenten. Der »gemeinsame Draht« läuft über die Yang-Elemente Feuer und Luft. Die Beziehung zwischen Anna und Benjamin ist herzlich und spontan. Sie reden und lachen viel zusammen. Feuer und Luft sind zwei freiheitsliebende Prinzipien. Feuer-Luft-Beziehungen »kleben« nicht, sondern entstehen und vergehen in einem ständigen Wechsel von Nähe und Distanz. So kommt auch Benjamin zu seiner Mutter, erzählt und lacht, um gleich wieder wegzulaufen und seinen eigenen Weg zu gehen. Daß er bestimmt, wie lange er kuscheln will, dafür spricht auch sein Löwe-Mond im 5. Haus und in Konjunktion zu Jupiter.

Zwei unterschiedliche Mond-Naturelle

Mutter:	Jungfrau-Mond im 9. Haus, Sextil zu Mars, Sextil zu Venus
Sohn:	Löwe-Mond im 5. Haus, Konjunktion zu Jupiter, Opposition zur Sonne

Der Mond als archetypisches Symbol für Mutter und Kind beschreibt einen großen Teil der Beziehung zwischen Anna und Benjamin. Die Mondstellung von Benjamin ist ausgesprochen feurig. Annas Mond steht einerseits in Jungfrau, hat andererseits durch die Stellung im 9. Haus und das Sextil zu Mars feurige Komponenten. Über die Feueranteile verstehen sich die beiden gut. Die Jungfrau-Qualitäten von Annas Mond, die von ihrem eigenen Horoskop kaum unterstützt werden, halten dem überzeugenden Feuermond von Benjamin nicht die Waage. »Jungfrau« wird also gewissermaßen in die Verteidigungsposition gedrängt, »Löwe« triumphiert. Im Alltag von Anna und Benjamin manifestiert sich dies wie folgt:

Benjamin ist ein temperamentvolles Kind, das den Jungfrau-Mond seiner Mutter in arge Bedrängnis bringen kann. Mit dieser Mondstellung möchte Anna nicht nur eine ordentliche Wohnung, sondern sie braucht auch im Innern eine gewisse Ordnung. Alles, was der kleine Benjamin an Freude, Herausforderungen und Ängsten bei Anna hervorruft, möchte sie analysieren und darüber sprechen, so daß sie es schließlich einordnen kann. Doch so lange wartet Benjamin nicht. Man könnte sich die beiden in einem Spielwarenparadies vorstellen. Benjamin holt eine Schachtel Spielzeug nach der anderen hervor und kippt sie aus. Anna bemüht sich, diese laufend wegzuräumen, hat aber kaum eine Chance, das Tempo ihres Sohnes mitzuhalten. Die Mond-Jupiter-Stellung in Löwe im 5. Haus spricht für ein Kind, das Beachtung braucht und das Aufräumen von Anna als Aufmerksamkeit und Bestätigung wertet. Damit kommt das Spiel von Aktion und Reaktion erst recht in Gang. Benjamin fühlt sich motiviert, noch mehr Spielzeug herbeizuschaffen. Im Unterschied zu Anna dürfte ihm die Angelegenheit viel Spaß bereiten. Wenn man diese Szenerie auf die psychische Ebene überträgt, ist allein aufgrund der Mondstellungen von Mutter und Sohn anzunehmen, daß Anna sich in der Mutterrolle gegenüber Benjamin sehr herausgefordert fühlt. Sie bestätigt das auch.

»Mit Benjamin zusammen falle ich oft auf«

Synastrieaspekte	Mars von Benjamin	im Quadrat zu Uranus,
		im Quadrat zu Jupiter
	Venus von Benjamin	in Opposition zu Uranus,
		in Konjunktion zu Jupiter
		von Anna

Betrachten wir als nächsten Schritt die Synastrieaspekte, so finden wir mehrere Marskontakte. Der wohl auffallendste ist das fast genaue Quadrat von Benjamins Mars und Annas Uranus, unterstützt von einem Quadrat zwischen Benjamins Mars und Annas Jupiter. Das Spiel im Spielzeugparadies bekommt dadurch eine spezielle Note. Benjamin drückt seinen Mars aus, indem er handelt. Da dieser Mars im Quadrat zu Annas Uranus steht, bringt Benjamin durch sein Tun unweigerlich Annas Uranus in Schwingung. Mit Waage-Sonne und Waage-MC exponiert sich Anna nicht unbedingt gerne in der Öffentlichkeit. Benjamin steht unter dem Einfluß eines stark gestellten Uranus am MC und hat damit eine Vorliebe für außergewöhnliche Situationen an der Öffentlichkeit. Er schafft es immer wieder, besondere Umstände zu kreieren, in denen Anna – meist unfreiwillig – die Aufmerksamkeit aller auf sich zieht. Es ist erheiternd, den Geschichten zuzuhören, die Anna zu erzählen weiß. Zwei davon möchte ich weitergeben:

Als Benjamin etwa vier Jahre alt war, verbrachte die Familie eine Ferienwoche in einem Hotel am Meer. Die Gäste – vorwiegend ältere Paare in bester Kleidung – saßen im Speisesaal beim Aperitif, als Benjamin mit weit ausgebreiteten Armen zwischen den Tischen hindurchsegelte und schließlich einem Paar ein halbes Dutzend Sektgläser samt Inhalt in den Schoß fegte. Hätte eine Fliege in den nächsten paar Sekunden gehustet, man hätte es hören können. Alle Augen richteten sich auf die Mutter, und ein Saal voller Leute wartete gespannt, was sie wohl tun würde ...

Ein andermal – es war Sylvester – flog eine Tischbombe auf. Der Inhalt bestand unter anderem aus einem »eßbaren« Vampirgebiß, das seinen Weg durch die Luft in Annas Haar fand. Benjamin, der sich schon lange ein solches Zuckergebiß gewünscht hatte, war so fasziniert davon, daß er seine Mutter vor allen Gästen bestürmte, das klebrige Gummi-Vampirgebiß in den Mund zu stecken und so zum Gelächter aller Anwesenden das eigene Gesicht in eine Fratze zu verwandeln. Wieder hatte Benjamin Anna in eine besondere und auffällige Situation gebracht.

Anna faßt diese und Dutzende ähnlicher Situationen mit folgenden Worten zusammen: »Mit Benjamin zusammen falle ich oft auf. Ich weiß nie, was passiert, aber ich kann fast sicher sein, daß er etwas Unberechenbares tun wird und mich damit exponiert.«

Die Venus-Jupiter-Konjunktion nimmt den Mars-Uranus-Geschichten die Schärfe. Benjamin und Anna erleben zwar zusammen außergewöhnliche Situationen, doch haftet ihnen ein gewisser Charme an. Wenn ich an Annas Schilderungen denke, werde ich den Eindruck nicht los, daß sie innerlich schmunzelt.

Ein Hang zum Streiten

Synastrieaspekte	Merkur von Benjamin	im Quadrat zu Merkur, in Opposition zu Mars, im Trigon zum Mond von Anna
	insgesamt sechs Marskontakte (s. Liste Synastrieaspekte, Seite 351)	

Benjamins Merkur steht in Opposition zum Mars seiner Mutter, im Quadrat zu ihrem Merkur und im Trigon zu ihrem Mond. Diese Konstellation vor dem Hintergrund der Feuer-Luft-Prägung ihrer Beziehung läßt auf einen aktiven verbalen Austausch schließen. Anna erklärt dem Fünfjährigen vieles. Benjamin kommt zu ihr, wenn er etwas wissen will. Doch – wie das Merkur-Merkur-Quadrat vermuten läßt – ist die Verständigung nicht immer so harmonisch. Die Spannungsaspekte und die Mars- und Feuerkomponente legen nahe, daß auch Funken stieben können. Es braucht nur wenig, bis ein friedliches Familienidyll in einen lautstarken Streit umschlägt. Anna weiß dann selbst nicht, warum sie plötzlich »auf hundertachzig« ist. Benjamin sagt oder tut etwas, Anna reagiert, und schon ist der Konflikt ausgebrochen. Anna mit ihrer Waage-Sonne leidet darunter. Benjamin nimmt die Auseinandersetzungen meist gelassener. Auch kann er zwei Minuten nach dem heftigsten Wortwechsel und Geschrei mit einem treuherzigen Lächeln vorschlagen, Frieden zu schließen.

Für Anna ist das Wissen um diese Spannungsaspekte mit Merkur und Mars eine Erleichterung. Benjamin sucht die Auseinandersetzung mit ihr. Anna braucht sich nicht für eine schlechte Mutter zu halten, wenn sie auf die Herausforderungen ihres Sohnes eingeht und Anlaß zum Streiten bietet. Benjamin sucht den Widerstand. Indem er dagegen ankämpft, können seine Energien fließen. Daß es Annas Waage-Sonne und Jungfrau-Mond dabei nicht so gut geht, ist ein Thema, das gesondert vom Kinderhoroskop betrachtet werden muß. In der aggressiven und kampffreudigen astrologischen Konstellation zwischen Benjamin und Anna liegt das Potential zu einer äußerst lebendigen Beziehung. Wortgefechte und Wettkampfspiele können beide begeistern und in Fahrt bringen. Anna erzählt von gemeinsamen »Ritterspielen«, in denen sie und Benjamin mit den Playmobilrittern Schlachten austragen. Wer mehr Spaß hat, Mutter oder Sohn, ist dabei nur schwer auszumachen.

Eine idealisierte Beziehung

Synastrieaspekte:	Mond von Benjamin	im Quadrat zu Neptun,
	Sonne	im Quadrat zu Neptun
	Venus	in Konjunktion zu Jupiter
	Jupiter	am aufsteigenden Mondknoten von Anna

Auffallend ist die Neptunstellung von Anna, die die Sonne-Mond-Opposition von Benjamin in einem Quadrataspekt anstrahlt. Neptun steht für ein wunderschönes, idealistisches Bild. Das Quadrat zu den beiden Hauptlichtern Sonne und Mond von Benjamin läßt vermuten, daß Benjamin durch sein Sosein Anna veranlaßt, ihn in einem glorifizierten Licht zu sehen, ihm zu dienen und ihm alles zu geben. Diese »Ich bin ganz für dich da«-Haltung schafft ein enges emotionales Band, kann aber leicht auch Schuldgefühle im Kind wecken.

Wie Nebel die Konturen einer Landschaft weich werden läßt und schließlich ganz verschluckt, so umfließt die Neptun-Energie der Mutter Sonne und Mond, d. h. Ich-Identität und Gefühlsleben des Kindes, und kann sie bis zur Unkenntlichkeit verwischen. Anna hat viel an ihrer Persönlichkeit gearbeitet. Deshalb ist die im Horoskop angezeigte Gefahr, sie könnte für Benjamin eine symbiotische Mutter sein, kaum gegeben.

Aus einer tieferen Sicht möchte Anna Benjamin einen Dienst erweisen. Die Schwierigkeit besteht darin, »Dienstformen« zu finden, die keine Rabendienste sind. Anna kann für Benjamin das Tor in eine spirituelle Welt sein. Doch zuerst einmal setzt Annas Neptun Benjamin einen »Heiligenschein« auf. Und der Jupiter von beiden in seinem Hang nach Größe klatscht begeistert Beifall. Je besser Anna den Schein und die Wirklichkeit voneinander unterscheidet, desto eher werden die Kräfte Neptuns frei für eine spirituelle Begegnung.

Dies sind die wichtigsten Themen in der Beziehung von Anna und Benjamin. Die Horoskope sind noch lange nicht ausgeschöpft, doch würde es zu weit gehen, die Beziehungsthemen zwischen Mutter und Kind im Detail zu erörtern.

Die Beziehung von Matthias und Benjamin

Matthias (Horoskop s. Seite 370) ist ein Vater, der sich sehr viel mit seinen Kindern beschäftigt. Er ist keine Randfigur neben einer starken Mutter-Sohn-Bindung, sondern eine ebenso vertraute Bezugsperson für Benjamin wie seine Mutter.

Vergleich beider Radixhoroskope:

Benjamin	*Matthias*
Sonne in Wassermann	Sonne in Widder
Mond in Löwe	Mond in Krebs
Aszendent in Widder	Aszendent in Schütze

Synastrieaspekte (Partnerhoroskop s. Seite 373):

Benjamin		*Matthias*
Sonne	Sextil	Venus
Mond	Trigon	Venus
Mond	Quadrat	Saturn
Merkur	Sextil	Merkur
Merkur	Trigon	Jupiter
Mars	Trigon	Mars (auf Bogenminute genau)
Mars	Sextil	Pluto
Saturn	Opposition	Mond
Saturn	Opposition	Pluto
Uranus	Quadrat	Venus
Neptun	Quadrat	Sonne
Neptun	Quadrat	Venus
Pluto	Trigon	Merkur
Pluto	Opposition	Jupiter

Gemeinsam: Feuer

Vater:	Sonne in Widder, Aszendent in Schütze
Sohn:	Mond in Löwe, Aszendent in Widder

Vergleicht man die beiden Radixhoroskope, so fällt das viele Feuer als Gemeinsamkeit auf. Mit zwei Feueraszendenten, Widder-Sonne von Matthias und Löwe-Mond von Benjamin dürfte für Abwechslung gesorgt sein. Vater und Sohn unternehmen viel zusammen. Sie streifen durch Wald und Flur, lassen Steine über das Wasser hüpfen und braten Würste. Mit dem Krebs-Mond ist Matthias ein Vater, der Benjamin nicht nur gemeinsame Abenteuer bietet, sondern auch feinfühlig auf den Jungen eingeht.

Grenzen im emotionalen Bereich

Synastrieaspekte	Mond von Benjamin	im Quadrat zu Saturn,
	Saturn	in Opposition zum Mond von Matthias

»Als Benjamin klein war, bemühte ich mich oft sehr, in seine Augen hineinzukommen und seine Seele zu sehen«, sagt Matthias. Es mag sein Krebs-Mond sein, der dieses Bedürfnis nach emotionaler Verbundenheit äußert. Die Parallele dafür, daß Matthias an Grenzen stößt, finden wir in den Synastrieaspekten von Mond und Saturn: Beide stehen in Spannung zueinander. Wenn Matthias den emotionalen Kontakt sucht, stößt er an Grenzen. Benjamin ist kein anhängliches Schmusekind, und Matthias mag die yang-betonte, übermütige Natur seines Sohnes manchmal als ablehnend empfinden. Umgekehrt ist es vor allem Matthias, der dem Jungen Strukturen setzt, ihn gleichsam »erdet« und ihm zeigt, wie man durch Üben und Ausdauer zum Ziel kommt. Benjamin muß z. B. lernen, seine Schuhe selbst zu binden. Matthias setzt sich mit ihm auf die Treppe und zeigt ihm geduldig, wie man die Schlingen formt und die beiden Schuhbändel in die richtige Stellung bringt. Selbst wenn Benjamin zu spät in den Kindergarten kommt, ist Matthias die Ruhe in Person und vermittelt seinem Sohn so ein Stück Saturn.

Die Saturn-Rolle innerhalb der Familie muß Matthias auch in der Sektglas-Geschichte übernehmen, deren erster Teil als Beispiel zur Mutter-Sohn-Beziehung diente. Hier die saturnische Fortsetzung:

»... Alle Augen richten sich gespannt auf die Mutter. Die Waage-Frau sagt zu ihrem Widder-Mann: ›Matthias, du mußt etwas tun!‹ Matthias, der sich verpflichtet fühlt, die Saturn-Rolle zu übernehmen, geht mit Benjamin zu dem ›begossenen‹, ärgerlich dreinschauenden Gästepaar hin, fordert Benjamin auf, sich zu entschuldigen, und bietet ihnen an, die Kosten für die Reinigung der Kleider zu übernehmen.«

Benjamin ist ein Kind, das dem Saturn-Prinzip ablehnend gegenübertritt und lernen muß, Grenzen zu respektieren, Regeln einzuhalten und kleine Pflichten zu übernehmen. Wenn er vom Kindergarten nach Hause kommt, fliegen Jacke und Schuhe irgendwohin. Matthias übt mit großer Geduld Jacke-Aufhängen mit Benjamin. Wenn das klappt, kommen die Schuhe an die Reihe.

Matthias denkt, daß er mit Begründungen einiges erreichen kann. Dafür spricht auch das Merkur-Merkur-Sextil im Synastriehoroskop. Benjamin und Matthias haben einen guten verbalen Draht zueinander.

Ein Machtspiel

Synastrieaspekte: Saturn von Benjamin in Opposition zu Pluto von Matthias

In die Saturn-Mond-Beziehung mischt sich ein weiterer Synastrieaspekt: Benjamins Saturn steht in Opposition zum Pluto von Matthias. Wenn mit Saturn und Mond zumindest für Matthias ziemlich klar wäre, was erlaubt ist und was nicht, so bringt der Pluto-Aspekt ein Kräftemessen, das manchmal unter die Gürtellinie geht. Benjamin provoziert seinen Vater, bis dieser »ausrastet und ihm eine knallt«. Er schafft das z.B., indem er Matthias vor anderen Jungen massive Schimpfwörter an den Kopf wirft. (Die Provokation läuft über Worte, was seine Entsprechung im Synastrietrigon zwischen Benjamins Pluto und Matthias' Merkur findet.) Matthias versucht, solche Szenen zu vermeiden. Das dürfte ihm kaum gelingen. Benjamin findet mit großer Treffsicherheit die wunden Punkte von Matthias, um eine Reaktion »aus dem Bauch« zu erleben.

Ein idealisierter Vater

Synastrieaspekte: Neptun von Benjamin im Quadrat zu Sonne und Venus von Matthias

Benjamin verehrt seinen Vater vermutlich sehr. Er sieht ihn durch die verklärenden Schleier des Neptun: ideal, schön, gut, unbezwingbar und omnipotent. Umgekehrt hat Matthias den Eindruck, nur schwer an Benjamin heranzukommen. Astrologisch finden wir dies bestätigt durch die Sonne von Matthias, die im Quadrat zu Benjamins Neptun steht. Das bewußte Ich von Matthias stößt auf den überpersönlichen, schwer faßbaren Neptun von Benjamin. Man könnte sich vorstellen, Benjamin hüllt sich vor Matthias in eine Nebelwolke ein, so daß Matthias nur die groben Konturen erkennen kann. Aus Mangel an klarer Stellungnahme von Benjamins Seite bestimmt dann Matthias, was für seinen Sohn gut ist. Als Widder dürfte ihm Unbestimmtheit prinzipiell zuwider sein. Seine Saturnrolle birgt einen zusätzlichen Wunsch nach Klarheit. Beides unterstützt die durch den Neptun-Sonne-Synastrieaspekt gegebene Tendenz, das nicht ganz klare Bild von Benjamin durch eigene Vorstellungen zu ergänzen. Astrologisch gesehen steht zwischen Benjamin und Matthias das Idealbild, das sich Benjamin von seinem Vater macht.

Noel – der vierte Pol in der Familie

Auch der vier Jahre jüngere Noel (Horoskop s. Seite 371) ist mit einem Löwe-Aszendenten und Mars am Aszendenten ein feuriger kleiner Bursche. Doch dämpft der Stier-Mond am MC sein Temperament und verleiht ihm etwas Ruhiges und Beschauliches, das Benjamin nicht kennt. Die Sonne in Fische im 8. Haus und in Konjunktion zu Saturn ist zudem eher geneigt, abzuwarten und dem stürmischen Bruder den Vortritt zu lassen.

Benjamin verschafft sich Aufmerksamkeit durch sein Verhalten. Noel zieht mit seinem strahlenden Lächeln alle Augen auf sich. Auch wenn Noel kaum zwei Jahre alt ist, so ist doch schon jetzt zu sehen, daß er einen beruhigenden Einfluß auf Benjamin ausübt (Partnerhoroskop s. Seite 374). Die Eltern hoffen, daß sich seine Gelassenheit positiv auf das Nie-Stillhalten und -Loslassenkönnen von Benjamin auswirkt.

Die Beziehung von Noel und Anna aktiviert bei ihr vor allem Venus und Saturn. Noel mag an ihrer Rolle als Frau rühren. Da Saturn mit im Spiel ist, setzt Anna Noel bereitwilliger Grenzen als Benjamin. Anna und Noel haben beide einen Erdmond, was auf ein gegenseitiges Verständnis auf einer tiefen emotionalen Ebene schließen läßt.

Auch beim Vater aktiviert Noel Saturn zuzüglich Mars und Pluto (Partnerhoroskop s. Seite 377). Machtkämpfe sind damit gegeben. Mit Mond in Stier fordert Noel seinen Vater auf eine bedächtige und beharrliche Weise heraus.

Die Familie als geschlossenes System

Die folgende Darstellung der Synastrieaspekte zwischen den Familienmitgliedern erleichtert die Übersicht über die Horoskope aller vier Beteiligten (s. Seiten 368 ff.).

Benjamin Mond in Löwe	Aspekte zu Matthias: Mond, Merkur, Mars, Saturn, Uranus, Neptun, Pluto	Aspekte zu Benjamin: Sonne, Mond, Merkur, Venus, Jupiter, Saturn, Pluto	**Matthias** Mond in Krebs
Aspekte zu Anna: Sonne, Mond, Merkur, Venus, Mars, Pluto	Aspekte zu Noel: Venus, Mars, Saturn, Neptun	Aspekte zu Anna: Merkur, Mars, Jupiter, Pluto	Aspekte zu Noel: Sonne, Mond, Mars, Jupiter, Saturn, Pluto

Aspekte zu Benjamin: Mond, Merkur, Mars, Jupiter, Uranus, Neptun	Aspekte zu Matthias: Sonne, Mond, Venus, Mars, Saturn	Aspekte zu Benjamin: Pluto	Aspekte zu Matthias: Mond, Merkur, Venus, Mars, Jupiter, Uranus, Neptun, Pluto
Anna Mond in Jungfrau	Aspekte zu Noel: Venus, Mars, Saturn, Uranus	Aspekte zu Anna: Sonne, Mond, Merkur, Venus, Mars, Neptun	**Noel** Mond in Stier

Zählt man die Häufigkeit der Planetenkontakte, so ergibt sich folgende Verteilung:

	Benjamin	Anna	Matthias	Noel	total
Sonne	1	1	2	1	5
Mond	2	2	2	2	8
Merkur	2	1	2	2	7
Venus	2	2	1	2	7
Mars	3	3	2	2	10
Jupiter	–	1	3	1	5
Saturn	2	2	2	–	6
Uranus	1	2	–	1	4
Neptun	2	1	–	2	5
Pluto	2	–	3	2	7
total	17	15	17	15	64

Die einzelnen Familienmitglieder haben insgesamt nahezu gleich viele Synastrieaspekte. Betrachtet man Synastriekontakte als Energieströme, die vom einen zum anderen fließen, so kann aus dieser Auszählung geschlossen werden, daß der Energiefluß gleichmäßig über alle Familienmitglieder verteilt ist und jedes seinen festen Platz in der Familie innehat.

Marskontakte sind in dieser Familie am häufigsten. Die Mars-Energie fließt gut. Sie wird zusätzlich »angeheizt« von den vier Feuer-Aszendenten der vier Familienmitglieder. Das Familienklima dürfte entsprechend lebhaft sein – sei es, daß man gemeinsam etwas unternimmt oder daß lautstark gestritten wird. Benjamin fühlt sich in seinem Element. Mit seinem feuerbetonten Horoskop dürfte er die treibende Kraft für die Mars-Energie sein, unterstützt von der Widder-Sonne des Vaters. Anna mit Waage-Sonne und Jungfrau-Mond, Matthias mit Krebs-Mond und auch Noel mit Stier-Mond würden manchmal etwas mehr Ruhe vorziehen.

Benjamins lebhaftes Temperament findet seine Begründung nicht nur in seinem ausgesprochen feuerbetonten Radixhoroskop, sondern zusätzlich im Familienklima. Er ist derjenige in der Familie, der aufgrund seines Horoskops am klarsten zur Feuerenergie der Familie steht. Die anderen können ihrem Feuer nur beschränkt Ausdruck verleihen. Anna muß stets ihre Waage-Sonne befriedigen, Matthias den Krebs-Mond und Noel den Stier-Mond. Die Vermutung liegt nahe, daß Benjamin mit seiner außerordentlichen Lebhaftigkeit auch einen Teil der Feuerenergie für Eltern und Bruder lebt, zumal er außer Haus bedeutend weniger temperamentvoll ist.

ANHANG

Radix

Drillinge

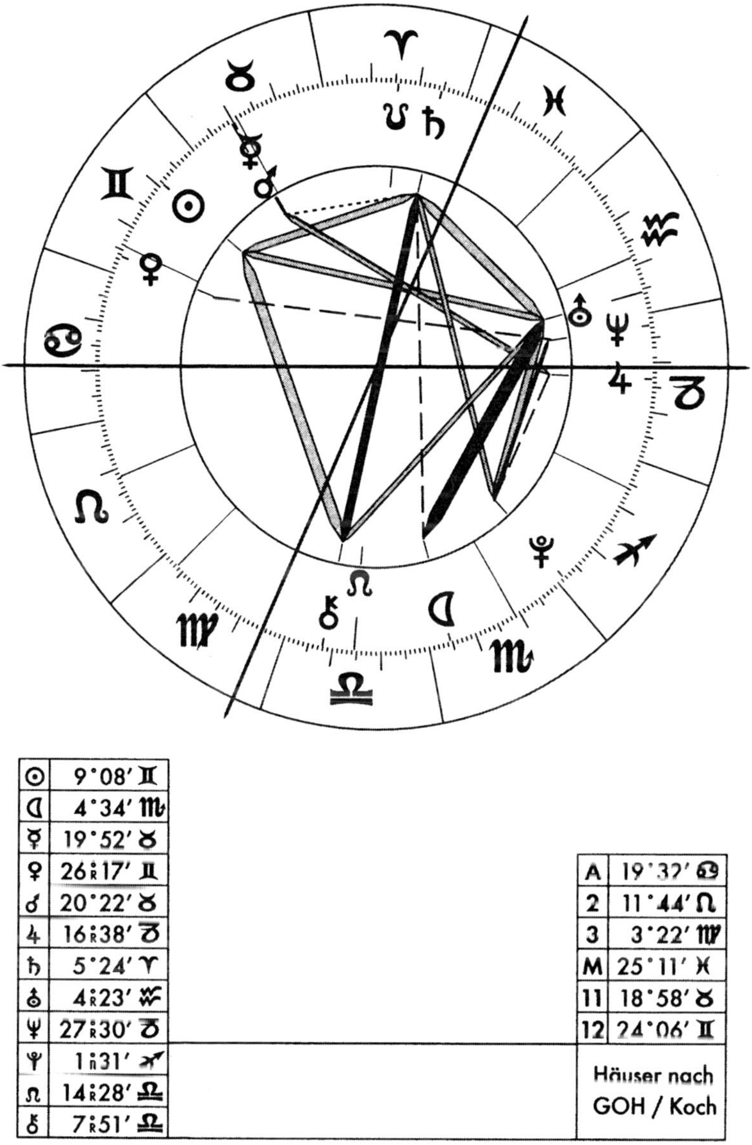

☉	9°08' ♊
☽	4°34' ♏
☿	19°52' ♉
♀	26°R17' ♊
♂	20°22' ♉
♃	16°R38' ♑
♄	5°24' ♈
♅	4°R23' ♒
♆	27°R30' ♑
♇	1°n31' ♐
☊	14°R28' ♎
⚷	7°R51' ♎

A	19°32' ♋
2	11°44' ♌
3	3°22' ♍
M	25°11' ♓
11	18°58' ♉
12	24°06' ♊

Häuser nach GOH / Koch

Radix

Mutter von Drillingen

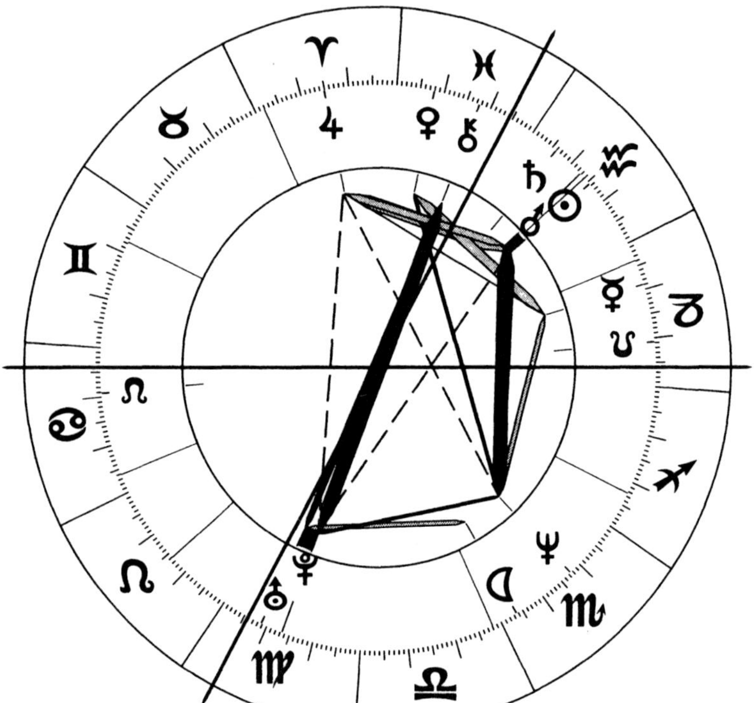

☉	14°44' ♒
☽	3°54' ♏
☿	21°21' ♑
♀	22°23' ♓
♂	17°32' ♒
♃	15°22' ♈
♄	24°18' ♒
♅	8°R59' ♍
♆	17°47' ♏
♇	13°R37' ♍
☊	9°R31' ♋
⚷	12°40' ♓

A	4°46' ♋
2	26°25' ♋
3	16°21' ♌
M	5°59' ♓
11	28°22' ♈
12	7°57' ♊

Häuser nach GOH / Koch

Radix

Olivia

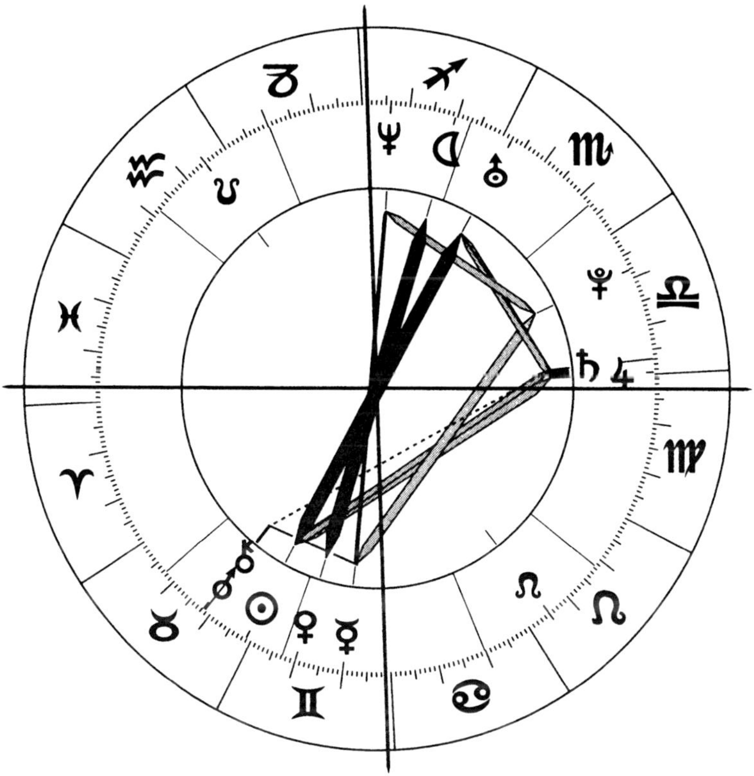

☉	28°57' ♉
☽	10°34' ♐
☿	20°07' ♊
♀	10°07' ♊
♂	18°19' ♉
♃	0 R 32' ♎
♄	3 R 12' ♎
♅	28 R 04' ♏
♆	24 R 08' ♐
♇	21 R 59' ♎
☊	5 R 08' ♌
⚷	18°46' ♉

A	27°37' ♓
2	7°36' ♉
3	7°17' ♊
M	28°56' ♐
11	19°58' ♑
12	18°31' ♒

Häuser nach GOH / Koch

Radix

Benjamin

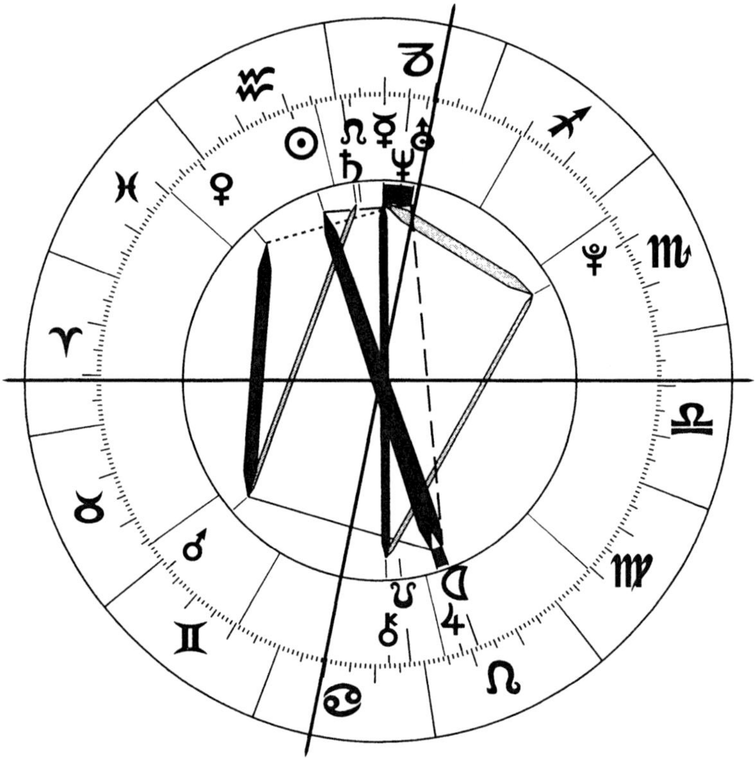

☉	9°59' ♒
☽	11°53' ♌
☿	20°19' ♑
♀	1°29' ♓
♂	2°24' ♊
♃	8°R23' ♌
♄	29°07' ♑
⛢	11°25' ♑
♆	15°11' ♑
♇	20°12' ♏
☊	27°R34' ♑
⚷	23°R13' ♋

A	21°58' ♈
2	26°25' ♉
3	20°55' ♊
M	9°59' ♑
11	4°44' ♒
12	9°45' ♓

Häuser nach GOH / Koch

Radix

Anna

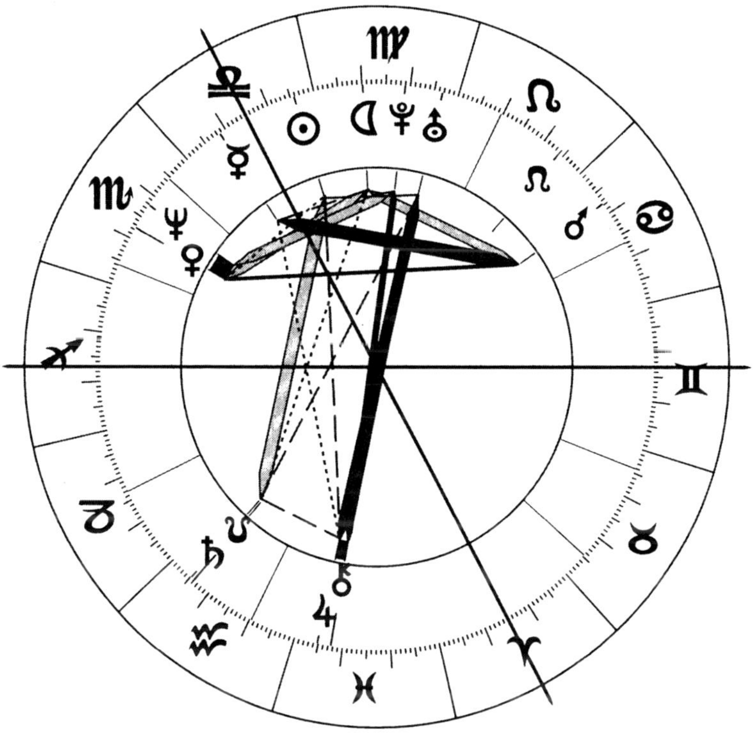

☉	3°54' ♎
☽	19°31' ♍
☿	21°R06' ♎
♀	17°12' ♏
♂	21°59' ♋
♃	4°R28' ♓
♄	4°R53' ♒
♅	2°57' ♍
♆	11°49' ♏
♇	10°42' ♍
☊	5°R44' ♌
⚷	7°R18' ♓

A	17°09' ♐
2	12°51' ♑
3	20°02' ♒
M	14°36' ♎
11	5°06' ♏
12	25°36' ♏

Häuser nach GOH / Koch

Radix

Matthias

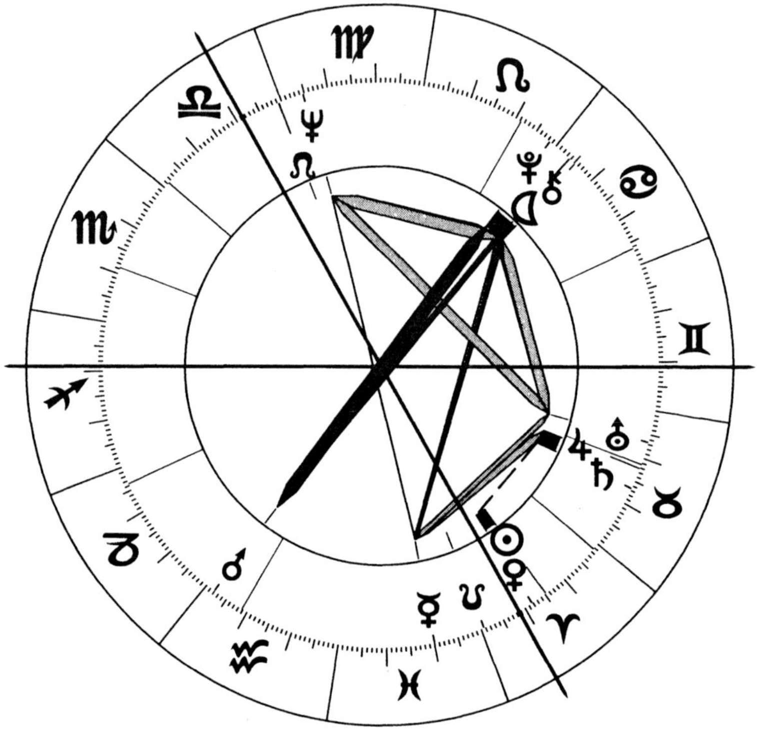

☉	15°44′ ♈
☽	26°46′ ♋
☿	20°31′ ♓
♀	12°16′ ♈
♂	2°22′ ♒
♃	18°18′ ♉
♄	13°52′ ♉
♅	23°53′ ♉
♆	25°R47′ ♍
♇	2°R02′ ♌
☊	1°R08′ ♎
⚷	25°14′ ♋

A	10°00′ ♐
2	4°04′ ♑
3	9°15′ ♒
M	9°04′ ♎
11	29°10′ ♎
12	19°13′ ♏

Häuser nach GOH / Koch

Radix

Noel

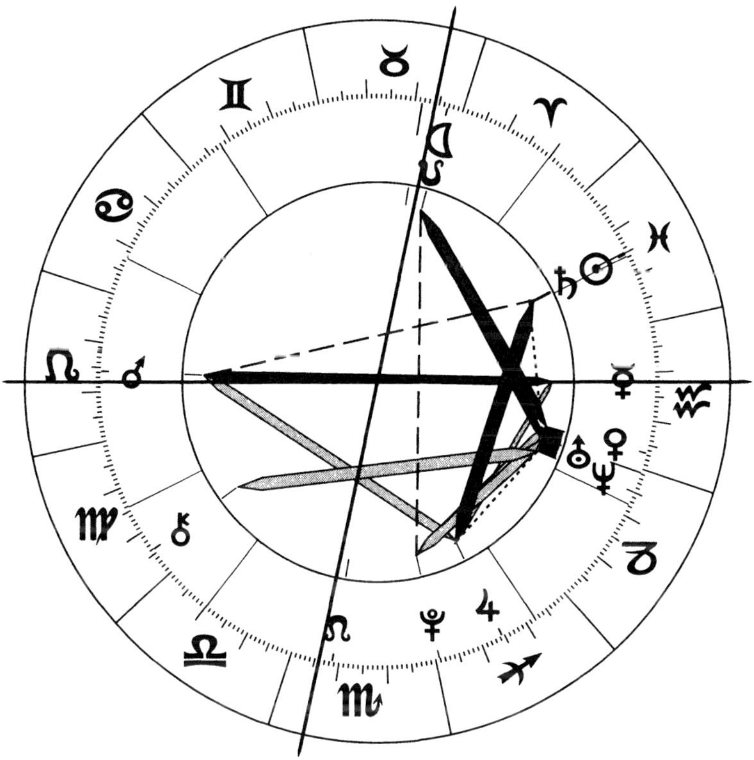

☉	14°34′ ♓
☽	3°01′ ♉
☿	17°54′ ♒
♀	3°09′ ♒
♂	15R29′ ♌
♃	14°16′ ♐
♄	14°57′ ♓
♅	29°00′ ♑
♆	24°47′ ♑
♇	0R36′ ♐
☊	8R23′ ♏
⚷	23R55′ ♍

A	18°20′ ♌
2	13°59′ ♍
3	9°52′ ♎
M	5°40′ ♉
11	21°51′ ♊
12	22°08′ ♋

Häuser nach GOH / Koch

Partnerhoroskop

Benjamin und Anna

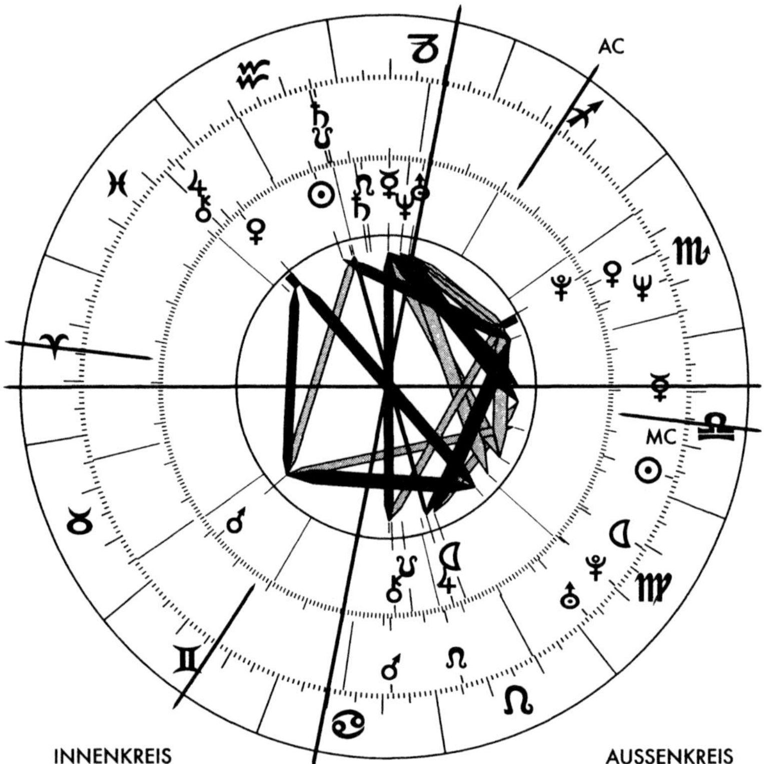

INNENKREIS

☉	9°59′ ♒
☽	11°53′ ♌
☿	20°19′ ♑
♀	1°29′ ♓
♂	2°24′ ♊
♃	8 R 23′ ♌
♄	29°07′ ♑
♅	11°25′ ♑
♆	15°11′ ♑
♇	20°12′ ♏
☊	27 R 34′ ♑
⚷	23 R 13′ ♋

BENJAMIN

A	21°58′ ♈
2	26°25′ ♉
3	20°55′ ♊
M	9°59′ ♑
11	4°44′ ♒
12	9°45′ ♓

Häuser nach GOH / Koch

ANNA

A	17°09′ ♐
2	12°51′ ♑
3	20°02′ ♒
M	14°36′ ♎
11	5°06′ ♏
12	25°36′ ♏

Häuser nach GOH / Koch

AUSSENKREIS

☉	3°54′ ♎
☽	19°31′ ♍
☿	21 R 06′ ♎
♀	17°12′ ♏
♂	21°59′ ♋
♃	4 R 28′ ♓
♄	4 R 53′ ♒
♅	2°57′ ♍
♆	11°49′ ♏
♇	10°42′ ♍
☊	5 R 44′ ♌
⚷	7 R 18′ ♓

Partnerhoroskop

Benjamin und Matthias

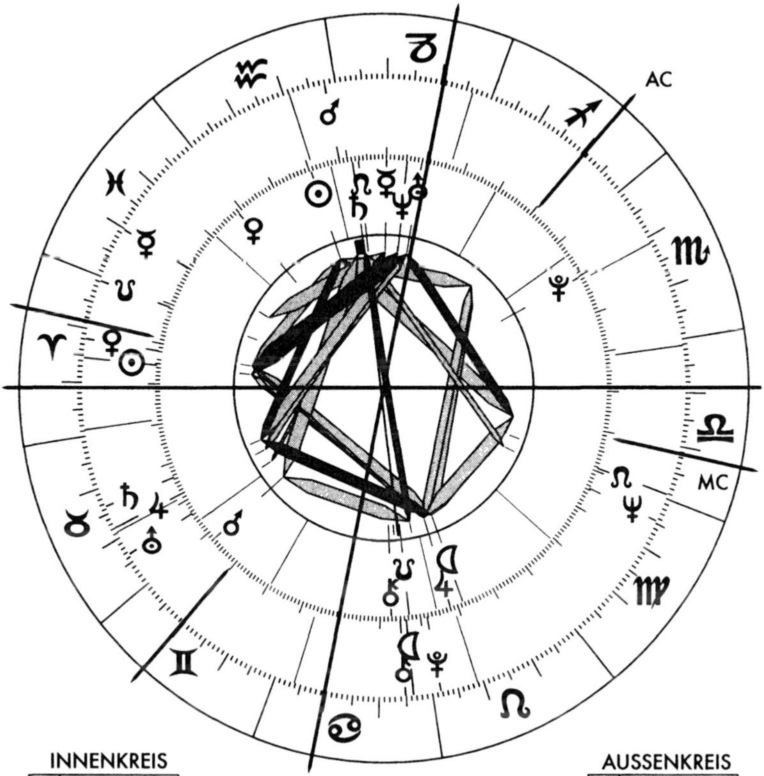

INNENKREIS

☉	9°59' ♒
☽	11°53' ♌
☿	20°19' ♑
♀	1°29' ♓
♂	2°24' ♊
♃	8°R23' ♌
♄	29°07' ♑
♅	11°25' ♑
♆	15°11' ♑
♇	20°12' ♏
☊	27°R34' ♑
⚷	23°R13' ♋

BENJAMIN

A	21°58' ♈
2	26°25' ♉
3	20°55' ♊
M	9°59' ♑
11	4°44' ♒
12	9°45' ♓
Häuser nach GOH / Koch	

MATTHIAS

A	10°00' ♐
2	4°04' ♑
3	9°15' ♒
M	9°04' ♎
11	29°10' ♎
12	19°13' ♏
Häuser nach GOH / Koch	

AUSSENKREIS

☉	15°44' ♈
☽	26°46' ♋
☿	20°31' ♓
♀	12°16' ♈
♂	2°22' ♒
♃	18°18' ♉
♄	13°52' ♉
♅	23°53' ♉
♆	25°R47' ♍
♇	2°R02' ♌
☊	1°R08' ♎
⚷	25°14' ♋

Partnerhoroskop

Benjamin und Noel

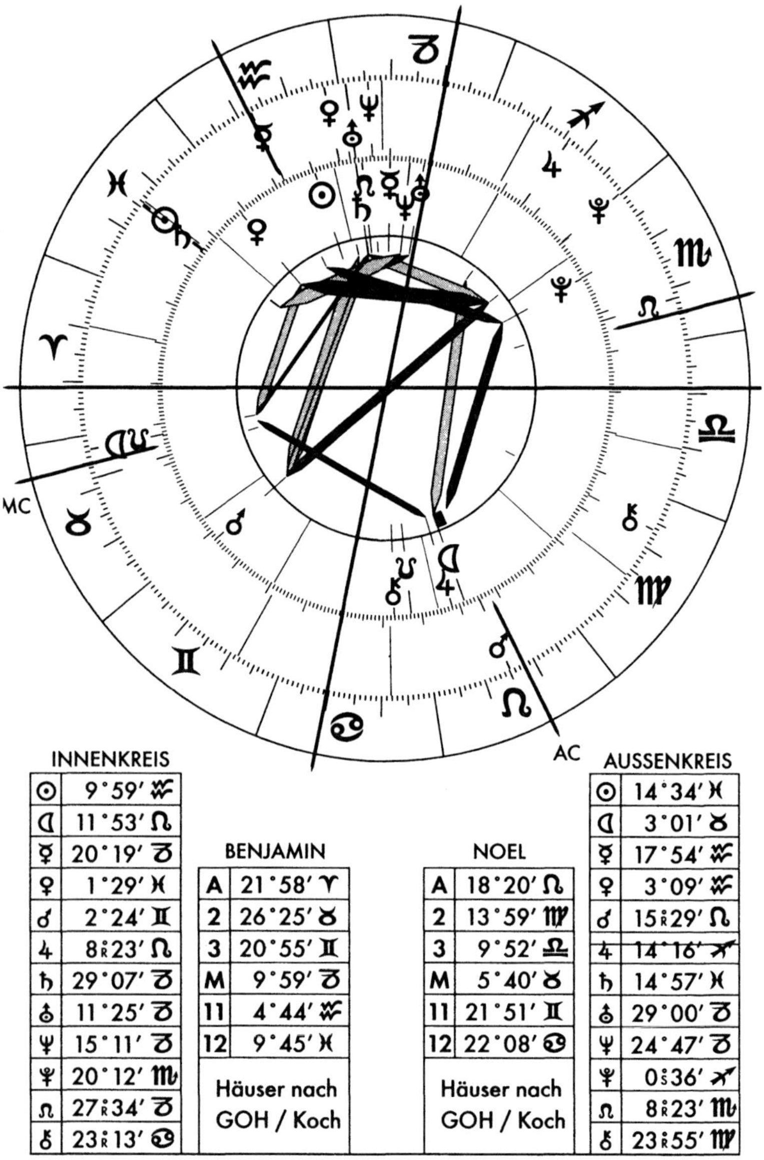

INNENKREIS

☉	9°59′ ♒
☽	11°53′ ♌
☿	20°19′ ♑
♀	1°29′ ♓
♂	2°24′ ♊
♃	8 R 23′ ♌
♄	29°07′ ♑
♅	11°25′ ♑
♆	15°11′ ♑
♇	20°12′ ♏
☊	27 R 34′ ♑
⚷	23 R 13′ ♋

BENJAMIN

A	21°58′ ♈
2	26°25′ ♉
3	20°55′ ♊
M	9°59′ ♑
11	4°44′ ♒
12	9°45′ ♓
Häuser nach GOH / Koch	

NOEL

A	18°20′ ♌
2	13°59′ ♍
3	9°52′ ♎
M	5°40′ ♉
11	21°51′ ♊
12	22°08′ ♋
Häuser nach GOH / Koch	

AUSSENKREIS

☉	14°34′ ♓
☽	3°01′ ♉
☿	17°54′ ♒
♀	3°09′ ♒
♂	15 R 29′ ♌
~~♃~~	~~14°16′ ♐~~
♄	14°57′ ♓
♅	29°00′ ♑
♆	24°47′ ♑
♇	0 S 36′ ♐
☊	8 R 23′ ♏
⚷	23 R 55′ ♍

Partnerhoroskop

Anna und Matthias

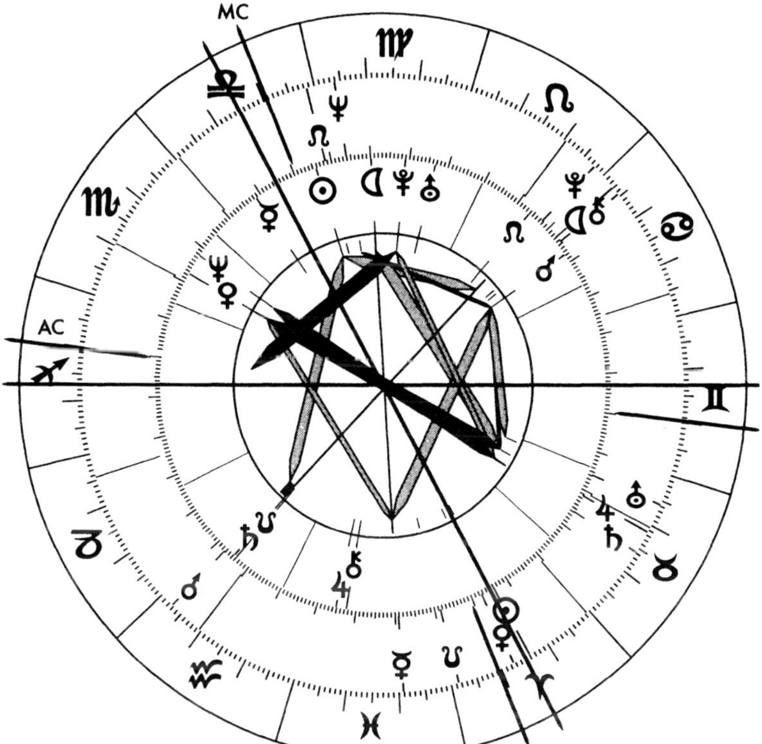

INNENKREIS

☉	3°54' ♎
☽	19°31' ♍
☿	21°R06' ♎
♀	17°12' ♏
♂	21°59' ♋
♃	4°R28' ♓
♄	4°R53' ♒
♅	2°57' ♍
♆	11°49' ♏
♇	10°42' ♍
☊	5°R44' ♌
⚷	7°R18' ♓

ANNA

A	17°09' ♐
2	12°51' ♑
3	20°02' ♒
M	14°36' ♎
11	5°06' ♏
12	25°36' ♏

Häuser nach GOH / Koch

MATTHIAS

A	10°00' ♐
2	4°04' ♑
3	9°15' ♒
M	9°04' ♎
11	29°10' ♎
12	19°13' ♏

Häuser nach GOH / Koch

AUSSENKREIS

☉	15°44' ♈
☽	26°46' ♋
☿	20°31' ♓
♀	12°16' ♈
♂	2°22' ♒
♃	18°18' ♉
♄	13°52' ♉
♅	23°53' ♉
♆	25°R47' ♍
♇	2°R02' ♌
☊	1°R08' ♎
⚷	25°14' ♋

Partnerhoroskop

Anna und Noel

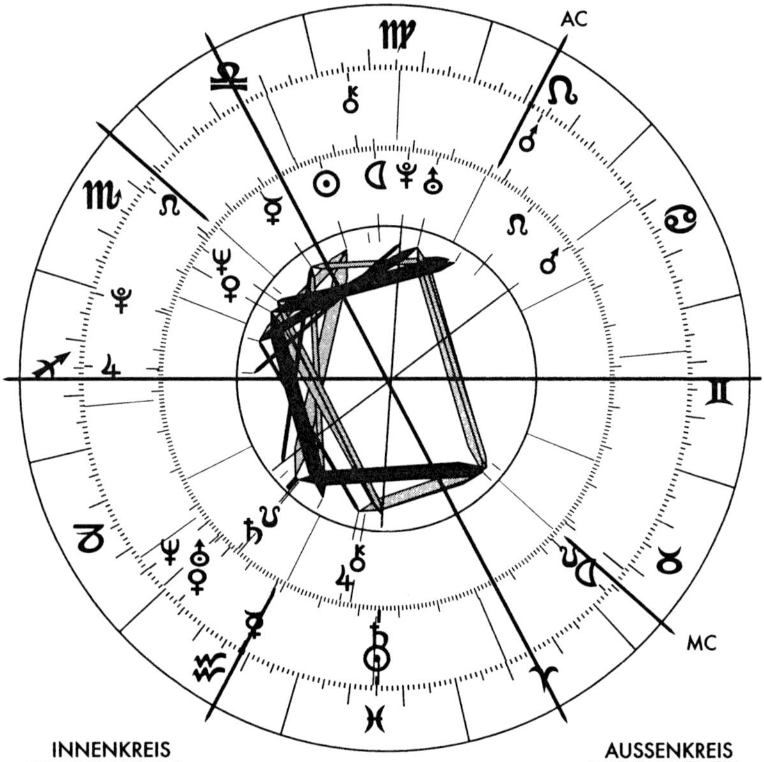

INNENKREIS

☉	3°54′ ♎
☽	19°31′ ♍
☿	21 R 06′ ♎
♀	17°12′ ♏
♂	21°59′ ♋
♃	4 R 28′ ♓
♄	4 R 53′ ♒
♅	2°57′ ♍
♆	11°49′ ♏
♇	10°42′ ♍
☊	5 R 44′ ♌
⚷	7 R 18′ ♓

ANNA

A	17°09′ ♐
2	12°51′ ♑
3	20°02′ ♒
M	14°36′ ♎
11	5°06′ ♏
12	25°36′ ♏
Häuser nach GOH / Koch	

NOEL

A	18°20′ ♌
2	13°59′ ♍
3	9°52′ ♎
M	5°40′ ♉
11	21°51′ ♊
12	22°08′ ♋
Häuser nach GOH / Koch	

AUSSENKREIS

☉	14°34′ ♓
☽	3°01′ ♉
☿	17°54′ ♒
♀	3°09′ ♒
♂	15 R 29′ ♌
♃	14°16′ ♐
♄	14°57′ ♓
♅	29°00′ ♑
♆	24°47′ ♑
♇	0 S 36′ ♐
☊	8 R 23′ ♏
⚷	23 R 55′ ♍

Partnerhoroskop

Matthias und Noel

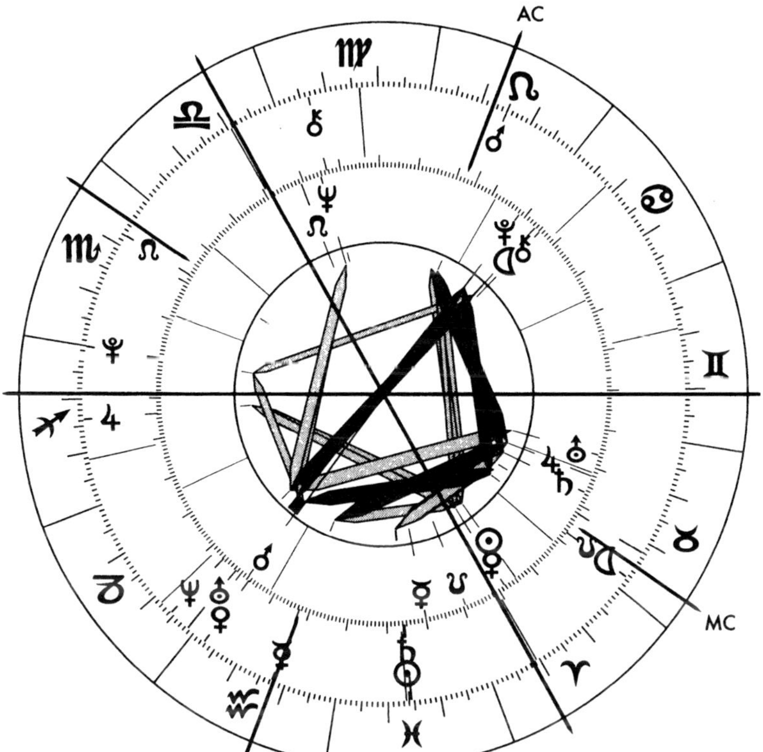

INNENKREIS

☉	15°44' ♈
☽	26°46' ♋
☿	20°31' ♓
♀	12°16' ♈
♂	2°22' ♒
♃	18°18' ♉
♄	13°52' ♉
♅	23°53' ♉
♆	25°R47' ♍
♇	2°R02' ♌
☊	1°R08' ♎
⚷	25°14' ♋

MATTHIAS

A	10°00' ♐
2	4°04' ♑
3	9°15' ♒
M	9°04' ♎
11	29°10' ♎
12	19°13' ♏
Häuser nach GOH / Koch	

NOEL

A	18°20' ♌
2	13°59' ♍
3	9°52' ♎
M	5°40' ♉
11	21°51' ♊
12	22°08' ♋
Häuser nach GOH / Koch	

AUSSENKREIS

☉	14°34' ♓
☽	3°01' ♉
☿	17°54' ♒
♀	3°09' ♒
♂	15°R29' ♌
♃	14°16' ♐
♄	14°57' ♓
♅	29°00' ♑
♆	24°47' ♑
♇	0°S36' ♐
☊	8°R23' ♏
⚷	23°R55' ♍

Literaturverzeichnis

Adler Gral, Jessie, *Die verzauberte Seele*, Edition Astrodata, Wettswil 1993

Bettelheim, Bruno, *Kinder brauchen Märchen*, Deutsche Verlags-Anstalt, Stuttgart 1990

Ferrucci, Piero, *Werde was du bist*, Rowohlt Taschenbuch Verlag, Hamburg 1986

Gibran, Khalil, *Der Prophet*, Walter Verlag, Zürich 1996

Jehle, Markus, *Wenn der Mond im siebten Haus steht ...*, Ebertin-Verlag 1996

Klein, Nikolaus/Dahlke, Rüdiger, *Das senkrechte Weltbild*, Hugendubel Verlag, München 1993

Oerter, Rolf/Montada, Leo, *Entwicklungspsychologie*, Beltz Psychologie Verlags Union, Weinheim 1995

Orban, Peter, *Astrologie als Therapie*, Hugendubel Verlag, München 1995

Ranke-Graves, Robert von, *Griechische Mythologie*, Rowohlt Taschenbuch Verlag, Hamburg 1986

Riemann, Fritz, *Lebenshilfe Astrologie*, Verlag J. Pfeiffer, München 1996

Roscher, Michael, *Der Mond*, Hugendubel Verlag, München 1992

Schult, Arthur, *Astrosophie*, Turm Verlag, Bietigheim o.J.

Star, Gloria, *Das Kind im Horoskop*, Ebertin Verlag, Freiburg i. Br. 1994

Steiner, Claude, *Wie man Lebenspläne verändert*, Junfermannsche Verlagsbuchhandlung, Paderborn 1997

Stone, Pauline, *Partnerschaft, Astrologie und Karma*, Edition Astrodata, Wettswil 1992

Swigart, Jane, *Von wegen Rabenmutter*, Verlag Knaur, München 1993

Die Autorin

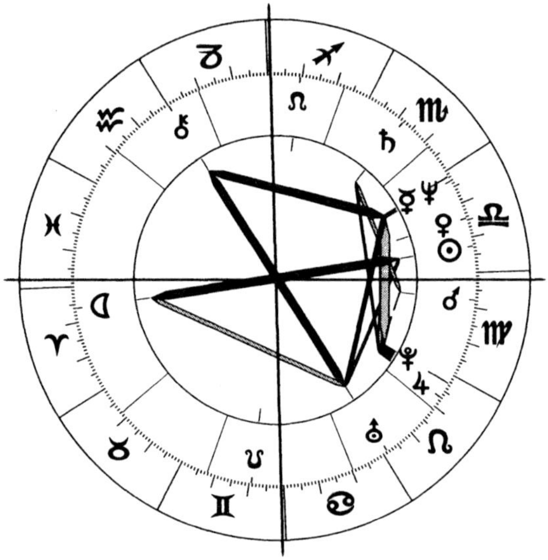

Anita Cortesi
1. 10. 1955, 17:45 MEZ
Zürich, 8E32, 47N22

Anita Cortesi wurde 1955 im Waage-Zeichen geboren. Sie ist Lehrerin und Mutter von zwei Kindern. 1988 kam sie erstmals mit der Astrologie in Berührung und beschäftigt sich seither intensiv damit. Nach einer Ausbildung in Psychologischer Astrologie und Psychosynthese begann sie, einerseits Texte für astrologische Computeranalysen zu schreiben und sich andererseits auf Kinderhoroskope zu spezialisieren. Ihr weiteres Interesse gilt Märchen und Mythologien.

Für Information über astrologische Textanalysen – Radix, Kind, Beruf, Partner, Transit – Einzelanalysen oder in Astrologieprogramme integrierte Textmodule – wenden Sie sich bitte an:

Anita Cortesi
Im Morgen 10
CH-8547 Gachnang
www.cortesi.ch

Standardwerke der Astrologie

CHRISTL OELMANN

Der Rote Faden durch das Kinderhoroskop

Astrologische Deutung und psychologische Unterstützung

288 Seiten, Hardcover,
ISBN 978-3-89997-203-0

Christl Oelmann betrachtet im ersten Schritt immer die Horoskope der Eltern und unternimmt anschließend den Horoskopvergleich zwischen Kind und Eltern. Ganz deutlich arbeitet sie die Besonderheiten bei der Herangehensweise an ein Kinderhoroskop heraus, denn Kinder leben ihr Horoskop eher unbewusst. Im Hauptteil des Buches beschreibt sie ausführlich die Deutung der Elemente, Achsen, Planeten und der Häuser. Dabei geht sie jeweils getrennt auf Säuglinge bzw. Kleinkinder sowie auf Schulkinder ein. Sie erfahren in diesem Buch sehr viel über Ihre Eltern und sich selbst als Kind. Vor allem aber können Sie die Bedürfnisse ihres eigenen Kindes ergründen und begegnen den Schwierigkeiten, die naturgemäß im Laufe seines Erwachsenwerdens auftreten werden, nicht völlig unvorbereitet. Alles in allem ein umfassendes Handbuch, mit dem Sie eine optimale Unterstützung bei der Erziehung Ihres Kindes erhalten können.

Besonders gefallen hat mir der klare und direkte Stil der Autorin, die ohne Umschweife auf das Wesentliche eingeht, die sich sowohl in die Sichtweise des Kindes als auch der Eltern einfühlt und großes Verständnis für beide Seiten aufbringt. Sie ruft den Lesern ins Gedächtnis, wie sich die Erziehungsmethoden im Laufe der Zeit verändert haben, und zeigt auf, was Erziehung tatsächlich bedeutet, welche Herausforderungen Kinder für Eltern darstellen (können) – und umgekehrt.

Astrologie Heute 157

CHIRON VERLAG

Standardwerke der Astrologie

INGRID ZINNEL

Familienkonstellationen im Horoskop

Verstrickungen und Lösungen aus astrologischer Sicht
264 Seiten, kartoniert, 10 Abbildungen

ISBN 3-925100-938

Das Buch von Ingrid Zinnel bietet eine Zusammenführung der Astrologie mit der Arbeit des Familienstellens nach Bert Hellinger. Auf einfühlsame Weise ermöglichst sie den Lesern, systemische Strukturen im Horoskop zu erkennen und Familienkonstellationen zu erforschen. Dabei ist es ihr wichtig, nicht nur Verstrickungen aus dem Horoskop herauszulesen, sondern auch gleichzeitig Lösungswege aufzuzeigen. In einem einleitenden Kapitel werden zunächst die Grundsätze der systemischen Familientherapie erläutert. Anschließend wird das Horoskop als Familienbild aufgeschlüsselt. Dabei stellt die Autorin die Planeten als Symbole ins Zentrum einer Analogiekette. So lassen sich beispielsweise Verstrickungen anhand der Pluto-Stellung erkennen. Neptun verweist auf Familiengeheimnisse und Bindungen aus dem Jenseits, Uranus auf die Ausgegrenzten innerhalb der eigenen Sippe. Der Autorin ist es aber auch wichtig, nicht nur Verstrickungen herauszulesen. Vielmehr zeigt sie dem Leser immer auch Lösungswege und gibt Anweisungen für Lösungs-Rituale.

Ein wertvolles Buch für alle Leser, die den Schatz der Familiengeschichte und ihrer Herkunft mit Hilfe der Astrologie ausgraben, verstehen und bearbeiten möchten. — *Meridian*

CHIRON VERLAG

Standardwerke der Astrologie

BARBARA EGERT

Kindheitserfahrungen im Horoskop

Sich die Schatten der Kindheit bewusst machen und aufarbeiten

240 Seiten, Hardcover, 20 Abbildungen

ISBN 978-3-89997-182-8

Die Astrologie ist eine große Hilfe, um sich die Schatten der Kindheit bewusst zu machen. Sie gibt Hinweise, wie diese so tief sitzenden problematischen Prägungen aufgelöst und gewandelt werden können. Die Autorin beschreibt zunächst das Dilemma von Nähe und Freiheit sowie die Trennungs- und Verlassenheitsängste des Kindes. Diese können sich später als Verletzung manifestieren. In diesem Buch erfahren Sie, dass sich die grundlegenden Erfahrungsmuster mit den Eltern in Ihrem Horoskop erkennen lassen. Es wird erläutert, welche Auswirkungen eine missglückte Kindheit haben kann, was die häufigsten Folgen sind und auf was Sie bei einer astrologischen Betrachtung besonders achten müssen. Vor allem werden Ihnen dadurch Heilungsmöglichkeiten und Auswege verdeutlicht, so dass Sie mit den Schatten Ihrer Kindheit besser umgehen können.

»In ihrem neuen Buch Kindheitserfahrungen im Horoskop geht es genau darum. Auf umfassende und tiefsinnige Weise stellt die Autorin hier die verschiedenen psychologischen Schattenproblematiken und deren Bezüge zum Horoskop dar. Das ist äußerst lehrreich und gibt einen facettenreichen Einblick in das vielfältige Muster, in das sich Kindheitserlebnisse, Bezugspersonen, Radixplaneten und Transite, Einsichten und Hilflosigkeiten, Gefühle und Verdrängungen einweben.«

Astrologie Heute Nr. 141

CHIRON VERLAG

Standardwerke der Astrologie

BEATRIX BRAUKMÜLLER

Vererbung von Konstellationen im Horoskop

181 Seiten, Hardcover, 36 Abbildungen

ISBN 13: 978-3-89997-149-1

Alle Eltern/Kind-Beziehungen haben ihrer eigene Problematik, selbst in harmonischen Verhältnissen. Hier stellt sich die Frage: Warum ist das so? Mit dem Horoskop kann man den tieferen Sinn herausfinden. Dabei lässt sich feststellen, dass auch astrologische Konstellationen vererbt werden, denn bestimmte Aspekte im Horoskop der Eltern finden wir auch in den Horoskopen ihrer Kinder wieder. Der Vergleich der gegenseitigen Konstellationen von Eltern und Kind zeigt Ihnen, in welchen Bereichen die Bindung am stärksten ist oder Machtkonflikte auftreten. Ebenso erkennen Sie die Möglichkeiten, so genannte Anknüpfungspunkte finden zu können, um Stresssituationen oder Abhängigkeiten beseitigen.

Bei einem schwierigen Thema in der Beratung geht Beatrix Braukmüller wohltuend frei und liebevoll vor, sie bezieht neben der psychologischen Perspektive auch die karma-esoterische Perspektive ein, ohne aber zu »missionieren«. Beim Lesen und Anwenden habe ich noch einmal ein Stück eigener Kindheit mit dem Herzen verstanden. Vielen Dank für diese gelungene Veröffentlichung!

DAV-Rundbrief 3-2007

CHIRON VERLAG